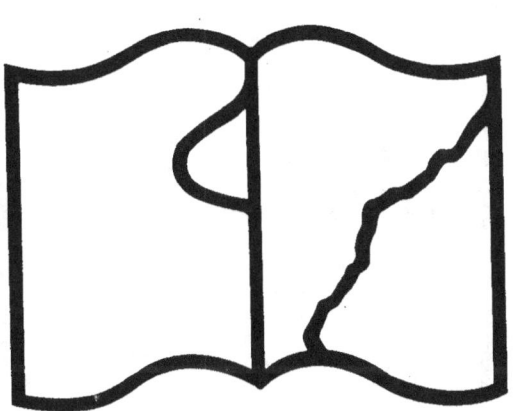

Texte détérioré — reliure défectueuse

NF Z 43-120-11

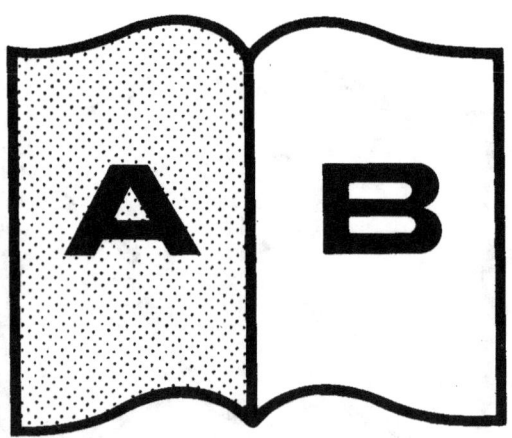

Contraste insuffisant
NF Z 43-120-14

LA PVCELLE

OV
LA FRANCE DELIVREE

POËME HEROÏQVE.

PAR M. CHAPELAIN.

A PARIS,
Chez AVGVSTIN COVRBE', au Palais,
en la Gallerie des Merciers, à la Palme.

M. DC. LVI.
AVEC PRIVILEGE DV ROY.

C'est le fameux Henry, les Amours de nostre âge,
Ce Prince genereux, humain, vaillant et sage,
Qui des mains de la Gloire a le front couronné;
Il n'est point de grandeur qu'il n'ait euë en partage,
Mais celle à quoy sur tout il paroist le plus né,
Est celle où le grand sens est joint au grand courage.

A SON ALTESSE
MONSEIGNEVR
HENRI D'ORLEANS,
DVC DE LONGVEVILLE ET D'ESTOVTEVILLE,
PAIR DE FRANCE, PRINCE SOVVERAIN
DE NEVFCHASTEL, CONTE DE DVNOIS,
DE SAINT POL, DE CHAVMONT, &c.

GOVVERNEVR POVR LE ROY,
ET CONNESTABLE HEREDITAIRE
DE NORMANDIE.

ONSEIGNEVR,

Cette PVCELLE magnanime,
ou, pour mieux dire, ce Phenix, dont le

EPISTRE.

vol belliqueux redonna la franchise à nos Peres, ayant trouué en V. A. vn Soleil propre a ranimer ses cendres, quitte le Bucher, où sa despouille fut consumée, pour venir rendre hommage de sa nouuelle vie à la Vertu, qui la luy a fait recouurer. Comme cette Sainte seconda autresfois, par ses Miracles, ceux de l'ancien CONTE DE DVNOIS; Elle vient aujourd'huy les proposer en exemple à Celuy de nos Temps, pour les grandes choses, à quoy l'appellent ses Destinées. Quant à Vous, MONSEIGNEVR, Elle ne vient vous presenter que ses respects, sçachant bien que, pour les Miracles que la Couronne se promet encore de Vous, il n'est pas besoin que Vous vous proposiés d'autre Exemplaire que Vous mesme. Elle vient

seulement

EPISTRE.

seulement auoüer à V. A. qu'encore que ses Faits ayent esté l'admiration de tous les Peuples, & que l'Esprit qui les conduisoit les ait mis au dessus de tout ce qu'il y a de plus eleué dans l'Histoire; si neantmoins leur eclat attire vostre estime, c'est à Vous seul, à qui Elle sera obligée de ce qui Vous les fera estimer. Car, à ne dissimuler rien, ils ont esté touchés sur l'Idée de vos Actions heroïques, &, pour leur donner plus de lustre, on a eu les yeux beaucoup moins sur Elle que sur Vous. On a mieux aymé n'estre pas si precisement veritable, en les traçant sur vostre Modelle, que de les faire paroistre moins merueilleux, en les copiant sur le sien. V. A. se reconnoistra dans tous les projets de cette Guerriere; Elle se remarquera dans tous ses combats; Elle n'y

é

EPISTRE.

trouuera que les Temps & les Noms de changés; enfin, Elle n'y verra pas tant les Auentures de la PVCELLE, que les siennes propres. Il est vray, MONSEIGNEVR, que Vous n'y verrés pas toutes les vostres, & que ce qui en sera representé sera bien moindre que ce qui ne le sera pas. Cette Heroïne ne fut armée qu'un an, & ne combatit qu'en vne Prouince. On ne conte, ni les ans, ni les lieux, où Vous aués signalé vos Armes. La Bourgogne, l'Italie, la Lorraine, l'Alemagne, Vous ont veu triomphant, & la gloire militaire ne pouuant estre poussée plus loin, Vous aués estendu vos trauaux, jusques aux Confins de la Paix, auec tant d'ardeur & d'addresse, que si l'Espagne ne se fust point declarée son Ennemie, l'Eu-

EPISTRE.

rope eust joüy d'vn bien si necessaire & si souhaitté. Ie n'ose pas mesme me promettre de raconter les Merueilles de la SAINTE FILLE, auec la grandeur & la majesté dont elles sont dignes. Ma Voix est trop foible de soy, pour soustenir des choses d'vn si grand poids, &, à la considerer seule, il seroit à craindre qu'elle ne les raualast, au lieu de les releuer. Mais, MONSEI-GNEVR, Vous l'auès fortifiée, par vos applaudissemens, Vous l'auès animée, par vos exhortations, &, Vous l'auès entrete-nüe, par vos graces. I'ay pensé que je de-uois suyure vne authorité si puissante que la vostre, & je me suis plustost resolu à pas-ser pour temeraire, qu'à paroistre desobeïs-sant. Il ne m'a semblé, ni bienseant, ni rai-sonnable, de resister dauantage au comman-

EPISTRE.

dement que V. A. m'auoit fait de publier le Recit d'vn Succes si miraculeux, & j'en ay remis l'euenement à la Fortune, qui n'a jamais guere reüssy quand elle a trauersé vos entreprises, ou qu'elle s'est opposée a vos volontés. J'ay cessé de Vous representer que j'aurois encore eu besoin de quelques années, pour exercer ma voix, & pour la rendre plus eclatante; & j'ay deferé à vostre jugement, qui luy estoit fauorable, sans escouter le mien, qui la trouuoit disproportionnée à vn si noble Sujet. Apres tout, MONSEIGNEVR, je me suis consolé de ma foiblesse sur l'excellence de ce Sujet, qui m'a paru assés fort, pour se soustenir de luy mesme, & pour soustenir encore la Voix qui le deuoit soustenir. Le Dessein de deliurer la France est vn Dessein si

haut,

EPISTRE.

haut, & l'execution en est si admirable; la part que le Ciel y a prise, & les voyes qu'il a tenües pour la faire reüssir, sont si peu de l'ordre commun des choses; Enfin, l'estoffe sur laquelle la Prouidence a trauaillé est si riche & si importante, que pour en faire vn Poëme Epique, il suffisoit presque d'en faire vn simple Tissu. En effet, on n'a jamais inuoqué les Diuinités, qui inspirent les Poëtes, auec moins de necessité, qu'en la rencontre de cet Ouurage, dont la Matiere fait le principal ornement, & qu'on ne sçauroit nommer qu'on ne la loüe. Par là, du moins, auray-je vne assés legitime excuse, auprès des Personnes habiles, si je n'ay guere contribué à l'eclat d'vn si brillant Sujet, puisque comme les Beautés accomplies ne peuuent

EPISTRE.

estre fardées, sans vne diminution notable de leur perfection, je ne pouuois aussi charger Celle-cy de graces estrangeres, sans estouffer celles qui luy sont naturelles, ni chercher à la rendre plus eclatante, sans la couurir dautant de taches, que j'aurois pretendu luy adjouster d'embellissemens. Quoy qu'il en soit, MONSEIGNEVR, c'est pour le seul interest qu'a V. A. en cecy, que parmy la foule des grands Sujets, qui briguoient la faueur de mes Muses, dans l'imagination qu'elles leur pouuoient donner l'Immortalité, je me suis arresté à la PVCELLE, & l'ay preferée, dans mon choix, a tant de Heros, dont les imperfections eussent esté mes auantages. I'ay sacrifié l'honneur que je me fusse pû promettre, en enrichissant leur pauureté,

EPISTRE.

à la passion que j'ay eüe de Vous plaire, en m'attachant à cette Heroïne, dont la richesse n'auoit pas besoin de mon secours. Enfin, j'ay moins eu pour objet la loüange du Public, que le contentement de V. A. à laquelle il n'y a rien que je ne doiue immoler, apres auoir receu tant de belles marques de sa bienueillance. Si j'obtiens que mon Trauail ne cesse point de Vous agréer, j'auray toute la gloire, que je me suis proposée, dans cette Course, & quand je serois asses heureux, pour la faire, entre mille acclamations, & pour trouuer une Couronne au bout de la carriere, mon cœur n'y seroit point si sensible, qu'à la joye d'auoir satisfait à vostre attente, & respondu à vostre desir. Vous voyés à vos pieds, MONSEIGNEVR, le fruit

EPISTRE.

de mes longs trauaux, & de vos benignes influences. Pour n'estre pas dans sa parfaite maturité, il ne laisse pas de Vous estre offert, au moins comme vn essay de fertilité, en attendant la fin de la recolte, qui parfera ce qu'il y a de moins acheué, dans ces premices. Vous n'aués aucun bien, qui Vous apartienne à meilleur titre. Il a esté semé sur vostre fonds, cultiué par vostre assistance, arrosé de vos faueurs, eschauffé auec vos rayons, & eleué sous vostre ombre. Il n'a de bon goust, que celuy que Vous luy aués donné. Il n'a de bonne odeur, que celle que Vous luy aués communiquée. En vn mot, c'est vostre Ouurage, plustost que le mien, &, en Vous le consacrant, je n'y ay autre merite que celuy de ne Vous retenir pas ce qui est legitimement à Vous. Ie Vous

EPISTRE.

I'apporte neantmoins en offrande, comme s'il estoit tout de moy, suppleant de la grandeur de mon zele, où ne peut atteindre la petitesse de mon pouuoir. Receués, MONSEIGNEVR, auec vostre humanité ordinaire, ce zele ardent qui m'a toûjours embrasé pour Vous, & pour Vostre Auguste Maison, &, par vostre genereuse bonté, continués à soustenir mon courage, qui, sans elle, pourroit s'affoiblir, dans le reste & le plus considerable de l'Entreprise. Là PVCELLE Vous en conjure, par l'impatience qu'elle a de son Martyre, & l'illustre CONTE DE DVNOIS, que j'ay laissé dans les liens, aussi bien qu'elle, Vous le demande, pour en sortir, & pour acheuer les prodiges de valeur, qui doiuent remettre son Roy sur le throsne, &

EPISTRE.

son Païs en liberté. Vous ne resisterés pas, sans doute, à de si puissantes prieres, & Vous accorderés cette grace à celuy à qui Vous en aués fait tant d'autres, mesme auant qu'il Vous eust tesmoigné, auec quel profond respect, & quelle passion violente, il est

MONSEIGNEUR,

De V. A.

Tres-humble, tres-obeïssant,
& tres-fidelle Seruiteur,
CHAPELAIN.

PREFACE.

JE fay si peu de fondement, pour le bon succes de mon Poëme, sur l'impatience qu'on a tesmoignée de sa publication, que je considere vn si grand honneur, comme son plus grand desauantage. Car, sans parler de ceux, qui n'ont souhaité de le voir, que pour y trouuer à redire, il est certain que ceux-là mesme, qui l'ont desiré, pour leur diuertissement, en auront vn plus grand degoust, si les beautés n'y respondent pas à leur attente, que s'ils ne l'eussent point desiré du tout, & que le present que je leur en fay leur fust vne chose toute nouuelle. Surquoy je les supplie d'agréer que je leur represente, que la bonne opinion qu'ils en peuuent auoir conceuë, ne leur a point esté inspirée par moy, & que l'excessiue faueur qu'ils m'ont faite, ne doit estre imputée, ni à mes persuasions, ni à mes prieres. Ceux qui me connois-

PREFACE.

fent fçauent que je me connois, & que n'ayant jamais eu que de modeftes penfées de ma foibleffe, je n'ay aufsi jamais dit de moy, que ce que j'en ay penfé. Ils fçauent encore, que les loüanges anticipées de quelques Perfonnes officieufes, n'ont efté fouffertes par moy qu'aueque beaucoup de peine, & que j'ay tousjours apprehendé qu'elles ne m'engageaffent à fouftenir vne reputation plus grande, que mes forces ne le peuuent permettre. Si j'ofois donc m'imaginer d'auoir merité du Public, en luy donnant vne chofe qu'il a fouhaitée, je n'en demanderois autre recompenfe, finon qu'il luy pluft de la receuoir comme s'il ne l'auoit point fouhaitée, & que fans confulter les Idées qu'il s'en eft voulu former, il fe contentaft de la confiderer fur les miennes, ne m'obligeant à luy tenir, que ce qu'il s'eft pû raifonnablement promettre de moy. Ce n'eft pas qu'auec cette grace, je prefume de fatisfaire à ce qu'on a droit d'exiger de Celuy, qui fe charge de l'Entreprife d'vn Poëme heroïque. Ie fçay que de toutes celles qui fe peuuent faire dans l'Empire des Mufes, celle-là eft la plus hardie & la plus eleuée; & que pour y bien reüfsir il faut eftre fi verfé en toutes les Difciplines ; auoir vn fi grand vfage du Monde ; brufler d'vne fi viue & fi noble ardeur ; regir fa Machine auec vn jugement fi folide ; enfin, y trauailler auec vn foin fi affidu, & vne patience

PREFACE.

si courageuse, qu'encore que ces puissans Genies d'Homere & de Virgile, ayent porté ce genre de Poësie a vne tres-sublime hauteur, l'on doute neantmoins qu'ils l'ayent conduit à sa derniere perfection; comme s'il estoit au dessus des forces humaines, & qu'il ne falust pas moins estre Heros, pour celebrer les grandes Actions, que pour les faire. Ce qui ne sçauroit estre vray, sans rendre coupable d'vne temerité fort presomptueuse vn homme tel que je suis, qui pretendroit donner, sans defauts, vn Ouurage que ces Hommes incomparables n'auroient pû donner qu'imparfait. On ne m'accusera, pour ce regard, ni d'estre temeraire, ni d'estre presomptueux. I'auoüe de n'auoir que bien peu des qualités requises en vn Poëte heroïque. Ie n'ay point creu egaler ces Princes du Parnasse, & bien moins atteindre au but, où ils ont inutilement visé. I'ay apporté seulement à l'execution de mon Projet, vne connoissance assés passable de ce qui y estoit necessaire, & vne perseuerance assés ferme, pour ne m'en laisser diuertir, ni par les charmes du plaisir, ni par les tentations de la Fortune. Ie n'eus point mesme d'autre pensée, quand je m'attachay à cet Ouurage, que d'occuper innocemment mon loysir, lors qu'apres vne vie assés agitée, je preferay la tranquillité de la retraitte à la turbulence de la Cour. Ce fut pluftost vn essay, qu'vne resolution

PREFACE.

determinée, pour voir si cette Espece de Poësie, condannée comme impossible, par nos plus fameux Escriuains, estoit vne chose veritablement deplorée, & si la Theorie qui ne m'en estoit pas tout à fait inconnüe, ne me seruiroit point à monstrer, à mes Amis, par mon exemple, que sans auoir vne trop grande eleuation d'esprit, on la pouuoit mettre heureusement en pratique. Sur tout, je n'auois garde de me persuader qu'vn trauail, que je faisois à l'ombre, deust jamais s'exposer au jour. Ce fut, certainement, par vne auenture inopinée, que ce que je cachois, auec tant de soin, vint à la connoissance de l'illustre Prince, qui, par vne generosité sans pareille, a trouué moyen de me faire vne necesité, d'vn exercice volontaire, & qui a conuerty, par ses faueurs, en vne profession publique, vn amusement de cabinet. Voila de quelle sorte je suis deuenu Poëte; aussi bien sans vanité, que sans capacité; d'abord par passetemps, & en suitte, pour ne me noircir pas de la plus lasche des ingratitudes. Il est vray que depuis qu'vn si magnanime Cœur a pris interest en mon Ouurage, j'y ay eu vne application beaucoup plus forte, & que la passion de le rendre digne de sa bonté, me l'a fait continüer d'vne ardeur beaucoup plus vehemente. Si j'auois aussi executé mon Dessein auec asés de bonheur, pour ne desplaire pas à Ceux qui l'ont honnoré de leur impatience, ce seroit prin-

PREFACE.

cipalement à luy que l'on en seroit redeuable. Mais, foible comme je suis, je crains fort que l'on ne luy en ait gueres d'obligation, & que le bien qu'il a voulu faire au Monde, en souſtenant mon Projet, par ses graces, ne ſoit pas reputé vn trop veritable bien. Car on ne manquera pas d'y chercher des manquemens, & il ne se peut faire que l'on n'y en trouue en abondance; ſoit de ceux que l'infirmité humaine ne m'aura pas permis d'euiter; ſoit de ceux qu'on voudra s'imaginer qui s'y rencontrent. Pour les premiers, comme c'eſt vn appanage de la Nature corrompüe, & qui l'eſt plus en moy qu'en qui que ce ſoit, je les auoüe de bonne foy, & j'en paſſe condannation ſans torture. Pour les autres, que la ſeule opinion met en ce rang, ſans alleguer de raiſon, ou ſans en alleguer de valable, je ne croy pas les deuoir abandonner à la mercy de ceux, qui n'ont de loy que leur fantaiſie, & qui, ne portant leur veüe que ſur peu de choſes, prononcent d'ordinaire fort legerement. Ie dis cecy en general, pour les Objections que doit attendre mon Poëme, ſans vouloir aller au deuant d'aucune, ni preuenir les attaques, par des defenſes à contretemps. Dans l'incertitude de ce qu'on y reprendra, il ne m'a pas ſemblé à propos de faire dire, que je me ferois forgé des Monſtres, pour les combattre; & que j'aurois ſuppoſé des accuſations, pour auoir lieu de me donner des eloges.

PREFACE.

I'ay pensé qu'il falloit laisser à chacun son jugement libre, & que je ferois mieux de me tenir derriere mon Tableau, pour entendre les auis du Peuple, pour profiter de ceux qui seront justes, & pour ne pas suyure ceux qui ne le seront pas.

I'en vserois volontiers de la mesme sorte, pour ce qui regarde l'election de mon Sujet. Mais comme elle n'a pas eu l'approbation de quelques-vns, qui sont persuadés que les Femmes ne peuuent estre prises pour Heroïnes, dans les Poëmes Epiques; je me sens forcé de destruire vne Maxime, qui ne peut subsister sans la ruïne du mien. Ceux-cy, jurant sur le Texte d'Aristote, maintiennent que la Femme est vne erreur de la Nature, qui ayant tousjours intention de faire vn homme, s'arreste souuent en chemin, & se voit contrainte, par la resistance de la matiere, de laisser son dessein imparfait. Ils tiennent la force corporelle tellement necessaire, dans la composition d'vn Heros, que quand il n'y auroit autre defaut à reprocher à la Femme, il luy en refuseroient le nom, pour cela seulement, qu'elle n'a pas la vigueur d'vn Athlete, & que la mollesse de sa complexion l'empesche de pouuoir durer au trauail. Ils n'estiment ce Sexe capable d'aucune pensée heroïque, dans la creance que l'esprit suit le temperament du corps, & que, dans le corps de la Femme, l'esprit ne peut rien conceuoir, qui ne se sente de sa foiblesse.

PREFACE.

Mais, outre ces motifs d'exclusion, ils en ont deux encore, sur lesquels ils la fondent principalement. Le premier est l'Vsage receu, parmy toutes les Nations, de ne commettre le maniement des Armes qu'aux hommes. Le second, la Messeance que cet Vsage fait trouuer, dans la valeur des Femmes, qui, par quelque raison que ce soit, s'engagent à les porter.

Ces Messieurs me pardonneront, toutesfois, si je leur dis qu'ils ne considerent pas trop bien quelle est la nature de la Vertu heroïque, qu'ils en definissent l'essence, par vn de ses moindres accidens, & qu'ils en font plustost vne vertu brutale, qu'vne vertu diuine. C'est tout ce qu'ils pourroient dire du Lion de Nemée, ou du Sanglier d'Erimante ; dont la force eut besoin d'vn Hercule pour la surmonter. Encore voit-on qu'en ces especes d'animaux, la difference du Sexe n'en met point dans le courage ; & que les Lionnes & les Layes, semblent mesme estre auantagées en ferocité sur leurs masles, lors qu'il s'agit de la defense de leurs petits, ou de la conseruation de leur propre vie. Ils ne songent pas qu'en supposant la force du corps necessaire à la Vertu heroïque, ils n'en excluent pas seulement les Femmes, mais les hommes aussi ; au moins ceux qui ne sont pas robustes ; quelque amour de la belle Gloire que leurs cœurs puissent auoir conceu. Ils se deuroient

PREFACE.

souuenir que cette Vertu n'a presque rien à faire auec le corps, & qu'elle consiste, non dans les efforts d'vn Milon de Crotone, où l'esprit n'a aucune part, mais en ceux des Ames nées, pour les grandes choses; quand, par vne ardeur plusqu'humaine, elles s'eleuent au dessus d'elles-mesmes; qu'elles forment quelque Dessein, dont l'vtilité est aussi grande que la difficulté, & qu'elles choisissent les moyens de l'executer, auec constance, & hauteur de courage. Pour preuenus qu'ils soient, en faueur des Hommes, je ne pense pas qu'ils voulussent attribüer à leur ame vn seul auantage, auquel l'ame de la Femme ne pust aspirer, ni faire deux especes des deux Sexes, desquels la Raison de tous les Sages n'a fait qu'vne jusqu'icy. Ie ne croy pas non plus qu'ils s'imaginent que les Vertus Morales ayent leur siege ailleurs, que dans la Volonté, ou dans l'Entendement. Mais si elles y ont leur siege, & si l'on ne peut dire que ces deux facultés soient autres, dans l'ame de la Femme que dans l'ame de l'Homme, ils ne peuuent, sans absurdité, accorder vne de ces Vertus à l'Homme, & ne l'accorder pas à la Femme. En effet, cette belle pensée d'Aristote, qui a donné occasion à leur erreur, est si peu physique, qu'elle fait plus de tort à la Philosophie du Lycée, qu'elle n'appuye l'opinion de ceux que nous combattons. Si d'ailleurs ils renferment la Vertu heroïque, dans les seules actions

mili-

PREFACE.

militaires, ils tefmoignent qu'ils ne la connoiffent pas mieux de ce cofté là; puifqu'il eft certain qu'elle ne regarde pas moins cette magnanimité, qui fait fouffrir les plus grands maux, auec courage, que celle qui fait agir, auec vigueur, dans les entreprifes les plus difficiles. Car, qui niera qu'vn Regulus & vn Socrate, vn Pætus Thrafea, & vn Heluidius Prifcus, ne foient pas auffi bien des Heros, par les peines qu'ils ont endurées, auec tant de fermeté, qu'vn Cyrus & vn Alexandre, vn Scipion & vn Trajan, par les actions qu'ils ont faites, auec tant de cœur? Mais de cette forte de conftance heroïque, il feroit aifé d'apporter mille exemples de tous les Siecles, où il paroiftroit que les Femmes n'en doiuent rien aux Hommes, & qu'elles ont quelquefois monftré vne extreme affurance, dans les malheurs, où les Hommes mefmes faifoient voir vne extreme lafcheté. Arria, Epicharis & tant d'autres, ne laiffent pas le moindre fcrupule à la folidité de cette doctrine. Ce n'eft pas auec plus de fondement qu'ils veulent ofter la gloire de cette Vertu aux Femmes, à caufe de la delicateffe de leur complexion. Car, quand la force du corps feroit abfolument neceffaire, pour la pratiquer; ce que l'on nie, en toute autre chofe que dans la guerre; cette exception ne regarderoit, au plus, que les Femmes, qui y feroient mal propres, par leur foibleffe corporelle; & ce champ demeu-

b

PREFACE.

roit tousjours libre à celles qui, par leur naissance, ou par leur nourriture, se trouueroient capables de l'exercer. Qui ne voit maintenant combien on pourroit former d'Armées, de Femmes de ce dernier genre, qui ne cederoient en rien à celles que composent nos plus robustes soldats? Combien y a-t-il de Dames passionnées pour la chasse, que le Soleil le plus ardent, les courses les plus longues, ni les forts les plus impenetrables, n'affoiblissent, ne lassent, ni n'arrestent jamais? Quelle infinité de Femmes du commun ne voit-on point fournir aux mesmes trauaux, & porter les mesmes charges, que leurs Maris & que leurs Fils? On leur fait, sur tout, vn tort signalé, lors qu'on ne veut pas qu'elles soient capables de la Vertu heroïque, alleguant, pour cause, que la foiblesse de leurs organes, empesche leur ame de pouuoir rien executer de fort. Et cette maxime ne leur est pas seulement injurieuse, entant que femmes, mais encore entant que raisonnables; comme si leur raison se proportionnoit à leur force, & que cette faculté, qui constitüe leur essence, souffroit le plus & le moins, selon l'abondance ou le defaut de vigueur, qui se trouueroit en leur corps. Ie n'insiste pas dauantage là dessus, pour ne les pas reduire à se jetter dans l'extremité, de poser que l'ame de la Femme, pour sa propre action, depend de la masse corporelle, & que par consequent elle est corporelle aussi.

PREFACE.

Ie me contente de leur oppofer les fages Payens, & toute l'Efchole Chreftienne, qui maintiennent, auec tant de juftice, que la vigueur de l'ame depend de l'affoibliffement du corps, & qu'elle n'approche jamais tant de la Nature diuine, que quand elle eft prefte à en fortir; parce que c'eft le temps, où elle eft le moins engagée dans la matiere. Enfin, ils ne peuuent fupporter que les Femmes pretendent à cette Vertu, lors qu'ils confiderent les Mœurs communes, par lefquelles l'vfage des Armes leur eft interdit. Mais, qu'eft-ce là autre chofe que retomber dans l'erreur condannée, qu'il n'y peut auoir de Heros, que dans le meftier de la Guerre ? Quand toutesfois cette propofition feroit fouftenable, & que la feule Guerre feroit les Heros, il ne s'enfuyuroit pas pour cela, que la Couftume puft faire tort à la Nature, non plus que l'opinion à la Verité. I'auoüe bien que le Monde, pour la plufpart, eft conuenu d'ofter l'exercice des Armes à ce Sexe, & que fon employ a efté limité, prefque par tout, à la feule conduite du dedans de la Maifon. On ne fçauroit pourtant defauoüer que cette pratique affés generale, ne trouue des Vfages contraires, chés quelques Peuples, qui ont fecoüé fon joug, & qui fe font feruis de leurs Droits, pour leur conferuation. Les vieux habitans de la Grande Bretagne, combattoient d'ordinaire fous le commandement des Femmes. Parmy les Scythes, les

b ij

PREFACE.

trauaux militaires eſtoient egalement partagés entre l'vn & l'autre Sexe. Pluſieurs Nations des nouuelles Indes les leur rendent communs auſſi ; & la Republique des Amazones, toute guerriere, & qui n'admettoit pas meſme les hommes dans la ſocieté des combats, eſt vne preuue ſi puiſſante de cette exception, qu'elle ne permet pas ſeulement d'en douter. Les Lacedemoniens n'y mettoient pas plus de difference que les Scythes, & l'on voit par ces derogations aux Mœurs communement receües, que la Couſtume, pour vniuerſelle qu'elle ſoit, ne preſcrit point contre la Raiſon, qui n'eſt point ſujette au changement, & qui ne ſuit point les caprices de la Fantaiſie. D'où l'on peut inferer que la pudeur, qui a eſté introduitte, ſur cela, dans la vie Ciuile, eſt vne pudeur illegitime, toute dans l'imagination, & ſans realité quelconque ; parce que la vraye pudeur ne regarde que les choſes mauuaiſes, & oppoſées à la Vertu ; & que cette autre là ne regarde que l'Inſtitut & l'Opinion, pour des choſes qui de ſoy ſont indifferentes. L'on a veu auſſi de temps en temps, la Nature inſpirer à des Semiramis, & à des Tomiris, à des Voadiques, & à des Zenobies, de s'armer, & de combattre en perſonne les Ennemis de leurs Eſtats; quelques-vnes auec ſucces, & toutes auec gloire, ſans que l'on y ait rien trouué contre la modeſtie, parce que la valeur ſemble touſjours belle, en quelque

PREFACE.

sujet qu'elle se rencontre; & qu'elle a encore plus d'agrément dans la Femme, quand la mollesse de son sexe ne paroist point dans sa vertu. Cette approbation est confirmée, par la constante pratique de la pluspart des Nations, en vne sorte de commandement peu eloigné de celuy de la Guerre. Car, pour ne m'estendre point, qui ne sçait que l'Espagne, l'Angleterre, l'Escosse, la Süede, admettent indifferemment les Hommes & les Femmes à la Royauté? Cependant, pour occuper dignement le throsne, il faut auoir les qualités d'vn Heros, & se monstrer au dessus de la condition humaine; puisque c'est principalement dans cette opinion que les Peuples subissent vn joug volontaire, & que s'ils se font vn Maistre, d'vn homme né comme eux, c'est qu'ils le considerent, comme s'il estoit d'vne Nature superieure, à laquelle il leur est honneste & vtile de s'assujettir. La mesme chose se verifie par les Regences qu'obtiennent les Femmes, aux Païs mesme où elles n'ont pas Droit de Succession; ce qui se feroit encore moins, si l'on ne les jugeoit capables de commander, en temps de Paix, & en temps de Guerre. On peut conclûre de là, que la chose qui est bienseante à l'Homme, parce que c'est vne action vertueuse; comme est la prise des Armes, pour la defense de sa Patrie; ne peut estre messeante à la Femme, dont l'ame est capable de toute vertu, & que ce

PREFACE.

n'eſt qu'vne preoccupation de l'Vſage, qui fait que ceux là l'eſtiment honteuſe, qui ne ſçauent pas vſer de la liberté de leur raiſon. Par où l'on voit clairement que les Femmes peuuent s'armer & combattre, ſans choquer la pudeur, & ſans ſortir de la bienſeance ; ſur tout dans vne preſſante neceſſité, & lors que la Patrie, qui eſt vne Mere commune, a beſoin de tous ſes Enfans, pour en deſtourner, ou pour en reparer la ruïne. C'eſt ſans doute, ſur de ſemblables conſiderations, que Platon, ce grand Legiſlateur, s'eſt oppoſé à l'abus tyrannique de la Couſtume, & qu'il n'a pas moins obligé les Femmes que les Hommes, à prendre leur part des fatigues de la Guerre; dans le Plan qu'il a tracé d'vn Eſtat parfait. Que ſi la Queſtion ſe deuoit pluſtoſt reſoudre par authorité, que par raiſonnement, je ne voy pas pourquoy Ariſtote l'emporteroit ſur luy, qui a eſté ſon Maiſtre, & qui malgré l'animoſité des Partis, entre tous les Philoſophes, s'eſt, par excellence, conſerué le nom de Diuin. S'il n'eſt donc point contre l'ordre Naturel, que les Femmes puiſſent regner, eſtre Regentes, & faire des actions heroïques ; & ſi l'Vſage, qui les en exclut, n'eſt point ſi general, qu'il ne ſouffre des exceptions ; ceux qui ont aſſés de force, pour ſe defendre des prejugés, ne s'eſtonneront point que j'aye choiſi vne Fille, pour l'vn des premiers Heros de mon Poëme. Ce qui leur deura

PREFACE.

sembler encore moins estrange, lors qu'ils songeront que je l'ay tirée du propre sein de la Verité, sans auoir eu besoin de recourir à la Fable. Ils ne douteront point qu'vne Femme, qui a pû donner matiere à l'Histoire, ne la puisse donner à la Poësie, à qui, par sa nature, il n'est rien qui ne soit permis. Enfin, ils m'en blasmeront dautant moins, qu'ils verront que pour rendre cette Histoire plus susceptible de la forme Epique, le Ciel y concourt auec la Terre, de la sorte que l'Art le demande, dans les Sujets purement humains. Et qu'on ne pense pas m'objecter, comme vne chose considerable, que le concours du Ciel est vne Machine, qui choque la Vray-semblance, & qui, en la choquant, destruit l'Imitation. Car outre qu'on ne peut conceuoir de Heros, où il n'entre quelque chose de diuin, il faut, de plus, tomber d'accord que cette sorte de Machine, où la Diuinité interuient, lors qu'elle passe pour vraye, deuient aussi-tost vray-semblable, auprés de ceux qui sont persuadés du pouuoir de cette Diuinité. Et je n'en chercheray point la preuue hors des miracles les moins communs, que Dieu opere aucunes-fois, pour sa gloire, & qu'on ne sçauroit soupçonner d'auoir leur principe dans la Nature; lesquels n'ont besoin que d'estre creus vrays, pour estre creus vray-semblables; & où l'esprit acquiesce, sans repugnance, parce qu'encore que la cause luy en soit incon-

PREFACE.

nüe, la certitude de l'effet luy tient lieu de cause, pour n'en douter pas dauantage que s'il la connoissoit. Cette doctrine est tres-solide, suyuant mesme celle d'Aristote, qui dans les euenemens incroyables, quoy que produits par le seul hazard, & destitüés du secours celeste, dit, & fort bien, que plusieurs choses arriuent contre la vray-semblance, qui ne laissent pas d'estre vray-semblables, parce qu'il est vray-semblable qu'il arriue quelquesfois des choses, qui selon le cours ordinaire, ne deuroient point arriuer. Que si l'on vouloit rejetter, comme contraire à l'Imitation & à la vray-semblance, tout ce qui se fait par l'inspiration, ou par l'assistance des Cieux; où en seroit Homere, & apres luy toute la Famille Poëtique, qui souuent, sans besoin, & souuent aussi, par necessité, ont introduit les Diuinités, dans les actions des hommes? Personne neantmoins ne leur a imputé cela, à defaut; au contraire, ils en ont esté loüés & admirés, à cause du relief que de semblables Machines donnent à leurs Sujets ; auxquels elles communiquent vne certaine majesté, qui leur fait maistriser les esprits, auec plus d'empire. L'interest, qu'ils feignoient que les Dieux prenoient dans les affaires humaines, reüssissoit auantageusement, parmy les Payens; parce que ceux-cy auoient vne ferme creance du pouuoir de ces Diuinités, & que cette creance leur rendoit les suppositions des Poëtes vray-semblables. Ie dis par

propor-

PREFACE.

proportion la mesme chose des Machines Chrestiennes, lesquelles, pour n'estre pas du ressort de la Nature, ne laisseroient pas de garder leur vray-semblance, quand mesme elles seroient inuentées ; les Chrestiens, entant que Chrestiens, & que mieux persuadés encore des choses Saintes, que les Payens ne l'estoient, n'ayant pas plus de peine à adjouster foy aux euenemens miraculeux, qu'aux euenemens ordinaires ; & la persuasion qu'ils en ont leur estant aussi facile, par la Coustume Chrestienne, que la persuasion qu'ils ont des succes communs, par la Coustume Ciuile. La seule difference qu'on peut remarquer, entre ces deux persuasions, est que la premiere resueille l'esprit, & luy imprime vn plus grand respect pour l'Essence diuine ; à cause qu'il ne voit pas arriuer ces choses tous les jours ; & que la seconde ne luy donne aucune emotion, ni ne luy fait faire aucune reflexion, sur l'Autheur du Monde ; à cause qu'il voit arriuer ces choses à tous momens, bien que les vnes & les autres soient egalement des effets de sa bonté & de sa puissance. J'adjousteray que la Poësie, & principalement celle qui chante les Heros, estant toute figurée & toute hyperbolique, cherche à eleuer les cœurs aux Actions extraordinaires, en donnant de grandes idées de celles dont elle traitte ; afin que s'ils n'y peuuent atteindre, ils les suyuent, au moins, d'aussi pres, que leurs forces le

PREFACE.

peuuent fouffrir. Pour cela, elle deroge à cette exacte vray-femblance, qu'on voudroit exiger du Poëte, fuyuant la doctrine d'Ariftote mal entendüe. C'eft ainfi qu'il a efté pratiqué, par Homere, & par Virgile, dans les Ouurages defquels on voit, vn Achille chaffer tout feul, deuant luy, des bataillons entiers, & vn Turnus lancer des pierres, que douze hommes des fiecles fuyuans n'auroient pas feulement pû remüer. Ce qui a obligé ces grands Genies d'en vfer ainfi, contre la vray-femblance ordinaire, a efté pour donner vn air plus majeftüeux à leurs Poëmes, & pour mieux porter les Courages aux Entreprifes poffibles, par l'image de celles, qui font mefme au deffus de la poffibilité.

Tout ce que j'ay dit en faueur des Femmes, pour les monftrer capables des Actions militaires, & propres à feruir d'Heroïnes dans l'Epopée; ne m'empefche pas toutesfois d'auoüer, que quand elles y font introduites, ce doit eftre auec bien plus de retenüe, qu'elles ne l'ont efté par les Efpagnols & par les Italiens, dans leurs Romans; fur l'opinion erronée, que ce qui embellit vn Ouurage, lors qu'il y eft employé difcrettement, l'embellit encore dauantage, lors qu'on l'y employe fans difcretion. Tout cela, disje, ne m'empefche pas de croire, qu'il s'en faut abftenir le plus que l'on peut, & qu'on ne doit pas tant chercher à plaire, par cette nouueauté, qu'ap-

PREFACE.

prehender de desplaire, par vne nouueauté suspecte, comme il arriue, lors qu'elle est de pure inuention, & qu'elle n'a de subsistance que dans l'imagination du Poëte. Aussi n'ay-je employé la PVCELLE pour Heroïne, dans mon Poëme, que parce que c'estoit vne Personne vraye, & d'vne verité si connüe, qu'elle ne le seroit pas dauantage, si les merueilles de sa Vie auoient eu nos yeux pour tesmoins. Ie ne l'y ay introduite comme animée de l'Esprit de Dieu, que sur l'exemple de la vaillante Debora, qui ne faisoit pas seulement la fonction de Iuge, entre les Israëlites; mais qui les menoit encore à la guerre, contre le Tyran de leur liberté; & qui les rendoit victorieux de leurs ennemis, par son courage & par sa conduitte. Ie dis plus, bien que, dans le fait particulier de la PVCELLE, j'eusse le tesmoignage de l'Histoire, l'euidence de sa Mission, & les effets de ses Miracles, pour fondement de cet employ, voulant conseruer neantmoins, dans ses actions, le plus de cette Vray-semblance que l'on desire, pour ne satisfaire pas moins Aristote que Platon; lors que je dressay mon Plan, & que je donnay la forme Poëtique à ce veritable Euenement, j'eus vn soin particulier de le conduire de telle sorte, que tout ce que j'y fay faire, par la puissance diuine, s'y puisse croire fait par la seule force humaine, eleuée au plus haut point, où la Nature est capa-

PREFACE.

ble de monter. Cela se reconnoistra, & peut-estre auec quelque approbation, par ceux qui prendront la peine de le suyure pas à pas, & de prester leur attention au detail & au progres de ses parties. D'ailleurs, bien que j'aye fait prendre à la PVCELLE vne part fort considerable, en ce Succes, je ne l'ay pas tant regardée, comme le principal Heros du Poëme, qui, a proprement parler, est le CONTE DE DVNOIS, que comme l'Intelligence qui l'assiste efficacement dans l'Entreprise qu'il s'estoit proposée, de deliurer la France de la tyrannie des Anglois. Ie ne l'ay bien regardée que comme la Pallas de mon Vlysse, ou, pour m'expliquer plus Chrestiennement, que comme la Grace, dont il plut à Dieu d'armer & fortifier le Bras qui soustenoit l'Estat, & sans laquelle tous ses efforts auroient esté inutiles, à quelque degré de valeur qu'il eust sceu les porter. Mais, pour faire voir plus clairement, que je n'ay point eu d'autre visée, je leueray icy le voile, dont ce Mystere est couuert, & je diray, en peu de paroles, qu'afin de reduire l'Action à l'Vniuersel, suyuant les Preceptes, & de ne la priuer pas du sens Allegorique, par lequel la Poësie est faite l'vn des principaux Instrumens de l'Architectonique; je disposay toute sa matiere de telle sorte, que la France deuoit representer L'Ame de l'Homme, en guerre auec elle-mesme, & trauaillée par les

PREFACE.

plus violentes de toutes les Emotions ; Le Roy Charles ; La Volonté, Maistresse absoluë, & portée au bien par sa nature, mais facile à porter au mal, sous l'apparence du bien : L'Anglois & Le Bourguignon, Sujets & Ennemis de Charles ; Les diuers Transports de L'Appetit Irascible, qui alterent l'Empire legitime de La Volonté : Amaury & Agnés, l'vn Fauory & l'autre Amante du Prince ; Les differens Mouuemens de L'Appetit Concupiscible, qui corrompent l'innocence de la Volonté, par leurs inductions, & par leurs charmes : Le Conte de Dunois, Parent du Roy, inseparable de ses interests, & Champion de sa querelle ; La Vertu qui a ses racines dans La Volonté, qui maintient les semences de Iustice qui sont en elle, & qui combat tousjours pour l'affranchir de la tyrannie des Passions : Tanneguy Chef du Conseil de Charles ; L'Entendement qui eclaire La Volonté aueugle : & La Pucelle, qui vient assister le Monarque contre Le Bourguignon & L'Anglois, & qui le deliure d'Agnes & d'Amaury ; La Grace diuine, qui, dans l'embarras, ou dans l'abbattement de toutes Les Puissances de l'Ame, vient raffermir La Volonté, soustenir L'Entendement, se joindre à La Vertu, &, par vn victorieux effort, assujettissant à La Volonté Les Appetits Irascible & Concupiscible, qui la troublent, & l'ammollissent, produire cette Paix interieure, & cette par-

PREFACE.

faitte Tranquillité, enquoy toutes les Opinions conuiennent que confiste le souuerain Bien.

Apres auoir justifié assés exactement, comme je croy, les motifs que j'ay eus pour faire de la PVCELLE l'Heroïne de mon Poëme, il sembleroit que je deusse maintenant parler de l'Art, que j'ay essayé d'obseruer dans sa Constitution ; soit pour l'Inuention du Tout ; soit pour la Distribution des Parties ; & monstrer, par le menu, quel soin j'ay apporté, pour y accommoder la Pratique des derniers Temps, aux Maximes anciennes ; autant que la Raison, qui est immüable, & les Mœurs des Peuples, qui sont changeantes, l'ont, ou permis, ou desiré.

Il sembleroit, sur tout, que je deusse dire, en ce lieu, surquoy je me suis fondé, pour n'y employer pas la Machine de la Magie, à la maniere des vieux Romans ; quelque occasion qu'elle m'eust pû fournir d'y faire des descriptions fleuries & agreables. Il sembleroit, disje, que je deusse expliquer en cet endroit, pourquoy je me suis retranché dans celles des Saints, des Anges, des Demons, & de quelques Personnes Poëtiques ; & pourquoy j'ay plustost suyui, dans le reste, les mouuemens de la Nature reglée, que ceux de la vague Imagination. Mais je ne trouue pas à propos de m'engager dans ces eclaircissemens, ni de donner lieu de penser que je me

PREFACE.

desfie de la capacité de mon Siecle, comme s'il auoit besoin que je l'instruisisse des Loix, sur lesquelles ces sortes d'Ouurages se doiuent former. Ie n'ay pas voulu prendre le hazard de me faire accuser d'ostentation de science, en desployant vne Doctrine, dont le fonds est plus negligé qu'ignoré. Ie dois, outre cela, trop de respect au Tasse, & aux autres grands Hommes, qui l'ont suyui dans cette perilleuse route, pour en approfondir icy la question. Il me suffira de dire que j'ay pris l'autre chemin, comme le plus seur, par des considerations que je dois bien auoir creuës fort solides, puis qu'elles m'ont fait renoncer à l'vn de ces ornemens, qui ont eu le plus de vogue en ce genre, parmy les Modernes; pour me renfermer dans ceux que souffre l'Art, & qui ne choquent, ni la Nature, ni la creance des Peuples.

Ie n'en diray guere dauantage du Stile, auec lequel je me suis efforcé de soustenir la dignité du Poëme Epique; &, s'il m'eust esté permis, je n'en eusse rien dit du tout. Mais comme, dans les Productions d'Esprit, c'est la chose qui se presente la premiere, & que le Vulgaire demande du fard, dans les Objets qu'on luy presente, parce qu'il n'est pas sensible aux veritables beautés; Comme il n'ayme pas, mesme, les vrays ornemens, s'ils ne sont sans nombre, & sans mesure; qu'il n'est charmé de

PREFACE.

rien tant, que de l'ingeniofité affectée & immoderée de Lucain; & qu'il trouue prefque infipide la fageffe & la magnificence de Virgile: I'ay penfé deuoir faire en ce lieu ma declaration, que c'eft auec connoiffance de caufe, que je me fuis refolu à marcher fur les traces du dernier, reconnu de tous les Temps, pour le feul Guide qui meine au Parnaffe, pour le feul Poëte, qui conferue le jugement dans la fureur, & pour le feul Peintre, capable de bien imiter la Nature. I'ay creu deuoir declarer, que c'eft apres y auoir bien fongé, que je me fuis eloigné de la voye que l'autre a tenüe; & que j'ay mieux aymé ne plaire point au Commun, en ne m'accommodant pas à fon gouft, que de defplaire à l'Art, en ne fuyuant pas fes Maximes. I'ay appris de luy, que le charactere de la Narration, mefme dans l'Epique, demandoit, fur tout, la clarté; & qu'elle ne deuoit chercher à fe faire belle, que par le choix des paroles pures, fonnantes & energiques; par l'employ des figures grandes & fortes, fans extrauagance; & par les penfées nobles, graues, & toutes du Sujet. I'ay appris de luy, que les traits guindés, pour fpirituels qu'ils puiffent eftre, en font abfolument bannis; que les efforts d'imagination y font des marques de foibleffe de fens; & que quand on a fait vn Ouurage tout de lumieres, on n'a pas mieux reüffi qu'auroit fait le Sculpteur bizarre, qui pour former vne Statüe

PREFACE.

tüe admirablement belle, se seroit imaginé la deuoir composer toute d'yeux. C'est pourquoy, comme dans l'expression des Mœurs & des Passions, je me suis plus attaché aux sentimens de la Nature, qu'aux subtilités de la Declamation ; je me suis aussi tenu, le plus qu'il m'a esté possible, dans la Narration, au Charactere qui luy est le plus propre, & ne luy ay permis de se parer, que des choses qui la pouuoient soustenir, sans la desfigurer. Enquoy, bien que j'aye suyui la pratique des bons Maistres de l'Art, je suis neantmoins tres-eloigné de pretendre auoir en rien approché de leur majesté, ni de leur eleuation ; premierement, parce que je suis leur inferieur de tant de degrés, que je ne pourrois mesurer ma petitesse, auec leur grandeur, sans me monstrer aussi ridicule que desraisonnable ; & en second lieu, parce que je ne croy pas nos Langues Modernes, iusques icy capables de ces fortes Figures, soit de sens, soit de diction, qui regnent si heureusement dans les Anciennes. Ce qui est apparemment arriué, à cause que la Grece & l'Italie ont eu plus de temps, pour cultiuer leur Langage, depuis qu'elles ont commencé à se plaire dans les Disciplines, que nous n'en auons eu, pour perfectionner le nostre, depuis que nous nous sommes auisés de l'embellir. Ou cela est venu du Genie des Vieux Siecles, qui receuoient ces hardiesses, non seulement sans peine,

d

PREFACE.

mais encore auec plaisir; fauorifant de leur approbation la genereufe audace des Orateurs & des Poëtes qui les hazardoient; Au lieu que le Genie du noftre rejette, auec degouft, dans le Stile, la moindre Figure hardie, & dans les termes, ce qui s'efcarte tant foit peu des façons de parler, qui ont cours, parmy ceux que l'on appelle Honneftes gens. Mais comme d'vn cofté, j'ay fuyui, felon ma foibleffe, le chemin battu, par ces excellens Hommes; de l'autre, j'ay foigneufement euité de mettre les pieds, fur leurs veftiges. Ie veux dire, que je me fuis contenté d'auoir les yeux fur leur Idée, & de les imiter dans le general, fans emprunter, ou copier leurs penfées, ni leurs paroles; m'ayant tousjours femblé qu'il y auoit de la baffeffe de cœur, & de la fterilité d'efprit, en cette forte d'imitation; & qu'elle ne deuoit eftre permife que dans les endroits, où l'on pretend le renuier fur leurs efforts; non comme Traducteur, mais comme Emulateur, non auec les mefmes mots, mais auec d'autres, ou equiualens, ou frappés à vn coin plus digne. Ie me fuis auffi gardé foigneufement de faire parade d'erudition; & fi j'ay efté obligé, par la rencontre, d'en laiffer efchapper quelque trait, je l'ay fait fobrement, & comme fongeant à toute autre chofe. Car je n'ay pas ignoré combien l'affectation y eft vicieufe, ni dans quel decry tombent ceux, qui veulent faire les

PREFACE.

habiles hors de saison. Ie n'ay pas ignoré qu'encore que, pour réüssir en ce genre de Poësie, il faille presque tout sçauoir ; si neantmoins il est permis de le laisser connoistre, ce ne doit estre qu'en ce que, dans la diuersité des materiaux, & des ornemens, que l'on assemble, & qu'on fait entrer dans la composition d'vn Poëme Epique, le Poëte n'a rien obmis de necessaire, ni n'a rien employé de superflu ; quoy que ce soit, qui excede cette regle, ne pouuant passer, auprès des vrays Sçauans, que pour vne vanité pedantesque, & pour vne puerile ambition.

Auec tout cela, je dois bien craindre d'estre demeuré au dessous de l'attente publique, & d'auoir mal satisfait le goust des particuliers. Ie suis comme certain, que les Gens de lettres ne chercheront en ce trauail, que les passages pris des vieux Liures, & qu'ils n'y estimeront que ce qui ne sera pas de son Autheur ; Que les Courtisans n'y aymeront que ce qui represente les mœurs de leur Siecle ; Les Beaux Esprits, que les traits aigus, & les pointes rafinées ; Les Inuenteurs, que la grandeur du Dessein, & la justesse de son ordre ; Les Grammairiens, que le nombre, & la cadence des Vers ; Les Personnes pieuses, que les matieres saintes ; Les Braues, que les combats ; Les Dames, que les Passions ; Les Politiques, que les Conseils ; Et que tous, faute de trouuer, à chaque page, ce qui peut toucher leur incli-

PREFACE.

nation, regarderont l'Ouurage comme languissant, & comme ennuyeux. A quoy je ne repliqueray rien, sinon qu'aupres de ceux qui s'y connoissent, la varieté bien entendüe fait la principale beauté de ces sortes de Compositions.

Venant, d'ailleurs, apres tant d'Escriuains illustres, & dont le merite a occupé la faueur du Peuple, ne dois-je pas fort apprehender qu'il me refuse l'applaudissement, que j'en eusse peut-estre obtenu, si je me fusse fait voir aussi bien le premier dans la carriere, que j'ay paru le premier sur les rangs ? En effet, qu'est-ce que la PVCELLE peut opposer, dans la peinture parlante, au MOYSE de M. De S. Amand ; dans la hardiesse, & dans la viuacité, au SAINT LOVYS du R^d Pere le Moine ; dans la pureté, dans la facilité, & dans la majesté, au SAINT PAVL de M. l'Euesque de Vence ; dans l'abondance & dans la pompe à l'ALARIC de M. de Scudery ; enfin, dans la diuersité & dans les agrémens, au CLOVIS de M. Desmarests ? Ie ne parle point de la PHARSALE de M. de Brebeuf, quoy que ses vigoureuses expressions ne cedent en rien à celles de son Original, & qu'il soit aisé de voir par vne si brillante Copie, jusqu'où il pouuoit porter son vol, s'il ne se fust point borné à vne moindre eleuation que la sienne. La PVCELLE se reconnoist

PREFACE.

inferieure, en toutes choses, à tous ces Heros, & si elle ne se pouuoit vanter de les auoir excités, par son exemple, à entreprendre cette glorieuse course, elle n'oseroit pas mesme se croire digne de la faire apres eux. Que dirois-je encore de l'auantage qu'a, sans doute, la grauité magnifique du CONSTANTIN du R^d Pere Mambrun, & du MARTEL de M. de Boissat, sur l'inculte simplicité de ma BERGERE; si je les auois aussi bien veus, que je sçay de quels grands efforts leurs Autheurs sont capables; & si l'on pouuoit aussi bien faire comparaison, entre des Poëmes de Langage different, qu'entre ceux d'vne mesme Langue? Que ne dirois-je enfin, du CONQVISTO di GRANATA du Seigneur Girolamo Graziani, mettant sa richesse en parallele auec la pauureté de ma FRANCE DELIVREE ; si cette mesme diuersité de Langage permettoit que l'on en pust faire vn jugement regulier? Mais je ne diray autre chose, sur tous ces fameux Ouurages, sinon que ma Guerriere prendra tousjours part à leur honneur; qu'elle respectera tousjours leur merite; & que si elle se sert jamais de ses Armes, ce ne sera que pour combattre les Ennemis de leur reputation.

Ie finis, apres que j'auray fait quelques prieres à Ceux qui verront celuy-cy, lesquelles je ne croy pas inciuiles, & que j'espere de leur equité, qu'ils

PREFACE.

m'accorderont facilement. Ie les supplie donques de vouloir bien n'apporter à la lecture de ce Poëme, aucun goust particulier, ni aucune preuention d'esprit; soit pour sa perfection, soit pour son imperfection; Que la bonne ou mauuaise opinion, qu'ils en doiuent prendre, vienne de leur pur mouuement, & qu'elle ne leur soit point inspirée par autruy; Que pour sa Constitution, ils ne la loüent, ni ne la blasment, qu'ils ne l'ayent veuë toute entiere, & qu'ils n'ayent pû verifier, si son commencement s'ajuste auec son milieu, & si sa fin se rapporte à l'vn & à l'autre; Que, quand ils en feront l'examen, ils s'examinent les premiers, & sachent bien, auparauant, s'ils possedent les lumieres necessaires, pour prononcer, sur son Inuention, sur sa Disposition, & sur son Elocution; Qu'en l'examinant ils se souuiennent, de se tenir renfermés, dans les limites de l'Heroïque, sans desirer, en luy, ce qui n'appartient qu'à l'Elegie, qu'à l'Ode, qu'à l'Epigramme, & qu'au Roman; Celuy-cy entre autres, qui luy ressemble dauantage, deuant empescher, par sa difference specifique, qu'on ne les confonde, & qu'on n'attende les mesmes choses de tous les deux; Qu'enfin, ils me laissent la liberté de profiter, non seulement de mes reflexions propres, sur les manquemens, que la foiblesse de la Nature humaine rend ineuitables, dans les longs Projets; mais encore des Obseruations de

PREFACE.

Ceux, qui de bonne foy, & fur des fondemens folides, m'auront fait connoiftre mes erreurs. De toutes ces prieres, la derniere eft celle, fur laquelle j'infifte le plus ; comme fur celle, qui m'importe le plus ; puifque je n'expofe pas plus au jour cet Enfant de mes veilles, qu'à la Cenfure des Perfonnes juftes & eclairées ; afin que s'il eft capable d'amendement, je puiffe le mettre, par leur auis, & par mes foins, en eftat de leur plaire, & de ne me faire point de honte. I'excepte du nombre de mes fautes, celles qui, malgré toute ma vigilance, fe font coulées dans l'impreffion ; & je ne croy pas auoir befoin de m'en defendre, & de demander qu'on ne me les impute point. Ie fupplie feulement qu'on fe donne la peine d'en parcourir le Catalogue, qui a efté rejetté à la fin du Liure, & de les corriger, chacune en leur lieu, felon qu'elles y font marquées ; le nombre n'en eftant pas fi grand, que ce foin doiue coufter beaucoup de trauail, & cette diligence eftant abfolument neceffaire, pour en trouuer l'Ouurage moins defectueux, & pour eftre moins arrefté dans fa lecture.

LA PVCELLE
OV
LA FRANCE DELIVREE

LIVRE PREMIER.

E chante la PVCELLE, & la sainte
Vaillance,
Qui dans le point fatal, où perissoit
la France,
Ranimant de son Roy la mourante
vertu,
Releua son Estat, sous l'Anglois, abbatu.
Le Ciel se courrouça, l'Enfer esmût sa rage,
Mais Elle, armant son cœur de zele & de courage,
Par sa priere ardente, au milieu de ses fers,
Sceut, & flechir les Cieux, & donter les Enfers.

A ij

Ames des premiers Corps, Peres de l'Harmonie,
Meſſagers des Decrets de l'Eſſence infinie,
Legions qui ſuyués l'eternel eſtandard,
Et qui, dans ce grand Oeuure, euſtes ſi grande part;
Celebrés, auec moy, la Guerriere Houlette,
Faites prendre à ma voix l'eclat de la trompette,
Eſchauffés mon eſprit, diſposés mon Projet,
Et rendés mon haleine egale à mon Sujet.
  Auguſte Succeſſeur de cet auguſte Prince,
Par qui s'accrut jadis la Françoiſe Prouince,
Lors que ſon bras vengeur, par cent heureux combats,
Du redoutable Anglois mit la puiſſance à bas;
Magnanime HENRY, glorieux LONGVEVILLE,
Des errantes Vertus, & le Temple, & l'Aſyle,
Colonne de l'Eſtat par DVNOIS reſtably,
Heros, dont les exploits ne craignent point l'Oubly;
Viue Source d'honneur, qui tousjours claire & pleine
Groſſis, de flots bruyans, ma languiſſante veine,
Et fais couler mes jours, dans l'honneſte loyſir,
Qu'enuioit la Fortune à mon noble deſir;
Des veritables chants de mon ſacré Parnaſſe,
Aprens les hauts deſſeins d'vn Guerrier de ta Race,
Et voy, dans leurs ſucces, juſqu'où le cœur humain
Peut porter les efforts d'vne mortelle main.
Voy, parmy la tempeſte aux injuſtes fatale,
Reſplendir de ton Sang l'origine Royale,
Et contemple eſtonné, par quels brillans eſſais
Se preparoient les Cieux à produire tes Faits.

LIVRE PREMIER.

Vn jour, lors qu'en fuyuant ce grand Foudre de guerre
I'auray pris ma volée, aßés loin de la Terre,
Et que j'auray le ton deformais aßés fort
Pour l'eſleuer à toy, ſans te faire de tort;
Ie veux, par le recit de tes propres merueilles,
Des Peuples ſuſpendus enchanter les oreilles,
Et, dans tous les climats, faire, par leur grandeur,
Cherir de tes Lauriers l'eternelle verdeur.
Ie diray la Comté, par toy, demi-conquiſe,
Par toy, dans le Piedmont, l'aſſeurance remiſe,
Les Lorrains acheués de mettre, ſous nos loix,
Et le douteux Briſac enfin rendu François.
Ie diray le fameux & terrible paſſage,
Qui fit ceder le Rhein au feu de ton courage,
Et qui, briſant les fers des belliqueux Germains,
Aſſura la franchiſe au reſte des humains.
Ie diray quel tonnerre employa ta Bellonne,
Pour abbatre à tes pieds l'orgueilleuſe Tortonne,
Et de quelle viſteſſe, effrayé par ton bruit,
Le Serpent Milanois dans ſa grotte s'enfuit.
Enfin je publiray tes labeurs heroïques,
Pour trouuer le remede aux miſeres publiques,
Pour redonner la regle aux confus Elemens,
Et du Monde Chreſtien calmer les mouuemens.
  DVRANT le triſte cours de cent longues années,
L'equitable rigueur des ſaintes Deſtinées,
Par mille deſplaiſirs, & par mille trauaux,
Auoit porté la France au comble de ſes maux.

Deux deluges de sang, espanchés de ses veines,
De Poitiers, d'Azincourt, auoient noyé les Plaines,
Et de deux coups de foudre, & Creuant, & Verneüil,
Venoient de la conduire aux portes du cercüeil.
Charles son jeune Maistre, & sa foible esperance,
Des fiers Vsurpateurs esprouuoit l'insolence,
Loin du throsne captif, erroit desesperé,
Et voyoit son Vassal, en son lieu, reueré.
Il voyoit, de l'Anglois, à son Sceptre, Rebelle,
Prosperer, chaque jour, l'Entreprise crüelle;
Il voyoit, par l'Anglois, ses Estats enuahis,
Et, dans son païs propre, il cherchoit son païs.
Les costaux, les vallons, les champs & les prairies,
A ses regards troublés n'offroient que barbaries,
Et les vastes remparts des tremblantes Cités
N'enfermoient que tourmens, & que calamités.
Tous les fleaux des Humains, la Peste & la Famine
Des Peuples, en tous lieux, auançoient la rüine,
Et la Guerre, en tous lieux, agitant son flambeau,
De leurs toits embrasés, composoit leur tombeau.
L'impitoyable Mort, des Prouinces entieres
Ne faisoit desormais que de grands cimetieres,
Le sang, en chaque bois, par les routes couloit,
Et, dans chaque riuiere, aux ondes se mesloit.
L'Audace, la Fureur, le Discord & la Rage,
Destruisoient à-l'enuy le Royal heritage,
Il ne paroissoit plus qu'vn gouffre de malheur,
Et l'endroit le plus sain estoit plein de douleur.

LIVRE PREMIER.

Aucun mur ne portoit vne chaisne legere,
Mais Paris, plus que tous, plongé dans la misere,
Mesconnoissoit son Prince, & luy manquant de foy,
Souffroit à l'Estranger prendre titre de Roy.
Pour dernier monstre en fin, l'execrable Isabelle
Immoloit son Fils propre à sa haine immortelle,
Et faisant violence aux naturelles loix,
Fomentoit contre luy le party de l'Anglois.
De l'vn à l'autre bout, la deplorable France
Aux heureux Reuoltés prestoit obeissance,
Et Marne, & Seine, & Loire, à peine en leurs courans
Trouuoient vn bouleuard franc du joug des Tyrans.

 Orleans, seul encor de tant de Places fortes,
Se pouuoit dire libre au dedans de ses portes,
Bien qu'entre cent terreurs, il vist de toutes parts
Vne armée innombrable entourer ses ramparts.
Iusques vers le milieu de la neufiesme Lune,
Il auoit tenu teste à son aspre fortune,
Il auoit cent assauts l'vn sur l'autre endurés,
Et cent fois dans leur camp les Anglois resserrés.
Par les bras vigoureux qui restoient à la France,
En fin il auoit veu tenter sa deliurance,
L'auoit veu, mais sans fruit, & proche des abois
Bien-tost des assiegeans alloit suyure les loix.
Quand son grand Defenseur, dont la force diuine
Du chancelant Estat soustenoit la ruine,
L'inuincible Dunois, sur le haut de ses tours,
Au profond de son cœur fit ce triste discours.

Donques, pour conseruer cette fidelle Ville,
J'auray fait à mon Prince vn serment inutile,
Et ce genereux Peuple, auec tout mon effort,
N'aura pû s'affranchir des chaisnes de Betford.
Intrepides Soldats, valeureux Capitaines,
Qui foulant de Rouuroy les desastreuses plaines,
Resolus de vous perdre, ou de nous secourir,
Par les mains du Rebelle auès voulu mourir ;
Que vostre sort me plaist, & que je vous enuie
Vne si belle fin de vostre belle vie !
Car si vostre projet a manqué de bonheur,
Au moins estes vous morts, & morts au lit d'honneur.
Dunois infortuné, l'eclat de ta memoire
Sera-t-il obscurcy d'vne tache si noire ?
Perdras-tu ton estime, & les siecles futurs
Te reprocheront-ils d'auoir liuré ces murs ?
Loin de toy, loin de toy, cette honte & ce crime,
Plustost de tes Amis suy la fin magnanime,
Meurs plustost de cent morts, que de ternir jamais,
Par vn si lasche fait, la gloire de tes faits.
Meurs plustost que ce Peuple endure le seruage,
Dont ta foy luy promit d'exemter son courage,
Lors qu'entre cent Guerriers, non moins braues que toy,
Il t'elut pour l'ayder à maintenir sa foy.
Mais que luy seruira que tu cesses de viure ?
Penses-tu que des fers ton trespas le deliure ?
Non, non, croy bien plustost, qu'en perdant la clarté,
Tu hastes sa défaite & sa captiuité.

Il

LIVRE PREMIER.

Il s'arreste incertain du conseil qu'il doit prendre ;
Il luy faut desormais ou mourir ou se rendre,
Et, dans ce choix forcé, son esprit esperdu
Entre ces deux partis demeure suspendu.
 Comme lors qu'vn grand chesne, aux Roches Apennines,
Sent par vn choq de vents esbransler ses racines,
Et, certain de tomber, voit son branchage espais,
Vers deux lieux, tour à tour, pancher son vaste faix ;
Si le Nord & le Sud, meslés dans son feüillage,
Viennent à le pousser d'une pareille rage,
Il suspend sa ruine, & semble consulter,
Qui, du Sud, ou du Nord, le doit precipiter.
 Mais en ce mesme instant, soit destin, soit rencontre,
Tout à coup à sa veuë vn nuage se monstre,
Qui d'orage grossy, perce le sein des airs
De foudres allumés, & de volans éclairs.
Du Palais estoillé la voûte se presente,
Sous l'effroyable aspect d'vne fournaise ardente,
Et par ce rouge éclat le regard abusé,
Iuge que l'Vniuers en est tout embrasé.
 O Ciel, dit-il alors, je conçoy ton langage,
Tu m'apprens le chemin d'éuiter le seruage,
Pour affranchir ce Peuple, & garder mon serment,
L'infaillible remede est le feu seulement.
Recourons, recourons aux brasiers fauorables,
Rendons-nous, par la flamme, vn peu moins miserables,
Et puisque tout nous manque en cette extremité,
Employons le feu mesme à sauuer la Cité.

B

Il resout sa ruine, & son ame oppressée
Entretient dans son cœur cette horrible pensée,
Le desespoir l'anime, il marche en furieux,
Et fait luire vn flambeau dans chacun de ses yeux.
Le sein boüillant d'ardeur, & le front plein d'audace,
Il s'auance à grands pas au milieu de la place,
Assemble autour de luy les confus habitans,
Et fait retentir l'air de ces mots éclatans.

 Amis, nostre fortune est en fin deplorée,
De nostre liberté la perte est assurée,
Le valeureux secours en campagne défait,
Traisne, apres son malheur, ce necessaire effet.
Pourquoy vous deguiser l'effroyable nouuelle,
Si le Sort nous condamne à seruir le Rebelle,
Si, pour ce cher rempart tant de mois defendu,
Tout espoir de resource est maintenant perdu ?
Pourrons-nous toutesfois porter nostre courage,
A rendre à l'Estranger vn volontaire hommage ?
Nous verra-t-on flechir sous son commandement ?
Ah ! non, mourons plustost que viure laschement.
La mort seule nous reste, en ce point lamentable ;
Mais ce n'est pas vn mal, à qui vit miserable ;
A l'Anglois comparée, elle est pleine d'appas ;
L'Anglois est aux François pire que le trespas.
Vostre foy qui put seule arrester sa victoire,
Iamais sans l'irriter ne s'offre à sa memoire ;
Il ne peut sans fureur penser à vos efforts,
Et sur chacun de vous veut venger tous ses morts.

LIVRE PREMIER.

Ce grand nombre de morts, & parmy ce grand nombre,
L'inhumain Salsbery, cette imperieuse Ombre,
Sollicitent Betford de les venger sur vous,
Du sang qu'ils ont versé, sous le poids de vos coups,
Il vous accablera d'insupportables chaisnes,
Il vous tourmentera de douloureuses gesnes,
Et vous verrés par luy vos soldats desarmés,
Vos biens mis au pillage, & vos toits enflammés.
Vos yeux verront par luy deschirer vos entrailles,
Profaner vos autels, renverser vos murailles,
Enlever vos enfans vers vn bord escarté,
Et de vos chastes lits souïller la pureté.
Vne fin magnanime, vn sepulchre honnorable,
Est, à tant de rigueurs, sans doute, preferable,
Sans doute les François qui sont nés genereux,
Mourant sans l'esprouuer, croiront mourir heureux.
S'il faut perdre le jour, de vous mesmes, sans doute,
Vous prendrés du cercüeil la tenebreuse route,
Vous mourrés par vos mains, & ne permettrés pas
Que Betford ait l'honneur de vostre beau trespas.
Dans les champs de la Mort, il n'est aspre carriere,
Où n'ayme mieux courir vostre vertu guerriere ;
Sous terre, au fond des eaux, & jusques dans les feux,
Vous irés vous sauuer du Barbare outrageux.
Ouy, je lis sur vos fronts, je descouure en vos ames,
Qu'il est plus craint de vous, que ne le sont les flammes,
Et que rien de si dur ne se sçauroit offrir,
Que plustost que ses loix vous ne puissiés souffrir,

Donques d'vn ferme cœur, contre sa violence,
De ces derniers remparts embrassons la defense,
Et si nostre ennemy nous force à le quiter,
Ostons luy les premiers ce qu'il doit nous oster.
S'il nous met en estat de ne le plus defendre,
Remplissons tout de feu, reduisons tout en cendre,
Contentons le Destin contre nous irrité,
Et ne suruiuons pas à nostre liberté.

   Ce transport vehement, ce funeste langage,
Excite en chacun d'eux vne subite rage,
L'affreuse seruitude estonne leurs esprits,
Et fait que pour la mort ils n'ont que du mespris.
Vne illustre fureur s'empare des familles,
Les enfans, les vieillards, les femmes & les filles,
Tous suyuent de Dunois l'horrible mouuement,
Et de leurs chers remparts veulent l'embrasement.

   Tel, sur les champs salés, le courageux Pilote
Pressé de toutes parts d'vne puissante flotte,
Sur le point d'estre pris, peut, à l'extremité,
Choisir plustost la mort que la captiuité.
Il le propose aux siens, & les y fait resoudre,
Sous le tillac conquis roule la noire poudre,
Et d'vn bras vigoureux y porte le flambeau,
Pour se faire de l'onde vn superbe tombeau.

   Le Prince confirmé dans son penser tragique,
Depite la Fortune à sa valeur inique,
Repousse des Anglois les violens assauts,
Et de leur propre sang arrose leurs trauaux.

LIVRE PREMIER.

Betford s'en esmerueille, & ne sçauroit comprendre,
Qui fait que l'assiegé s'ose encore defendre,
Qui fait qu'ayant perdu tout espoir de secours,
Sans esperance mesme, il resiste tousiours.

Mais Charles, à l'auis du succes deplorable,
Qui rendoit d'Orleans la perte ineuitable,
Par vn si rude choq a l'esprit terracé,
Et d'vn mont de doüleur le courage oppressé.
Sur quoy que sa raison puisse tourner la veüe,
Pour luy, de cet abysme il ne voit point d'issüe;
Au bas du precipice il se voit arriué,
Et, sans retour en fin, croit son regne acheué.
Il consulte ses Chefs sur la triste desfaite,
Et trouue en ce malheur leur prudence müete,
Müet il les regarde, & d'vn œil estonné
Se voit par leur silence à perir condanné.
De surprise & d'horreur il a l'ame interdite,
Le chagrin le deuore, & le trouble l'agite,
Son desastre l'effraye, & dans ce point fatal,
Il contemple la mort, comme son moindre mal.

En cet estat confus son Ange tutelaire
D'vn celeste rayon, ses tenebres eclaire;
Et presente à ses yeux le Roy de l'Vniuers,
Qui tient aux affligés les bras tousiours ouuerts.

Sous Chinon la Vienne humecte, en son riuage,
Le pied vert & moussu d'vn deuot Hermitage,
Où le Dieu Tout-puissant auec zele adoré,
Ne fut jamais d'aucun vainement imploré.

B iij

LA PVCELLE,

Mille lampes d'argent, mille vases antiques
Enrichissent sa voute, & parent ses portiques,
Vœux, depuis plus d'vn siecle, à l'Eternel rendus,
Par ceux que des perils sa grace a defendus.

 Charles remply de Dieu, pour aller à ce Temple,
Quite du sacré bois la route la plus ample,
Couppe, par vn sentier, dans le taillis obscur,
Et descouure de loin le solitaire mur.
Il prend alors son cours, vers la sainte cauerne,
Sur son rustique sueil en tremblant se prosterne,
Laisse parler vn temps ses pleurs & ses sanglots,
Puis y mesle sa voix, & prononce ces mots.

 Monarque Souuerain des hommes & des Anges,
Dont la Terre & les Cieux celebrent les loüanges,
Inesbranlable appuy des fragiles mortels,
Qui d'vn fidelle culte encensent vos autels.
Ie sçay que des François les transports indontables
Leur ont soüillé le cœur d'offenses execrables,
Et que tous enyurés d'vn semblable poison,
Aueque l'innocence ont perdu la raison;
Aux pecheurs toutesfois vostre grace est propice,
Pour eux vostre Bonté combat vostre Iustice,
Les François contre vous ont cent crimes commis,
Mais ils sont vos Enfans, comme vos ennemis.
C'est cette Nation qui de saintes armées
A couuert tant de fois les plaines Idumées,
Et c'est ce Peuple éleu, qui doit à l'auenir,
Sous vostre aymable joug tous les Peuples vnir.

Seigneur, soyés humain à la foiblesse humaine,
Leur forfait en luy-mesme a rencontré sa peine;
Ne leur ordonnés point de plus aspre tourment,
Il les punit assés sans autre chastiment.
D'insupportables maux vne suite enchaisnée,
Sur le bord du sepulchre a mis leur destinée;
Ils ont desja souffert les douleurs du trespas;
S'ils meurent, ils mourront, mais ne souffriront pas.
Grand Dieu, si leur courage & leur vertu passée
Ont autresfois si loin vostre gloire poussée,
Et si, par eux encor, vous deués quelque jour,
Assujetir le Monde aux loix de vostre amour;
Apres tant de malheur, apres tant de souffrance,
Faites leur desormais sentir vostre clemence,
Calmés en leur faueur vostre juste courroux,
Et moderés pour eux la rigueur de vos coups.
Accordés leur la vie, & bornés leur supplice,
Où s'il faut d'vne mort payer vostre Iustice,
Pour les en deliurer, je la veux bien souffrir,
Et viens à vostre foudre en leur place m'offrir.

 Alors du Roy des Roys la venerable image
Fit d'vn soudain eclair resplendir son visage;
Charles baise la terre à l'aspect de ces feux,
Renforce sa priere, & redouble ses vœux.

 Loin des murs flamboyans, qui renferment le Monde,
Dans le centre caché d'vne clarté profonde,
Dieu repose en luy-mesme, & vestu de splendeur
Sans bornes est remply de sa propre grandeur.

Vne triple Personne en vne seule Essence,
Le supreme Pouuoir, la supreme Science,
Et le supreme Amour, vnis en Trinité,
Dans son regne eternel forment sa Majesté.
Vn volant bataillon de Ministres fidelles
Deuant l'Estre infiny soustenu sur ses ailes,
Dans vn juste concert de trois fois trois degrés,
Luy chante incessamment des cantiques sacrés.
Sous son throsne estoillé, Patriarches, Prophetes,
Apostres, Confesseurs, Vierges, Anachoretes,
Et ceux qui par leur sang ont cimenté la foy,
L'adorent à genoux, saint Peuple du saint Roy.
A sa gauche & debout, la Vierge immaculée,
Qui, de grace remplie, & de vertu comblée,
Conceut le Redempteur dans son pudique flanc,
Entre tous les Eleus obtient le premier rang.
Au mesme tribunal, où tout Bon il reside,
La sage Prouidence à l'Vniuers preside,
Et plus bas, à ses pieds, l'inflexible Destin
Recüeille les decrets du Iugement diuin.
De son Estre incrée tout est la creature,
Il voit rouler sous luy l'ordre de la Nature,
Des Elemens diuers est l'vnique lien,
Le Pere de la Vie & la source du Bien.
Tranquille possesseur de sa beatitude,
Il n'a le sein troublé d'aucune inquietude,
Et voyant tout sujet aux loix du changement,
Seul, par luy-mesme en soy, dure eternellement.

Ce

Ce qu'il veut vne fois est vne loy fatale,
Qui tousiours, malgré tout, à soy-mesme est egale,
Sans que rien soit si fort, qu'il le puisse obliger
A se laisser jamais, ni flechir, ni changer.
Du pecheur repenty la plainte lamentable,
Seule peut esbranler son vouloir immuable,
Et forçant sa justice, & sa seuerité,
Arracher le tonnerre à son bras irrité.

   Du Prince humilié la feruente priere,
Penetra jusqu'au fond l'abysme de lumiere,
Emut Dieu dans son throsne, & pleine de vigueur,
Pour le bien des François ammollit sa rigueur.
La Vierge Mere alors, la celeste Marie,
D'vn mal si deplorable ayant l'ame atendrie,
Conjure l'Eternel de finir leurs malheurs,
Et parle auec la voix, les souspirs & les pleurs.

   Contemple, luy dit-elle, ô Monarque supreme,
Tes François accablés sous leur misere extreme,
Et te satisfaisant des maux qu'ils ont soufferts,
Vueille les garantir du trespas & des fers.
Il n'est point de mortel, qui d'vn semblable zele,
Ait jamais confessé ton Essence immortelle,
Ni qui d'vn sentiment si plein d'humilité,
Ait rendu son hommage à ta Diuinité.
Qu'il serue à ces pecheurs, pour appaiser ton ire,
D'auoir en l'Vniuers fait fleurir ton Empire,
Et, d'vn cœur en ta foy pleinement confirmé,
Tousiours dans leurs besoins ton pouuoir reclamé.

C

Dieu respond à la Vierge. Au son de ses paroles,
La machine des Cieux chancelle sur ses poles,
Le feu brille d'éclairs, l'air de foudres fremit,
La mer est agitée, & la terre gemit.
 Soit, dit le Tout-puissant, & cesse ma colere;
Que le François pour luy m'esprouue moins seuere,
Qu'à la rigueur en fin succede la douceur;
I'accorde son salut à son Intercesseur.
Ie le veux de ma main tirer du precipice,
Ie veux que de la mort mon bras seul l'affranchisse,
Et que desesperé de tout secours humain,
En la main d'vne Fille il connoisse ma main.
Pour honnorer ton sexe, & releuer sa gloire,
Ie veux qu'en ce combat il gaigne la victoire,
Que du sexe robuste il soit le ferme appuy,
Et qu'en le soustenant il triomphe pour luy.
Ie veux que des Anglois la longue tyrannie,
Par ce foible instrument, soit à la fin punie,
Et que par ses efforts leur orgueil abbatu,
Face dans le bas Monde eclater ma vertu.
 La bien-heureuse Cour, dans vn profond silence,
Entend du Roy des Roys la sacrée ordonnance,
Puis, d'vn ton de transport & d'applaudissement,
Benit à haute voix le diuin jugement.
Pour accomplir son Oeuure, aussi-tost il commande
A l'vn des Messagers de l'Angelique bande,
Qu'il aille vers l'Ardenne, & trouue dans son bois
La Fille destinée à sauuer les François.

LIVRE PREMIER.

Que, par les traits ardens d'vn celeste langage,
Il allume en son cœur l'heroique courage,
Qu'il dispose son bras aux grandes actions,
Et chasse de son sein les basses passions.

   Sur les confins douteux de France & de Lorraine,
Vne espaisse forest s'auance dans la plaine,
Où des arbres chenus les troncs desmesurés
Sont, malgré mille hyuers, par le Temps reuerés.
Sous leur branchage courbe, & leur feüille touffüe,
L'or des rayons du jour ne frappe point la veüe,
Et le brillant Soleil, quand plus fort il reluit,
N'en sçait point escarter les ombres de la nuit.
Là domine la Paix, là le Repos habite,
Là, ni meute, ni trompe, aucun bruit ne suscite,
Là, les rampans ruisseaux coulent sans murmurer,
Et là le plus doux vent n'oseroit souspirer.
A l'abord de ce bois, d'vne soudaine crainte
Les errans voyageurs sentent leur ame atteinte,
Et, cent fantosmes vains à tous coups se formant,
Passent ses noirs sentiers auec fremissement.

   En cet affreux sejour, vne modeste Fille,
L'honneur de son pays, & l'heur de sa famille,
Sous le tranquille abry des ombrages couuerts,
Adore incessamment l'Autheur de l'Vniuers.
Vn trouppeau de brebis, ainsi qu'elle innocentes,
Occupe de ses ans les forces impuissantes,
Dans ce simple exercice elle regne en ces lieux,
Mais son cœur a pour but de regner dans les Cieux.

C ij

La grandeur du Tres-haut est son objet vnique,
Elle en repaist le feu de son amour pudique,
Et, par les vifs elans de sa deuote ardeur,
Monte jusqu'à sa gloire, & sousient sa splendeur.

 Sur le Lion bruslant l'Astre de la lumiere,
Marchoit auec lenteur dans sa longue carriere,
Et racourcissant l'ombre en ralongeant le jour,
Esclairoit aux mortels du plus haut de son tour.
L'Ange, en ce mesme temps, vient d'vne aile legere
Porter le grand message à la sainte Bergere,
De pompe reuestu, de splendeur couronné,
Et d'vn globe de feu par tout enuironné.
Plus pront que n'est l'eclair qui preuient le tonnerre,
De sphere en sphere il passe, & descend vers la terre;
Le Monde voit sa chute auec estonnement,
Et croit que le Soleil tombe du Firmament.

 Ainsi, lors que la nuit couure tout de son voile,
On apperçoit souuent vne brillante estoille,
Qui du Ciel se detache, & se precipitant,
Trace l'air tenebreux d'vn sillon eclatant.

 Il tombe sur le bois, où la Fille medite,
L'ombrage s'en esloigne, & ces flammes euite;
Il n'est tronc ni rameau, qui n'en semble doré,
Et le fort le plus noir en demeure eclairé.
Ce nouuel accident interrompt sa priere,
De frayeur elle tremble, & sille la paupiere,
Ses yeux perdent le jour, à force de clarté,
Et d'vn trouble inconnu son cœur est agité.

LIVRE PREMIER.

Du globe lumineux, qui brille autour de l'Ange,
Sort une voix alors, mais une voix estrange,
Dont le son plusqu'humain, & les graues accens,
Luy penetrent l'esprit, & rauissent les sens.

    Bergere, dit la voix, Pucelle juste & sainte,
Calme ton tremblement, & dissipe ta crainte,
Du Monarque Eternel je suis l'Ambassadeur,
Et te viens annoncer ta future grandeur.
Par ton bras aujourd'huy l'auguste Prouidence
Veut redonner la vie aux Peuples de la France,
Et, pour leur bien monstrer qu'ils la doiuent aux Cieux,
Te vient tirer du fond de ces sauuages lieux.
Ton bras sera le bras du grand Dieu des armées,
L'Anglois verra par toy ses forces consumées,
Orleans deploré s'affranchira par toy,
Et par toy Rheims verra le Sacre de son Roy.
A ces faits merueilleux prepare ton courage,
La gloire du Tres-haut luira sur ton visage,
Et, sa vertu guerriere animant ta vertu,
Fera mordre la terre à l'Anglois abatu.

    La Fille à ces grands mots oppose sa foiblesse,
Ne peut, ni ne veut croire à la haute promesse,
Et se renfermant toute en son humilité,
S'aneantit aux yeux de la Diuinité.

    Mais l'Ange qui l'obserue, & qui voit sa pensée,
Ton ame en vain, dit-il, est icy balancée,
Dieu, le Dieu des combats, t'ordonne par ma voix,
De partir, d'attaquer, & de vaincre l'Anglois.

Puis, d'vn celeste feu l'ombrageant toute entiere,
Luy souffle du Seigneur la puissance guerriere,
Luy fait dans les regards eclater sa terreur,
Et luy met dans les mains les traits de sa fureur.
Dans le sein, à grands flots, il luy respand ses graces,
Il luy fait desdaigner les entreprises basses,
Et la determinant aux actes valeureux,
Luy donne vn auant-goust du sort des Bien-heureux.
 Le jour s'esteint alors, & le lieu solitaire
Demeure dans l'horreur de sa nuit ordinaire,
Le silence y retourne, & son ombrage espais
Redeuient le sejour du calme & de la paix.
Elle voit le desert tout semblable à luy-mesme,
Mais elle sent en elle vn changement extreme;
De cette nouueauté son esprit est confus,
Elle se cherche en elle, & ne s'y trouue plus.
Son trouppeau, sa forest, ses prés & ses fontaines,
Pour elle desormais sont des images vaines,
Dieu, l'Anglois, le François, les sieges, les combats,
Seuls maintenant pour elle ont de dignes appas.
Pour sauuer le Royaume elle prend la campagne,
Rodolfe, son cher frere, en son cours l'accompagne;
Elle se sent vaillante, & sa sainte chaleur
L'excite à rechercher l'objet de sa valeur.
Par les lieux que Betford a reduits en seruage,
Elle fait en marchant vn perilleux voyage,
Les champs & les Cités, les fleuues & les bois,
Toute chose est contre elle, en faueur de l'Anglois.

LIVRE PREMIER.

Mais le saint Messager, sans paroistre à sa veüe,
Autour d'elle ramasse vne volante nüe,
Ce precieux depost à sa garde est commis,
La Fille sous ce voile eschappe aux ennemis.
Vers Chinon elle acourt des Prouinces lointaines,
Elle passe les monts, elle passe les plaines,
D'aucun empeschement son cours n'est arresté,
La nüe à son depost garde fidelité.

 Dans les murs cependant, tous, d'vne ardeur egale,
Ne s'abandonnoient pas à leur perte fatale,
Et l'illustre projet de leur embrasement,
N'estoit pas approuué de tous egalement.
Neuf riches Citoyens, basses & foibles ames,
Craignirent de brusler en de si belles flammes,
Leur courage glacé ne les pût conceuoir,
Et la peur en leur sein fit renaistre l'espoir.
Pour remede aux grands maux, dont la Ville est pressée,
Le Prince Bourguignon s'offrit à leur pensee,
Et le plus resolu, par de secrets destours,
Vint, contre Dunois mesme, implorer son secours.
Du haut des Cieux alors vn autre Ange inuisible,
Fond au Camp de l'Anglois durant l'ombre paisible,
Et voit que d'aspres soins Philippes trauaillé,
Dans le repos commun languit seul esueillé.
Il voit que de Betford l'insolente fortune
Est ce qui l'inquiete, & ce qui l'importune,
Se coule dans son ame, en accroist la langueur,
Et fait sonner ces mots au profond de son cœur.

LA PVCELLE,

Ainſi par l'Eſtranger ta grandeur meſpriſée,
A tes propres ſujets ſeruira de riſée,
Ainſi ceux dont l'orgueil s'abbaiſſoit deuant toy,
Dans tes propres Eſtats te donneront la loy!
C'eſt-là l'heureux effet de la folle vengeance,
Qui rangea ton Paris ſous leur obeiſſance,
C'eſt ce que merita le tranſport deſloyal,
Qui te les fit placer dans le throſne Royal.
Tu te laiſſas conduire à ton aueugle rage,
Sans voir qu'en la fuyant tu courois au ſeruage;
Maintenant de leurs fers tu ne te peux garder,
Tu les as commandés, ils te vont commander.
Cette forte Cité, bien qu'à-demy conquiſe,
Seule en te reſiſtant conſerue ta franchiſe;
Iuge dans quels filets ton courroux t'a jetté,
Si tu gaignes ces murs, tu pers ta liberté.

L'Ange du Tout-puiſſant, d'vne ardeur vehemente,
Par de ſemblables mots l'agite & le tourmente;
La nuit ſe paſſe en veille, & le noūueau Soleil
Cherche en vain dans ſes yeux des traces du ſommeil.
L'eſprit comblé d'horreur, au plus fort de ſa peine,
Il voit vn Citoyen qu'à ſa tente on ameine,
Se trouble à ſon abord, & conſent à regret,
Qu'au nom du triſte Peuple il luy parle en ſecret.
L'habitant pres de luy juſqu'en terre s'incline,
Dit que ces bouleuards ſont preſts de leur ruine,
Qu'attaqués de l'Anglois, & preſſés de la faim,
Si ſon ayde leur manque, ils reſiſtent en vain.

Deſ-

Desormais, pourfuit-il, rien ne les peut defendre,
Mais on les veut brufler, pluftoft que de les rendre,
La valeur de Dunois paſſe à l'extremité,
Et prefere la flamme à la captiuité.
Contre ces nobles toits, & ce rempart fidelle,
Son indontable cœur rend ſa vertu cruelle,
Il a pris des ſoldats le funeſte ſerment,
Et la ville eſplorée attend l'embraſement.
Prens pitié de ce Peuple, & reçoy-le en ta garde;
C'eſt toy ſeul qu'aujourd'huy pour Aſyle il regarde,
Au dehors, au dedans, il ne voit que la mort;
Sauue-le de Dunois, ſauue-le de Betford.
Pourrois-tu rejetter vne gloire ſi grande,
Tu luy dois demander le bien qu'il te demande,
Affranchis-le du moins des Eſtrangeres loix,
Et s'il ſubit le joug, que ce ſoit d'vn François.

 Comme quand vn meurtrier, qu'vn Iuge impitoyable
Retient ſous cent verroux, dans vn antre effroyable,
Conuaincu de ſon crime, & priué de ſupport,
N'attend à tous momens que le coup de la mort;
Si la bonté Royale arreſtant ſa juſtice,
Vient dans le noir cachot l'enleuer au ſupplice,
Il eſt ſi preuenu de la peur de mourir,
Que, bien qu'il ait ſa grace, il croit touſiours perir.

 Du Prince criminel ainſi l'ame confuſe
Au meſſage flateur la creance refuſe;
C'eſt le plus grand des biens qu'il puiſſe deſirer,
Il le voit, il le touche, & n'oſe l'eſperer.

D

En fin rauy de joye il reçoit la requeste,
Et se promet desja le fruit de la conqueste ;
Il reprend ses desseins, & pense desja voir
L'audacieux Betford rangé dans le deuoir.
Il luy porte soudain l'agreable nouuelle,
Qu'Orleans à leurs vœux cesse d'estre rebelle,
Mais que telle est en luy la frayeur de l'Anglois,
Que du Bourguignon seul il veut suyure les loix.
Puis offre, si sa foy peut meriter ce gage,
D'en rendre aux Leopards vn solennel hommage,
De s'vnir auec eux d'vn eternel lien,
Et dans leurs interests mettre tousiours le sien.

Betford baisse la veüe, & le sourcil qu'il fronce,
Fait, mesme auant qu'il parle, entendre sa responce ;
Il est long-temps müet ; en fin haussant les yeux,
Il profere ces mots d'vn air imperieux.

L'inflexible rigueur des triomphantes armes
Ne permet aux vaincus que l'vsage des larmes,
Et, lors qu'à la valeur la fortune se joint,
Elle donne des loix, & ne les reçoit point.
Où jamais a-t-on veu, qu'vne ville captiue,
Au pouuoir du vainqueur, des limites prescriue,
Pour maistre, dans les fers, ose le refuser,
Et vueille d'elle-mesme à son gré disposer.
Le legitime droit, qui suit l'heureuse guerre,
Auec ses bouleuards met tous ses droits par terre,
Et du bras qui la donte, on voit absolument
Dependre, ou sa misere, ou son soulagement.

Non, non, nous la prendrons cette orgueilleuse Place,
Nous camperons armés sur sa haute terrace,
Nous aurons en nos mains, sa vie & son trespas,
Et luy ferons vouloir ce qu'elle ne veut pas.
C'est vne gloire deuë à la seule Angleterre,
Puisque son seul trauail acheue cette guerre;
Elle possedera ce superbe rempart,
Et nul impunément n'y croira prendre part.
Ouy, malgré Ciel & Terre, il faut qu'elle en jouïsse;
Il le faut par honneur, il le faut par justice;
Et, qui pourroit permettre, ayant bien combatu,
Qu'vn autre vinst cuëillir le fruit de sa vertu.
 Le Bourguignon surpris de la response amere,
En sent jusqu'à la rage enflammer sa colere,
Il demeure sans voix, il change de couleur,
Et d'vn fixe regard tesmoigne sa douleur.
Plein de fiel il le quite, & s'enferme en sa tente,
Contemple auec horreur sa fortune presente,
Voit sa perte asseurée, & forme dans son sein,
Par vn sanglant depit, vn genereux dessein.
Betford prend l'habitant, & par plus d'vne gesne,
Le force à declarer le sujet qui le meine,
Puis, d'vn sombre nüage ayant le front chargé,
Auec ces mots crüels, il luy donne congé.
 Va, dit-il, & retourne à la ville obstinée,
Dis-luy qu'à mille morts nous l'auons condannée,
Et qu'auec tout leur art, Philippes ni Dunois
Ne sçauroient la sauuer de nos plus dures loix.

L'habitant effrayé dans la ville repaſſe,
Et par tout y reſpand l'arreſt de leur diſgrace,
Vn meſme deſeſpoir maiſtriſe tous les cœurs,
Et chacun ſe prepare aux dernieres rigueurs.
 De toutes parts alors l'errante Renommée,
Comme ſi la Cité venoit d'eſtre abyſmée,
D'vn vol infatigable, & d'vn langage ardent,
Porte, & conte aux mortels, ſon mortel accident.
Elle dit qu'à perir par Dunois diſpoſée,
Pour n'eſtre pas eſclaue elle s'eſt embraſée,
Et qu'aueque Dunois, ſous ſes murs demolis,
Le Peuple & le ſoldat ſe ſont enſeuelis.
Du Monarque, à ce bruit, la conſtance ſuccombe,
Son corps d'horreur ſe glace, & de foibleſſe tombe,
De trouble ſon eſprit perd l'vſage des ſens,
Et lors qu'il ſe reſueille il pouſſe ces accens.
 Que peut plus contre moy le Ciel inexorable?
Dequoy peut-il encor me rendre miſerable?
Ce que j'auois à perdre, il me l'a tout oſté,
A force de malheurs je ſuis en ſeureté.
Acheue, acheue Anglois, ton inique entrepriſe,
Mon Dunois, par ſa mort, t'a la France conquiſe;
C'eſt cette mort fatale, à qui ſeul tu dois,
De la voir en fin preſte à tomber ſous tes loix.
Heureux que ce Heros, digne du Diademe,
Ait tourné ſa valeur contre ſa valeur meſme;
En vain tout ſon effort euſt choqué ta vertu;
Ce grand cœur par luy ſeul pouuoit eſtre abatu.

Mais, ô braue Dunois, quelle fureur subite
Dans ce cruel dessein ton ame precipite?
Quel desespoir t'emporte, & t'excite à perir?
Qui t'engage en mourant, à me faire mourir?
Tu me destruis, helas! & ta flamme inhumaine,
En t'ouurant le sepulchre au sepulchre m'entraisne;
Ie viuois par toy seul, & la rage du sort
M'attaquant desormais, n'attaque plus qu'vn mort.
La France par ton bras, soustenüe, animée,
N'eust pû durant tes jours demeurer opprimée,
Quelques grands accidens qui nous soient arriués,
Tu ne deuois que viure, & nous estions sauués.
Par l'affreux mouuement qui t'enleue à la vie,
Tu rends à mes Sujets ma Couronne asseruie,
Tu m'arraches le Sceptre, & seruant mon Vassal,
Tu reuests son orgueil de mon Manteau Royal.
Ton trespas me produit ma derniere misere,
Il me force à chercher vne terre estrangere,
Me despoüille, me tüe, & pour comble d'ennuy,
M'abat du mesme bras, qui me seruoit d'appuy.
 Là, de saisissement, il met fin à sa plainte;
L'image de la Mort sur son visage est peinte;
Il renferme en son cœur ses müets deplaisirs,
Ou, s'il les fait parler, ce n'est que par souspirs.
Tombé de maux en maux au fond du precipice,
En tout au fer rebelle il voit le Sort propice,
En tout il voit le Sort contre luy conjuré,
Et pour luy desormais juge tout deploré.

Voyant fondre ſur luy la tempeſte fatale,
Pour l'eſpargner au moins à ſa teſte Royale,
Il reſout de ceder, & conſent à la fin,
De laiſſer le cours libre à ſon mauuais deſtin.

 Ainſi lors qu'vn Nocher, au milieu de l'Egée,
Quand ſa fougue eſcumeuſe eſt la plus enragée,
Auec peu d'eſperance, & beaucoup de vertu,
A le flot dans le flot mille fois rabatu;
Si le ferme timon en ſa main ſe fracaſſe,
Le ſang autour du cœur d'eſpouuante luy glace,
Il voit qu'il faut perir, ſans pouuoir l'euiter,
Donne l'eſquif à l'onde, & va pour s'y jetter.

 Dans le foible Chinon, qui luy ſert de retraitte,
Sous le lambris doré d'vne chambre ſecrette,
Il aſſemble ſes Chefs, & preſſé de douleur
Leur declare en ces mots l'exces de ſon malheur.

 Indontables Guerriers, ma fortune crüelle
N'eſt pour aucun de vous vne choſe nouuelle,
Vous auès partagé mes peines & mes ſoins,
De mes ſanglants trauaux compagnons & teſmoins.
Des que je vis le jour, ma deplorable vie
Fut l'objet de la haine, & le but de l'enuie,
Mes ſenſibles tourmens ſont creus aueque moy,
Ie fus malheureux Prince, & ſuis malheureux Roy.
Paſſons de mes Vaſſaux les pratiques rebelles,
Paſſons de ma Maiſon les horreurs criminelles,
Paſſons de mes Tyrans les injuſtes aſſauts,
Ces maux, pour nous, helas! ſont des antiques maux.

LIVRE PREMIER.

Vn dernier, plus que tous, à mon regne est funeste,
Du fidelle Orleans nulle trace ne reste,
Et le braue Dunois, en renuersant ses tours,
Sous leur vaste ruine a terminé ses jours,
Mon genereux Dunois, de qui l'ame inflexible,
Iusques dans le tombeau s'est fait voir inuincible,
Et dont les puissans bras, par tout si redoutés,
Pouuoient me valoir seuls plus que mille Cités.
Ainsi l'heureux Anglois remporte la victoire,
Tout respond à ses vœux, rien ne manque à sa gloire,
I'empesche seul qu'en tout il ne soit satisfait,
Ie manque à son triomphe, & le rends imparfait.
De mon desastre, Amis, je n'accuse personne,
C'est le Ciel qui le veut, c'est le Ciel qui l'ordonne,
Et si le bon succes eust suyui le grand cœur,
Betford seroit vaincu, Charles seroit vainqueur.
Mais pouuant de ses mains estre encore la proye,
Ostons à sa fureur l'espoir de cette joye,
Ostons au Sort injuste, à ses vœux complaisant,
Le moyen de luy faire vn si rare present.
L'Auuergne, pour finir mes tristes auantures,
Me fournira de port en ses grottes obscures,
Et je conserueray, dans ces sauuages lieux,
L'image de l'eclat, dont brilloient mes Ayeux.
Que si le fier Anglois, fuyuant son entreprise,
Vient parmy ces rochers attaquer ma franchise,
Lors qu'il aura percé leurs espaisses forests,
Ie me puis bien ailleurs garantir de ses traits.

De l'aspre Daufiné je suis toujours le Prince,
Il m'offre vn doux refuge en sa forte Prouince,
Et je puis, sur ses monts, attendre en seureté,
Ce que de mes destins les Cieux ont arresté.
De là, quand nous verrons adoucir l'influence,
Qui de tant de malheurs persecute la France,
Nous reuiendrons armés, en belliqueux torrens,
D'vn cours impetueux fondre sur nos Tyrans.
Donc, pour ne tomber pas sous le joug du Barbare,
Que chacun à partir sans regret se prepare;
Quitons à l'Estranger nostre propre maison,
Et choisissons l'exil plustost que la prison.

A ce mot il s'arreste, & la trouppe assemblée,
D'vne amere douleur ayant l'ame comblée,
Tristement consentoit au dur commandement,
Et Charles pour sortir se leuoit tristement.
Quand il voit, vers la porte, vn mobile nuage
S'auancer contre luy, trauerser son passage,
Estinceler, se fendre, & descouurir aux yeux
Vn portrait animé des merueilles des Cieux.
Le nuage, en son sein, comme en vne ample Scene,
Luy monstre vne Bergere, ou plustost vne Reyne;
Tant d'eclat rejalit, tant de majesté sort
De son air venerable, & de son graue port.
Sa taille est plus qu'humaine, & dans sa haute mine
Reluit l'impression de la Grace diuine;
Elle a le front modeste, & son seuere aspect
Des moins respectüeux attire le respect.

Son

Son poil brun, qui se frise en boucles naturelles,
Acompagne le feu de ses noires prunelles,
Et lon voit en son teint, d'eternelle fraischeur,
La rougeur se confondre aueque la blancheur.
Les douceurs, les sousris, les attraits ni les charmes,
De ce visage altier ne forment point les armes,
Il est beau de luy-mesme, il donte sans charmer,
Et fait qu'on le reuere, & qu'on n'ose l'aymer.
Pour tous soins, vne fiere & sainte negligence,
De sa masle beauté rehausse l'excellence,
Et par ses ornemens, ouurages du hazard,
Rend la nature en luy plus aymable que l'art.
Vne innocente flamme, ainsi qu'vne couronne,
Dore sa tresse brune, & sa teste enuironne,
Mais d'vn diuin brasier ses regards flamboyans,
Percent & bruslent tout de leurs traits foudroyans.
Son geste, bien que sage, est plein de hardiesse,
Sa contenance est humble, & pourtant sans bassesse,
Et sa condition ne paroist nullement,
Sinon par sa houlette, & par son vestement.
Le Ciel, pour la former, fit vn rare meslange
Des vertus d'vne Fille, & d'vn Homme, & d'vn Ange,
D'où vint, apres, au jour cet Astre des François,
Qui ne fut pas vn d'eux, & qui fut tous les trois.
 Chacun plein de surprise, à ce nouueau spectacle,
Doute si c'est vn songe, ou si c'est vn miracle,
Et tous, acoustumés à leur sort rigoureux,
N'oseroient s'en promettre vn estat plus heureux.
E

En ce mesme moment l'auguste Prouidence,
Qui veut que desormais le saint Oeuure commence,
Du souffle de son sein, dans leur sein descendu,
Determine en son choix leur esprit suspendu.
Auec ce sacré souffle, vne forte lumiere
Leur descend dans le cœur, leur ouure la paupiere,
Et pour croire en la Fille, & receuoir sa loy,
Captiue leur raison, & leur donne la foy.
Si quelque doute encore en leur ame demeure,
Par ses brulans rayons il se dissipe à l'heure;
Dans l'aspect de cet Astre ils descouurent leur bien,
Et pour eux desormais ne redoutent plus rien.

Ainsi quand, par l'effort d'vn violent orage,
Quelque grand galion est proche du naufrage,
Qu'il voit ceder aux vents l'art de ses matelots,
Et que ses flancs ouuerts donnent passage aux flots;
Si dans ce desespoir, sur sa hune tremblante,
Fond du plus haut des Cieux vne estoille eclatante,
Ce feu de bon presage à chacun rend le cœur,
Et les flots, ni les vents, ne leur font plus de peur.

Le Monarque François, en ce point deplorable,
Parmy ses Courtisans n'a rien de remarquable,
Comme eux il est vestu d'vn simple habillement,
Et comme eux, dans la foule, il va confusement.
La Fille toutesfois, par les Cieux eclairée,
Le choisit entre tous d'vne œillade asseurée,
Et d'vne ferme voix luy parle en mots puissans;
L'Ange qui l'acompagne anime ses accens.

LIVRE PREMIER.

Ta priere, dit-elle, est en fin exaucée;
Charles, Dieu prend pitié de ta gloire abaissée;
Sa sainte volonté se tourne, en sa faueur;
Ie seray sa Guerriere, il sera ton Sauueur.
C'est, dans le seul dessein de finir ta misere,
Qu'il m'a rauie aux bois, jeune & foible Bergere,
Et de sa propre main, guidée à ton secours,
Malgré tous les perils, qui trauersoient mon cours.
Des merueilleux effets de sa Grace propice,
Ie suis la Messagere, & suis l'Executrice,
Et j'apporte, en son nom, dans ce fragile bras,
Aux François le salut, aux Anglois le trespas.
Ie viens, sous le pouuoir de l'Arbitre du Monde,
Remettre ton Empire, en vne paix profonde,
Redonner la culture à tes champs desertés,
Et restablir la joye, en tes mornes Cités.
La Loire, par ce bras, va voir sa deliurance,
La Seine va, par luy, couler sous ta puissance,
Et Rheims te va r'ouurir vn chemin glorieux,
Pour remonter au throsne, où regnoient tes Ayeux.
Repren le noble espoir, & le ferme courage,
Qui t'ont fait, si long-temps, resister à l'orage;
Repren le gouuernail, que des ombrages vains
Ont fait abandonner à tes Royales mains.
Arriere le penser d'en laisser la conduitte;
Arriere le penser de retraitte & de fuite;
Aucun lieu, si tu fuis, ne te peut assurer;
Dans le seul Orleans, il te faut retirer.

E ij

Orleans à l'Anglois fait tousjours resistance,
Et donne jour encore au salut de la France;
L'inuincible Dunois est encore viuant,
Et le bruit de sa mort est vn bruit deceuant.
De ton ame, ô grand Roy, bannis donc la foiblesse;
I'ay, pour toy, du grand Dieu la foudre vengeresse;
Ce bras est l'instrument de son juste courroux,
Et bien-tost le Rebelle esprouuera ses coups.
 A la fin de ces mots, la celeste Guerriere,
Iette vne plus ardente & plus viue lumiere;
De son superbe eclat, les yeux sont ebloüis;
De son masle discours, les cœurs sont resjoüis.
La Grace du Seigneur rend sa voix efficace,
Tous, au fond de leur sein, sentent fondre leur glace;
Chacun benit son sort, & s'estonne de voir,
Au plus fort de la peur, ressusciter l'espoir.
Le seul vieillard Gillon, qu'vne jalouse crainte
Auoit rendu d'abord ennemy de la Sainte,
Durant qu'elle parla, ne fit que murmurer,
Et parut en courroux, d'auoir lieu d'esperer.
 Animé par sa peur, il s'auance, & s'escrie;
Ah! Charles, defens toy de cette piperie;
Dans le fond de l'abysme, on te veut replonger;
Et ce jeu, n'a pour but, que de t'y r'engager.
L'Anglois te rend ce piege. A ces mots, la Pucelle
Se tourne, l'enuisage, & des yeux estincelle;
Par leurs brillans eclairs, il se sent interdit,
Et l'ardeur de son feu soudain se refroidit.

LIVRE PREMIER.

Il perd, & cœur, & voix, & tombe sur la place,
Amaury, de Gillon pleure & plaint la disgrace,
La trouppe la contemple aueque tremblement,
Et la croit du Tres-haut vn juste jugement.
Charles leuant aux Cieux la veuë & la parole;
Pere commun, dit-il, dont le soin nous console,
Qui d'vn œil de pitié regardes tes enfans,
Et de vaincus qu'ils sont, veux qu'ils soient triomphans.
Ie reçoy, plein de foy, de respect & de crainte,
Cette insigne faueur de ta Majesté sainte,
Et desja par l'effort de ton foudre lancé,
Ie voy le François libre, & l'Anglois terracé.

Puis, rabaissant ses yeux sur la Fille admirable,
O Guerriere, dit-il, ô merueille adorable,
Mon Sceptre desormais dependra de ta loy,
Ie veux dans mon Royaume estre sujet pour toy.
Vse de tout le droit que ma noble Couronne
Me donne sur mon Camp, sur mes Peuples me donne,
Guide & pousse mon bras contre mes ennemis,
Tousiours à ton vouloir le mien sera soumis.
Mes pas suyuront tes pas, au milieu des batailles,
Mon bras suyura ton bras, à l'assaut des murailles,
Mon cœur suyura ton cœur, dans les feux & les traits,
Et n'aura pour objet que tes illustres faits.
Mais armons, auant tout, ce celeste courage,
Qui nous doit affranchir de mort & de seruage;
En cuirasse, en espée, il est temps de changer
Ces champestres habits, ces armes de berger.

E iij

*De joye en finiſſant il verſe quelques larmes,
Et la veut honnorer de ſes plus cheres armes;
Il veut en ce lieu meſme, en ce meſme moment,
Offrir à ſa valeur ce guerrier ornement.
Par ſon ordre on l'apporte, & pompeux marche en teſte
L'armet, dont vn grand Coq forme l'altiere creſte,
Et, qui d'vn grand pennache ombragé tout autour,
Pardeuant meſme à peine eſt eclairé du jour.
Le hauſſecol leger au grand caſque ſuccede,
Et de trempe & d'eclat, preſque en rien ne luy cede;
Il s'ouure, & ſe referme, & cent clous eſtoillés
En brodent pres à pres les rebords eſtalés.
Apres, entre & reluit la puiſſante cuiraſſe,
Qui ſeule à la porter deux puiſſans hommes laſſe;
Et fait voir par ſon poids, qu'en aller reueſtu,
Ne peut eſtre vn effort de commune vertu.
Puis, viennent les braçards à ployantes eſcailles,
La terreur des Tyrans en l'ardeur des batailles,
Viennent les gantelets eſcaillés & ployans,
Que leur dos tant de fois a ſentis foudroyans.
En fin, paroiſt la grande & ſolide rondache;
Celuy qui la ſouſtient derriere elle ſe cache;
Son centre eſt vn Soleil, par qui de toutes parts,
Cent rayons ondoyans vers ſes bords ſont eſpars.
D'impenetrable acier ces Armes compoſees,
De l'Artiſan robuſte ont les forces vſees;
Il les fit pour ſon Prince, &, d'vn ſoigneux deuoir,
Sur elles de ſon art conſomma le pouuoir.*

Par la sçauante main leur estoffe polie,
Sous des lames d'argent fut toute enseuelie,
Et sur l'argent espais estinceloit encor,
Vn riche embrasement de viues flammes d'or.
Entre-elles s'esleuoient, en bosse delicate,
Les faits par qui des Francs l'antique honneur eclate,
Ces genereux desseins, ces triomphans exploits,
Qui seruirent de base au throsne des François.
Sur tout y resplendit la victoire ancienne,
Qui bannit de leurs cœurs l'impieté Payenne,
Et le fameux succes des champs Italiens,
Par qui fut leur grand Roy l'Aisné des Roys Chrestiens.

 Charles de sa main propre en reuest la Pucelle,
Et dit, Facent les Cieux, pour leur gloire immortelle,
Que, plus heureusement qu'ils ne me l'ont permis,
Tu les puisses porter contre mes ennemis.

 Puis ostant de son col la flamboyante espée,
Qu'il a de sang rebelle en tant de lieux trempée,
Au flanc de la Guerriere il vouloit l'atacher;
Mais par ces graues mots il s'en vit empescher.

 Garde ce fer, dit-elle, & fay que ta vaillance
Par luy serue à briser les chaisnes de la France;
Le sauuage Fierbois a dans son sein pieux,
Celuy par qui mon bras sera victorieux.
Là, non loin d'vn cercueil rustique & venerable,
Où reposent les os d'vne Fille admirable,
Sous la terre sacrée, au pied d'vn sombre autel,
Est l'ardent Coutelas du celebre Martel.

Ce Coutelas heureux, sur la Loire asseruie,
Rauit aux Sarrazins la conqueste & la vie,
Et par ce grand Heros, au fond de ce saint lieu,
Encore tout sanglant fut offert au grand Dieu.
Maintenant, pour ton bien, la Majesté diuine,
A destruire l'Anglois ce Coutelas destine,
Elle veut que par luy l'Anglois soit immolé,
C'est vn secret fatal qu'elle m'a reuelé.
Si tu veux à sa teste enleuer ta Couronne,
Fay que bien-tost Fierbois ce Coutelas me donne,
Sans luy mon foible bras ne te peut secourir,
Et ta France est encore en estat de perir.
 Elle acheue d'vn ton remply de vehemence;
Charles croit de Dieu mesme entendre l'ordonnance,
Et, pour l'executer, elit seul entre tous,
Le non moins valeureux que deuot Chasteauroux.
De cent humbles respects il honnore la Sainte,
Pour elle il a le cœur plein de zele & de crainte,
Sur elle auec transport il atache ses yeux,
Et l'imagine vn Ange enuoyé par les Cieux.
Chacun de ses Guerriers, imitant son exemple,
Auec mesme transport la Guerriere contemple,
Et tous, dans ses regards recherchant leur destin,
Pensent de tous leurs maux y descouurir la fin.
 Ainsi les voyageurs, que la nuit sombre & vaine
A surpris aux deserts de la plage Africaine,
Parmy les monts de sable enflammés & mouuans,
Que font & que desfont les caprices des vents;

Apres

LIVRE PREMIER.

Apres mille terreurs, apperceuant eclore
Les feux resplendissans de la vermeille Aurore,
Tournent les yeux vers elle, & d'aise transportés
Pensent voir leur salut en voyant ses clartés.

Desja le blond Soleil demy-plongé dans l'Onde,
De rayons languissans illuminoit le Monde,
Et desja l'horizon, dans tout son large tour,
Tenoit plus de la nuit, qu'il ne tenoit du jour;
Desja du Firmament les plus viues estoilles,
Des campagnes de l'air perçoient les sombres voiles,
Et desja les flambeaux de mille Astres diuers,
D'vne lumiere pasle, eclairoient l'Vniuers.
La Sainte Fille alors, de chacun reuerée,
Loin du profane bruit, à l'ecart retirée,
Pour releuer le throsne, & deliurer ces lieux,
D'ardentes oraisons importune les Cieux.

FIN
DV PREMIER LIVRE.

F

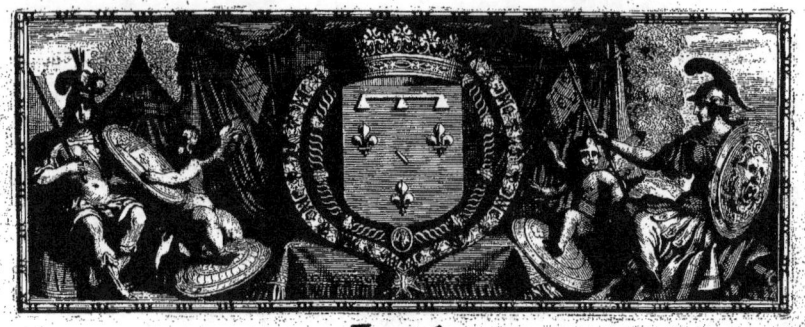

LA PVCELLE
OV
LA FRANCE DELIVREE.

LIVRE SECOND.

EPENDANT la Nuit vole, & sous
son aile obscure,
D'vn paisible sommeil endormant la
Nature,
Dans les plaines des airs tient les vents
en repos,
Et sur les champs salés fait reposer les flots.
A tout ce qui se meut, à tout ce qui respire,
Dans les prés, dans les bois, le repos elle inspire;
Elle suspend par tout les trauaux & les bruits,
Et par tout dans les cœurs assoupit les ennuis.

F iij

LA PVCELLE,

Charles seul esueillé sort auant la lumiere,
Vers luy voit d'vn pas graue auancer la Guerriere,
Et vers elle à-l'enuy d'vn pas graue auançant,
Luy dit, qu'assisté d'elle il est assés puissant.
Mais elle luy respond ; Arme, ô valeureux Prince,
Tout ce qu'on peut armer dans ta foible Prouince ;
Ie vaincray bien l'Anglois, mais non pas sans soldats,
Qui marchent sur ma trace, & secondent mon bras.
Va donc, & sans tarder, leue, en ce coin de terre,
Ce qui luy reste encor de propre pour la guerre ;
Forme plustost vn camp, d'enfans & de vieillards ;
Dieu conduira leurs mains, & poussera leurs dards.

Soudain, de tous costés, l'ordre vole & reuole ;
Tout le pays s'esmeut, tout le Peuple s'enrôle,
Et la ville & les champs enfantent des Guerriers,
Qui dans cette entreprise esperent des lauriers.
L'Ange du Ciel s'y mesle, & dans chaque village,
Au sein des moins âgés, souffle vn masle courage,
Remplit de feu les cœurs que l'âge a refroidis,
Rehausse leur bassesse, & les rend tous hardis.
De la trouppe rustique à la solde acouruë,
Les vns dans les guerets ont quité la charruë,
Les autres dans les prés ont laissé le bestail,
Et nul d'eux ne veut plus que de noble trauail.
Effet prodigieux ! merueille plus qu'humaine !
Il ne faut que six jours pour en couurir la plaine ;
Sous le mur de Chinon, six mille combatans,
De cent lieux, dans six jours, viennent en mesme temps.

LIVRE SECOND. 47

L'amas en est confus, & la force impuissante ;
En leurs bras toutesfois Charles met son attente ;
Et ne sçauroit douter que leur vaillant effort,
Ne face en sa faueur changer l'ordre du Sort.

 A semblable remede, & dans semblable guerre,
La Cité qui depuis fut le Chef de la Terre,
Auoit jadis recours, quand ses fragiles toits
Attendoient les assauts des terribles Gaulois.
L'espouuantable auis du deluge Celtique,
Armoit en vn moment toute la Republique ;
Des jeunes, ni des vieux, nul n'estoit exempté ;
Tout âge combatoit en cette extremité.

 Tandis qu'ainsi se leue, & s'assemble l'armée,
La celeste Guerriere au Palais renfermée,
Auant que de tonner sur le rebelle Anglois,
De sa fortune encor luy veut donner le choix.
Auant que de le perdre, elle veut qu'il entende
Ce que du Roy des Roys le decret luy commande ;
Et veut, par la terreur du jugement diuin,
L'induire à preuenir sa desastreuse fin.
Pour luy, quoy que Tyran, sa charité s'allume ;
Elle prend le papier ; l'Ange conduit sa plume ;
Et, l'esprit du Seigneur animant son esprit,
Dicte à sa forte main ce genereux escrit.

 Estrangers, dont le fer dans le champ de la Gloire,
A tant de fois sur nous moissonné la victoire,
Sousmettés vos lauriers à la Fille des Cieux,
Et craignés le destin des vœux ambitieux.

Les crimes des François, sans egaux sur la terre,
Auoient contre leur chef prouoqué le tonnerre,
Le Conseil eternel conclut leur chastiment,
Et voulut que ces bras en fussent l'instrument.
N'en soyés point plus vains ; ces hautes entreprises,
Ces bataillons desfaits, ces murailles conquises,
N'ont point pour fondement vostre fausse vertu,
Dieu, contre les François, a par vous combatu.
Son ire est maintenant par leurs maux appaisée,
Et vous a desormais pour vnique visée ;
Vos crimes, à leur tour, ont sur vous attiré
De son glaiue vengeur le tranchant aceré.
De l'abysme profond Dieu va tirer la France,
Pour punir de vos mœurs la dannable licence,
Et vous allés, par elle, estre precipités,
De ce sublime comble, où vous estes montés.
Mais, bien qu'vn foudre ardent gronde sur vostre teste,
Vous pouués toutesfois, conjurer la tempeste,
Adoucir du Seigneur le flamboyant courroux,
Et suspendre l'arrest prononcé contre vous.
Ne vous obstinés plus sous la constante Ville,
Qui rend, mesme aux abois, vostre effort inutile,
Et tirés vos drappeaux des murs infortunés,
Qu'à subir vostre joug leur sort a condannés.
Repassés, reuolés, dans vostre Isle barbare,
Qu'à jamais de nos bords l'Ocean vous separe,
De cet heureux climat oubliés le plaisir,
Et perdant son aspect perdés en le desir.

Que

Que si vous resistés, d'une audace farouche,
Ie vous l'annonce, Anglois, Dieu parle par ma bouche,
Dans ce point, où vostre heur est le plus eclatant,
La cheute vous menace, & la mort vous attend.
Le bras du Souverain destruira vos armées,
Ostera vostre joug aux Terres opprimées,
Affranchira les murs asseruis sous vos loix,
Et brisera le Sceptre en la main de vos Roys.
Apres avoir perdu vos fameuses conquestes,
Vous souffrirés encor de nouvelles tempestes,
Vous perdrés la Guienne, & les Peuples Normands
Cesseront d'obeir à vos commandemens.
Iusqu'icy le François, par nulle autre victoire,
N'a porté son merite à si haut point de gloire,
Ni l'Anglois n'est tombé, par nul autre malheur,
Dans vn gouffre si bas de honte & de douleur.
 Elle acheue l'escrit, le signe, le cachette,
Et le commet au soin d'vn courageux Trompette,
Auec ordre qu'il aille, & le rende à Betford,
En plein jour, deuant tous, au milieu de son Fort.
Il part à l'instant mesme, & la laisse en priere;
La Pucelle à genoux passe la nuit entiere,
Et dans ce saint estat, parmy de saints ennuis,
Passe les jours fuyuans, & les fuyuantes nuits.
Par des souspirs deuots, & de pieuses larmes,
Elle demande aux Cieux, qu'ils benissent ses armes,
Et voit l'Aube six fois reblanchir l'horison,
Sans estre moins feruente en son humble oraison.

            G

Enfin hors des remparts vers Charles retournée,
Elle trouue du Camp la milice ordonnée,
Et confirme en l'esprit de ces nouueaux soldats,
Et l'espoir du triomphe, & l'amour des combats.
Aux flammes de ses yeux, à sa parole ardente,
Se redouble le feu de leur valeur naissante;
Ils bruslent de marcher, & du retardement,
Escadrons, bataillons, murmurent hautement.

Ainsi quand vn essaim de mouches belliqueuses,
En bataille rangé, hors de ses ruches creuses,
Par son inquietude, & son fremissement,
Fait paroistre du choq vn desir vehement;
Si du Monarque ailé la vaillance animée
Le fait placer au front de la volante armée,
L'impatience croist, & faute de donner,
Auec plus de rumeur, on l'entend bourdonner.

De l'Arbitre des jours la lumiere eclatante
Au dos des moissonneurs n'estoit plus si cuisante,
Des monts & des forests l'ombre s'agrandissoit,
Et des champs alteres la soif amoindrissoit.

On apperçoit alors, le long du bord humide,
Accourir vn Guerrier, d'vne course rapide,
Chacun le reconnoist pour le fort Godefroy,
D'Orleans craint la perte, & se glace d'effroy.

De tant de braues Chefs qu'enfermoient ses murailles,
Godefroy n'eut d'egal que le fameux Saintrailles,
De ses superbes tours fut le second appuy,
Et vit le grand Dunois seul au dessus de luy.

LIVRE SECOND.

Charles, ainsi que tous, & le voit, & s'estonne,
Son esprit s'en esmeut, & son corps en frissonne;
Cette haste le trouble, il n'en peut bien juger,
Et doute qu'Orleans n'ait receu l'Estranger.
Plus le Guerrier est pres, plus viste est sa carriere,
Plus s'esleue sous luy l'ondoyante poussiere;
Mais, joignant le Monarque, il arreste son cours,
Se prosterne à ses pieds, & luy tient ce discours.

Iusqu'icy ton Dunois, par sa valeur diuine,
A de tes bouleuards suspendu la ruine,
Et Betford jusqu'icy, malgré tous ses efforts,
A les vouloir forcer n'a gaigné que des morts.
Pour les mettre à couuert d'vn indigne seruage,
Il ne manque à Dunois, ni vigueur, ni courage,
Le pain luy manque seul, & sans l'horrible faim,
Tout le pouuoir Anglois les presseroit en vain.
Que si ce Monstre affreux le contraint de les rendre,
Il a les flambeaux prests, pour les reduire en cendre,
Pour les sauuer ainsi de la captiuité,
Si le joug autrement ne peut estre euité.
Tes murs n'esprouueront la rigueur de son zele,
Que pour n'esprouuer pas la rigueur du Rebelle;
Par moy, de son projet il te fait auertir;
Ie luy dois ta response, & l'attens pour partir.

Le Monarque l'embrasse, & le leuant de terre,
Si ton Roy, luy dit-il, fait encore la guerre,
S'il se peut dire encor maistre de ses Estats,
Apres le grand Dunois, il le doit à ton bras.

Ie n'ay pas ignoré sa tragique pensee,
Ie sçay de quels malheurs ma Ville est menacee,
Et pour les assister dans leurs pressans besoins,
Tu peux voir, sur ces bords, les effets de mes soins.
Mais vn autre secours leur rendra la franchise,
Vn secours, dont l'effort toute force mesprise,
Vn Ange valeureux, qui du Ciel enuoyé,
Pour foudroyer l'Anglois, a le bras desployé.

 En acheuant ce mot, il monstre la Pucelle,
Dont, en ce mesme instant, le regard estincelle;
L'Esprit saint la saisit, & son cœur embrasant,
Rend son air plus auguste, & son front plus luysant.
Sa veüe vn temps est fixe, & sa bouche en silence;
En fin elle le rompt aueque violence,
Addresse sa parole au Monarque François,
Et ne fait pas entendre vne mortelle voix.

 Crains Dieu, Prince, dit-elle, & l'inuoque à ton ayde,
C'est luy, qui de tous maux est l'vnique remede,
C'est luy, qui, dans l'estat le plus desesperé,
Peut seul donner aux siens le salut desiré.
Son bras de plus en plus te deuient necessaire,
Si grands sont les apprests de ton grand Aduersaire,
Si nombreux les secours, que, pour mieux t'acabler,
Il fait, de mille lieux, en vn seul assembler.
Roüen, Beauuais, Chalons, Rheims, Sens, Chartres, Auxerre,
Se vuident pour remplir le Camp de l'Angleterre;
Meaux pour luy se deserte, & de ses estendards
Paris mesme pour luy desarme ses remparts.

LIVRE SECOND.

D'hommes & de cheuaux la campagne fourmille ;
Ie defcouure leur fer, qui flamboye, & qui brille ;
I'oy de leurs cris tonnans retentir les eclats,
Et je voy le terrain se cacher sous leurs pas.
N'en croy pas toutesfois leur perte moins certaine,
Leur nombre sera vain, leur force sera vaine,
Ils cederont au Ciel, dont le juste courroux,
Par ses traits enflammés, les va ranger sous nous.

 Là se calme, & finit le transport de la Sainte ;
A l'oüir, à la voir, tous fremissent de crainte ;
Tous sont emerueillés d'vn regard si perçant,
A qui rien n'est futur, à qui rien n'est absent.
Tous s'estonnent d'entendre vne voix si sçauante,
Qui des lieux esloignés parle comme presente,
Godefroy, plus que tous, en est espouuanté,
Et ne la croit pas moins qu'vne Diuinité.

 Tandis que le long jour ainsi coule & se passe,
De tous les enuirons, vn conuoy se ramasse ;
Pour l'aller recueillir, en cent endroits diuers,
Les chemins sont, par tout, de charrettes couuerts.
Mille Officiers choisis, à bandes separées,
S'en vont porter la guerre aux despoüilles serrées,
Forcent, d'vn choq aisé, les granges d'alentour,
Se chargent de leur proye, & hastent leur retour.

 Ainsi, durant l'Esté, les fourmis preuoyantes
Vont par mille sentiers, à files ondoyantes,
D'vn courage bruslant au pillage du grain,
Qui doit, pendant l'hyuer, les sauuer de la faim.

Cette noire milice, entre les molles herbes,
Passe aux ardens sillons, y saccage les gerbes,
En retourne chargée, & va d'vn pas leger
Dans les greniers communs son pillage loger.
 Trente larges bateaux attachés au riuage,
Tous equipés de voile, & garnis de cordage,
Au Monarque des Lys sembloient offrir leur sein,
Pour luy faire, sans peine, accomplir son dessein.
A-l'enuy, sans tarder, les trouppes assemblées
Tirent les sacs pesans, des charettes comblées;
On marche, à dos courbé, vers les amples vaisseaux,
Et chacun, tour à tour, y jette ses fardeaux.
L'vn va, l'autre reuient, & la riue en est pleine;
L'espoir d'vn bon succès les tient tous en haleine;
Le trauail est boüillant, & l'ouurage pressé
Finit presqu'aussi-tost qu'on la veu commencé.
Les tenebres enfin rameinent le silence;
Tout succombe au sommeil, tout sent sa violence,
La Sainte, moins que tous, luy sousmettant ses yeux.
S'esueille auant l'Aurore, & reuere les Cieux.
Aux premiers rais du jour sa retraitte elle quite;
Charles quitte la sienne & les trouppes visite,
Y trouue la Guerriere, & du pront armement
Defere à sa vertu le plein commandement.
Au fort du noble soin qui la tient occupée,
Arriue de Fierbois la foudroyante Espée;
Chasteauroux s'agenoüille, en la luy presentant,
Et son bras, quoy que fort, est foible en la portant.

LIVRE SECOND

L'acier large & massif de la fatale lame,
Au trauers du fourreau, fait reluire sa flamme,
Et son feu, que le Temps ne sçauroit amortir,
Deuore sa prison, & tasche d'en sortir.
  I'ay veu, dit le Guerrier, cet Antre venerable,
Qui conseruoit l'Espée aux Tirans formidable,
Et mon zele brûlant, de bonheur assisté,
A comme tu le vois, ton ordre executé.
I'arriue, au second jour, à la forest obscure,
Où ie deuois tenter cette sainte auanture,
Et, dés en l'abordant, je pâlis, & je vois
Que ce n'est pas à tort qu'on la nomme Fierbois.
I'en perce l'ombre affreuse, & je trouue en son centre
Le vieux Temple, qui couure, & renferme cet Antre;
Ie me le fais ouurir, & remply de terreur
M'engage, pas à pas, en sa deuote horreur.
Ie descens jusqu'au fond de cette sainte Grotte,
Dont j'esproüue l'horreur encore plus deuote,
Et demande soudain le Coutelas sacré;
Mais ce que je demande est de tous ignoré.
Nul, en ce lieu de paix, n'a jamais veu d'espée;
Ie ne puis cependant croire ma foy trompée,
Ny me persüader que ce fer glorieux
Soit vne illusion de la Fille des Cieux.
Mon cœur triste s'adresse à l'Arbitre du Monde,
Afin qu'il l'illumine en cette nuit profonde,
Par mes cris, par mes pleurs, j'implore son secours,
Et sans fruit, en priant, je consomme trois jours.

LA PVCELLE

Le Ciel semble d'airain, semble sourd à ma plainte,
Et laisse à mon esprit moins d'espoir que de crainte,
Lors qu'vn bruit de clairons, par la voute espandu,
Auec fremissement est de nous entendu.
Au pied du saint autel humblement je m'abaisse,
I'embrasse le terrain, des leures je le presse,
Et demande au Treshaut, d'vne plaintiue voix,
Le grand Fer qu'il reserue à destruire l'Anglois.
Succes miraculeux! au moment que j'acheue,
Ie sens que le terrain sous ma bouche s'esleue,
Ie le voy qui s'entrouure, & qui dans mille feux,
Expose à mes regards le sujet de mes vœux.
Ie rens graces au Ciel d'vne faueur si rare,
Et rauis ce tresor à cette grotte auare,
Puis repars, sans tarder, & reuiens, sur mes pas,
De cette ardente Espée armer ton puissant bras.
   La Sainte prend le Fer, par la superbe garde,
Et vers le Firmament, d'vn œil ferme, regarde,
Haussant la main robuste, à qui l'acier luysant,
Malgré sa pesanteur, ne paroist point pesant.
   Seigneur, dit-elle alors, si ta simple Bergere
N'est point trop au dessous d'vn si haut ministere,
Vueille l'accompagner de force & de bonheur,
Et rens ses actions dignes de ton honneur.
Fay croire son enuoy par d'illustres miracles,
Fay ceder à ses coups les plus fermes obstacles,
Et par ce Coutelas où reluit ton secours,
Fay que son Roy prospere, & triomphe tousjours.
                                      A la fin

LIVRE SECOND.

A la fin de ces mots, on entend, sur sa teste,
Murmurer sourdement vne douce tempeste,
On voit fendre la nüe, &, d'vn foudre innocent,
Tomber sur elle à plomb le trait resplendissant.
Du prodige nouueau la forme surprenante,
Espouuante les Chefs, les soldats espouuante;
Mais elle, qui de Dieu conçoit les volontés,
Par ce sacré signal, croit ses vœux escoutés.
Elle se sent, par luy, redoubler le courage,
Et d'vn rouge embrasé s'allumant le visage,
Le front plein de lumière, & les yeux flamboyans,
Parle aux guerriers esmus, en ces mots foudroyans.
 Iugés mieux, Compagnons, de ce signe celeste,
C'est l'ordre du Treshaut, aux ennemis funeste,
Qui veut que nostre bras luy serue d'instrument,
Pour les precipiter au creux du monument.
Des cruels Estrangers le renfort innombrable,
Vers le mur assailly, va d'vn cours formidable,
Et leur barbare Chef, sur nos foibles remparts,
Croit bien tost arborer ses heureux estandards.
 Elle vouloit en suitte annoncer leur desfaitte,
Quand, poudreux & suant, arriue son Trompette,
Et luy dit; Les Tirans du message offencés,
Nous ont du feu tous deux laschement menacés.
Ils ont fait de ta lettre vne indigne risee,
Ils ont de tes auis la faueur mesprisee,
Et contre ton honneur, & contre ta raison,
N'ont versé qu'amertume, & vomy que poison.

H

N'attens des inhumains qu'vne inhumaine guerre,
Et par ton seul courage affranchis nostre terre.
 La Sainte alors reprend ; Puisqu'il le veut ainsi,
Perisse en son orgueil le Rebelle endurcy.
Que l'Anglois insolent, pour sa perte incredule,
Iuge mon entreprise, & vaine, & ridicule,
Et pense que le Ciel, pour luy donner la mort,
Eust eu besoin d'vn bras plus adroit & plus fort ;
Il verra que souuent, l'ineffable Sagesse
Prend pour les grands effets la plus grande foiblesse,
Et qu'vn bras à houlette, vne seconde fois,
Aura mis, par son ordre, vn Geant aux abois.
Allons du Dieu jaloux faire voir la puissance,
Allons executer sa fatale ordonnance,
Allons justifier nostre celeste enuoy,
Que tardons nous, soldats ? allons, secondés moy.
 Comme vn noble Coursier, qui, sous vn Chef de guerre,
Au front des bataillons, gratte des pieds la terre,
N'entend pas le signal, qu'il va fougueux & pront,
Et veut se faire jour dans l'opposite front.
 Ainsi Charles s'eschauffe, à cette voix ardente,
Et le premier de tous pour marcher se presente ;
Mais il voit, par la Fille, arrester son dessein,
Et moderer le feu, qui brusle dans son sein.
 Non, dit-elle, grand Prince, vne chaleur si belle
Doit mieux se menager, pour vaincre le Rebelle ;
Tu te rendrois moins fort, tes forces conduisant ;
L'Anglois te craindra plus esloigné que present.

LIVRE SECOND.

Il faut que, par ce Camp, sa fureur reprimée
Apprehende le choq d'vne nouuelle Armée,
Et, qu'ayant reconnu le changement du sort,
Ton absence le trouble, autant que nostre effort.
La juste ambition de ton cœur magnanime
Demande des objets d'vne plus haute estime;
Ton Paris, qui gemit sous vn joug odieux,
Peut seul rendre assés bien ton bras victorieux.
Parois à la campagne, & recueille, sans peine,
Tous ceux qu'à ton Party la Fortune rameine;
Assemble vn autre Camp, digne du nom François;
Pour ce coup, par nos mains, tu combatras l'Anglois.

   Charles reçoit cet ordre, & n'ose contredire;
De douleur toutesfois hautement il souspire,
Voit partir ses drapeaux d'vn regard de courroux,
Et du moindre soldat se tesmoigne jaloux.

   Apres auoir des Cieux imploré l'assistance,
La Sainte prend la teste, & marche en diligence;
Tous marchent sur ses pas, &, d'vn rapide cours,
Aux bouleuards pressés vont porter le secours.
L'Oeil du Monde sur eux ramasse sa lumiere,
Et de son plus bel or, peint leur verte carriere;
Ils brillent sans brusler; &, couuerts de splendeur,
De ces feux eclatans n'esprouuent point l'ardeur.
D'vn essaim de Zephirs la fraische & douce haleine,
D'entre les monts voisins, se coule sur la plaine,
Tempere du Soleil les rayons enflammés,
Et d'vn soufle odorant tient les airs parfumés.

H ij

La marche est de six jours, & la septiesme Aurore
Du sein de l'Ocean se voit à peine eclore,
Que le secours arriue, à pas precipité,
Où, d'vn tertre eminent, il peut voir la Cité.
Là, monstrant de la main, & l'Anglois, & la Place,
D'vn ton qui, bien que ferme, a pourtant de la grace,
La Fille dit aux siens ; Vous voyez ces remparts,
De bataillons sans nombre, enceints de toutes parts.
Vous voyés cette Ville, en force sans egale,
Reduitte desormais à sa cheute fatale,
Et vous voyés conduits au dernier de leurs jours,
Les vaillans protecteurs de ses fideles tours.
Elle a neuf mois en vain disputé sa franchise,
Sans remede, à ce coup, elle se juge prise,
Et son peuple abatu n'atend, à tout moment,
Que la rigueur des fers, ou que l'embrasement.
Dunois, Dunois luy-mesme, apres tant de batailles,
Ne peut plus soustenir ces tremblantes murailles,
Il voit Betford tout prest de les assujettir,
Et songe à les brusler, plus qu'à les garentir.
Mais, dans ce desespoir, la sage Prouidence
Vient, par nous maintenant, embrasser leur defense,
Vient, dans ce grand peril, leur seruir de soustien,
Et monstrer en vos bras la puissance du sien.
Quelle gloire, ô Guerriers, quel heur, quel auantage,
De pouuoir à ces murs espargner le seruage,
De pouuoir à Dunois rendre la liberté,
A la France l'honneur, au Roy la Royauté.

LIVRE SECOND. 61

Des Monstres infernaux brisant tous les obstacles,
Dieu par vos seules mains produira ces miracles,
Et le Monde estonné verra bientost sousmis,
A vostre illustre joug, ce Monde d'ennemis.
Profités donc du bien que le Ciel vous appreste,
Venés faire eclater sa diuine tempeste,
Venés, par le milieu des escadrons espais,
Porter, dans ces remparts, la victoire & la paix.
Ie vous y vay tracer vn passage bien ample,
Suyués moy seulement, imités mon exemple,
Ie ne veux aujourd'huy, pour destruire l'Anglois,
Sinon qu'à mes efforts vous joigniés vos exploits.
 A ces mots, tous les siens, d'vne voix eclatante,
Tesmoignent pour la suiure vne chaleur ardente;
Elle part enflammée, &, comme vn tourbillon,
Conduit aux bouleuards son volant bataillon.
Betford, qui, dans Rouuroy, du salut de la France
Auoit veu, par l'Anglois, enterrer l'esperance,
Vers les champs desormais ne craignant plus d'assauts,
Contre la Ville seule eleuoit ses trauaux.
Mais au premier auis de la nouuelle trouppe,
Qui brilloit sur le tertre, & couronnoit sa crouppe,
Il fait qu'vne brigade auance, pour sçauoir,
Qu'elle elle est, qui l'ameine, & quel est son pouuoir.
La Sainte, qui descend, d'vne sainte furie,
En commençant sa course, à haute voix s'escrie;
 C'est la Pucelle, Anglois; vos crimes infinis
Par son tranchant acier enfin seront punis.

H iij

Et chargeant les soldats, qui plioient deuant elle,
Donne, au seul qui resiste, vne atteinte mortelle,
Et dit, Ie te presente, ô Monarque eternel,
Les premices du sang de l'Anglois criminel.
Tu fus, braue, Glifford, la premiere victime,
Qu'offrit au Tout-puissant la Fille magnanime,
Et mourus consolé, d'auoir veu, par son bras,
Du premier de ses coups honorer ton trespas.
Par dessus le vaincu dans le gros elle passe,
De la voix l'espouuante, & du fer le terrace;
Le François suit ses pas, seconde ses efforts,
Et seme les guerets de blessés & de morts.
L'escadron tout entier succede en la meslee,
Et tasche à rassurer la brigade esbranslee;
Le bras de la Guerriere y fait le mesme effet,
Et, presque au mesme instant, l'ataque & le desfait.
 C'est ainsi que des Cieux on voit tomber la foudre,
Embraser les forests, mettre les rocs en poudre,
Des sourcilleuses tours saper le fondement,
Et pour tous ces effets n'employer qu'vn moment.
 Aux brüissans eclats de cette main tonnante,
L'audacieux Betford sort du fond de sa tente,
Voit son mal, s'en afflige, & son aspre douleur
Resueille en son esprit la dormante valeur.
A la celeste main, sa fureur enflammée
Oppose tout le corps de son immense Armée,
Et va de toutes parts d'vn cours ardent & pront,
L'exhorter, à grands cris, à venger son affront.

LIVRE SECOND.

Voyés, dit-il, Anglois, quel est vostre aduersaire;
Il n'est pas courageux, il n'est que temeraire,
Ennuyé de la vie il cherche à la finir,
Et mesprise la mort, afin de l'obtenir.
Contre vn si petit corps, vostre vaste puissance
N'aura besoin d'vser que de peu de vaillance,
Que sous vous donc, Amis, il rende les abois,
Et connoisse, en mourant, que vous estes Anglois.
 L'assiegeant innombrable, à cette voix ardente,
Sur vne longue ligne au François se presente;
La Sainte qui poursuit son cours victorieux,
Reluit, en l'abordant, & du fer & des yeux.
Ses yeux, sources de flamme, à trauers la visiere,
Iettent aux ennemis vne affreuse lumiere,
Ils n'en peuuent souffrir l'espouuantable eclat,
Son regard les aueugle, & son fer les abat.
Il n'est acier si fort, qui ses forces arreste,
Candisque d'vn reuers sent mettre à bas sa teste,
Morgan d'vn auantmain se voit trancher vn bras,
Et Grey d'vn coup de pointe endure le trepas.
Deux illustres jumeaux, Vindesore & Cecile,
S'vnissent à sa perte, & l'esperent facile,
Ils l'attaquent ensemble, & chacun, de son dard,
Auecque mesme effort, tirent vers mesme part;
Mais leurs efforts sont vains, contre la forte Sainte;
Chacun d'eux reçoit d'elle vne semblable atteinte;
Ils nasquirent tous deux, sous vn semblable sort,
Et moururent tous deux d'vne semblable mort.

L'impitoyable fer, d'vn mouuement rapide,
Tombe à chaque moment, & tousjours homicide;
Autour d'elle par tout le sang coule en ruisseaux,
Et de corps abatus s'esleuent des monceaux.
Ses soldats, animés par sa valeur diuine,
Sur le mesme ennemy, font la mesme ruïne;
Leur foiblesse est vaillante, & l'Anglois si puissant
Succombe sous l'effort de son bras languissant.
Sous le petit Rambert, le grand corps de Norgalle,
Parmy son sang fumeux, sa dure vie exhale;
Par le vieillard Imbauld, Seimore est transpercé,
Et Ralegue abatu, par le jeune Lussé.
Gontauld à Forbisher fait perdre la lumiere,
A Glocestre Foras, à Draque Lutumiere,
Anderson, Valsingame, Excestre & Cumberland,
Souffrent par d'autres mains vn trespas violent.
Rodolfe, de sa Sœur secondant le courage,
Dans ce sanglant mestier, fait son apprentissage;
Mais son foudre guerrier, bien que neuf aux combats,
N'estonne pas l'Anglois par de communs eclats.
De cette ame heroïque imitateur fidelle,
Il n'est, en beaux efforts, surpassé que par elle,
Et contre les Anglois, apres elle, entre tous,
S'acquiert, en combatant, l'honneur des premiers coups.
De ce fer redouté la fureur sanguinaire
N'estanche point sa soif dans vn sang ordinaire,
Aux seuls Chefs il s'atache, & de ses feux brillans
Fait mesurer la terre, à dix des plus vaillans.

Alors

LIVRE SECOND.

Alors du Camp nombreux les orgueilleuses ailes
Marchent l'vne vers l'autre, & se joignent entre elles ;
L'inuincible secours en est enuelopé,
Et par tout, contre luy, leur bras est ocupé.
De lances en l'arrest, & de piques baissées,
Il voit, de toutes parts, ses brigades pressées,
Il voit fondre sur luy des nüages de traits,
Et voit voler la mort, & de loin, & de prés.
Mais contre tant d'assauts gardant son ordonnance,
Il fait de tous costés egale resistance,
Pousse mesme l'Anglois, & de soy l'escartant
Poursuit tousjours sa marche, intrepide & constant.

 Ainsi quand sous vn toit, qui brusle & qui petille,
Vn Pere entend les cris de sa chere famille,
Et que, pour l'en tirer, son tendre sentiment
L'expose à la mercy du rouge embrasement ;
Bien que du feu crüel l'horrible violence
Vers luy, deçà, delà, mille flammes eslance,
La peur de cette perte est si forte en son cœur,
Qu'au trauers du feu mesme il peut aller sans peur.

 Mais d'vn cercle ennemy la Sainte enuironnée
Alloit voir en ce lieu finir sa destinée ;
Aux Cieux, en ce peril, elle leue les yeux ;
Son regard, parle, prie, & penetre les Cieux.

 Vers la Maison celeste, où la Vierge reside,
Vn Antre estincelant s'esleue en pyramide,
En qui de tous les feux est le feu le plus chaud,
Et qui sert d'Arsenal aux armes du Treshaut.

I

Là se gardent les traits, les lances, & les piques,
Par qui furent vainqueurs les Esprits Angeliques,
Lors que l'Esprit d'Orgueil, sur l'Aquilon monté,
Disputa le saint Throsne à la Diuinité.
Là de pur diamant sont les massiues bondes,
Dont les mers de là haut sentent brider leurs ondes,
Et qui, pour engloutir la race des peruers,
Leur firent, en s'ouurant, submerger l'Vniuers.
Là roulent, à grand bruit, les tourbillons de flammes,
Dont l'ardeur consuma tant de villes infames,
Et, vengeant le mespris des loix de l'Eternel,
Brusla les Messagers d'vn Prince criminel.
Là resplendit encor cette ondoyante espée,
Que dans vn lac de sang Solyme vit trempée,
Quand, au Peuple d'Assur, l'Ange Exterminateur
Fit de ses coups mortels sentir la pesanteur.
On voit là les trois Fleaux, Guerre, Peste, Famine,
Instrumens plus communs de la Fureur diuine,
Dont le choix necessaire, au Berger couronné,
Pour expier son crime, autresfois fut donné.
On y voit les trois Dards, si connus de la Terre,
Sous les surnoms d'Esclair, de Foudre & de Tonnerre,
Par qui Dieu, dans son ire, auec ses propres mains,
Ou menace, ou punit les forfaits des humains.
Enfin là pend l'Escu que la Chrestienne France
Eut jadis pour enseigne, ainsi que pour defense,
Et mille autres encor, tous de forme pareils,
Tous brillans à-l'enuy, comme autant de Soleils.

LIVRE SECOND.

A mille Anges guerriers le Seigneur les fait prendre,
Et par eux de Betford veut la Sainte defendre;
Des Anges partagés deux inuisibles rangs,
D'vn vol impetüeux, viennent couurir ses flancs.
De ces luysans boucliers la solide muraille
Soustient, sans nul effort, l'effort de la bataille;
Cent traits, contre chacun, sont en vain decochés,
Et tombent sur le champ, rompus, ou rebouchés.
Du milieu des pauois vne lüeur ardente
Sort, en serpens de feu, par les airs ondoyante;
Les airs sentent sa force, & l'Anglois qu'elle atteint,
Plus que tous autres dards, & la sent, & la craint.
Il meurt peu de François, sous cette aspre tempeste;
Mais vn si rude obstacle à tous coups les arreste,
Culant & Godefroy, par leurs genereux cris,
A passer, ou mourir, confirment leurs esprits.
Bien que de tous costés la mort les enuironne,
Que leur fer, sous le fer, de toutes parts resonne,
En tous lieux ils font teste, & demeurent debout;
La Fille seule attaque, & se fait jour par tout.

  C'est ainsi qu'vn torrent d'vne chute subite,
Du sommet des rochers en bas se precipite,
Roule par les vallons, & d'vn cours furieux
S'ouure dans la campagne vn chemin glorieux.

  Betford de ses soldats voit le triste carnage,
En pleure de colere, en escume de rage,
Perd d'instant en instant l'espoir de s'en venger,
Et ne peut sa douleur sans vengeance alleger.

Infortuné, dit-il, quel gouffre si funeste
A vomy contre moy cette infernale peste,
Quel Astre si malin, quel Sort si malfaisant
A mis ma gloire en proye à ce feu destruisant?
Renforce toy ma main, renforce toy mon ame,
Estouffons cette peste, esteignons cette flamme,
Par le sang du François lauons l'indigne affront,
Dont son heureuse audace a chargé nostre front.

De ses vaillans drappeaux il ramasse l'elite,
Et contre la Guerriere à haute voix l'excite;
Tout l'effort du combat autour d'elle est reduit,
Mais plus l'obstacle est grand, plus sa vertu reluit.
Où pleuuent plus de morts, là d'vne ardeur plus forte,
Son indontable cœur rapidement la porte,
Elle charge, elle entrouure, elle perce, elle rompt,
Et de corps vers la Ville elle se forme vn pont.
Des dards qui de cent lieux viennent fondre sur elle,
Sa cuirasse s'embrase, & son casque estincelle,
Leurs flammes, d'vn vray feu, semblent toutes brusler,
Et toutes par eslans aux ennemis voler.

Mais le fier Bourguignon, que son sensible outrage
Auoit tousjours rongé d'vne secrette rage,
Et qui n'attendoit plus qu'vn propice moment,
Pour laisser le champ libre à son ressentiment;
Voyant l'occasion à ses vœux fauorable,
Voyant du saint secours le succes admirable,
Voyant par le François l'Anglois demydonté,
Se resout d'accomplir ce qu'il a projeté.

LIVRE SECOND.

Il entend vne voix auſſi claire que forte,
Dont le ſon vigoureux au partement l'exhorte,
Et la voix eſt l'Eſprit, qui, pour le meſme Anglois,
A desja, dans ſon ſein, mis du trouble vne fois.

   Il eſt temps, il eſt temps, luy dit la voix de l'Ange,
Que, du tort qu'on t'a fait, ta ſageſſe te venge;
Il eſt temps de laiſſer ce Barbare inſolent,
Et de te deſcharger de ſon joug violent.
A quiter l'inhumain toute choſe t'inuite,
Tu le feras ſans peine, & meſme auec merite,
Rien ne peut deſormais empeſcher ton depart,
Au ſecours d'Orleans il te peut donner part.
En ne concourant plus à l'Angloiſe entrepriſe,
Tu luy conſerueras ſa premiere franchiſe,
Et par vn trait ſi beau, rendant Charles vainqueur,
Tu calmeras pour toy le courroux de ſon cœur.
Heureux, dans le malheur qui t'a retraitte cauſe,
Si tu peux, de ton Roy, meriter quelque choſe.

   Il fait, apres ce mot, la trompette ſonner,
Et, par les Bourguignons, l'Anglois abandonner.
Betford voyant ce corps qui du ſien ſe detache,
S'en outrage le front, les cheueux s'en arrache,
En accuſe les Cieux, & contre eux blaſphemant,
Marque ſon deſeſpoir, par ſon emportement.
Meſme horreur, meſme trouble, ocupent ſon armée;
Elle craint de ſe voir entre deux renfermée,
Songe à ſon ſalut propre, & ſuſpendant ſes traits,
Laiſſe au vaillant ſecours finir ſa marche en paix.

I iij

LA PVCELLE,

Ainsi lors qu'aisement vne machine joüe,
Que sur plus d'vn piuot tourne plus d'vne roüe,
Et que l'habile Ouurier, de leur cours satisfait,
S'assure auec plaisir de son prochain effet;
S'il auient qu'au moment d'estre mis en vsage,
Le ressort principal abandonne l'ouurage,
Le mouuement s'arreste, & l'effet attendu
Auec le mouuement, sans remede, est perdu.

Dunois qui, sur les tours à perir condannées,
Veilloit pour reculer leurs dures destinées,
De loin vit le secours, & le crut vn renfort,
Pour l'innombrable Camp de l'orgueilleux Betford.
Cet objet, ce penser, affermissent son ame,
Dans le projet affreux de mettre tout en flamme,
A le faire il s'excite, & d'auoir differé,
Son magnanime cœur se tient deshonnoré.

Qu'attendons nous, dit-il, vertu peu resoluë,
Pour aller à la mort que nous auons eluë,
Et par quelle raison pouuons nous desormais
Suspendre, en nostre esprit, le plus beau de nos faits?
O valeur trop timide! ô desespoir trop sage!
Quoy! mesme en la fureur nous manquons de courage,
Apres le coup mortel, nous pensons à guerir,
Et nous songeons à viure, en parlant de mourir.
Dequoy sçaurions nous plus flater nostre esperance?
Nous croyons nous encore en estat de defence?
L'Anglois est-il trop foible, & pour nous terracer
Faut il qu'vn nouueau Camp le vienne renforcer?

Et le voila ce Camp; que doit-on plus attendre?
Que Betford soit celuy qui nous reduise en cendre?
Non, il faut preuenir ses flambeaux inhumains,
Et finir nos malheurs, auec nos propres mains.
Mais, contre sa creance, ayant veu cette armée,
En faueur des remparts, au combat animée,
Et luy voyant produire, en ce choq perilleux,
Tant de nobles exploits, tant de faits merueilleux;
Son ame, tout à coup, d'allegresse remplie,
Ses desplaisirs estouffe, & ses peines oublie;
Il ne veut plus mourir. & quitte le dessein,
Que l'horreur du seruage auoit mis dans son sein.
Il pense desja voir de la ville esplorée
Par ces braues guerriers la franchise assurée,
Pretend part à leur gloire, & sort au mesme temps,
Entouré de soldats, & suyui d'habitans.
   Allons enfin, dit-il, apres tant de souffrance,
Donner à nos trauaux leur juste recompense,
Allons, & qu'aujourd'huy ce Camp soit consumé,
Du feu que pour nos toits nous auions allumé.
Allons, & que chacun sa puissance desploye,
Secourons le secours que le Ciel nous enuoye,
Ioignons nos bras aux siens, & ne permettons pas
Que sa seule valeur nous sauue du trespas.
   Par les gués reconnus ils passent tous la Loire,
Et marchent dans l'espoir d'vne pronte victoire;
Mais ils trouuent leur cours par l'Anglois trauersé,
D'vn haut retranchement. & d'vn large fossé.

Le fer en mille endroits brille sur la terrace;
Ou ne voit pourtant point rallentir leur audace;
Tous montent d'vn temps mesme, & d'vne mesme ardeur,
Et chacun du peril mesprise la grandeur.
A ce nouuel assaut, Betford remply de trouble,
Partage sa pensee, & son soucy redouble,
Il renforce ce lieu de Chefs & de soldats,
Et commet sa defense au fameux Glacidas.
Le François & l'Anglois, d'vne egale vaillance,
Attaque d'vn costé, d'autre fait resistance,
L'vn sur l'autre s'acharne, & le retranchement
Du sang de deux Partis se teint egalement.
Nargonne, Beuilliers, Souillac & Chanterene,
De quatre coups diuers, tombent morts sur l'arene,
Stafforde, Bulingam, Markenfeld & Houuart,
De quatre coups diuers meurent sur le rempart.
Termes & Vestmorland, le bras haut, s'entremirent,
Tous deux, de mesme force, en mesme instant se tirent,
Et s'estant, l'vn & l'autre, à la teste blessés,
L'vn roule dans le camp, l'autre dans les fosses.
Mais le combat des Chefs, plus qu'aucun est terrible,
Tous deux egalement ont le cœur inuincible,
Tous deux, d'vn mesme effort, se dardent à la fois,
Dunois vers Glacidas, Glacidas vers Dunois.
L'assaillant, l'assailly, dans sa main redoutable.
Porte & monstre chacun la mort ineuitable,
Chacun craint, & fait craindre, & nul ne peut juger,
Où la palme incertaine enfin se doit ranger.

Mais,

LIVRE SECOND.

Mais lors que la victoire est le plus en balance,
Vn bruit la fait pancher du costé de la France;
Ce bruit vient du François, qui, d'aise transporté,
S'est ouuert le passage aux murs de la Cité.
Glacidas se retourne, & contre sa pensée,
Des bataillons Anglois voit l'enceinte percée;
Il se trouue au milieu de deux foudres ardens,
Dela Sainte au dehors, de Dunois au dedans.
L'infortuné Guerrier, contre ce double orage,
Vainement, dans son sein, recherche du courage;
Il s'estonne, & Dunois redoublant son effort,
Le heurte, le renuerse, & le laisse pour mort;
Puis va joindre, à grands pas, la glorieuse bande,
Qui vient d'executer vne chose si grande,
Et court, loin deuant tous, impatient de voir
Quels hommes, quels Heros ont eu tant de pouuoir.

Comme lors que la Lune, en la plaine estoillée,
A d'vn sombre bandeau sa lumiere voilée,
Et qu'vn rouge sanglant, espandu dans ses yeux,
D'vn aspect infernal a contristé les Cieux;
Aussi tost que l'horreur qui luy couure la face,
Apres vn long trauail, se dissipe & s'efface,
Elle jette vn eclat à nul autre pareil,
Et de ses rais fait honte aux rayons du Soleil.

Ainsi lors que la Fille, apres tant de carnage,
Eut enfin descouuert son celeste visage,
Elle brilla plus viue, & son front lumineux
Ietta plus de splendeur, & lança plus de feux.

K

Pour respirer à l'aise, au bout de la carriere,
Elle auoit, & fait alte, & leué la visiere,
Vne vermeille flamme en son teint eclatoit,
Et sur luy la sueur en perles degoutoit.
De ses cheueux espars les tresses vagabondes
Formoient, au gré du vent, mille mouuantes ondes,
De semblable rosee on les voyoit mouillés,
Et d'obscure poussiere illustrement souillés.
Ses plumes, à grands flots sur son dos espanchées,
Estoient de sang rebelle, en mille lieux, tachées,
Et de tout son harnois, l'or & l'argent brunis
Estoient, en mille lieux, du mesme sang ternis.
Dunois à cet objet, aussi noble qu'estrange,
Ne croit pas voir vn homme, & pense voir vn Ange;
Soit aux traits de ses yeux, soit aux coups de sa main,
Ses sens esmerueillés ne trouuent rien d'humain.
Il l'aborde, & luy dit, d'vn ton graue & modeste;
 Guerrier, qui que tu sois, mais sans doute celeste,
Dont l'ardente valeur, malgré l'arrest du Sort,
A garenty nos bras des chaisnes de Betford.
Par aucun sacrifice, & par aucune offrande,
Ne pouuant reconnoistre vne faueur si grande,
Nous mettons à tes pieds la mesme liberté,
Que nous rend aujourd'huy ton courage indonté.
Ces heroiques mains, par tant d'exploits si braues,
En nous affranchissant, nous ont fait tes esclaues,
Comme tels nous rendrons ton triomphe plus beau,
Et porterons tes fers jusques dans le tombeau.

LIVRE SECOND.

Nos hymnes à la Terre apprendront ta victoire,
Plus haut que le Soleil, esleueront ta gloire,
Et feront, que, par tout, le Zele des mortels,
A l'honneur de ton nom dressera des autels.

 La Pucelle l'arreste, & d'vne voix seuere;
Exalte moins, dit-elle, vne simple Bergere;
Ton bonheur vient des Cieux, & c'est d'eux seulement,
Que ton humilité doit parler hautement.
Donne loüange aux Cieux, & non à ma bassesse,
Ie n'agis point par moy, qui ne suis que foiblesse,
I'agis par l'Eternel; c'est luy, par qui mon bras
Apporte aux vns la vie, aux autres le trespas.
Ne benis que sa grace à tes besoins propice,
N'offre qu'à ses bontés, ton cœur en sacrifice,
Ne rens qu'à son pouuoir, tes vœux reconnoissans,
Et pour son seul honneur reserue ton encens.

 De son throsne d'azur la Majesté Diuine,
En cet auguste estat contemplant l'Heroine,
D'vne œillade parlante, où, c'est oüir que voir,
Au Chef des Seraphins expliqua son vouloir.
Dieu veut que, pour la Fille, il remplisse de flammes
Tout ce que les François ont de guerrieres ames,
Et, leur ostant le goust de tout autre plaisir,
En sa seule vertu renferme leur desir.
Sur tous, au grand Dunois, qu'vn autre feu maistrise,
Il veut que, pour vn temps, il rende la franchise,
Et qu'en suitte il allume, en son sein glorieux,
Vn feu moins ordinaire, & plus digne des Cieux.

          K ij

Dieu veut ce changement, & ce nouueau seruage,
Pour mieux à son saint but mener son saint Ouurage,
Et faire qu'entre tous, le grand cœur de Dunois
S'applique, tout entier, au salut des François.
L'Ange, qui n'est qu'ardeur, fond au milieu des armes,
Confirme la Guerriere en ses antiques charmes,
Et dans tout son aspect, & tous ces mouuemens,
Met vn nouuel amas de saints enchantemens.
De son modeste front, de sa douce paupiere,
S'eslance dans les cœurs vne sainte lumiere,
Vn feu saint, vn feu pur, qui tout autre chassant,
Pour elle seule y laisse vn brasier innocent.
Tout le Ciel y conspire, & fait briller en elle
Des rayons empruntés de la gloire eternelle,
Anime sa parole, & donne à ses accens
D'enchaisner les esprits, & d'asseruir les sens.
A l'entendre, à le voir, il n'est point de courage,
Qui, d'vn choix volontaire, en ses fers ne s'engage,
Et Dunois, plus que tous, à l'entendre, à la voir,
D'vn volontaire choix, se met sous son pouuoir.

Cependant elle part, & va droit à la Ville;
La terreur de ses coups rend son chemin facile;
A son bras desormais elle voit tout sousmis,
Et desormais pour elle, il n'est plus d'ennemis.
L'Anglois ne la suit plus, & luy quitant la place,
Sent sa chaleur esteinte, & couuertie en glace;
Il rentre, dans ses Forts, morne & descouragé,
Et d'assiegeant qu'il fut, se change en assiegé.

LIVRE SECOND.

Elle, sans s'arrester, va vers le mur fidele;
Le haut retranchement s'abaisse deuant elle;
Elle va triomphante, & Dunois enchanté
Accompagne ses pas, & marche à son costé.
Ils arriuent au fleuue, & sur le fleuue mesme,
Descouurent leurs bateaux en vn peril extreme,
Par vn vent orgueilleux vers le bas repoussés,
Et de bateaux Anglois assaillis & pressés.
Ce malheur, plus que tous, inquiete la Sainte;
En ce moment son ame est capable de crainte,
Car, les grains se perdant, elle voit que la faim,
L'aura, pour ces remparts, fait trauailler en vain.

 Grand Dieu, dit-elle alors, si ta Bonté propice
A voulu d'Orleans estre la Protectrice;
Si de toy, si des Cieux, i'ay vanté mon enuoy,
Sans auoir abusé, ny des Cieux, ny de toy;
Accorde à ma requeste vn visible miracle,
Affranchis nos vaisseaux de ce cruel obstacle,
Et que ce vent superbe, à leur cours opposé,
En faueur de ce mur soit soudain appaisé.

 Elle acheue ces mots, & les acheue à peine,
Que le vent ennemy sent calmer son haleine,
Et qu'vn contraire vent, par le Ciel suscité,
Emporte le conuoy vers la forte Cité.
O merueille adorable! vne foy viue & pure
Seule peut renuerser les loix de la Nature,
Peut faire violence à tous les Elemens,
Et de tout l'Vniuers changer les mouuemens.

K iij

De chacun des vaisseaux la voile rehaussée,
Par vn souffle puissant, contremont est poussée,
Et, d'vn rapide cours euitant mille dards,
Va surgir, sans dommage, au pied des bouleuards.

Loüange à toy, Seigneur, crie alors la Pucelle,
Qui joins à tes bontés cette bonté nouuelle,
Et qui si pleinement par ce dernier effet,
Enuers ce triste Peuple accomplis ton bienfait.

En parlant elle marche, & couuerte de gloire,
Trauerse lentement les ondes de la Loire,
Le mobile grauier s'affermit sous ses pas,
L'eau respand sous ses yeux de lumineux eclats.
Hors des murs secourus, sur le bord du riuage,
Le nombreux habitant de tout sexe & tout âge,
La reçoit plein de joye, & de rauissement,
Et fait voler son nom iusques au Firmament.
Cent tambours resonnans, cent trompettes aigües,
Se meslent à leurs cris, & penetrent les nües ;
De ce son, en tous lieux, confusement volé,
La Terre semble esmüe, & le Ciel esbranslé.
Entre vn monde infiny, l'inuincible Guerriere
Fournit dans la Cité son illustre carriere ;
Elle y passe en triomphe, & son front glorieux
Sur luy de toutes parts, attire tous les yeux.
Le chemin s'estrecit, & mesme enfin se bouche ;
Bien-heureux qui la voit, plus heureux qui la touche ;
On la presse, & Dunois à peine, en s'efforçant,
Du peuple transporté soustient le flot puissant.

LIVRE SECOND.

De branchages feüillus on jonche son passage,
De fleurs sur son armet on respand vn nüage,
On celebre sa grace, on benit sa valeur,
Et sa veüe en plaisir transforme la douleur.
Mais ny pour cet amour, ny pour cette loüange,
Ne s'enfle sa vertu, sa pudeur ne se change,
Son regard immobile est aux Cieux attaché,
Et d'aucun autre objet son esprit n'est touché.
Dunois, qui mieux que tous la Fille considere,
Tousjours, de plus en plus, l'estime & la reuere;
Et dans ses yeux de feu, son brasier allumant,
Tousjours de plus en plus, se connoist son Amant.

 Ainsi le fer obscur, jetté dans la fournaise,
Perd d'abord sa froideur, au milieu de la braise;
Puis s'eschauffe, rougit, & tousjours s'enflammant,
Deuient tousjours plus chaud, de moment en moment.

 A lents & graues pas, la Guerriere diuine
En militaire pompe, au Temple s'achemine,
Entre mille drappeaux, entre mille estandards,
Et dans vn bois touffu de lances, & de dards.
De si loin qu'elle voit la demeure sacrée,
Vn saint contentement sa sainte ame recrée;
La selle elle abandonne, & par le lieu pressé,
Sauance l'œil modeste, & le front abaissé.
D'vn ordre alternatif, sous les larges portiques,
Vn double Chœur de voix entonne des cantiques,
Et de ces saints accords les sons harmonieux
Redoublent en son sein les mouuemens pieux.

Elle entre, & de la foule en entrant est suyuie;
Puis, comme dans les Cieux, par son zele rauie,
Humblement se prosterne au venerable Autel,
Et prononce ces mots, d'vn ton plus que mortel.

Grand Dieu, Dieu des combats, dont la Toutepuissance
A reprimé le cours des malheurs de la France,
Nous te glorifions, dans l'admirable effet,
Qu'auec nos foibles mains ta seule Dextre a fait.
Ce mur, prest à tomber sous le joug du Rebelle,
Reconnoist son salut de ta grace immortelle,
Et, remply d'vne sainte & deuote ferueur,
Exalte dans ses chants, cette immense faueur.
Ce visible secours de ton bras adorable
A jamais, ô Seigneur, luy sera memorable,
Et ce bienheureux Iour, à ses saints habitans,
Sera saint & sacré, jusqu'à la fin des Temps.
Mais il ne suffit pas d'vne seule victoire,
Pour remettre la France au comble de sa gloire;
L'Anglois est trop puissant, pour succomber d'abord,
Pour terracer ce Monstre, il faut plus d'vn effort.
Tant que l'Vsurpateur de ces belles Prouinces
Les pourra contester aux legitimes Princes,
Tant qu'vn Sujet perfide y pourra commander,
Nous deuons le combatre, & tu nous dois ayder.
Paris, le grand Paris, le siege de l'Empire,
Sous les loix du Tiran, plus que jamais, souspire,
Finis donc, ô Seigneur, l'ouurage commencé,
Par l'affranchissement de Paris oppressé.

A l'enuy

LIVRE SECOND.

*A l'enuy de son Roy, son Peuple & sa Milice
Le viennent demander à ta sainte Iustice;
Et, si de tout leur sang il doit estre acheté,
Veulent de tout leur sang payer sa liberté.
 La Pucelle, à ce mot, fond en pleurs, & s'arreste;
Tous, par leurs vœux ardens, secondent sa requeste,
Et, meslant à leurs vœux leurs larmes & leurs voix,
Conjurent l'Eternel de destruire l'Anglois.
Alors vn bruit semblable à celuy du tonnerre,
Murmure sous le temple, & fait trembler la terre;
Chacun en a d'horreur les cheueux herissés,
Le cœur saisi de crainte, & les esprits glacés.
L'autel, au mesme temps, sur la trouppe guerriere,
Iette de tous costés, vne viue lumiere;
Vn plus grand bruit s'esleue, & dans ce nouueau bruit,
On entend prononcer, L'ANGLOIS SERA DETRVIT.
Et l'Ange du Seigneur, embouchant sa trompette,
Confirme de l'Anglois la future desfaite,
L'airain en resplendit au milieu d'vn eclair,
Et le son par trois fois en eclate dans l'air.
A ce diuin signal d'assauts & de batailles,
Tous sentent, jusqu'au fond, emouuoir leurs entrailles;
Tous bruslent de combatre, & pensent desja voir
Le superbe Estranger sousmis à leur pouuoir.
Transportés d'vne ardeur, qui tient de la furie;
 Guerre & mort à l'Anglois, chacun alors s'escrie;
La voute du lieu saint, à cette fiere voix,
Respond d'vn ton plus fier, Guerre & mort à l'Anglois.*

           L

La Sainte, contre luy, d'vn saint zele embrasée,
En jure la ruine, & la promet aisée,
Ne pouuant, qu'auec peine, attendre au lendemain,
A luy faire esprouuer sa foudroyante main.
Sur la Tour elle monte, & de l'Angloise armée
Ne voit pas, sans fureur, la campagne semée,
Contre elle elle s'esbransle, & veut quitter la Tour,
Puis remet sa desfaitte aux premiers feux du jour.
Le valeureux Dunois qui la Fille accompagne,
Comme elle, tout autour, descouurant la campagne,
 Regardez, luy dit-il, le cercle de ces Forts,
Et combien peu d'espace il laisse à nos dehors.
Ils renferment les champs, ils embrassent les Isles;
Les grands sont dix en nombre, & paroissent dix Villes;
De ceux qui sont petits le nombre est infiny,
Et d'hommes & de traits chacun d'eux est muny.
Suffort & Glacidas, à la gauche commandent
En ceux qui vers le Nord d'vn long ordre s'estendent;
Vmford & Rameston commandent, en fuyuant,
Ceux que l'on voit regner du costé de Leuant.
Sur tout ce rang d'apres, que le Midy regarde,
Descalles & Fascot veillent, & font leur garde,
Et Talbot nous resserre, & nous tient prisonniers,
Auec ceux que le jour esclaire les derniers.
Mais voyés, entre tous, s'esleuer les Tournelles,
Voyés ce grand quartier du grand Chef des Rebelles;
Cette orgueilleuse masse estoit l'horrible escueil,
Qui, sans vostre secours, nous eust mis au cercueil.

LIVRE SECOND. 83

Dunois voulant poursuyure, & declarer sa flamme,
Sent sa voix enchaisnée au profond de son ame;
Et la crainte en son sein, estouffant le desir,
Sa bouche, au lieu de voix, ne pousse qu'vn souspir.
La Sainte luy respond, sans remarquer sa peine ;
 Dans le second Soleil cette captiue Plaine
Sera libre de Forts, sera libre d'Anglois,
Par l'ayde du Seigneur, & par vos grands exploits.
Le Ciel, & vostre bras luy rendront la franchise,
Et le mien aura part à la belle entreprise;
Cependant, pour l'Aurore, allés tout preparer.
 Et ces mots acheués il la voit retirer.
Le Char de la clarté, sous l'hemisphere passe,
Et la volante Nuit vient occuper sa place;
Alors dans vn lieu saint de Vierges habité,
La Sainte se desrobe aux yeux de la Cité.
Dunois demeure seul, &, contre le Barbare,
Actif & diligent toutes choses prepare,
D'eschelles & d'escus fait vn nombreux amas,
Et, pour l'assaut prochain, les diuise aux soldats.
Puis, sur le tour des murs, il va faire sa ronde,
Ayant le cœur blessé d'vne atteinte profonde,
Et nourrissant deslors, auec estonnement,
Pour la Sainte Pucelle, vn saint embrasement.
Tant d'efforts de valeur, tant de traits de prudence,
Cette masle beauté, cette auguste presence,
Et cet air de vertu, que respire sa voix,
L'ont d'abord asseruy sous le joug de ses loix.
          L ij

Il paroiſt que les Cieux, par ces hautes merueilles,
Enchantant du Guerrier les yeux & les oreilles,
De ſon antique ardeur blaſment la fermeté,
Et l'obligent à faire vne infidelité.
La Sainte deſormais eſt toute ſa penſée,
De tout ſon ſouuenir Marie eſt effacée,
Il change ſa Princeſſe, & ne ſçauroit juger
Quel violent deſtin le force à la changer.
 Par quel ordre, dit-il, par quel prodige eſtrange,
Ainſi dans vn inſtant, puis-je courir au change?
Quel caprice du Sort, ainſi dans vn inſtant,
Rend, malgré mon vouloir, mon eſprit inconſtant?
Mais, ô belle Marie, vne telle inconſtance,
A ſainement parler, n'eſt rien moins qu'vne offence;
Ie ſors de vos liens, ſans haine & ſans meſpris,
Et ſçay que des Beautés vous remportés le prix.
A vous, rien de mortel n'eſt egal en merite,
Auſſi rien de mortel ne fait que je vous quite;
Ce qui m'arrache à vous, merite des autels,
Et peut pretendre place entre les Immortels.
I'ayme, ou pluſtoſt j'adore vne ſainte Guerriere,
Qui des Cieux eſt venüe, à mon heure derniere,
Pardon, ſi je prefere à l'eclat de vos yeux,
Le beau feu que les ſiens ont apporté des Cieux.
Mais quel eſt ce braſier qu'il excite en mon ame?
L'oſerois-je nommer vne amoureuſe flamme?
Eſt-ce auoir de l'amour, que d'aimer ſans deſſein,
Et d'vn ferme propos vouloir ſeruir en vain.

LIVRE SECOND.

Pour ces celestes yeux, & ce front magnanime,
Ie n'ay que du respect, je n'ay que de l'estime,
Ie n'en souhaite rien, & si j'en suis Amant,
D'vn amour sans desir, je le suis seulement.
De ce feu toutesfois que me sert l'innocence?
Si, tout sage qu'il est, il me fait violence;
Helas! il me deuore, & mon cœur embrasé,
Desja, par sa chaleur, est de force espuisé.
Et soit, consumons nous d'vne flamme si belle,
Bruslons en holocauste, au feu de la Pucelle,
Laissons nous pour sa gloire en cendres conuertir,
Et tenons à bonheur d'en estre le martyr.

De semblables discours il entretient sa peine,
Elle le suit par tout, par tout elle le meine,
L'amour le fait veiller, autant que le deuoir,
Et le sommeil sur luy voit manquer son pouuoir.

FIN
DV SECOND LIVRE.

LA PVCELLE
OV
LA FRANCE DELIVREE.

LIVRE TROISIESME.

'OMBRE n'est plus si noire, & la Nuit moins profonde
D'vn voile plus leger enueloppe le Monde,
Les regards sont bornés d'vn cercle moins estroit;
Et, si l'on ne voit pas, du moins l'on entreuoit.
 La Guerriere, en ce temps, quitte le sombre Cloistre,
Et vient, auec l'Aurore, à la Terre paroistre;
L'eclat, qui de leurs fronts se respand à l'entour,
Fait douter qui des deux a ramené le jour.

M

Dunois luy vient alors, d'vne ardeur enflammée,
Presenter le Baston que respecte l'Armée,
Et, Ie veux, luy dit-il, sous vos aimables loix,
Comme vostre soldat, marcher contre l'Anglois.
  Il eust dit, vostre Amant; mais vne froide crainte
Luy glace la parole, à l'aspect de la Sainte,
Son esprit se confond, & troublé de sa peur
Laisse mourir ces mots, dans le fond de son cœur.
Elle prend de sa main le Sceptre militaire,
Voit que le Camp s'assemble, & brusle de bien faire,
Le tire hors des murs, en couure les sillons,
Et de tous ses drappeaux forme vingt bataillons.
Elle charge des vns le genereux Saintrailles,
Si fort dans les assauts, si fier dans les batailles,
Le belliqueux Illiers, Chabanes le puissant,
Et Giresme fatal aux cornes du Croissant.
A ces quatre elle joint l'adroit Sainte-Seuere,
Fratames l'indonté, Canede l'Insulaire,
Coulouces, Termes, Rieux, le braue Arragonnois,
Et sur tous, comme Chef, l'inuincible Dunois.
Des autres qu'elle a pris pour combatre auec elle,
Elle charge Gaucourt, le Cheualier fidele,
Grauille, dont les traits de tous sont les plus craints,
Et Puyseux Capdorat le plus beau des humains.
Elle en charge Villars, honneur de la milice,
Verduran, Chasteaubrun, Valpergue, la Palisse,
Vignoles, Deloré, Villandrade, & Corras,
Tous du Corps de la France infatigables Bras.

L'Anglois qui de vingt Forts, & de deux cens Redoutes,
Auoit semé la Plaine, & trauersé les routes,
Dans ses diuers reduits, de machines armés,
Tenoit ses estandards desormais renfermés.
D'vn œil judicieux, la celeste Guerriere
En choisit deux des grands, pour l'attaque premiere,
Veut que Dunois au droit s'efforce de passer,
Et, pour elle à l'enuy, prend le gauche à forcer.
  François, dit-elle alors, vostre masle courage
S'excite asses tout seul, sans l'ayde du langage,
Et, pour vous aquerir le titre de vainqueurs,
Il suffit du brasier, qui consume vos cœurs.
Allés donc à ces Forts, dont la superbe enceinte,
Vous cachant les Anglois, vous descouure leur crainte,
Et pour mieux l'entreprendre, en vous-mesmes songés
Que leur Camp tient encor vos remparts assiegés.
  Elle leur parle ainsi, d'vne voix foudroyante,
Et soudain aux deux Forts l'escalade se plante;
On y fait en cent lieux cent vigoureux efforts,
Et l'ardeur est pareille, au dedans, au dehors.
A celuy de Dunois ses trouppes attachées,
Sous les dards qu'on leur jette à l'instant sont cachées,
Et tous presque, en montant, par l'Anglois repoussés,
Vont tapisser la vase, & remplir les fosses.
Peu des plus valeureux vers la cime s'auancent;
Les cailloux, & les traits se roulent, & se lancent,
La mort, en cent façons, vole de toutes parts,
Et le sang espanché rougit les bouleuards.

Coulouces vers le haut de l'eschelle dressée,
A deux mains par Huntley, voit la hache abbaissée,
Coup sur coup sur l'eschelle il la voit delascher,
Et, grimpant contremont, espere l'empescher.
Mais le robuste Anglois enfin l'ayant couppée,
Du François courageux l'esperance est trompée ;
Le Guerrier & l'eschelle, en tombant à la fois,
Laissent plus d'vn soldat accablé de leur poids.
Fratames remarquable en grandeur de stature,
Approchoit du sommet de la forte closture,
Et refrappant plus fort ceux qui l'auoient frappé,
Tenoit son large fer dans leurs veines trempé.
Descalles plein de trouble accourt en cette place,
Voit dequoy ce grand corps la courtine menace,
Et d'vn roc, qui jadis fut la creste d'vn mont,
Le renuerse, pour mort, au lieu le plus profond.
Le François qu'à son tour, cette infortune trouble,
S'excite à la vengeance, & sa fureur redouble,
Il redouble sa force, il redouble l'assaut,
Et tousjours rejeté, tousjours remonte en haut.
Rais, Canede, Giron, Saintrailles, Rieux & Termes,
Contre l'effort Anglois demeurent les plus fermes,
Abandonnent plus tard le creneau defendu,
Et regaignent plustost l'auantage perdu.
  Ainsi du vert Palmier l'ambitieuse branche
A peine, sous le fer, contre terre se panche,
Qu'on la voit aussitost, d'vn eslans glorieux,
Mesme auec tout son faix, remonter vers les Cieux.

LIVRE TROISIESME

Durant l'aspre combat, l'inuincible Pucelle
Fait, au second des Forts, attaquer le Rebelle;
Le courage des siens va jusques à l'excés,
Et semble luy promettre vn plus heureux succés.
Au redoutable mur chaque bande s'applique,
Les vns, pour se guinder, se seruent de la pique,
Les autres de la main, les autres du poignard,
Et, mesme sans eschelle, eschellent le rempart.
Mais si l'assaut est rude, aussi l'est la defense;
Aucun trait par l'Anglois vainement ne se lance;
Aucun dard ne se perd, tous vont chercher le flanc,
Tous s'y font ouuerture, & s'y teignent de sang.
Pour grauir au sommet, Alard & Richardelle
Se prestoient l'vn à l'autre, vne ayde mutuelle,
Quand vn fleau, que sur eux descharge vn pesant bras,
A tous deux, en tombant vient donner le trespas.
Lancosme s'auançoit, quand vne fleche aiguë
Vole, & sifle vers luy, le trauerse & le tuë;
Le pied manque à Chauagne, il se prend à Cussé,
Et d'vn grais l'vn & l'autre, en glissant, est blessé.
Vignoles, abatu d'vn coup de jaueline,
Voit de corps renuersés vne pile voisine,
Et, par cette autre voye à la cime aspirant,
D'vne autre jaueline en reçoit vn plus grand.
Au point qu'on la retire, il la prend & l'embrasse,
Et croit, en la suyuant, monter sur la terrace;
Mais de ruse ou d'effroy l'ennemy la quitant,
Sur les siens, auec elle, il retombe à l'instant.

Rodolphe, Chasteaubrun, Verduran & Grauille,
Malgré tout, vers le haut s'esleuent entre mille,
Par cent traits, par cent dards, ne sont point arrestés,
Et les Anglois, par eux, craignent d'estre emportés.
Le vaillant Rameston, contre tant de vaillance,
Recueille en ce peril sa derniere puissance,
A chacun des guerriers opposé cent soldats,
Et, par force à la fin, les precipite en bas.

Ainsi lors que des mers les vapeurs orageuses
Viennent couurir du Ciel les plaines lumineuses,
Et, se haussant tousjours, d'vne constante ardeur,
Du throsne des clartés offusquent la splendeur;
Le Soleil eclatant, pour venger son outrage,
Auec tous ses rayons bat le sombre nüage,
Et, dontant à la fin son orgueil indonté,
Le fait recheoir en pluye, & se rend la clarté.

Mais, bien que de plusieurs la cheute soit mortelle,
Ardemment toutesfois l'assaut se renouuelle,
Leur perte les irrite, & tant d'affreuses morts
Demandent à leurs mains de plus masles efforts.
Chacun d'eux animé de douleur & de honte,
D'vn mouuement rapide au bouleuard remonte;
On les voit tous, en l'air, rabbatre heureusement
Les traits, dont l'Ennemy les charge incessamment.
Rodolfe, entre les Chefs, plus que tous se signale,
Soustient de plus d'espieux l'impression fatale,
Et, sous son grand pauois à leurs pointes caché,
Moins que tous, en montant, sent son cours empesché.

LIVRE TROISIESME.

*La Pucelle en tous lieux à vaincre les exhorte,
Et par ses cris ardens aux terraces les porte;
Ils y touchent par tout, & vont à cette fois
Au Fort, desormais foible, asseruir les Anglois;
Quand, des prochains Reduits, quatre bandes pressées
Aux Reduits combatus viennent piques baissées,
Et la Sainte & Dunois, tous deux en mesme temps,
Ont, contre leurs deux corps, deux mille combatans.
Alors, comme à l'enuy l'vn & l'autre s'appreste,
A preuenir l'effet de la double tempeste,
Et, tournant vers le champ le feu de leur courroux,
Deliure les remparts de la peur de leurs coups.
Plusieurs cedent d'abord à leurs regards terribles,
Plusieurs tombent d'abord sous leurs bras inuincibles,
Plusieurs perdent le cœur auec le jugement,
Et peu s'osent resoudre à mourir noblement.
Stafford contre Dunois, Holland contre la Sainte,
Dans l'effroy general semblent estre sans crainte,
Par gloire, ou par pudeur, ils se monstrent vaillans,
Et s'opposent au cours des deux forts assaillans.
Mais qui peut soustenir cette double puissance?
Son choc impetueux donte leur resistance,
Et malgré la vigueur de leur bras indonté,
L'vn y perd la franchise, & l'autre la clarté.
De fuyards esperdus la campagne est semée,
La Guerriere les chasse, aux yeux de leur Armée,
Iusques sur les fossés le Guerrier les poursuit,
Et nul à leur secours ne vient de son Reduit.*

Le Rebelle, en tous lieux, d'espouuante se glace,
Il se croit en peril, mesme dans sa terrace,
Le feu qui luy restoit à ce coup s'amortit,
Et le Camp le plus grand a peur du plus petit.

Tel le Rinoceros, que la Terre Africaine
A veu long temps regner sur sa bruslante arene,
Et, par sa corne horrible, en leurs antres profonds
Resserrer, de frayeur, Elephans & Dragons;
Au rugissant assaut de la fiere Lionne,
Malgré sa fermeté, sent son cœur qui s'estonne,
Et, le pied glorieux deuant elle laschant,
Dans sa grotte se cache, & tremble en s'y cachant.

Les trouppes sont à peine, en leurs Forts rechassées,
Qu'ils retournent tous deux aux courtines laissées,
Et chacun voit les siens, des boulevards tentés,
Auec beaucoup de sang, par tout precipités.
La Guerriere s'escrie, O Guerriers sans courage,
Quoy! l'Anglois contre vous garde son auantage,
Quoy! par vostre foiblesse, il vous voit en ce lieu,
Rendre vain, le secours de la bonté de Dieu.
Imprudens ennemis de vostre propre gloire,
Vous laisses, vers Bedford, enuoler la victoire;
Ah! remontés, Soldats, &, mesprisant la mort,
Sur le corps des Tyrans, suiués moy dans ce Fort.

L'assaillant refroidy, tout à coup, dans son ame,
Par le feu de ces mots, sent rallumer sa flamme,
De toutes parts remonte, & par tout desormais
Supporte, sans ceder, les cailloux & les traits.

Deuant

Deuant les plus ardens resplendit la Guerriere,
Et plus que tous s'expose à la gresle meurtriere,
Chacun, par son exemple, autant que par sa voix,
Se resout de mourir, ou de forcer l'Anglois.
Il semble, en se guindant vers l'effroyable cime,
Qu'elle y tire, apres soy, le François magnanime;
Sous elle, à droit, à gauche, ils la suyuent en haut,
Et portent aux remparts vn formidable assaut.
Proche d'elle s'eleue, & doucement eclate,
Du vaillant Capdorat la beauté delicate,
Et de ses cheueux blonds les anneaux radieux,
A l'egal de son fer, esbloüissent les yeux.
Vn peu plus à l'escart, le puissant Villandrade,
Le jauelot en main la courtine escalade;
Les fermes eschelons se courbent sous ses pas,
Et son bras luy promet l'effet de mille bras.
L'assailly qui ne craint que celuy de la Sainte,
Et de qui la valeur s'anime par la crainte,
En tous autres endroits resiste foiblement,
Et, dans cet endroit seul, combat obstinement.
Elle, de plus en, plus s'esloigne de la terre,
Et soustient, sur son dos, tout le faix de la guerre;
L'Anglois tonne sur elle, & tonne à grands eclats;
Mais, bien qu'il la foudroye, il ne l'estonne pas.
Elle dissipe enfin la tempeste mortelle,
Et luit affreusement au sommet de l'eschelle,
Dans ses yeux embrasés, & dans son fer ardent,
L'Estranger reconnoist son trespas euident.

N

Ainsi par fois en l'air vne rouge Comete,
Des changemens d'Estat messagere müette,
Lance, d'vn œil de feu, ses menaçans regards,
Sur le coupable chef des injustes Cesars.
Les Tirans orgueilleux dans son aspect funeste,
Lisent auec effroy leur cheute manifeste,
Perdent toute esperance, &, maudissant leur sort,
De moment en moment n'attendent que la mort.

Mais tandis qu'à son mur la Guerriere s'eleue,
Le grand Dunois au sien ne donne paix ny treue;
Il le veut emporter, & le premier de tous
Se presente à l'attaque, & s'abandonne aux coups.
A la mercy des traits, contremont il s'elance,
Voit en vain, contre luy, renforcer la defense,
En vain, sur son armet, sent fondre mille dards,
Et touche desormais le front des boüleuards;
Quand ainsi qu'vn Soleil, qui brusle autant qu'il brille,
Il voit, d'vn œil jaloux, la valeureuse Fille,
Maistresse du Reduit si long temps defendu,
Et le fier Rameston sous ses pieds estendu.
De douleur il s'escrie, O foibles, ô timides,
Quoy! vous tardés encore à donter ces perfides;
Et voilà cependant, que dans cet autre Fort,
Par le bras d'vne Fille, ils endurent la mort.
Contre nous seulement ils ont de l'auantage,
Et l'ont, par nostre peur, plus que par leur courage;
Soldats jadis vaillans, ah! forçons ce rempart;
C'est assés de malheur, de l'auoir fait si tard.

LIVRE TROISIESME.

Il parle, & sa parole est aspre & vehemente,
Son eclat aux Anglois donne de l'espouuante,
Ses coups les font fremir, & Descalles en vain
Oppose à ce tonnerre, & la voix, & la main.
Des creneaux, à la fin, Dunois se rend le maistre;
Nul Anglois, deuant luy, n'oseroit plus parestre,
Par le chemin frayé, sa bande suit ses pas,
Et remplit tout d'horreur, de fuitte, & de trespas.
L'Estranger emporté, s'effraye, & se disperse,
Et pressé du François, l'un l'autre se renuerse;
Descalles cede mesme, & par Dunois poussé
Tombe, mais apres tous, dans le bas du fossé.
Il n'est plus d'ennemy qui ne fuye, ou ne meure,
Le Fort aux assaillans, sans obstacle, demeure,
Le sang rebelle y coule, & les vainqueurs espars,
Dans le sang respandu, plantent leurs estandards.
La Sainte Fille alors, rayonnante de gloire,
A grands cris, par les siens, fait chanter la victoire;
La trouppe de Dunois, à ces cris eclatans,
Par de semblables cris, respond au mesme temps.
Ce chant, deçà delà, par trois fois se redouble;
De ces Echos guerriers, l'air s'emeut & se trouble;
Mais l'orgueilleux Betford, de douleur accablé,
A ce bruit triomphant, plus que l'air est troublé.
Dans ses autres remparts la crainte le resserre,
Il semble terracé de deux coups de tonnerre,
Tout espoir l'abandonne, & sa triste raison
Pour luy, n'offre à ses sens, que mort, ou que prison.

Le jour luyſoit encore, & le Flambeau du Monde,
Alloit, comme à regret, s'eſteindre au ſein de l'Onde;
Dunois, ſans perdre temps, veut ſur les autres Forts,
A la faueur du jour, employer ſes efforts.
Mais des deux grands ſuccés l'Heroïne contente,
Reprime du Heros la fougue impatiente,
D'vn eloge obligeant tempere ſon refus,
Et veut au lendemain remettre le ſurplus.
De pics & de brandons la populace armée,
Contre les Forts conquis, va de rage animée,
Et violant la paix de la tranquille Nuit,
Les pille, les abat, les bruſle, & les deſtruit.
Le vainqueur cependant repoſe, & prend haleine,
Mais repoſe en vainqueur, & loge dans la Plaine;
Il a rompu ſes fers, & du joug deſchargé,
Repute à deshonneur d'agir en aſſiegé.
Aſſiegeant, à ſon tour, il diſpoſe ſes bandes,
Sur les coſtaux voiſins, dans les voiſines landes;
Et par toute l'enceinte, auec cent petits corps,
Des bouleuards Anglois couppe tous les abords.
Chaque corps eſt petit, mais ſa force eſt puiſſante,
Et l'Anglois renfermé, par ſa crainte l'augmente;
Des bouleuards gaignés l'euenement heureux
Nourrit la confiance en leur ſein valeureux.
Aux poſtes aſſignés, chacun, de feux ſans nombre,
Par les champs tenebreux, donne la chaſſe à l'ombre,
Et par tout, d'vn temps meſme, en cet immenſe tour,
Au milieu de la nuit fait paroiſtre le jour.

Le feu s'esprend, s'allume, estincelle, & petille,
Sous le fer, chaque trouppe à ces lumieres brille,
Et par cent cris tonnans, meslés à ces eclairs,
Fait resonner la terre, & retentir les airs.
Le long des feux ardens, les brigades couchées,
Sur l'aride sablon, ou les herbes sechées,
Sans trouble desormais, le couteau dans la main,
Sur les viures tranchés assouuissent leur faim.
Des vins delicieux les escumeuses ondes
Se versent coup sur coup, dans les tasses profondes,
Et prises à longs traits, par leur douce liqueur,
Resueillent les esprits, & reschauffent le cœur.
Les vns dancent en rond, en rond les autres chantent,
Ceux cy content leurs faits, les content, & les vantent,
Ceux là plus enflammés se lancent à leurs dards,
Et des timides Forts menacent les remparts.
Le tremblant Ennemy, du haut de ses terraces,
Voit tous leurs mouuemens, oit toutes leurs menaces,
Et palissant d'effroy, demande à sa valeur,
De reparer sa perte, & donter son malheur.
Il demande à ses bras d'employer leur puissance,
Pour garantir son chef des foudres de la France,
Et s'armant de courage, en ce pressant besoin,
N'espargne, à se munir, diligence ny soin.
 Ainsi contre le choq de la mer courroucée,
Dont la plage Belgique est tousjours menacée,
La preuoyante peur y fait de toutes parts,
Construire incessamment, & digues, & remparts.

Entre tant de grands Forts, qu'occupent les Rebelles,
Aucun n'est comparable au grand Fort des Tournelles;
Il est vaste d'enclos, il est haut eleué,
Et son pied, tout autour, par la Loire est laué.
Mais, vers deux des costés de la superbe masse,
La bruslante saison rend la riuiere basse,
Et sans moüiller les flancs, au Midy comme au Nord,
Du riuage opposite on peut aller au Fort.
Le General Anglois de sa nombreuse Armée,
Là, pour vaincre, ou mourir, tient l'elite enfermée,
Et, sur ce beau theatre, aspire à faire voir
Ce que peut la vaillance vnie au desespoir.

   La Sainte, aux premiers rais de la vermeille Aurore
Se tourne vers les Cieux, leur assistance implore,
Puis se monstre à son Camp, & de ses bataillons
Couure, au son des tambours, les arides sablons.
Alors pleine de feu; Compagnons, leur dit-elle,
Acheués de punir cette Race infidelle,
Acheués d'affranchir la fidelle Cité,
Du joug insuportable à ses murs appresté.
Qu'au grand Fort, à grands pas, chacun de vous s'auance;
Ie voy d'icy l'Anglois, qui tremble, & qui balance;
Marchés, courés, volés, & n'aprehendés rien!
Il se defendra mal, si vous l'attaqués bien;

   Sa voix est foudroyante, & les claires trompettes
Semblent estre aupres d'elle, ou foibles, ou müettes;
On marche, on court, on vole, &, d'vne & d'autre part,
On trauerse les gués, on monte au bouleuard.

LIVRE TROISIESME.

L'Estranger, accueilly de ce funeste orage,
En repousse l'effort d'un semblable courage,
Le François & l'Anglois egalement boüillans,
Sont tous deux assaillis, & tous deux assaillans.
 Dunois vers le Midy ses brigades anime,
Et presente à leurs cœurs la perilleuse cime;
Mille morts à la fois partent de mille bras,
Et du comble tenté rejettent les soldats.
Rassan perit d'un trait, & Valin d'une hache,
Vu roc tombe sur l'Isle, & de son poids l'ecache,
Laigues par vne fleche, & Morges par vn dard,
Perdent auec le jour le sommet du rempart.
De tant de sang versé, l'onde au dessous est teinte;
Chabanes, de douleur se sentant l'ame atteinte,
Pour venger ses amis son eschelle dressant,
Vers l'horrible creneau s'eleue en menaçant;
Quand de trois marteaux lourds la sonnante tempeste,
Par l'effort de trois bras vient fondre sur sa teste;
Il resistoit aux deux, mais au troisiesme enfin,
Il perd la connoissance, & cede à son destin.
Termes, qui de Betford meditoit la ruine,
Trebusche, en l'approchant, sous vne jaueline,
Et Rieux, plus haut encor vers la cime auancé,
Par vne demypique, est sur luy renuersé.
Canede le dernier, dans l'attaqué terrible,
Entre mille vaincus sembloit estre inuincible,
Et, bien que mille traits l'atteignissent d'enhaut,
D'vn pas moins resolu, n'alloit pas à l'assaut.

Alors vn fleau bruyant, qu'vn bras nerueux defferre,
Le mefure, l'atteint, & le porte par terre ;
Par le fleau tournoyant, il eft pris en trauers,
Et, loin des premiers cheus, s'en va cheoir à l'enuers.
Il n'eft rien cependant, qui leur valeur rebute,
Rien n'allentit leur cours, ny bleffure, ny cheute ;
Tous butent à la palme, & veulent, dans le Fort,
L'aller mefme cueillir aux defpens de leur mort.
Le Prince impetüeux, parmy les fiens fe mefle,
Et, plus que tous, s'expofe à la mortelle grefle ;
Son armet en refonne, & les coups violens
Tirent de fon efcu des feux eftincelans.
Aucun d'eux ne l'abat, aucun d'eux ne l'arrefte ;
Il s'eleue tousjours, malgré l'afpre tempefte,
Eftonne, & fait blefmir le nombreux defenfeur,
Et va du bouleuard fe rendre poffeffeur ;
Lors qu'vn enorme grais, pouffé de la terrace,
Luy roule fur le dos, & l'efchelle fracaffe ;
Le Fort, par ce tonnerre, à fon bras eft rauy ;
Il tombe, & de cent dards en tombant eft fuyui.
Soudain, à la vengeance, il s'apprefte, & s'excite ;
La perte du rempart plus que fon mal l'irrite,
Et, bien qu'il ait le corps en plus d'vn lieu froiffé,
Il retourne plus fier à l'ennemy laiffé.
　Ainsy quand vn Afpic, dans la plage enflammée,
D'vn ongle d'Elephant fent fa gorge entamée,
Et que de fa bleffure il voit, à gros boüillons,
Ialir vn fang fumeux, fur les jaunes fillons.
Si le coup

LIVRE TROISIESME.

Si le coup l'affoiblit, la douleur le ranime,
Contre son ennemy son fiel se renuenime ;
Il se redresse en l'air, il sifle auec horreur,
Et, par sa triple langue, exprime sa fureur.
    La Sainte en mesme temps, d'vne ardeur vehemente,
Au Nord du bouleuard l'escalade presente ;
Elle brille entre tous, & ses yeux flamboyans
Attirent, sur son chef, cent rochers foudroyans.
Mille soldats choisis, trente pour chaque eschelle,
Sur le bois ondoyant se guindent auec elle ;
Vn orage mortel se descharge sur eux,
Et souuent vn seul dard fait plus d'vn malheureux.
Bidache & Senarpont, d'vne fougue empreßée,
Montoient l'vn apres l'autre, à l'eschelle dreßée ;
Vn jauelot lancé par vn robuste bras,
Les perce l'vn & l'autre, & les liure au trespas.
Alain, qui voit leur cheute, adroittement se cache,
Sous le solide acier d'vne grande rondache,
Et volant contremont, par le metal espais,
Du braue defenseur rebouche tous les traits.
Mais de bois enlacés vne vaste machine,
Par l'effort de cent mains, luy fondant sur l'eschine,
Il se couure, sans fruit, de son large pauois ;
La machine, en tombant, l'ecrase sous son poids.
Argilmont approchoit la formidable cime,
Quand d'vne faux aiguë il deuient la victime ;
Atteint par le gosier, il prend vn rude saut,
Et fait, en trebuchant, trebucher Concressaut.

O

Vmbert reçoit au ventre vne profonde playe,
Offemont à la gorge, à la tefte Canaye,
Au genou Roquepine, à la hanche Barrain,
A la cuiffe Nargonne, & Vandeneffe au rein.
Rodolphe, qui fur tous au peril s'abandonne,
S'auance plus qu'aucun, & moins qu'aucun s'eftonne,
Et, tout armé qu'il eft, verfe vn fleuue de fang,
De la temple, du front, de l'efpaule, & du flanc.
Le Sort n'efpargne rien, & la Sainte Guerriere
Eftoit feule efchapée à la grefle meurtriere,
Elle touchoit au comble, &, dans le vafte Fort.
D'vne main triomphante, alloit prendre Betford;
Lors qu'au fond des bas lieux, le Prince des tenebres,
Entre les pleurs amers, & les accens funebres,
Dans fa grotte embrafee, au milieu de fa nuit,
Sceut l'eftat où l'Anglois, par elle, eftoit reduit.

 De tout temps le Demon, en fon ame inhumaine,
Nourriffoit pour la France vne implacable haine,
Ayant veu, tant de fois, fes projets inhumains,
A fon grand deshonneur, par elle, rendus vains;
De l'effroyable Hun les drapeaux mis en fuitte,
Du nombreux Sarrazin la puiffance deftruitte,
Du profane Lombard le regne aneanty,
Du Saxon reuolté l'orgueil affujetty,
Sur le fier Mufulman Solyme reconquife,
L'Albigeois egaré reconduit à l'Eglife,
Enfin malgré les flots, les efcueils, & les vens,
Le More attaqué mefme en fes fables mouuans.

LIVRE TROISIESME.

Mais outre tant d'affronts, dont, sur l'illustre France,
Son Empire abatu luy demande vengeance,
Si rien fait qu'il en vueille estre persecuteur,
C'est de voir que Michel en est le Protecteur.
Sa rage le transporte, autant de fois qu'il pense
Au coup desmesuré qu'il receut de sa lance,
Quand des Cieux assaillis dans l'abysme jetté,
Il perdit, pour jamais, la gloire & la clarté.
Le poids d'vn si grand coup incessamment l'oppresse,
Ce Michel, cette France, à luy s'offrent sans cesse,
Et d'vn fiel embrasé luy remplissent le cœur,
Contre son ennemie, & contre son vainqueur;
Mais sa mortelle rage, & sa haine immortelle,
Ne pouuant rien sur luy, se deschargent sur elle.
A ces vieux aiguillons vn nouueau succedant,
Ne fait qu'aigrir le fiel de son courroux ardent.
Dans la centiesme année vn Prince d'Angleterre,
Declarant à l'Eglise vne sanglante guerre,
Doit alterer son culte, &, vray Monstre d'horreur,
En infecter le sein de licence & d'erreur.
Satan qui de ce mal flate sa frenaisie,
Et qui voit cette porte ouuerte à l'Heresie,
Par ce malin espoir ses douleurs consolant,
En esprouue l'acces vn peu moins violent.
Comme des Anglois seuls il attend toute chose,
Selon leurs interests ses desseins il dispose,
Il seconde leurs vœux, il soulage leurs soins,
Il espouse leur cause, & veille à leurs besoins.

O ij

Des Peuples foufleuez la faueur ondoyante,
Par les traits de son art, pour eux deuient constante,
Et ce mesme art pour eux, fait, & Princes, & Grands,
Du Monarque François Rebelles & Tyrans.
Pour eux, pour leur fortune, il est tousjours en crainte,
Aussi, voyant leur Chef succomber sous la Sainte,
Dans le mesme moment, pour le sauuer des fers,
Des Demons les plus forts il prie les Enfers.
Entre les Legions qu'arme la noire plage,
Sur toutes vne excelle, en grandeur de courage;
Pour garde il la choisit, &, de pres l'animant,
La rend de ses fureurs l'ordinaire instrument.

 Va, luy dit le Demon, va fidelle Milice,
Garantir mes Anglois du fatal precipice,
Va destourner le coup du fer victorieux,
Que leur tient sur le front la Guerriere des Cieux.
L'estat où je les voy, des estats est pire,
De leur salut depend l'honneur de mon Empire,
I'ay pour ce rare exploit destiné ta valeur;
Va pronte, & de leur sort repare le malheur.

 La bande, à ce discours, se respand sur la terre,
Et vient mesler sa rage à celle de la guerre;
L'air en est agité, le Soleil en pâlit,
Et la Loire s'en trouble, au plus bas de son lit.
Dans son dernier instant Betford sent leur venüe,
Et se sent assisté d'vne force inconnüe;
Ils passent dans son sein, ils passent dans son bras,
Et luy font de la Fille esperer le trespas.

LIVRE TROISIESME.

Du Fort imperieux elle tenoit la cime,
Et le faisoit trembler sous son bras magnanime;
Quand d'vn bras animé par les Monstres d'Enfer,
Contre elle, auec grand bruit, il darde son grand fer.
 C'est ainsi que l'on voit l'impetüeuse foudre
Tomber du Firmament, reduire tout en poudre,
Et dans tous les endroits où son trait a passé,
Laisser d'affreux tesmoins du Bras qui l'a lancé.
 Vers où l'espaule gauche à la gorge est conjointe,
Le sacrilege fer, de sa mortelle pointe,
Le bouclier, la cuirasse, & le col entamant,
Se fait jour par le dos, & fuit rouge & fumant.
D'vne atteinte si rude, estourdie, esbranlée,
Elle voit de ses mains la victoire ecoulée;
Les Anglois, les Demons contens & furieux,
D'espouuantables cris font retentir les Cieux.
A l'eclat, au fracas de ce nouueau tonnerre,
Le François sent son cœur, qui se glace & se serre;
Il croit la Sainte morte, & pleurant son trespas,
Du rempart assailly se retire à grands pas.
Seule, bien que le sang de ses veines ruisselle,
Elle tient ferme encor au faiste de l'eschelle;
Et, r'assurant les siens dans leur estonnement,
En ces termes leur parle, & d'vn ton vehement.
 Quoy! valeureux Guerriers, quoy! dans vostre auantage,
Vn peu de sang perdu vous fait perdre courage;
Pour moy, je le repute à supreme bonheur,
Et, dans ce petit mal, je trouue vn grand honneur.

O iij

LA PVCELLE,

Le succés, bien qu'heureux, n'eust eu rien d'honnorable,
Si le Ciel n'eust permis vn coup si fauorable ;
Vous n'en verrés pas moins vos bras victorieux,
I'en verray seulement mon nom plus glorieux.

 Elle est en ce moment de cent fleches couuerte,
Et desormais aucun ne doute de sa perte ;
Des fleches toutesfois aucune ne l'atteint,
Ou du moins, l'atteignant, de son sang ne se teint.
Mais la force la quitte, & l'oblige à descendre ;
Sa grande ame y repugne, & voudroit s'en defendre ;
Il le faut, elle cede, & crie à haute voix ;

 Reçoy de mon retour ce noble gage, Anglois,
Retiens le. Et sur ce mot recueillant sa puissance,
Haut, dans le sein de l'air, son enseigne elle lance ;
L'enseigne vers les Cieux, s'eleue auec effort,
Puis se va replanter dans le milieu du Fort.
La Sainte aux siens se tourne &, Nous verrons, dit-elle,
Qui la possedera, de nous, ou du Rebelle ;
Nous verrons qui de nous la laissera perir,
Et si je seray seule à l'aller requerir.

 Depite elle descend, &, non loin de l'eschelle,
Descouure au Medecin sa blessure mortelle ;
Il voit, en la sondant, que le coup brise l'os,
S'en estonne, la panse, & l'exhorte au repos.
Chacun, ainsi que luy, l'exhorte à la retraitte,
Mais de tous constamment l'auis elle rejette,
Du perilleux assaut promet vn bon succes,
Et de son cuisant mal dissimule l'excés.

LIVRE TROISIESME.

 Dunois qui dans son poste, à ce poste opposite,
Pressoit des ennemis la belliqueuse elite,
Du coup de la Guerriere entend le triste bruit,
Et sent couurir ses yeux d'vne ombrageuse nuit.
De douleur il souspire, & deuient froid & pasle,
Son cœur se sent percé de l'atteinte fatale,
Et pour se maintenir, sans en estre abatu,
Se trouue auoir besoin de toute sa vertu.
Sur ses pieds chancelans à peine il se rassure,
Et l'esprit tout remply de l'horrible blessure,
Il ne songe d'abord qu'à luy donner secours,
Et, sans deliberer, y va d'vn viste cours.
Vers elle il prend sa course, & ses armes appreste;
Mais, il n'est gueres loin, que sa course il arreste;
L'honneur retient ses pas, qu'auoit poussés l'amour,
Luy monstre la courtine, & l'inuite au retour.
Vn trouble violent s'eleue dans son ame;
Son deuoir est contraire au dessein de sa flamme;
L'vn & l'autre, vn grand temps, contestent de pouuoir,
Enfin la flamme cede, & fait place au deuoir.
 Dure loy, dit le Prince, en retournant aux bandes,
Qui de ma passion la tendresse gourmandes,
Et qui me rens barbare enuers le saint Objet,
Par qui du Sceptre Anglois je ne suis point sujet.
Aux despens de mon cœur, he! bien sois satisfaitte,
Contente ton desir, dans ma lasche retraitte,
Pour plaire à ta rigueur je consens d'estre ingrat,
D'estre mauuais Amant, pour estre bon soldat.

Malgré toy toutesfoiis, inhumaine contrainte,
Ma vaillante douleur combatra pour la Sainte,
Et mon bras dans le sang fera les corps nager,
Sinon pour la sauuer, au moins pour la venger;
Ie plongeray ce dard au sein du parricide.
 Aux remparts, à ce mot, il va d'vn cours rapide,
Les siens il y remeine, & l'Anglois plein d'horreur,
Tremble au terrible aspect de leur noble fureur.
 Cependant le Treshaut contemplant sa Guerriere,
Et voyant de ses yeux obscurcir la lumiere,
Plustost que de laisser le saint Oeuure imparfait,
Luy veut d'vn saint secours faire sentir l'effet.
 Aux Iardins estoillés, dont les fleurs & les plantes
Ont le suc salutaire, & les füeilles brillantes,
Sur toutes vne luit, qui, pleine de vertu,
N'a jamais sans victoire aucun mal combatu.
Le Peuple aymé des Cieux, à l'antique Monarque,
Dont les jours n'attendoient que le fer de la Parque,
Vit jadis cette Fleur, dans les champs Palestins,
De trois lustres entiers prolonger les destins.
Son bouton est vestu d'vne pourpre enflammée,
Qui, sans nombre à l'entour, d'Astres d'or est semée;
Sa tige est haute & droitte, & d'vn azur changeant,
Qui traisne en serpenteaux ses racines d'argent.
D'vne tendre emeraude, en lames diuisee,
La merueilleuse Plante à sa fleur composee,
Et, sans s'espanoüir, cette puissante Fleur
Tient sa force cachée aux replis de son cœur.

            Par le

LIVRE TROISIESME.

Par le vouloir divin, un des Anges la cueille,
Il presse entre les doigts sa verdoyante feüille,
Et, pour remede unique au mal qu'a fait le trait,
En tire un lait plus doux que le terrestre lait.
L'Ange avec la liqueur, d'une cheute soudaine,
Vient où la Fille souffre une cuysante peine,
Et, dans son coup mortel, sans paroistre à ses yeux,
Verse insensiblement ce baume precieux.
L'efficace pouvoir de ce nouveau Dictame,
De la brulante playe oste toute la flamme,
Chasse tout le venin, &, ses bords unissant,
Rend la force premiere à son bras languissant.
Elle se sent guerie, & du secours celeste
Voit, dans sa guerison, la preuve manifeste,
Benit le Souverain, adore ses bontés,
Et retourne aux Anglois à pas precipités.
Contre eux elle s'excite, &, doublant sa vaillance,
Au boulevard quité rapidement s'eslance;
Les François sur ses pas y vont rapidement;
Betford plus que jamais en craint l'evenement.

 Mais contre les Demons, dont la trouppe invisible
Rend le haut du rempart à tous inaccessible,
L'Ange, qui se voit seul, en ce besoin pressant,
Pour n'y pas succomber, recourt au Tout-puissant.

 L'Enfer, s'escria-t-il, ô Majesté divine,
Des perfides Anglois ne veut point la rüine,
Il borde de leurs murs, & le front, & le flanc,
Et des François par tout a respandu le sang.

P

Contre sa violence, & contre sa malice,
A nos foibles efforts joins ceux de ta milice,
Et, par tes Esprits saints, dans les feux eternels,
Vueille precipiter les Esprits criminels.

 Dieu voit le grand peril, accorde sa demande,
Et de soldats ailés fait partir vne bande,
Vriel la conduit, & tombe, en vn moment,
Du Ciel le plus sublime au plus bas Element.
Il fond, auec les siens, sur la trouppe infernale ;
En valeur, en fureur, là chacun se signale ;
Les Anges, les Demons, d'vn foudroyant eclat,
Sur le mur combatu, font vn aspre combat.
Deux nüages de feu, l'vn clair, & l'autre sombre,
Semblent faire heurter la clarté contre l'ombre,
On voit leurs tourbillons l'vn vers l'autre voler,
Et de leur choq ardent la flamme estinceler.
Tantost l'vn, tantost l'autre, en egale balance,
Dans la plaine des airs, ou recule, ou s'auance,
Tantost, d'egale force à l'enuy se poussans,
Ils font, pour s'esbransler, des efforts impuissans.
Mais enfin, tout à coup, le tenebreux nüage
Au nüage brillant laisse prendre auantage ;
On le voit entr'ouuert, on le voit enfoncé,
On le voit, en cent parts, en cent lieux, dispersé.
Sur ce temps l'Esprit saint, garde de la Guerriere,
Luy leue le bandeau, qui voiloit sa paupiere,
Et luy descouure à nu les Escadrons d'Enfer
Escartés loin du Fort, par l'Angelique fer.

LIVRE TROISIESME.

Il luy descouure à nu, dans l'horrible bataille,
Les Saints qui d'Orleans protegent la muraille,
Saint Agnan, Saint Euuert, qui de leurs saints Bastons,
Des Anges à l'enuy, poursuyuent les Demons.
Cet objet la surprend, & d'aise la transporte,
Il luy hausse le cœur, & rend sa main plus forte ;
Elle crie ; O François, l'Enfer est terracé,
Le Ciel veut à ce coup que l'Anglois soit forcé.
Donnons ; Et de furie en parlant elle donne ;
Le François donne alors ; le Rebelle s'estonne,
Et, comme si l'effroy l'auoit rendu perclus,
Il demeure immobile, & ne resiste plus.

Ainsi quand l'onde emeüe est la plus aboyante,
Le hardy Nautonnier monstre vne ame constante,
Et long-temps, par soy-mesme, & par ses matelots,
Reprime adroittement l'insolence des flots.
Mais si malgré son art, & malgré son courage,
En fin tombe sur luy la vague du naufrage,
A l'aspect de la mort, qu'il ne peut euiter,
Contre le flot vainqueur il cesse de lutter.

Durant ces hauts exploits le renommé Giresme,
Terreur de l'Othoman, & son horreur extreme,
Pour aller à l'assaut du rempart orgueilleux,
Auoit pris entre tous vn chemin perilleux.
A la teste des siens, sous des armes dorées,
De mille blanches Croix couuertes & parées,
Il court au bouleuard, vn long trait à la main,
Et se prepare à faire vn acte plus qu'humain.

La grande Croix d'argent, sur sa rondache emprainte,
Ebloüit le Rebelle, & le remplit de crainte;
L'Infidelle en cent lieux deuant elle a tremblé,
En ce lieu le Chrestien deuant elle est troublé.
Le pont, par qui le Fort se joignoit à la Ville,
N'estoit plus sur les eaux qu'vne masse inutile,
Depuis que l'assiegeant, resserrant l'assiegé,
L'eut pour son assurance à le rompre obligé.
Par là le grand Guerrier son attaque medite,
La grandeur du peril sa vertu sollicite,
Il y va plein d'ardeur, d'vn cours precipité,
Vient à l'arche rompüe, & s'y trouue aresté.
Le vuide en est, à l'œil, de largeur excessiue,
Il veut pourtant rejoindre & l'vne & l'autre riue,
Et d'vne estroitte planche, aussi-tost vif & pront,
Sur le pont demoly, fabrique vn autre pont.
Auec peine & danger, il fournit cet ouurage,
Auec peine & danger, il s'en fait vn passage;
La planche, sous ses pieds, semble rompre à tous coups,
Et luy monstre la Loire, & la mort au dessous.
Toutesfois, sans frayeur, d'vn pied ferme il y passe,
Et suyui de sa trouppe auance à la terrace;
Il y monte, & remarque, auec estonnement,
Que l'Anglois à son choq s'oppose laschement.

Entre le haut des Cieux, & le bas de la Terre,
Dans la plaine estendüe où regne le Tonnerre,
Habite la Terreur, qui par cent froides mains,
Serre & glace les cœurs des malheureux humains.

On connoiſt ſa nature, & non ſon origine;
Le Ciel ſe l'attribüe, & la nomme diuine;
L'Enfer s'en dit le Pere, & croit deuoir ce fruit
A l'effroyable ſein de l'eternelle Nuit.
Elle a, comme le corps, les deux ailes couuertes
De bouches aux clameurs inceſſamment ouuertes,
Et darde pres & loin, par cent reſſorts diuers,
Cent viſages hideux, & cent goziers ouuerts.
D'vn mouuement rapide elle vole, & reuole,
Du Leuant au Couchant, de l'vn à l'autre Pole,
S'accommode, ſans peine, aux changemens du Sort,
Et ſe range tousjours au party du plus fort.
   Sur le dernier inſtant que la bande celeſte
Donnoit à l'infernale vne chaſſe funeſte,
La volage Terreur vint dans le vaſte Fort,
En faueur du François, intimider Betford.
Elle eſtouffe en ſon cœur tout ce qu'il a de flamme,
D'affreuſes viſions elle agite ſon ame,
Et luy feint, & Gireſme, & la Sainte, & Dunois,
Auec cinquante dards, & cinquante pauois.
A ſes regards douteux elle peint, & figure
Chacun des aſſaillans immenſe de ſtature,
Les figure chacun de deux maſſes armé,
Enuenimé de haine, & de ſang affamé.
   Ainſi dans ſa fureur, par ſon crime excitée,
Sur le haut Citheron, le fabuleux Penthée
Voyoit, ou penſoit voir, de ſes farouches yeux,
Et deux Thebes en Terre, & deux Soleils aux Cieux.

Chacun de ses soldats, non moins que luy, se trouble;
A leur sens egaré le François se redouble;
Ils luy cedent par tout, se confessent vaincus,
Laissent tomber leurs traits, & jettent leurs escus.
La Guerriere, Dunois, & le braue Giresme,
Se lancent dans le Fort, d'une vigueur extreme,
Saintrailles, Chasteaubrun, Villandrade & Flauy,
D'une extreme vigueur s'y lancent à-l'enuy.
Là se fait du Rebelle un horrible carnage,
Le sang s'y verse à flots, les corps y vont à nage,
Et le fer alteré s'y voit, auec plaisir,
Dans un rouge Ocean estancher son desir.
Betford, à la faueur d'une obscure poussiere,
Sur le pont abaissé trauerse la riuiere,
Et, dans l'un de ses Forts se tenant resserré,
Là mesme, du vainqueur se croit mal asseuré.
Plusieurs fuyuent ses pas, & se sauuent en foule,
La crainte, vers le pont, l'un sur l'autre les roule,
Le genereux Talbot, & le fier Glacidas
Pensent, mais vainement, retenir leurs soldats.
La Terreur les poursuit de mille ombres funestes,
Et pousse vers ce lieu leurs miserables restes;
Par un chemin estroit, tous veulent, à la fois,
Euiter la rigueur des armes du François.
Mais se voulant couurir de cette aspre tempeste,
La haste les retarde, & l'ardeur les arreste;
D'un effort inutile, ils s'empressent tousjours,
Et tousjours, par la presse, embarassent leurs cours.

LIVRE TROISIESME.

Ainsi d'vn grand vaisseau, de petite ouuerture,
La liqueur renuersée au passage murmure,
Et ne sçauroit sortir, pour se trop empresser,
Lors que, tout à la fois, on tasche à la verser.
 La foule, en cet endroit, de plus en plus s'augmente,
Et desormais le pont l'esprouue trop pesante,
Il gemit, il eclate, & , dans le fond de l'eau,
Precipite auec luy son enorme fardeau.
L'infortuné Rebelle, en sa cheute effroyable,
Pousse vn cry, jusqu'aux Cieux, horrible & pitoyable;
Chacun tombe, & tombant voit l'infaillible mort,
Lasches & courageux, tous ont le mesme sort.
Le fleuue les reçoit dans ses grottes profondes,
Et , plus haut que le Fort, fait rejalir les ondes;
Il blanchit tout d'escume, & roulant, à grand bruit,
Vers l'vn & l'autre bord, se rejette & s'enfuit.
Dans cette deplorable & terrible auanture,
Mille Anglois sous les eaux trouuent leur sepulture,
Et là , confusement, demeurent entassés
Les foibles & les forts, les sains & les blessés.
 Toy-mesme, ô Glacidas, toy par qui l'Angleterre
Auoit creu remporter le prix de cette guerre,
En ce triste accident, vaincu, mais non troublé,
Des ruines du pont tu te vis accablé.
De tant de corps meurtris la Loire ensanglantée,
Aux maritimes flots courut espouuantée,
Et , leur communiquant sa nouuelle couleur,
Du superbe Estranger leur apprit le malheur.

Talbot seul, entre tous, dans l'injure commune,
A respecter sa teste obligea la Fortune,
Et du pont & des siens pesle-mesle chargé,
Sous les vagues pourtant ne fut pas submergé.
Il tomba, mais tout droit, & du gouffre de l'onde
A peine eut des deux pieds touché la vase immonde,
Qu'au dessus, à l'instant, d'vn eslans vigoureux,
On le vit reparoistre, ardent & valeureux.
De l'vne de ses mains il tient son cimeterre,
De l'autre il fend les eaux, & s'eslance à la terre,
Et, bien qu'il soit suyui d'vn orage de dards,
Sur le riuage enfin triomphe des hazards.
Au bouleuard conquis alors tournant la veüe,
De colere & de rage il sent son ame emeüe,
Menace le François de cent crüels trespas,
Et vers les autres Forts dresse ses tristes pas.
Mais pour dernier malheur, il voit de son Armée,
La colline couuerte, & la plaine semée,
Il voit ses bataillons de frayeur esperdus,
Il les voit esbranslés, il les voit confondus.
L'inuincible Terreur, au grand Fort dominante,
Auoit de là, par tout, jetté son espouuante,
Et, par l'augure affreux de mille dures morts,
De son plus froid venin remply les autres Forts.
Par cent griffes d'acier, par cent secousses fortes,
Elle en auoit brisé les remparts & les portes,
Et, par cent foüets sonnans, des Rebelles chassés,
Auoit, aux champs voisins, les drappeaux dispersés.
Talbot

LIVRE TROISIESME.

Talbot vient sur ce temps, & le Monstre effroyable
Vole soudain vers luy, mais visible & palpable,
Se lance dans ses yeux, s'empare de son sein,
Et l'oblige par force à changer de dessein.
Malgré luy son grand cœur, à ce coup, l'abandonne,
Il craint, & de sa crainte il a honte, & s'estonne,
Il ne prend pas la fuitte, & toutesfois il suit
Le soldat, qui de peur, se desbande, & s'enfuit.

 Ainsi, quand sous les murs de la vieille Carthage,
Les ardens Lionceaux s'exercent au carnage,
Si le More vaillant, de fleches & de dards
Les charge, & les contraint d'esloigner ses remparts;
La superbe Lionne, au mesme estat reduitte,
Deuant le fier Chasseur, fait vne lente fuitte,
A chaque pas s'arreste, & d'vn noble courroux
Monstre qu'elle craint plus la fuitte que les coups.

 Mais parmy tout l'eclat de sa haute victoire,
La Sainte voit manquer quelque chose à sa gloire,
Et du milieu des morts tirant son estandard,
Songe à finir la guerre, & sort du bouleuard.

 Le Soleil, affoibly d'ardeur & de lumiere,
Languissoit desormais au bout de sa carriere,
Precipitoit son cours vers le bas horizon,
Et s'alloit renfermer dans sa moite prison.

 Il restoit peu de jour, mais la Fille celeste
Veut destruire Betford dans le jour qui luy reste,
Trauerse le grand fleuue, auec le fort Dunois,
Et chacun d'eux s'anime à de nouueaux exploits.

             Q

Ils couroient aux Reduits vuides & sans defense,
Et preparoient contre eux vne vaine vaillance,
Quand, de soldats Anglois & d'Anglois estandards,
Ils descouurent les champs couuerts de toutes parts.
Tous deux à cet objet sont transportés de joye,
Et, comme deux Aiglons qui descouurent leur proye,
Au vaste sein de l'air, loin de l'abry des bois;
Tous deux prennent leur course, & fondent sur l'Anglois.
   Mais les tristes Demons, au bruit de la tempeste,
Qui gronde sur Betford & menace sa teste,
Ne pouuant se resoudre à le laisser perir,
Pour la seconde fois, le viennent secourir.
Des plus sombres vapeurs de l'infernale plage,
Ils forment à l'instant vn tenebreux nüage,
Et, de son espaisseur enuironnant Betford,
Le cachent à la Sainte, & l'ostent à la mort.
Elle veut toutesfois poursuyure sa victoire,
Et s'elançant d'ardeur, où l'ombre est la plus noire,
Eclate, brille, & semble vn Soleil qui reluit,
Et qui chasse, à longs traits, les horreurs de la Nuit.
Desja par ses efforts la nüe estoit percée,
Et sur les derniers rangs la charge commencée;
La Sainte auoit desja le grand bras desployé,
Et Betford estoit prest d'en estre foudroyé;
Lors qu'apres la nuit fausse, vne nuit veritable
Vint aux fuyards tremblans se monstrer secourable;
Si son voile eust plus tard le Monde enuelopé,
Du fer victorieux nul ne fust eschapé.

LIVRE TROISIESME.

Qui deçà, qui delà, sans ordre, & sans conduitte,
D'vne espouuante egale ils prennent tous la fuitte,
Les vns courent vers Meun, les autres vers Gergeau ;
La campagne en est pleine, & la riue de l'eau.
 Ainsi lors qu'vn Milan, de penetrante veüe,
Tombe à plomb, tout à coup, du milieu d'vne nüe,
Et fond dans vn grand lac, où les vagues poissons
Esprouuent rarement le fer des hameçons ;
Si d'vn broüillars soudain l'onde couure sa face,
Aux Peuples escaillés il donne en vain la chasse,
Et le trouppeau müet, par la crainte escarté,
Dans les roseaux touffus cherche sa seureté.
 D'vne eclatante voix, la Sainte, à chaque bande,
Vers le mur affranchy, la retraitte commande,
Et son authorité moderant leur chaleur,
Au plus fort de leur course, arreste leur valeur.
Elle ordonne cent feux, pour tesmoins de sa joye ;
Leur flamme, à gros boüillons, vers les Astres ondoye ;
La nuit s'en illumine, & son obscurité
Se dissipe aux rayons de ce jour emprunté.
Le Camp vole à la proye, & ses mains triomphantes
Recueillent des vaincus les despoüilles sanglantes ;
Puis, sur le tour egal d'vn cercle spacieux,
De mille grands harnois reuestent mille pieux.
Dans le milieu du cercle, en suite l'on entasse
Pique sur jauelot, heaume sur cuirasse,
Magnifique trofée, & sacré monument
Dressé par la Pucelle au Roy du Firmament.

LA PVCELLE

Apres ce beau trauail, la Guerriere modeste,
Bruslant d'vn feu deuot, & d'vn zele celeste,
Monte sur le trofée, &, sa voix renforçant,
Au Camp parle en ces mots, d'vn ton graue & puissant.

 Benisses, Compagnons, la Sainte Prouidence,
Qui, d'vn œil pitoyable, a regardé la France,
Et qui, sous ces remparts, dontant vos ennemis,
A, dans les champs François, les Lys d'or affermis.
C'est par son ordre seul, que l'injuste Angleterre
A senty cet essay d'vne nouuelle guerre;
C'est elle, dont la force a poussé tous nos dards,
Et dans tous ces Reduits planté nos estandards.
Qu'estois-je? qu'esties-vous? pour tenter l'entreprise,
Qui de ces murs tremblans à sauué la franchise;
Quelles estoient nos mains, & quels estoient nos cœurs,
Pour rauir aux Anglois le titre de vainqueurs.
Cet innombrable Camp, dont ils couuroient la plaine,
Estoit insurmontable à la puissance humaine;
Les Cieux seuls, à sa force, estoient à redouter,
Et ce n'est qu'eux aussi, qui l'ont pu surmonter.
Au seul Dieu souuerain tout l'honneur s'en doit rendre,
Ou si, dans ce succés, nous pouuons rien pretendre,
C'est l'honneur d'estre eleus, parmy tant de guerriers,
Pour cueillir, en son nom, de si fameux lauriers.
Cette grace, pour nous, est vne insigne grace,
Ainsi que nostre espoir, nos desirs elle passe,
Et toutesfois encor, ce rare euenement
N'est de nostre bonheur que le commencement.

LIVRE TROISIESME.

Nous allons bientost voir la Beauſſe reconquiſe,
Bientost voir la Bourgogne en liberté remiſe,
Bientost voir la Champagne, & les ſaints murs de Rheims,
Reſousmis à leur Roy, par l'effort de nos mains.
Vos yeux verront enfin le throſne de vos Princes,
Paris, ce noble Chef des Françoiſes Prouinces,
Par le bras du Seigneur, en ſes maux aſſiſté,
Triomphamment ſortir de ſa captiuité.
Loüons donc le Treshaut, qui, par cette victoire,
Ouure à noſtre courage vn ſi beau champ de gloire,
Et s'il nous a choiſis pour de ſi grands exploits,
Ne nous teſmoignons pas indignes de ce choix.

 Tous d'vn commun eſprit, & d'vne voix commune,
Rendent graces au Ciel de leur bonne fortune,
Et, ſans preſumer rien de leur infirmité,
Donnent tout au pouuoir de la Diuinité.
Pour ſes illuſtres Morts, la pieuſe Guerriere
Fait mettre, au meſme lieu, les trouppes en priere,
Intercede pour eux, leur impetre la paix,
Et d'eloges choiſis couronne leurs hauts faits.
Puis, dans le ſein profond de cette terre meſme,
Qui doit ſa deliurance à leur valeur ſupreme,
Elle veut que leurs corps ſoient en pompe inhumés,
Et de traits ennemis leurs ſepulchres ſemés.

 Cependant la Nuit vole, & le Flambeau du Monde
Sent de la violence à demeurer ſous l'Onde,
Vers le ſombre Orient, il haſte ſon retour,
Et prepare aux humains la naiſſance du jour.

Le Camp triste & müet, en ces deuoirs funebres,
Consomme tout le temps qu'embrassent les tenebres,
Et, coulant, dans ces soins, les heures du sommeil,
Reuoit sur l'horizon paroistre le Soleil.
Alors, de tous costés, la plaine descouuerte
Du superbe assiegeant fait remarquer la perte;
Alors, de toutes parts, la tremblante Cité,
Auec rauissement, se trouue en liberté.
L'habitant desormais, sans contrainte, respire,
Desormais des Tyrans il ne craint plus l'Empire,
Il sort des murs en foule, &, par cent mots flateurs,
Vient rendre vn juste hommage à ses Liberateurs.

 Ainsi lors que de loups vne trouppe enragée
A du belant trouppeau la closture assiegée,
Et que, de pieux & d'aix foiblement remparé,
Il n'ose esperer mieux que d'estre deuoré;
Si du soigneux Pasteur la puissante houlette,
Malgré tous leurs efforts, les force à la retraitte,
Les agneaux deliurés de leurs sanglants assauts,
En foule, autour de luy, bondissent à grands sauts.

 Pregent, qui de la Ville est l'Oracle & le Iuge,
Et qu'en tous ses besoins elle prend pour refuge,
Imploré de chacun, dans cet euenement,
Vient seruir d'interprete au public sentiment.
Il s'addresse à la Sainte, & luy tient ce langage;
 Amazone nouuelle, ornement de cet âge,
Par qui les fiers Destins, contre nous irrités,
Ont veu changer nos maux en des prosperités.

LIVRE TROISIESME. 127

Ce Peuple, garanty des chaisnes du Barbare,
Reconnoist de ta main vne faueur si rare,
Et son cœur, par ma voix, te vient fidelement
Tesmoigner la grandeur de son ressentiment.
C'est, ô Fille des Cieux, toute la recompense,
Que peut tirer de nous ta fatale vaillance;
Orleans, qui doit tout à tes diuins exploits,
N'a, pour s'en aquiter, que le cœur & la voix.
Mais quel stile pompeux, quel hymne de loüanges,
Egalera jamais tes merueilles estranges?
Il n'est si graue son, ni si tonnante voix,
Qui puisse bien respondre à tes diuins exploits.
Que fera donc ce Peuple affranchy par tes armes?
Il liurera son cœur au pouuoir de tes charmes,
Et, parmy ses transports, s'il parle desormais,
Ce sera seulement pour celebrer tes faits.
Dieu, qui n'est pas bien mesme exalté par les Anges,
Se satisfait pourtant des humaines loüanges;
En cela, comme en tout, imite l'Eternel,
Et reçoy de nos chants l'hommage solennel.
Suy cet exemple auguste, & fay toy reconnestre
Imitatrice, en tout, des vertus de ton Maistre,
Preuue encore au François, par ce dernier essay,
Qu'en te croyant celeste, il n'a creu que le vray.
Vn jour, pour monument glorieux & durable,
Sur ce pont deliuré, par ton bras indontable,
A ta sainte valeur, nostre zele enflammé
Erigera, de bronze, vn Simulachre armé.

De pudeur, à ces mots, la Guerriere interdite
Au seul Dieu des combats raporte son merite,
Baisse la veüe en terre, &, d'vn ton hesitant,
Fait sa response courte au discret habitant.
En suitte pour quartiers, elle donne à l'Armée
Ceux, où le Chef Anglois tint la sienne enfermée,
Et, par vn long repos, veut rendre la vigueur
Aux corps, qu'vn long trauail a reduits en langueur.

FIN
DV TROISIESME LIVRE.

LA PVCELLE
OV
LA FRANCE DELIVREE.

LIVRE QVATRIESME.

MAIS Orleans à peine a veu sa de-
liurance,
Que l'auis incroyable en vole par la
France;
Et le Peuple asseruy sous le joug Es-
tranger,
L'esprouue, à ce bruit seul, plus doux & plus leger.
Par les faits plus-qu'humains de la sainte Pucelle,
Dans les cœurs abatus l'espoir se renouuelle,
Et chacun desormais, d'vn bras si redouté,
Ainsi que sa vengeance, attend sa liberté.

R ij

La seule infortunée & sensible Marie
Ne peut voir par ce Bras releuer sa Patrie;
Seule elle l'apprehende, & pleine de douleur
Plus que ne fait l'Anglois, l'estime son malheur.
  Les superbes rameaux de sa Tige natale
Sont vnis aux rameaux de la Souche Royale,
Et non moins florissans, non moins ambitieux,
S'esleuent à-l'enuy vers la voute des Cieux.
A son port, à son geste, à sa voix, à sa mine,
On la juge d'abord vne chose diuine,
Et, par l'vnique Agnes, le prix de la Beauté
Luy peut estre icy bas justement disputé.
Sur son front descouuert, tranquille & sans nuage,
En deux torrens egaux sa tresse se partage,
Et ses cheueux chastains, en boucles annelles,
Flottent negligemment sur son col aualés.
Dans l'ouuerte prison de ses blanches paupieres,
Deux Soleils animés renferment leurs lumieres,
Et, parmy les eclats de leurs feux violens,
Conseruent la douceur à leurs rayons bruslans.
Vn air graue, mais doux, regne en tout son visage,
Rien ne se voit en luy, que riant, & que sage,
Et l'on trouue meslés, en chacun de ses traits,
Cent attraits inconnus, & cent charmes secrets.
Mais, comme en toute chose elle se monstre belle,
Il n'est point de vertus, qui ne brillent en elle,
Les Cieux en sa faueur prodiguant leurs thresors,
Pour embellir son ame à l'egal de son corps.

Auant que la Bourgogne, vnie à l'Angleterre,
Eust rallumé le feu de cette horrible guerre,
Ses yeux, Astres nouueaux de l'Empire d'Amour,
Mesme des leur leuer, esbloüirent la Cour.
Leur flamme sceut brusler, des l'âge le plus tendre,
De leurs puissans rayons nul ne se put defendre,
Et quiconque aperceut vn si diuin Objet,
N'eut le sein que de roche, ou deuint son sujet.
En vain de mille Amans elle fut recherchée,
On ne la vit jamais de leurs larmes touchée,
Et, si jamais Paris n'eust veu le grand Dunois,
L'Amour en vain sur elle eust vuidé son carquois.
Dunois luy rauit seul le titre d'inuincible,
Seul à sa passion la fit estre sensible,
Et, sans aucun effort, de sa glace vainqueur,
Put tout seul obtenir d'estre Roy de son cœur.
Par le puissant effet de la douce influence,
Qui les auoit conjoints, au point de leur naissance,
Pour faire à leurs esprits mesme feu conceuoir,
Il ne leur fallut rien, que naistre, & que se voir.
L'ardeur parut en eux soudaine & mutüelle,
Elle brusla pour luy, comme il brusla pour elle,
Et dans vn mesme instant, par les traits de leurs yeux,
Tous deux furent vaincus, tous deux victorieux.
Tant que dura la Paix, on vit leurs jeunes ames,
Nourrir paisiblement leurs legitimes flammes,
Et, sans rien refuser à leurs chastes desirs,
Gouster ce que l'Amour a d'innocens plaisirs.

Mais lors que la Discorde, auec toute sa rage,
Vint rallumer la Guerre au François Heritage,
Et que le Champ des Lys, en deux parts diuisé,
Fut inhumainement à soy-mesme opposé;
Philippes, rendu maistre en la Ville maistresse,
Pres de l'antique Reyne y trouua la Princesse,
L'y trouua, le cœur triste & le corps abatu,
Mais sousmis l'vn & l'autre à l'austere vertu.
Niepce du Bourguignon, &, sans Pere & sans Mere,
Exposee aux trauaux, aux soins, à la misere,
De luy seul, contre tout, elle fit son appuy,
Et n'eut, dans sa conduite, autre regle que luy.
Ni la vertu pourtant, ni l'estroit parentage,
N'en purent adoucir le barbare courage;
Sa passion l'aigrit, il improuua ses vœux,
Et, non moins que l'Estat, tyrannisa ses feux.
Mais malgré tant de maux, la miserable Amante
Conserua son amour genereuse & constante,
Entretint son brasier de memoire & d'espoir,
Ne vit plus son Amant, & l'ayma sans le voir.
Cent fois, par le conseil de son amour fidelle,
Elle voulut quiter la muraille rebelle,
Cent fois vn frein puissant de crainte & de pudeur,
La destourna de croire à sa fidelle ardeur.
La pudeur & la crainte, arbitres de son ame,
Rompoient tous les desseins qu'auoit formé sa flamme,
Et le seuere honneur faisoit que sa raison
Iugeoit la liberté pire que la prison.

LIVRE QVATRIESME.

A de si rudes loix sousmise & condannée,
La Princesse en langueur passa plus d'vne année,
Et rien ne l'empescha de mourir sous ces loix,
Que de ne douter point de la foy de Dunois.
  Ainsi quand, aux beaux jours de la saison nouuelle,
Se sent prise au lacet l'Amante Tourterelle,
Et qu'elle voit son Pair, de l'embusche eschappé,
Auoir de l'Oyseleur l'artifice trompé;
Seulette elle gemit, elle languit seulette,
Elle hait la clarté, la mort elle souhaite,
Et si rien desormais luy fait souffrir le jour,
C'est de croire son Pair fidelle en son amour.
  Non loin du grand Paris, vers la fertile Plaine,
Où les flots de l'Yonne enflent ceux de la Seine,
Vne espaisse Forest d'arbres hauts & serrés,
Couure vn sterile fonds de sables alterés.
De Cerfs & de Cheureuls mille trouppes sauuages,
Habitent de ses forts les verdoyans ombrages,
Et la terrible dent des farouches sangliers
Brosse dans ses buissons, & tranche ses halliers.
C'est là le lieu fameux des champestres delices,
Que reseruent les Roys pour leurs doux exercices;
Et c'est là que leurs bras ensanglantant leurs traits,
Representent la guerre au milieu de la paix.
Dans le centre du Bois, en vn champ solitaire,
Sourd entre les rochers vne Fontaine claire,
Qui, cauant par son cours vn naturel canal,
Roule sur le grauier son liquide crystal.

Ses eaux, quand de leur source elles sont respanduës,
Ne semblent pas des eaux, mais des perles fonduës,
Auec qui lentement coulent entremeslés,
Des diamans dissous, des saphirs distillés.
C'est vn Miroir celeste, & jamais l'Oeil du Monde
Ne se trouue si beau que dans cette belle onde;
Elle est viue, elle est pure, & telle est sa beauté,
Que ce Bois a son nom d'elle seule emprunté.
De costaux monstrüeux, cette illustre Fontaine
Descouure à l'entour d'elle vne superbe Scene,
De rocs, qui, vers les Cieux en pointe s'esleuans,
Offrent leur teste nuë aux attaques des vents.
A l'effroyable aspect de leur rustique masse,
Le cœur le plus hardy se transit & se glace,
L'œil en refuit l'horreur, & demeure surpris,
De voir vn grand Desert si pres du grand Paris.
Mais vn vaste Palais d'architecture rare,
Adoucit de ce lieu l'objet rude & barbare,
Et, durant les beaux jours que rameine l'Esté,
Rend de Princes chasseurs le Desert frequenté.

 Philippes mescontent, & plein d'inquietude,
Auoit fait sa retraitte en cette solitude,
Et, par la solitude aigrissant sa douleur,
Ne pensoit qu'aux moyens de venger son malheur.
La perte d'Orleans tourmentoit sa memoire.
 Tel se monstre vn Taureau, plein d'amour & de gloire,
Qu'vn autre plus vaillant, jaloux de son bonheur,
A par force priué de maistresse & d'honneur.

Au

LIVRE QVATRIESME.

Au fond du bois obscur, loin de son pasturage,
Il rumine sa perte, & s'enflamme de rage;
Ses desseins sont crüels, contre son fier Riual,
Et le lieu solitaire enuenime son mal.
 Vers le Prince irrité, la Princesse affligée,
Au bruit de son courroux, s'estoit soudain rangée,
Et, croyant ce desordre vtile à ses desirs,
D'vne ombre de plaisir, flatoit ses desplaisirs.
Elle jugeoit qu'alors deuoient entrer en guerre
L'orgueilleuse Bourgogne, & la fiere Angleterre,
Qu'à Charles desormais Philippes se joindroit,
Et que leur vnion son Dunois luy rendroit.
Son aymable Dunois desja, dans sa pensée,
La venoit consoler de sa langueur passée,
Par cent & cent sermens l'assuroit de sa foy,
Et luy juroit de viure & mourir sous sa loy.
Son espoir endormy se resueillant en elle,
Fait qu'aux yeux de Dunois elle veut estre belle;
Elle redonne l'ordre à ses cheueux espars,
Et rallume le feu dans ses sombres regards.
Elle aiguise les traits, dont l'atteinte agreable
Puisse blesser Dunois, d'vne playe incurable,
Et, pour le confirmer à se plaire en ses rets,
Prepare contre luy mille nouueaux attraits.
Ce jour mesme, exposant sa beauté sans seconde,
Au tranquille miroir de la Source profonde,
Et consultant ses eaux, pour sçauoir quels appas
Pouuoient le mieux donner vn amoureux trespas;

S

Elle voit accourir la discrette Yolante,
De ses plus chers secrets fidelle Confidente,
Et crier ; A ce coup le grand Siege est leué,
Betford a pris la fuitte, & Dunois est sauué.

Marie, à ce discours, ne peut cacher sa joye,
Le plaisir sur son front, eclate & se desploye,
Et sa riante bouche, & ses yeux eclatans,
Font voir à quel exces ses esprits sont contens.

Il est vray, dit la Fille ; Et là, sans plus rien dire,
Elle baisse la veüe, & tristement souspire ;
Son visage se trouble, &, changeant de couleur,
L'accuse de celer quelque insigne malheur.
La Princesse en fremit, &, confuse & craintiue,
N'ose luy commander qu'elle parle & poursuyue ;
Puis tout à coup l'en presse, &, la voyant trembler,
Prend de son tremblement sujet de redoubler.
Alors, & toute en pleurs ; Il est vray, luy dit-elle,
Que Dunois, enuers vous, passe pour infidelle,
Et que le bruit commun veut qu'en ce changement
D'vne simple Bergere il se soit fait Amant.

Par ces funestes mots la Princesse abatüe,
Sent au fond de son sein, la douleur qui la tüe,
Elle perd force & voix, & le feu de ses yeux
S'esteint, & luy rauit la lumiere des Cieux.

De mesme le poisson, qu'attire l'apparence,
Vers le morceau flotant famelique s'elance,
Et prenant l'hameçon, sous le trompeur appas,
Au lieu de nourriture y trouue le trespas.

LIVRE QVATRIESME.

Son cœur est impuissant à soustenir sa peine;
Elle tombe pasmée au bord de la Fontaine,
Et, dans cet accident, son immobile corps
N'est dissemblable en rien des mourans ou des morts.
Yolante s'escrie, & se jette sur elle,
A leurs premiers deuoirs ses puissances rappelle,
Et par l'eau de la Source, & celle de ses pleurs,
La rauit à la Parque, & la rend aux douleurs.

Ah! luy dit-elle alors, d'vne voix languissante,
Quel discours m'as-tu fait, inhumaine Yolante?
Pourquoy venir, helas! par de si tristes mots,
Destruire mon espoir, & troubler mon repos?
A croire vn si grand mal ton ame est trop legere,
La bouche qui l'a dit, sans doute, est mensongere,
Non, non, de l'Equité les Cieux sont trop amis,
Pour souffrir que Dunois ait ce crime commis.
Mais quoy? tout est possible; Amante infortunée,
Donques de mon Amant serois-je abandonnée?
Ah! soyons, sans tarder, de ce doute eclaircis,
Et la mort, s'il est vray, finisse nos soucis.

Là s'arreste Marie, & sa morne pensee
Sans se resoudre encor demeure balancée,
Elle craint, elle espere, & craint plus, toutesfois,
Qu'elle n'ose esperer de la foy de Dunois.
Mais de son changement la funeste nouuelle,
Se confirme à la fin, par vn courrier fidelle,
Et la Princesse apprend que, d'vn diuin Objet,
L'Objet de son amour est deuenu sujet.

S iij

Elle apprend, qu'vne sainte & vaillante Bergere,
Vient de le garantir de la force Estrangere,
Et qu'estant par ses faits en liberté remis,
A son glorieux joug il a le col sousmis.
De son dernier malheur à ce coup asseurée,
Et d'vn depit mortel violemment outrée,
Elle eclate en ces mots ardens & furieux,
Et n'a pour tous tesmoins qu'Yolante & les Cieux.

   Il est donc vray, dit-elle, Amant faux & parjure,
Que tu m'as bien pu faire vne si grande injure;
Donc ce cœur de Heros, autresfois si vanté,
A bien pu consentir à cette laschete.
Est-ce ainsi que le mien reçoit la recompense
De son bruslant amour, de sa perseuerance?
Est-ce ainsi que les maux qu'il a pour toy cheris,
Par ta reconnoissance, à la fin sont gueris?
I'ay pour toy sur les bras la France & l'Angleterre,
La Bourgogne, pour toy, m'a declaré la guerre,
Et je me suis, pour toy, fait autant d'ennemis,
Que les traits de mes yeux m'ont de Princes sousmis.
Ils ont tous veu, pour toy, leurs flammes negligées,
Et, sur moy cependant, nul ne les a vengées;
Toy seul, pour qui ma foy produisoit leurs trauaux,
As puny ton Amante, & vengé tes Riuaux.
Traistre, dissimulé, que sous vn doux visage
Tu m'as caché long-temps ce barbare courage!
Ton cœur, en mes liens, languissoit feintement,
Et, pour me trahir mieux, contrefaisoit l'Amant.

LIVRE QVATRIESME.

Mais en brisant mes fers, aueugle volontaire,
De quelle autre beauté te rens-tu tributaire?
Quelle rare vertu, quelle auguste splendeur
Allume dans ton sein cette nouuelle ardeur?
Ah! trop lasche Dunois, vne Fille champestre
Est l'illustre Beauté, dont les yeux l'ont fait naistre;
C'est elle, dont les yeux ont bien pu t'engager
A desdaigner ma flamme, & la tienne changer.
Pour escarter de toy les tempestes guerrieres,
J'ay conceu mille vœux, j'ay fait mille prieres;
C'est par moy que tu vis, & l'Objet de tes feux,
S'il te possede, helas! ne te doit qu'à mes vœux.
Les Cieux m'ont exaucée, helas! pour ma Riuale;
O Cieux! ne gardés plus cette ame desloyale,
Laißés l'Ingrat en proye à son mauuais destin,
Que des mesconnoissans il rencontre la fin;
Qu'en guerre desormais la Fortune ennemie
L'accable de malheurs, le couure d'infamie,
Et que le feu nouueau, dont il est embrasé,
Par ce nouuel Objet, demeure mesprisé.

 D'vne mortelle peine à ce mot oppreßée,
Elle sent, sur son cœur, sa plainte repoußée;
Dans sa gorge, à sa voix elle sent vn retien,
Et, pour vouloir trop dire, elle ne dit plus rien.
Tout le reste du jour passe dans le silence,
Sans que de sa fureur cesse la violence;
A la fin, vers la nuit, ce transport vehement
Laisse regner en elle vn plus doux mouuement.

S iij

Comme apres que le Sud, Tyran des mers profondes,
A sens dessus dessous bouleuersé les ondes,
Et jusques dans les Cieux, à secousses & bonds,
En montagnes d'escume eleué leurs boüillons;
Par ses rudes efforts la vague tourmentée,
D'vn souffle moins superbe est enfin agitée;
Le grand orage cesse, & l'art des matelots
Sent moins de resistance en la rage des flots.
 Le deuoir d'vne Fille, & sa vertu passée,
Reuiennent tout à coup s'offrir à sa pensee,
Et son sens moins troublé juge que son ardeur
La portée au delà des loix de la pudeur.
Dans son sein ebranslé, l'amoureuse tourmente
Tousjours de plus en plus se rend moins violente;
Tousjours plus la sagesse, apres ce grand trauail,
De son sens egaré reprend le gouuernail.
Mais bien que la tempeste, ou cesse, ou diminüe,
Son ame toutesfois en est encore emeüe,
Et tout ce qu'elle obtient de ses viues douleurs,
C'est de pouuoir se plaindre, & respandre des pleurs.
A ses pleurs retenus elle lasche la bonde,
De leur debordement son visage s'inonde,
Son cœur se sent, par eux, allegé d'vn grand poids,
Et sa langue müette en recouure la voix.
Alors de son beau sein tristement elle tire
Le portrait du crüel, qui cause son martyre;
Gage autresfois donné d'vn amour eternel,
Maintenant deuenu perfide & criminel.

LIVRE QVATRIESME.

De nœuds de diamans, & de chaisnes dorées,
Il auoit les deux mains estroitement serrées;
De chaisnes & de nœuds son col estoit preßé,
Et le nom de MARIE y brilloit enlacé.
Fixe elle l'enuisage, & long-temps considere
Ce glorieux Captif, cette teste si chere,
Attache à cet objet ses regards languißans,
Et d'vne douce erreur laiße abuser ses sens.
Dans le trouble, où la tient son ardeur enflammée,
Voyant au naturel cette Image exprimée,
Elle croit voir present l'Autheur de son ennuy,
Et, parlant au portrait, pense parler à luy.
   Ces liens, luy dit-elle, Amant foible & volage,
T'engageoient à me rendre vn eternel hommage,
Rien ne les deuoit rompre, & tu les romps pourtant;
Vne autre t'aßeruit, & te rend inconstant.
Vne autre, mais quelle autre? Ah! Guerrier sans courage,
Preferer à mes fers cet infame seruage;
Qui l'eust jamais pu croire? A ce mot souspirant,
De pleurs, sur le portrait, elle verse vn torrent.
Mais au milieu des yeux, dont son ame est preßée,
L'Amour ingenieux vient flater sa pensee,
Et, par vn beau retour, tasche à luy faire voir
Reluire en ce malheur quelque rayon d'espoir.
   Qui sçait, dit-elle, Ingrat, si ta flamme nouuelle
T'a soufmis tout entier au joug de la Pucelle?
Et qui sçait si ton cœur, à mon cœur attaché,
A pu dans cet effort m'estre tout arraché?

Non, tu ne m'as pu faire vn si barbare outrage;
Ton cœur, bien que changé, garde encor mon image;
Le feu qui l'enflamma n'est pas encore mort;
Il se peut rallumer, plus ardent & plus fort.
I'espere encore en toy, parce que je t'estime;
Tu n'as pas vn esprit, à se soüiller d'vn crime,
Tu conçois la raison, tu cheris l'equité,
Et n'as rien en horreur, comme la lascheté.
Excite ta vertu, romps les indignes chaisnes,
Qu'autant qu'à mon dommage, à ta honte tu traisnes;
Sois juste enuers Marie, & rens à ses liens,
Ton cœur, son fugitif, le plus grand de ses biens.

 La Princesse, à ce mot, finit sa plainte amere;
La Fille, qui l'escoute, & qui voit qu'elle espere,
Veut esperer aussi, que le cœur de Dunois
Ne sera pas en tout affranchy de ses loix.
Elle veut croire au moins qu'vn vigoureux langage
Peut, dans ses premiers fers, rengager le Volage,
Et, par cette croyance allegeant son ennuy,
A Marie, en ces mots, offre d'aller vers luy.

 Donnés soulagement à vostre ame oppressée;
Ie viens de conceuoir vne noble pensée,
Vne entreprise haute, & qui peut succeder,
Si par mon zele ardent vous vous laissés guider.
Il faut qu'auant le jour, en homme deguisée,
Du Camp victorieux je prenne la brisée,
Et que, me presentant à ce cher Ennemy,
Ie resueille pour vous son amour endormy.

Ie

LIVRE QVATRIESME.

Ie ſçay l'art de flechir ce ſuperbe courage,
Ie ſçay ce qui l'émeut, je ſçay ce qui l'engage,
Ma liberté luy plaiſt, & mes fermes diſcours
A tout ce que je veux le diſpoſent tousjours.
Souffrés que, pour vn peu, je m'eſloigne, & vous quitte;
De tenter ce projet ma foy me ſollicite;
Vous ne hazardés rien, ſouffrés-le ſeulement,
Et n'attendés de moy que du contentement.

 D'vn deſſein ſi hardy la Princeſſe offenſee,
D'Yolante, d'abord, rejette la penſee,
Mais ſon cœur amoureux d'eſperance flaté,
A la ſeconde fois, eſt par elle emporté.
Elle s'y determine, &, Ie me rens, dit-elle,
Aux puiſſantes raiſons que t'inſpire ton zele;
Ie n'eſpere qu'en luy, dans mon aſpre douleur,
Et veux ſeul l'oppoſer aux traits de mon malheur.
Ie ne te preſcris rien; ſeule tu peux elire,
Et ce qu'il faudra faire, & ce qu'il faudra dire;
Seule je t'eſtablis maiſtreſſe de mon ſort,
Et remets, en tes mains, & ma vie, & ma mort.
Va donc, &, ſans tarder, à partir te prepare;
 Pour s'aller traueſtir la Fille ſe ſepare;
La Princeſſe qui ſouffre, & ne peut repoſer,
Par le portrait chery, fait ſa peine amuſer.
La nuit en cet eſtat ſe coule toute entiere;
Elle aperçoit en fin le Ciel gros de lumiere,
Et par tout deſormais l'horizon blanchiſſant
Sous les premiers rayons du Soleil renaiſſant.

T

Vers elle, en habit d'homme, alors vient Yolante,
Presse, pour son enuoy, la malheureuse Amante,
Et dit qu'auant six jours, cet Esclaue leger
Pour jamais à ses pieds, reuiendra se ranger.

Pars donc, respond Marie, & trouue ce Volage,
Presente à ses regards cette amoureuse image,
A ton ferme discours, joins sa müette voix,
Et que Dunois te serue à me rendre Dunois.
Pars, & pour mieux agir, songe que je te fie
L'espoir de mon repos, & celuy de ma vie;
Parle auec tant d'addresse, auec tant de bonheur,
Que je paroisse Amante, & conserue l'honneur.

La Fille, sur ce mot, à ses genoux se baisse,
Luy prend la belle main, la baise, puis la laisse,
Et, trauersant du bois la plus sombre espaisseur,
Commence son voyage, & le poursuit sans peur.

Mais, dans les Forts conquis, la triomphante Armée
A peine est par ses Chefs esparse & renfermée,
Que la Sainte aussi-tost va, d'vn rapide cours,
Annoncer à son Roy l'effet du saint secours.
Elle veut l'informer, & par sa bouche mesme,
Des exploits dont l'eclat luy rend le Diademe,
Et veut, de viue voix, le presser ardemment,
De s'apprester au Sacre, & d'armer puissamment.
Pour ces nobles desseins, les trouppes elle quitte,
Et soudain vers le Roy sa course precipite;
Rodolfe l'accompagne, & dans moins de deux jours,
Le sourcilleux Chinon les voit entre ses tours.

LIVRE QVATRIESME.

Là, le Prince elle aborde, & de zele remplie;
I'ay, dit-elle, ô grand Roy, ma promesse accomplie;
Les Cieux ont par ce bras, & le bras de Dunois,
Garanty ta Cité des Estrangeres loix.
La Iustice des Cieux, sur l'injuste Angleterre,
Par nos fragiles mains, a lancé le tonnerre,
Voicy de ton bonheur le retour arriué,
Betford a pris la fuitte, Orleans est sauué.
Mais c'est peu qu'Orleans soit remis en franchise,
Plus loin, que son salut, s'estend nostre entreprise;
Ce coup n'est que l'essay d'vn plus heureux destin;
Qu'il nous faut constamment pousser jusqu'à sa fin.
Nous deuons, au trauers des Terres vsurpées,
Faire par nostre cœur passage à nos espées,
Sans donner paix, ni tréue, à nos vaillantes mains,
Que l'Onction des Cieux ne t'ait sacré dans Rheims.
Cet honneur te manquant, à peine tes Prouinces
T'osent-elles conter au nombre de leurs Princes;
Ton Regne, sans le Sacre, est vn Regne imparfait,
Et sans luy le Tyran ne peut estre desfait.
Donques, pour l'obtenir, excite ton courage,
Excite tes Soldats à ce diuin Ouurage,
Mets le feu dans leurs cœurs, haste leur partement,
Et n'apprehende rien que le retardement.
Mais, pour ce grand projet, que ta Plaine est deserte!
Elle qui d'escadrons deuroit estre couuerte;
Ah! par de nouueaux soins, & de nouueaux courriers,
Repare la lenteur de tes apprests guerriers.

Charles hors de luy-mesme, à la grande nouuelle,
Redouble son respect, pour l'illustre Pucelle,
Et dit, Fille admirable, en ton bras redouté,
I'adore le pouuoir de la Diuinité.
Orleans secouru, les Anglois mis en fuitte,
Font trop voir à mes yeux la celeste conduitte ;
Ce miracle euident prouue trop desormais,
Que le Dieu des combats est l'Autheur de tes faits.
Mon espoir, je l'auoüe, ô genereuse Sainte,
S'est trouué jusqu'icy balancé par ma crainte ;
Auant ce haut succes, j'ay bien pu croire en toy,
Mais ç'a tousjours esté d'vne tremblante foy.
Maintenant je croy tout, & je veux tout attendre,
Du Bras par qui le Ciel est venu me defendre ;
Ie suis prest de le suyure, & de le seconder,
Hazarder tout sous luy, ce n'est rien hazarder.
I'iray seul, si tu veux, ou si tu me demandes,
Que je joigne à ton bras ceux de toutes mes bandes,
Dans moins de dix Soleils, tu verras tout ce champ
Caché sous les drappeaux d'vn innombrable Camp.
Attens donc en ces murs cette vaste puissance,
Qui doit ayder la tienne à deliurer la France ;
Laisse-nous, dans tes yeux, charmer vn peu nos maux,
Et respire vn moment, apres tant de trauaux.
 Non, Prince belliqueux, luy repart la Guerriere,
Ie ne doy reposer qu'au bout de la carriere ;
Ie ne puis dans mon cours vn instant m'arrester,
C'est vn ordre d'enhaut, qu'il faut executer.

LIVRE QVATRIESME.

Tandis que, de cent lieux, en ce lieu, tu ramaſſes
Le Camp, qui doit vers Rheims ſuyure tes nobles traces,
Gergeau, Meun, Baugency, retraitte des fuyards,
Par mes mains à tes loix ſouſmettront leurs rempars.
Charles à ce diſcours reprime ſon enuie;
 Comme lors qu'à cingler le vent propre conuie,
Et que le fier Neptune applaniſſant ſes flots,
Promet vn cours facile aux ardens matelots;
Si du ſage Nocher la famille amoureuſe
Taſche à le retenir ſur la plage eſcumeuſe,
Au perilleux voyage il la fait conſentir,
En luy monſtrant le Ciel qui l'oblige à partir.
 Le Rameau le plus grand de la Royale Souche,
Alençon, dont l'orgueil rend la vertu farouche,
Boüillant, ambitieux, ennemy du repos,
De la Fille & du Prince entendit les propos.
Mais, de la Sainte Fille entendant le langage,
Il ſentit d'vn feu ſaint enflammer ſon courage,
Se ſouſmit à ſon joug, & voulut deſormais
Prendre part à l'honneur de ſes illuſtres faits.
Humblement il l'approche, humblement il la prie
De ſouffrir qu'auec elle il ſerue ſa Patrie;
La Guerriere l'agrée, & le Roy l'approuuant,
Ils partent, & leur vol preuient celuy du vent.
 Cependant la Fidelle en homme deſguiſée,
Par les champs deſcouuerts de la Beauſſe embraſée,
Vient aux murs deliurés, & ſur vn bouleuard
Voit Dunois, qui penſif ſe promeine à l'eſcart.

T iij

LA PVCELLE,

Seul, d'abord, à ses yeux la Fortune le monstre,
Elle tient à miracle vne telle rencontre,
En tire vn bon augure, &, flatant son ennuy,
Au Prince se descouure, & s'auance vers luy.
Il reconnoist la Fille, & ne peut à sa veüe
Cacher le mouuement dont son ame est emeüe ;
Il rougit, il paslit ; Elle s'en apperçoit,
Et d'vn succes heureux l'esperance conçoit.
Au Guerrier estonné, feignant de l'ignorance
Du tort qu'à sa Maistresse a fait son inconstance,
Elle tient dans son cœur son desplaisir enclos,
Luy sousrit, le va joindre, & luy parle en ces mots.

   Ie viens, parfait Amant, des lieux où ta Princesse
A passé, loin de toy, ses beaux jours en tristesse,
Non, pour te reprocher les maux que, dans les fers,
Sous l'Angloise insolence, elle a pour toy soufferts.
Son amour est trop noble, & ta gloire sublime
Allume, dans son sein, vn feu trop magnanime,
Pour permettre à sa voix, mesme dans le trespas,
De se plaindre des maux que tu ne souffres pas.
Du bonheur que le Ciel à tes armes enuoye,
Ie viens t'apprendre icy sa veritable joye,
Et te dire qu'en fin s'approche l'heureux temps,
Où tes pudiques vœux doiuent estre contens.
Tu n'as plus d'ennemis, Betford, Betford luy-mesme,
Sans resource, est tombé sous ta valeur supreme,
Et Philippes luy-mesme, au gré de tes desirs,
Semble auoir oublié ses cuysans desplaisirs.

LIVRE QVATRIESME.

Ton cœur ne voit plus rien qui sa flamme importune,
Tu touches de la main à ta bonne fortune,
Il ne tiendra qu'à toy, d'aspirer deformais
A l'accomplissement de tes chastes souhaits.
C'est ce que ta Princesse, & ta chere esperance,
Est preste d'accorder à ta perseuerance,
Sans que l'injuste bruit, qui te nomme inconstant,
Pres d'elle, t'ait fait tort, non pas mesme vn instant.
Apres cent & cent vœux de n'estimer rien qu'elle,
Elle sçait que ta foy ne peut estre infidelle,
Et ne croira jamais, qu'aucune autre beauté
Ait pû, dans ses liens, prendre ta liberté;
Bien moins vne Bergere, vn prodige d'audace,
Dont l'effort, je le veux, a sauué cette Place,
Mais qui, par sa bassesse, est mal propre à pouuoir
Forcer ton grand courage à trahir son deuoir.

 Durant tout ce discours, la Fille accorte & sage,
D'vn regard attentif, le Guerrier enuisage,
Et voit dans son teint pasle, & dans ses yeux ardens,
De sa confusion les signes euidens.
Elle voit sur son front, elle voit en sa veüe,
Cent diuers mouuemens d'vne ame irresolüe,
Elle le voit, qui tremble, & d'vn tacite aueu,
Confesse que son sein brusle d'vn nouueau feu.

 Pardon enfin, dit-il, pardon, chere Yolante,
Si ma voix est craintiue, & ma parole lente,
I'ay balancé long-temps, & me suis veu tenté,
D'adjouster la feintise à la legereté.

Mais si, par le defaut de l'humaine foiblesse,
I'ay bien pu faire injure à ma belle Princesse,
Ie n'ay pu, ni voulu, d'vn silence insolent,
Accroistre mon offense en la dissimulant.
I'ay failly, je l'auoüe, & j'ay pu dans mon ame
Allumer pour vne autre vne amoureuse flamme,
Ie me suis laissé prendre, & l'Objet qui m'a pris
Est celuy que tu crois si digne de mespris.
I'ay failly, mais, croy moy, la faute est pardonnable,
A la considerer d'vn esprit equitable,
I'ayme ces deux Objets, & sans estre changé,
Mon amour seulement entre eux est partagé.
Croy moy, si de Dunois tu peux jamais rien croire,
Ma Princesse a tousjours sa place en ma memoire;
Tout captif que je suis de ce nouueau vainqueur,
Elle possede encor la moitié de mon cœur.

 Yolante à ces mots perd toute retenuë,
Et ne peut endurer que Dunois continuë,
De sa foible defense elle interrompt le cours,
Le regarde en fureur, & luy tient ce discours.

 Il est donc vray, perfide, & c'est ta bouche mesme,
Qui, contre ton honneur, profere ce blasfeme,
Tu manques à Marie, & tu la peux laisser;
Ah! c'estoit vne faute à ne point confesser.
Mais de mille raisons tu colores ton crime;
Marie en ton esprit conserue son estime,
Tu luy gardes encor la moitié de ta foy;
O grand effort d'amour, qui n'appartient qu'à toy!

O grand

O grand cœur de Dunois, le plus grand de la Terre!
Qui, sans peine, en luy seul deux grands Amours enserre;
Cœur adroit, qui dans soy, par des moyens aisés,
Peut seul vnir en paix deux Amours opposés.
Non, non, n'allegue point ces excuses friuoles,
Il n'est plus temps de croire à tes vaines paroles,
Ton esprit est trompeur, tes discours superflus,
Nous te creusmes jadis, nous ne te croyons plus.
O que par le transport d'vne ardeur desreglée,
La raison des humains est souuent aueuglée!
Que le vice est peu sage! & que facilement,
En suyuant sa conduitte, on perd le jugement!
Ne recours point, Dunois, à ces mauuaises ruses;
Te pensant excuser, toy mesme tu t'accuses;
Entre ces deux Objets te dire partagé,
C'est dire qu'au premier tu n'es plus engagé.
De ces deux, ô cruel, pese bien les merites;
Voy celuy que tu prens, voy celuy que tu quittes;
Connoy quel est leur prix, & quel est ton deuoir;
Mais je te presse, en vain, de connoistre & de voir.
Par la folle valeur de l'illustre Effrontée,
Ton esprit est charmé, ta veüe est enchantée;
Et qui sçait mesme encor, si, pour t'en rendre Amant,
Elle n'a point vsé d'vn pire enchantement?
Ie crains, auec sujet, que ces superbes armes
Ne cachent, pour ton mal, quelques magiques charmes;
Ie crains vn sortilege à ta vertu fatal;
Tu sçais quel est l'endroit, d'où t'est venu ce mal.

V

Sous vn visage humain vne noire Furie
A rauy ton amour à l'amour de Marie;
La Sorciere a, sur toy, fait ce puissant effort,
Et tout ton changement n'est que l'effet d'vn sort.
Enyurant ton esprit d'vn amoureux bruuage,
De la droitte raison elle t'oste l'vsage,
Et ton sens desormais, ne discernant plus rien,
Prend le bien pour le mal, & le mal pour le bien.
Quitter vne Princesse, & suyure vne Bergere!
En la place d'vn Ange, elire vne Megere!
Vn cœur si magnanime, vn esprit si parfait,
De son mouuement seul ne l'auroit jamais fait.
  Le Prince se rassure, à cette voix accorte,
Et se monstre agité d'vne peine moins forte;
Yolante l'obserue, & de ce changement
Iuge à son auantage, & suit adroittement.
  Mais, soit crime ou malheur, sortilege ou foiblesse,
Qui t'ait mis sous le joug de cette autre Maistresse;
Ce joug est trop indigne, & le braue Dunois
Ne peut estre sans honte asseruy sous ces loix.
Sus donc, affranchy-toy de cette seruitude,
Qui mesle en toy l'opprobre auec l'ingratitude,
Brise ces derniers fers, infames, odieux,
Et reprens les premiers justes & glorieux.
Rentre dans la prison de cette Infortunée,
Qu'à souffrir, pour toy seul, les Cieux ont condannée,
Et qui, dans ses plus longs & plus aspres tourmens,
T'a tousjours conserué ses plus chers sentimens.

LIVRE QVATRIESME.

Artus & Lyonnel, que je nomme entre mille,
Pour eux, l'ont esprouuée à l'amour indocile,
Et, quoy que la Fortune ait sceu luy presenter,
Pour te manquer de foy, rien ne la pû tenter.
Pour luy manquer de foy, cœur remply de foiblesse,
Tu t'es laissé tenter; & par quelle Maistresse?
 Dunois, à ce reproche amer & furieux,
D'vn nüage nouueau se recouure les yeux.
La Fille s'apperçoit que son projet s'auance,
Et poursuit, en ces mots, auec plus d'esperance;
 Non, ne te trouble point, sois sans crainte, c'est moy,
Moy seule, qui te blasme, & doute de ta foy.
Ouy, c'est moy toute seule, & non pas ton Amante,
Qui croit ta passion, & fidelle & constante,
Et dement les auis, qui deuant sa bonté,
T'accusent d'inconstance & d'infidelité.
Ce miracle d'Amour, pour ta bonne fortune,
Combat, en ta faueur, la creance commune,
Et te croit bien plustost semblable à ce Portrait,
Que tel que je te trouue, & que le bruit te fait.
Elle te croit encor lié de cette chaisne,
Elle se croit encor ta Maistresse & ta Reyne,
Elle croit du vray bruit le tesmoignage vain,
Et t'en donne, icy mesme, vn gage de sa main.
 Yolante, à ce mot, le Portrait luy presente;
Le Prince le reçoit, mais d'vne main tremblante,
En tremblant le regarde, & dans son action,
De son coupable cœur fait voir l'emotion.

V ij

Son cœur, à cet objet, plus que deuant se trouble ;
La rougeur sur son front s'accroist & se redouble ;
Mais vn plus grand desordre agite ses esprits,
Lors qu'il voit, au dessous, ces quatre vers escrits.

 Dis ce que tu voudras, trompeuse Renommée,
Seule de mon Amant je suis tousjours aymée,
Nulle autre dans ses fers ne le tient engagé,
Et ce n'est que des miens qu'il peut estre chargé.

 D'abord il reconnoist les charmans characteres,
Qui seruirent jadis aux amoureux mysteres,
Et poussé d'vn instinct, qu'il ne peut maistriser,
Sur chacun d'eux imprime vn amoureux baiser.
Sa vieille passion luy fait cette surprise ;
A chaque mot qu'il lit son brasier se rattise,
Chaque trait le reblesse, &, d'instant en instant,
Rameine à son deuoir son esprit inconstant.
La Fille le remarque, & de sa repentance
Conceuoit desormais vne ferme esperance,
En faisoit voir sa joye, & se sentoit flatter
De celle qu'à Marie elle croyoit porter.
Quand la Sainte, en ce lieu, sur ce moment, arriue,
Et d'vn clin de ses yeux d'esperance la priue ;
Le Prince, quoy que d'elle à-demy diuerty,
A peine la reuoit qu'il reprend son party.
Il alloit sur le champ satisfaire à Marie,
Mais voyant la Guerriere aussi-tost il s'escrie ;

 Yolante, j'ay tort, je ne m'en defens pas ;
Mon crime, ou mon erreur, merite cent trespas.

LIVRE QVATRIESME.

Tu m'auois conuaincu, je voulois te complaire;
Cet Objet m'en destourne, & m'engage au contraire;
Le Droit & la Raison cedent à son pouuoir;
Il le falloit voir moins, pour suyure son deuoir.
Pardonne à la fureur, qui m'enflamme & m'agite,
Ie l'ay veu, je le fuys. Il finit, & la quitte;
Yolante confuse, & pleine de douleur,
Retourne à la Princesse, & pleure son malheur.

Ainsi lors qu'vn Nocher, apres vn grand naufrage,
Entre des monts de flots, perdant force & courage,
D'vne antenne rompüe, ou d'vn mast fracassé,
Voit vn eclat, vers luy, par les vagues poussé;
Au point que, pour le prendre, il s'anime & s'elance,
Et qu'il croit desormais l'auoir en sa puissance;
Souuent vn coup de mer, par vn contraire effort,
Pour jamais l'en sepaee, & le rend à la Mort.

Par son mesme chemin, & sur ses mesmes pistes,
Mais auec des pensers plus sombres & plus tristes,
Yolante retourne au superbe Sejour,
Où la triste Princesse attendoit son retour.
L'infortuné succes de l'amoureux message,
Luy fait apprehender la fin de son voyage;
Marie espere encore, & c'est son desespoir,
N'ayant rien que d'horrible à luy faire sçauoir.
Elle arriue pres d'elle, & plus morte que viue,
En luy voulant parler, sent sa langue captiue,
Sent estouffer sa voix, par son mal violent,
Mais, bien que sans parler, son silence est parlant.

V iij

Des yeux seuls, la Princesse entend ce qu'il veut dire,
Elle y voit prononcé l'arrest de son martyre,
Elle y voit clairement son amour rejetté,
Et dans d'autres liens son Amant arresté.
L'excessiue grandeur de sa peine enflammée,
Ne peut estre assés bien, par sa voix, exprimée,
Son cœur, dans ses replis, en retient les eclats,
Et croit se plaindre mieux, de ne se plaindre pas.
Sur le bord de son lit, plus qu'à demy couchée,
Et l'immobile veüe à la terre atachée,
Elle paroist vn corps autresfois animé,
Qu'vn puissant desplaisir en roche a transformé.
Ses beaux yeux, où l'Amour auoit mis tous ses charmes,
Ne sont plus desormais que deux sources de larmes,
Qui, d'vn flux eternel coulant amerement,
Au defaut de la voix, expliquent son tourment.
La Fille l'acompagne en ses larmes ameres,
Et, pour la soulager, partage ses miseres;
Elles pleurent sans cesse, & le cours de leurs pleurs,
Loin d'adoucir leur peine, en accroist les douleurs.

   Cependant la Guerriere accourant au Volage;
Aux armes, luy dit-elle, acheuons nostre ouurage,
Ce Peuple, ces remparts, ne sont francs qu'à demy,
Si la Loire est encor sous le joug ennemy.
Au dessus, au dessous, son onde assujetie
Demande que sa chaisne en fin soit rallentie,
Et tient à deshonneur, que, sous des fugitifs,
Ses flots imperieux roulent tousjours captifs.

LIVRE QVATRIESME. 159

Gergeau, Meun, Baugency, conjurent nos courages,
D'aller de leurs Tyrans nettoyer leurs riuages;
Pour terracer l'Anglois foible & desesperé,
Le François triomphant n'a que trop respiré.
Pour forcer sa foiblesse en ces murs renfermée,
Attendroient-ils les bras de la Royale armée?
Eux qui, par leurs bras seuls, & par leurs seuls efforts,
Ont pris si vaillamment ses imprenables Forts.
Preuenons sa venuë, & hastons la victoire,
Empeschons sa valeur d'offusquer nostre gloire;
Et que seul, auec nous, entre tous ses Guerriers,
Le vaillant Alençon partage nos Lauriers.
 Alençon, à ces mots, s'incline & la reuere;
Dunois ne respond rien, mais s'appreste à bien faire,
L'esprit inquieté, par vn jaloux soupçon,
D'auoir en son amour pour Riual Alençon.
En chacun des quartiers à l'instant mesme il passe;
Il fait dés-lors à tous endosser la cuirasse,
Et recommande aux Chefs, qu'au point du jour suyuant,
Leurs Corps mettent, par tout, les estandards au vent.
Puis d'instrumens diuers, de diuerses machines,
De ce qui peut seruir à faire des ruïnes,
A remüer la terre, à couurir les soldats,
Il fait vn innombrable & diligent amas.
Le Soleil cependant se rallume, & se leue;
Le Camp de tous les Forts s'assemble sur la greue;
Et la Loire tranquille, en ses humides bords,
De cent Corps differens voit assembler vn Corps.

A destruire l'Anglois chaque trouppe s'excite,
L'eclatante trompette au depart les inuite,
Et tous, d'vn mesme temps, contre le cours de l'eau,
Marchent, apres la Sainte, aux remparts de Gergeau.
Vn escadron s'auance, &, sous la forte Place,
Pousse les ennemis, & leur donne la chasse;
Suffort son defenseur, menageant ses efforts,
Euite le combat, & quitte les dehors.
Il met, en son mur seul, toute son esperance,
Il tient sur tout le mur ses drappeaux en defense,
Il couronne ses tours, & d'archers, & de traits,
Et cache ses creneaux sous des piles de grais.

 Ainsi le laboureur, qui, le long d'vn riuage,
Sillonne, aux jours d'hyuer, son fertile heritage,
Si du foible torrent le bouillon eleué
S'auance pour couurir ce qu'il a cultiué;
Sans attendre le flot, qui desja court la plaine,
De ses bœufs decouplés l'attelage il remmeine,
Gaigne son toit rustique, & là se renfermant
Oppose sa muraille au pront debordement.

 En suitte vient l'Armée, & sans trouble, & sans peine,
Non loin des bouleuards se loge sur l'arene,
Ouure plus d'vn trauail dans le sable mouuant,
Les meine, à droit, à gauche, & tousjours en auant.
Auec des pieux fichés, & des planches couchées,
Elle soustient, par tout, ses mobiles tranchées;
Les pics cauent le champ, & les pelles soudain,
Du costé des remparts rejettent le terrain.

Mesme

LIVRE QVATRIESME.

Mesme pendant la nuit, l'ouurage continuë,
A l'œil, de plus en plus, l'espace diminuë,
Et, deuant que le jour soit deux fois effacé,
En chacun des trauaux on perce le fossé.
Puis on cherche en tous lieux, à l'ayde de la sonde,
Quels ont le fond plus ferme, & l'eau la plus profonde,
Et roulant de grands sacs, pleins de menus cailloux,
A la hauteur du reste, on en comble les trous.
Des taillis abatus on y joint le branchage;
L'vn & l'autre affermit le tremblant marescage;
Et, pour tenter l'assaut, le soldat valeureux
N'y trouue plus de bourbe, & n'y sent plus de creux.
Mais, bien que tout soit prest, la paresseuse Aurore
Aux portes d'Orient ne paroist point encore,
L'ombre couure tousjours le dormant Vniuers,
Et ne fait qu'vn aspect de tant d'aspects diuers.
Alençon plein d'ardeur conjure la Pucelle,
De souffrir qu'à la Place il dresse son eschele;
Dunois l'en importune, outré de desplaisir
Qu'Alençon le premier ait monstré ce desir.
Il pense voir en luy naistre la mesme flamme,
Que les yeux de la Sainte ont produite en son ame,
Et son esprit jaloux ne sçauroit, sans douleur,
Voir, en vn tel Riual, ces marques de valeur.
Coulouces, Archambauld, Termes & Villandrade,
La pressent à l'enuy d'ordonner l'escalade;
Giresme, Chasteau-brun, Amador & Paumy,
Mesme sans son congé, vont chercher l'Ennemy.

X

Mais par ces graues mots la Sainte les reprime;
  Inuincibles Guerriers, Ieuneſſe magnanime,
Maiſtriſés ce tranſport, & ſuſpendés vn peu
Les exploits qu'à vos mains promet vn ſi beau feu.
Quand vous ne craindriés point de ternir voſtre gloire,
Ne remportant icy qu'vne obſcure victoire,
Croiriés-vous le pouuoir, durant l'air tenebreux?
Ne contez-vous pour rien ces bouleuards affreux?
Derriere eux l'Eſtranger veille en pleine aſſurance,
Il eſt leur defenſeur, comme ils ſont ſa defenſe,
François, auant le jour les vouloir eſcheler,
C'eſt vouloir aux Anglois ſa valeur immoler.
  Au fort de leur chaleur, ces remonſtrances ſages
Moderent les boüillons de leurs maſles courages;
Saintrailles & Gaucourt, de tous les vieux ſuyuis,
D'vne commune voix approuuent cet auis.
On attend la lumiere, & durant cette attente,
La Guerriere diſpoſe vne attaque prudente;
L'ordre vole en tous lieux, & marque les endroits
Par où chaque drappeau doit aſſaillir l'Anglois.
Le feu de l'Aube en fin, ſe degageant de l'Onde,
Commence à reblanchir les tenebres du Monde;
L'ombre ſe decolore, & ſe deſeſpaiſſit,
Et d'inſtant en inſtant l'horizon s'eſclaircit.
  Il eſt temps deſormais, dit alors la Pucelle,
Allés cueillir la palme au ſommet de l'eſchele,
Le Ciel vous la promet, ſi voſtre braue cœur,
Icy, comme par tout, veut bien eſtre vainqueur.

Soudain aux bouleuards tous vont porter la guerre,
Par les chemins creuſes dans lareneuſe terre;
Les premiers ſont choiſis entre les Caualiers,
Et s'auancent de front, ſous de larges boucliers.
Par le rang qui les ſuit, les eſcheles portées,
Dans le moite ſablon fermement ſont plantées,
Et leur faiſte branſlant, ſur les creneaux panché,
S'y tient par deux crampons fermement accroché.
L'Anglois qui voit venir ce belliqueux orage,
Pour l'eſloigner des murs inuoque ſon courage,
Accourt à la defenſe, & contre l'aſſaillant
Sa puiſſance recueille, & ſe monſtre vaillant.
Suffort, de tous coſtés, à combattre l'anime;

Voicy le lieu, dit-il, qui nous rendra l'eſtime,
Repouſſons à grands coups le ſuperbe François,
Et s'il nous a vaincus, vainquons-le à cette fois.
Dans ces murs, l'Angleterre eſt toute renfermée,
Si nous ſommes forcés, ſa gloire eſt opprimée;
Elle n'a plus d'eſpoir qu'en l'effort de nos dards;
Ah! ſauuons l'Angleterre, en ſauuant ces remparts.

Barat & Corneillan, d'vne pareille audace,
Auoient à leurs crochets fait mordre la terraſſe,
Et, pour ſe ſignaler, dans le mortel aſſaut,
D'vn menaçant regard, en meſuroient le haut.
Ils montoient, à grands pas, vers la cime effroyable,
Quand vn eclat de poutre en tombant les accable;
Ils tombent tout froiſſés, & de ſang tout couuerts,
Tous deux les pieds en haut, & la teſte à l'enuers.

X ij

Au robuste Cauſſade, à l'ardent Hauteriue,
Loin du ſommet encor, meſme fortune arriue,
Et ſous deux gros cheurons, ſur leur teſte pouſſés,
Ils tombent à l'enuers, & ſanglans, & froiſſés.
Mais, pour ces triſtes morts, la guerriere Ieuneſſe
Ne va pas, vers la cime, auec moins d'allegreſſe,
Le bouclier à la gauche, à la droite le dard,
Contremont elle vole, & joint la force à l'art.
Le mur par tout la voit, l'attaque eſt generale;
Tous, pour ſe le ſouſmettre, y vont d'ardeur egale;
Les timides Anglois raſſurés par Suffort,
Reſiſtent en tous lieux, & d'vn ſemblable effort.
A peine l'aſſaillant a paru ſur l'eſchele,
Qu'il ſent fondre ſur luy les cailloux du Rebelle;
Sous leur peſante cheute, & leurs coups redoublés,
Les plus foibles, d'abord, demeurent accablés.
La pluſpart, toutesfois, portés de leur courage,
Ne baiſſent point le front ſous l'homicide orage,
Se ſouſtiennent dans l'air, &, s'eleuant tousjours,
Brillent pres du ſommet des creneaux & des tours.
Alors, de traits perçans, & de fleches pointües,
Les trouppes ſont de pres viuement combatües,
Hallebardes, eſpieux, demy-piques & dards,
Les tiennent eſloignés du haut des bouleuards.
   Comme quand, au milieu du pluuieux Automne,
Sur le ſombre horizon le Ciel eclaire & tonne,
Et, menaçant par tout la moiſſon des vergers,
Deſcharge ſa fureur, ſur vn bois d'Orangers;

LIVRE QVATRIESME.

Le fruit, qui de son or couronne chaque plante,
Esprouue la rigueur de la gresle bruyante;
Chacun tombe à l'entour, de plus d'vn coup atteint,
Et la terre, à regret, s'en tapisse, & s'en peint.
 Il faut qu'à tant de traits la valeureuse bande
Des murs, presque conquis, se renuerse, ou descende;
Sa valeur est forcée, & voit ses vains exploits
Suyuis de cris moqueurs, & d'insolentes voix.
L'on la couure de dards, de cailloux & de fleches,
Et l'on luy fait, par tout, d'irreparables breches;
Aucun d'eux n'est sans playe, & Rodolphe, entre tous,
Trebuche sous les dards, les fleches, les cailloux.
Il trebuche sanglant, & l'inuincible Sainte,
D'vne amere douleur, en sent son ame atteinte;
Mais elle se maistrise, en vn si grand malheur,
Et, d'vn cœur magnanime, estouffe sa douleur.
Six bataillons d'Archers, pour monstrer leur vaillance,
Attendoient le signal, auec impatience;
La Guerriere le donne, & tous, d'vn pas pressé,
Marchent, à descouuert, jusqu'au bord du fossé.
Aux boüleuards Anglois chacun d'eux prend sa mire,
Et la fleche empennée a son oreille tire;
Deçà, delà, par tout, on voit les traits ailés,
Vers leur but, en sifflant, de leurs arcs enuolés.
Pas vn n'addresse à faux, pas vn ne manque à faire
Rouler le sang fumeux sur le mur aduersaire;
Sans cesse les Archers renouuellent leurs coups;
Alençon les anime, & reluit entre tous.

            X iij

De tant de dures morts, Suffort remply de rage,
Vient sur les assaillans reparer le dommage;
Alexandre, son Frere, en rage l'imitant,
Pousse, vers les creneaux, ses Archers à l'instant.
La vengeance à l'instant, vers le François, reuole,
Et, par autant de morts, de leurs morts les console;
Le François y respond, & le nombre des traits,
Par les routes de l'air, forme vn nuage espais.
Alençon, sur ce temps, apperçoit la Pucelle,
Qui, du bas du fossé, le regarde & l'appelle;
Alors, se retournant au braue Clerembauld,
    La Sainte, luy dit-il, me conuie à l'assaut.
Prens ma place, j'y cours. Clerembauld prend sa place,
Et soudain vn grand dard le perce & le terrace;
Le dard cherchoit le Prince, & pour luy fut lancé;
Son Amy tint sa place, en sa place percé.
Le Prince voit le coup, en ressent la blessure,
Serre son jauelot, & la vengeance jure;
Il va joindre la Sainte, & la Sainte, à l'abord,
    Dieu, dit-elle, par moy t'a sauué de la mort.
Pour le bien de la France, il falloit que ta teste
Eschapast à l'effort de cette aspre tempeste,
Et que de Clerembauld le chef infortuné,
Receust le coup fatal à ton chef destiné.
Tu pleures, Alençon, cette mort deplorable;
Ah! venge-la plustost par vn coup memorable;
Alexandre est celuy, qui l'a priué du jour,
Alexandre est celuy, qui defend cette tour.

LIVRE QVATRIESME.

Il regarde la tour, il regarde Alexandre,
Et fait vœu de le perdre, & fait vœu de la prendre;
Il dreſſe ſon eſchele, & de fureur boüillant
Monte, & fait, en tous lieux, remonter l'aſſaillant.
Son exemple l'inuite, & luy rend l'aſſurance;
Il remonte, & par tout l'attaque recommence;
L'Anglois, de ſon coſté, ſuperbe & triomphant,
Par tout, auec ardeur, du François ſe defend.
Mais, plus qu'en nul endroit, la reſiſtance eſt grande,
Où Dunois eſt preſent, où la Sainte commande,
Où du triſte Alençon la terrible valeur
Fait ſes derniers efforts, pour venger ſon malheur.
De fleches, & de traits, vne mortelle greſle
Du haut des bouleuards, tombe là peſle-meſle;
Là tombent, à monceaux, les dards & les cailloux,
Et rien, en ſeureté, ne demeure au deſſous.
Alençon, toutesfois, ſur la ployante eſchele,
Euite, en s'eleuant, cette greſle mortelle,
Et de trois coups à peine, entre mille, effleuré,
Touche du jauelot au creneau deſiré.
Dunois, non moins que luy, vers la cime s'auance,
Auec ſa jalouſie, aiguiſe ſa vaillance,
Et ne peut ſupporter qu'vn ſi puiſſant Riual
En courage, aux yeux ſaints, paroiſſe ſon egal.

 Comme quand deux Aiglons, au ſortir de leur aire,
Vers la voute des Cieux, vont d'vne aile legere,
Fixement, l'vn & l'autre, à-l'enuy, regardant
Du Soleil enflammé le feu le plus ardent;

L'Aigle, qui vole entre eux, & qui d'eux est suyuie,
Seule excite en leur sein cette jalouse enuie;
Ils contestent de force, & sans siller les yeux
Se preuuent dignes d'elle, à ce feu radieux.
  La Guerriere eschelant la muraille eleuée,
Bien-tost à son sommet se fait voir arriuée,
Escarte, auec son trait, les espieux de l'Anglois,
Ou les rompt, dans l'acier de son large pauois.
Quand les Monstres d'Enfer, en cette affreuse guerre,
Partisans obstinés de l'injuste Angleterre,
Accourent en ce lieu, pour luy donner secours,
En bordent la courtine, & remplissent les tours.
C'est desormais l'Enfer, dont la trouppe inuisible
Rend de ces bouleuards le haut inaccessible,
Verse sur l'assaillant des montagnes de grais,
Et fait pleuuoir sur luy des deluges de traits.
Mais, malgré tant d'efforts, voyant que, de l'eschele,
Sa rage veut en vain renuerser la Pucelle,
Qu'il ne fait que d'vn peu son triomphe arrester,
Et qu'elle va bien-tost la terrace emporter;
Il veut que la terrace, en ce peril extreme,
De la fatale main se defende elle-mesme,
Et soudain à l'Anglois inspire le penser;
D'en demolir le comble, & de le renuerser.
Auec cent forts leuiers, l'Anglois le desracine,
Et, pour sauuer le mur, le mur mesme rüine;
L'ouurage est de cent bras, mais l'effet principal,
Dans ce trauail commun, vient du bras infernal.

Les

LIVRE QVATRIESME.

Les Esprits tenebreux poussent, sur la Guerriere,
Du faiste detaché la masse toute entiere;
L'assaillant la croit morte, il change de couleur,
Et de l'Estat perdu deplore le malheur.
De l'horrible fardeau la bruyante tempeste
Tombe à plomb sur la Sainte, & luy couure la teste;
L'Ennemy, qui le voit, de joye est transporté,
Tient la guerre acheuée, & le François donté.
Elle voit son trespas, mais l'Ange, qui la veille,
Fait voir, en sa faueur, vne rare merueille,
Aux Anglois inuisible, inuisible aux François,
Il supporte du mur l'insuportable poids.
Sur elle, en ce moment, se brise, comme verre,
L'espaisse dureté de ce monceau de pierre;
La Nature est vaincüe, & la roche soudain
Se dissout, au toucher de l'Angelique main.
Il semble aux yeux trompés, que la pesante masse,
Sur l'escu de la Fille, en tombant, se fracasse;
Seule elle en sçait la cause, &, dans cet accident,
Reconnoist du Seigneur le secours euident.
La roche conuertie eu poussiere menüe,
Par l'Angelique main, dont elle est soustenüe,
S'espand sur l'Heroine, & pour vn peu de temps,
Rauit à son harnois ses rayons eclatans.
  Ainsi par fois, dans l'air, vne vapeur grossiere
Vient du flambeau des Cieux offusquer la lumiere,
Et cachant aux humains le feu dont il reluit,
Enueloppe le jour du manteau de la nuit.

Dans cet euenement, l'assistance celeste
Parut, de plus en plus, aux François manifeste,
Et l'incredule Anglois creut alors à ses yeux,
Que le bras de la Sainte estoit le bras des Cieux.
L'Anglois, espouuanté de ce nouueau miracle,
A son cours triomphant n'apporte plus d'obstacle;
Si le rempart le quitte, il quitte le rempart,
Et fuit la mort certaine, en fuyant le saint dard.
Le mur s'ouure à la Fille, & deuant son courage
Semble se separer pour luy faire passage;
Elle entre par la breche, & de son bras vainqueur
Donne aux Demons la fuitte, oste aux Anglois le cœur.
Dunois gaigne le mur, vn moment apres elle,
Alençon tarde seul à forcer le Rebelle;
Alexandre est celuy qui le peut retarder,
Mais son malheur en fin, le contraint de ceder.
Il voit la Place prise, & voit deuant la Sainte
Ses defenseurs saisis d'vne mortelle crainte;
Il les voit tous fuyans, & sur luy desormais
Du combat inegal voit tomber tout le faix.
Il quitte, & dans la Tour, desormais sans defense,
Alençon, d'vn plein saut, au temps mesme se lance,
Et, de son Aduersaire apperceuant le dos,
L'appelle, & le retient par l'aigreur de ces mots.

Tourne, mauuais Archer, monstre le front, arreste;
Iusques dans tes remparts je t'apporte ma teste;
De loin, tu l'as manquée; esprouue si, de pres,
Tu rendras plus heureux tes homicides traits.

LIVRE QVATRIESME.

Mais, pres de l'Ennemy, ta main perd l'assurance,
Et tu mets en tes pieds toute ton esperance;
Tourne, lasche, ou ce dard, plus viste que tes pas,
Te va d'vn coup honteux enuoyer au trespas.
 Le dernier de ces mots sensiblement le touche;
Il reuient au combat, genereux & farouche,
Et, Ie viens, luy dit-il, me venger, par ta mort,
Et de ton injustice, & de celle du Sort.
Voy, si je suis vn lasche. En parlant il l'approche,
Et puissamment sur luy son dernier trait decoche;
Le trait siffle par l'air, & d'vn vol elancé
Dans la gorge du Prince alloit estre enfoncé;
Mais derobant le corps son atteinte il esquiue,
Et de son juste effet adroitement le priue;
Alexandre s'estonne, & se jette à l'escart;
Alençon le poursuit, & l'atteint de son dard.
Au flanc gauche il l'atteint, & le fer, qui s'y cache,
D'vn gros boüillon de sang ses claires armes tache;
Le Guerrier affoibly, sans se plus menager,
Par la mort d'Alençon veut la sienne venger.
 Ainsi, quand le Sanglier, qu'vne meute nombreuse,
A lancé du profond de sa bauge fangeuse,
Fuit lentement la chasse, &, par ses fieres dents,
Tient loin de ses costes celles des chiens ardens;
Si le hardy Veneur, au dessus de la hure,
Luy fait, d'vn bras puissant, vne large blessure,
Il arreste sa fuitte, &, d'vn brutal effort,
Au trauers de l'espieu, cherche à venger sa mort.

          Y ij

*Dans le fer d'Alençon Alexandre s'enferre,
Mais du sien le rebleſſe, & le porte par terre;
Ils s'embraſſent l'vn l'autre, & par terre luttans,
Pour gaigner le deſſus, conteſtent quelque temps.
Tous deux ont deſormais peu de ſang à reſpandre;
En fin toute vigueur abandonne Alexandre;
Inuincible il rend l'ame, & ſes derniers efforts
Rompent les foibles nœuds qui l'attachoient au corps.
 Clerembauld, dit le Prince, Amy trop magnanime,
De ma ſanglante main reçoy cette victime,
Et ſi de tout ſon ſang tu n'es pas conſolé,
Reçoy le ſang qu'au ſien mes veines ont meſlé.
 Il tombe, en acheuant ce diſcours lamentable,
Eſtendu pres du mort, au mort preſque ſemblable,
Priué de ſentiment, deſpoüillé de chaleur,
Et n'ayant rien de vif que ſa viue douleur.
 Pendant l'aſpre combat, Dunois & la Pucelle,
Vers deux lieux oppoſés, courent le mur rebelle,
En chaſſent les Anglois, &, ſur les bouleuards,
En cent lieux differens, plantent leurs eſtandards.
Le vaincu prend par tout l'eſpouuante & la fuitte,
Et par tout eſt preſſé d'vne ardente pourſuitte,
Des ſoldats, ni des Chefs, nul ne tourne le front,
Et tous, de tous coſtés, ſe rangent vers le pont.
Suffort, ſous le François voit ſuccomber la Place,
Dans le malheur commun plaint ſa propre diſgrace,
Vers le pont ſe retire, & là, de toutes parts,
Pour reſiſter encor, recueille les fuyards.*

LIVRE QVATRIESME.

A la faueur du lieu, dont l'espace se serre,
Il croit pouuoir encor renouueller la guerre,
A monstrer du courage exhorte les Anglois,
Et du bras les anime, autant que de la voix.
De son corps il les couure, & sa ferme vaillance
Aux efforts des vainqueurs seule fait resistance,
Mais, ce peu qui l'assiste estant mort ou soumis,
Seul, il demeure en butte aux coups des Ennemis.
Autour d'vn homme seul, vn vaste Camp s'assemble,
Et le fait seul l'objet de mille traits ensemble;
Contre vn Camp tout entier, Suffort juge qu'en vain
Il voudroit opposer son courage & sa main,
Tous chargent; mais Renaud, plus que tous, se signale,
Tesmoigne, à l'attaquer, vne ardeur sans egale,
Luy fait de tous les coups sentir les plus pesans;
Incroyable valeur en de si jeunes ans.
Il n'a gueres franchy les bornes de l'enfance,
De fille il a la voix, de fille l'apparence,
Son teint est delicat, &, du premier coton,
L'on ne voit pas encore ombrager son menton.
Suffort qui, sans espoir, ne veut plus se defendre,
Entre tous les François, le choisit pour se rendre,
Et luy dit, Ieune Mars, agreable Guerrier,
Ie t'honnore aujourd'huy d'vn superbe laurier;
Ie te fay mon vainqueur. Alors l'attaque cesse,
Et desormais aucun de son dard ne le presse.
  Toutesfois, reprend-il, si tu n'es Cheualier,
Ie ne puis, sous ton joug, ma teste humilier.

Non, luy repart Renaud, mon âge me l'enuie;
Mais j'ay pretendu l'estre aux despens de ta vie.

Sois-le donc, dit Suffort, & l'accolle à l'instant,
Puis le couure, en trauers, de son fer eclatant.

Maintenant, poursuit-il, qu'à l'ombre de ce titre,
De mon funeste sort tu peux estre l'Arbitre,
Abandonné de tout, je veux me rendre à toy,
Et, comme ton captif, me sousmettre à ta loy.

En prononçant ces mots, ses armes il luy donne;
Renaud, de sa fortune, en luy-mesme s'estonne,
Et, parmy ce transport, ne voit pas, sans pudeur,
Sous luy, d'vn tel Captif abaisser la grandeur.

Comme quand sous les flots de cette Mer profonde,
Qui n'aguere a produit vn autre Monde au Monde,
Quelque nouueau Pescheur plonge, pour esprouuer,
Iusqu'où peut, dans son art, son addresse arriuer;
Si d'abord, & sans peine, & contre son attente,
Vne Perle sans prix à ses yeux se presente,
Il juge que, pour luy, ce thresor est trop grand,
Et, bien qu'aueque joye, auec doute le prend.

Sur ce temps vient la Sainte, en forme de tempeste;
Tout cede; & Renaud seul, dans sa course l'arreste;

Le Chef Anglois, dit-il, tombé dans mes liens,
Ne s'en peut consoler, qu'en receuant les tiens.

Ie l'accepte, dit-elle, & le mets en ta garde;
Puis elle suit son vol, & rien ne le retarde;
Elle cherche l'Anglois, & remarque en tous lieux,
Les ennemis vaincus, les siens victorieux.

LIVRE QVATRIESME. 175

L'inuincible Dunois la rejoint, l'accompagne,
Pousse, apres les fuyards, dans la vaste campagne;
Auec vn petit nombre il fond sur les derniers,
Et, sans verser de sang, fait plusieurs prisonniers.
Du malheureux Suffort Pole le second Frere,
Voyant le Sort volage à leurs vœux si contraire,
La muraille forcée, & le pont occupé,
Suyuoit les pas errans de l'Anglois dissipé.
Mais, au fort de sa course, vn remors magnanime
Reprochant à son cœur, que sa fuite est vn crime,
Et qu'il laisse son Frere à la mercy du Sort,
La honte estouffe, en luy, la frayeur de la mort.
Il tourne vers le pont, & court à toute bride,
Dunois suspend alors sa poursuitte rapide;
Il l'attend au passage, &, son bras desployant,
Le charge, & l'estourdit, d'vn reuers foudroyant.
Pole tombe, du coup, estendu sur la terre;
Dunois saute sur luy, le casque luy desserre,
Le trouue vif encor, l'ayde à se releuer,
Et luy fait doublement sa douceur esprouuer.
En luy tendant la main, il luy dit, Braue Pole,
Ne plains point ta prison, elle est sur ta parole;
Ie rends à ta vertu l'honneur que je luy doy,
Tu n'auras de lien que celuy de ta foy.

 Il l'abandonne, & suit la trouppe fugitiue,
Pole reçoit la grace, & la trouue excessiue;
Il est vaincu deux fois, & son noble vainqueur
Le fait libre du corps, & prisonnier du cœur.

Sans fers il est captif, & luy mesme se garde ;
Mais de quelque costé que le Prince regarde,
Il ne voit desormais aucun des Ennemis,
Qu'abbatu sous sa foudre, ou qu'à sa loy sousmis.

 Ainsi quand, vers l'Autonne, aux forests Germaniques,
Les Potentats voysins font leurs chasses publiques,
Et que, dans leurs grands forts, de toiles renfermés,
On a lasché par tout les dogues affamés ;
Apres qu'en mille lieux, la demeure sauuage
A de ses habitans veu le triste carnage,
Les Sangliers & les Cerfs, eschapés à la mort,
D'effroy semblent se rendre, & sont pris sans effort.

 Le triomphant Guerrier retourne vers la Ville,
De captifs enchaisnés suit vne longue file ;
La Sainte, hors des murs reconquis par son bras,
Au deuant du Guerrier, s'auance quelques pas.

 Inuincible Dunois, loüons Dieu, luy dit-elle ;
Sa Dextre, encore vn coup, à frapé le Rebelle ;
L'Oeuure tousjours s'auance, & le sacré Destin
Tousjours, de plus en plus, l'achemine à sa fin.
Suyuons vn si bon guide, & marchons sur sa trace ;
Employons bien le temps que nous donne sa grace ;
Repartons des l'Aurore, & tousjours combatans,
Dans Meun, dans Baugency, foudroyons nos Titans.

 Dunois consent à tout, & s'oblige à tout faire ;
Ils rentrent dans la Ville, en pompe militaire ;
Leur veüe y rend le calme, & fait soudainement
Cesser, par tout, le meurtre & le saccagement.

Apres

LIVRE QVATRIESME.

Apres tant de fureurs, & tant d'actes horribles,
Les murs à leur aspect redeuiennent paisibles,
Et l'ordre desormais, au trouble succedant,
En adoucit vn peu le funeste accident.
Sur cent petits bateaux, l'impetüeuse Loire
Reçoit les prisonniers qu'a produits la victoire;
Et murmure, en son cours, de voir les matelots,
Pour auancer le leur, battre ses vistes flots.
Vers Orleans, comme eux, sur la riuiere mesme,
Rodolfe, tout sanglant, l'œil mort, & le teint blesme,
Dans vn bateau couuert, des autres escarté,
Par le soin de la Sainte est doucement porté.
Alençon, pour guerir ses blessures profondes,
Vers les mesmes remparts, court sur les mesmes ondes,
Et son sage vaisseau, de peur de l'ebransler,
N'vse point de la rame, & ne fait que couler.
Le sang si genereux, dont ses Royales veines,
Sous le fer d'Alexandre, ont rougy les arenes,
Aueque la langueur & l'affoiblissement,
A laissé dans son corps vn vif embrasement.
Mais si, par ce brasier, son corps est tout en flamme,
L'Amour, d'vn moindre feu, n'eschauffe pas son ame;
La Guerriere l'allume, & sa viue splendeur,
Par ses brulans rayons, en attise l'ardeur.

FIN
DV QVATRIESME LIVRE.

LA PVCELLE
OV
LA FRANCE DELIVREE.

LIVRE CINQVIESME.

E ce nouueau bonheur, la celeste Heroine
Rend graces, pour la France, à la Bonté diuine,
Et par vn corps choisy de mille combatans,
Des remparts de Gergeau s'assure en mesme temps;
Puis, despeschant au Roy, sur la Place conquise,
L'informe du progres de la sainte Entreprise,
A Dieu seul l'attribuë, & finit, en pressant
Que l'armement promis soit, & prompt, & puissant.

Z iij

A cet auis heureux, Charles comblé de joye,
Par tout, ordre sur ordre, à ses Peuples enuoye,
Et dans ses mandemens, pour les mieux emouuoir,
Se sert de la priere, autant que du pouuoir.
A cette fois enfin, des trouppes enrollées,
Les costaux sont couuerts, & les routes foulées;
Chacune au Rendés-vous en bataille paroist,
Et le Camp d'heure en heure, & se forme, & s'accroist.
Chinon voit, sous ses tours, mille tentes superbes,
Couurir des prés fauchés les renaissantes herbes,
Et voit mille drappeaux, sur la riue plantés,
A l'enuy des guidons, par les airs agités.
A cet aymable aspect, le belliqueux Monarque
De son rauissement donne plus d'vne marque,
Son ame sur son front fait lire son plaisir,
Et monstre du combat vn genereux desir.

 Tel est vn jeune Amant, qui, long-temps miserable,
Esprouue enfin le Sort à ses vœux fauorable,
Et qui de son hymen, resolu par les Cieux,
Voit les riches apprests exposés à ses yeux;
Dans vne pleine mer d'inexprimable joye,
Son cœur espanoüy nage, pasme, & se noye,
Et, dans les mouuemens du visage & du corps,
Laisse, sans se contraindre, eclater ses transports.

 A l'egal de leur Roy, tous bruslent pour la guerre,
Tous menacent de mort le Tyran de leur Terre,
Et leur entretien seul est du celeste Bras,
Par qui l'orgueil Rebelle est desja mis à bas.

LIVRE CINQVIESME. 183

Tous fondent leur espoir sur le Bras de la Sainte;
Le superbe Amaury seul en a de la crainte;
Il redoute sa force, & de ses hauts exploits
N'est pas moins alarmé, que s'il estoit Anglois.
  Amaury, par le Sort, qui du Monde se joüe,
A la faueur Royale eleué de la boüe,
Bien qu'il fust sans merite, & sans extraction,
Ne souffrit point de borne à son ambition.
Tout ce que de François il restoit à la France,
Son heur prodigieux le mit sous sa puissance;
Il maistrisa son Maistre, & bannit de la Cour
Tout ce qu'il jugea propre à gaigner son amour.
Par mille vains soupçons, dont il chargea les Princes,
De fameux Exilés il remplit les Prouinces,
Et, d'entre tous les Grands, ne laissa, pres de luy,
Que ceux dont sa grandeur sceut faire son appuy.
Il ayma mieux regner, dans vne Cour deserte,
Que d'estre incessamment en crainte de sa perte,
Et, preferera de viure accablé de trauaux,
A voir au gouuernail pretendre ses Riuaux.
Tout luy sembla contraire, & tout luy fit ombrage,
De tout sexe il eut peur, il eut peur de tout âge,
Ne se creut jamais bien, dans son poste, affermy,
Et qui put estre aymé, deuint son ennemy.
Agnes le ressentit, cette belle Agnes mesme,
Qui voyoit à ses pieds le François Diademe,
Que Charles adoroit, & pour qui seulement
Il ne desdaignoit pas la qualité d'Amant.

Sous couleur de souſtraire vne ſi chere teſte,
Aux ſucces incertains de l'Angloiſe tempeſte,
Il l'eſloigna du Prince, & tout ſeul deſormais
Poſſeda le timon, & le regit en paix.
Mais lors que ſa Faueur l'eleuoit ſur la nüe,
Au beſoin de l'Eſtat la Fille ſuruenüe,
Par ſa haute promeſſe, & ſes faits plus-qu'humains,
Arracha le timon à de ſi viles mains.
Il en conceut d'abord vne aſpre jalouſie,
Qui depuis s'accroiſſant juſqu'à la frenaiſie,
Luy fit faire, en ſecret, plus d'vn puiſſant effort,
Pour derober aux Lys ce celeſte ſupport.
De ſon art toutesfois la force redoutable,
Trouuant à ſes aſſauts la Sainte inebranſlable,
Troublé de jugement, & priué de repos,
Il tire à-part ſon Pere, & luy tient ce propos.

 Le Deſtin enuieux ma rüine a jurée;
Mon bonheur luy paroiſt de trop longue durée;
Mon credit l'importune, & ſon courroux ardent
Prepare à mon honneur vn mortel accident.
I'ay tout dit, j'ay tout fait, contre cette Pucelle;
Rien ne m'a profité, Charles n'ayme plus qu'elle;
Elle occupe le throſne; elle eſt Reyne du Roy;
La Fortune la cherche, & s'eſcarte de moy.
Dans ce fatal reuers, quel conſeil dois-je ſuyure?
Dois-je, en perdant mon grade, à ma gloire ſuruiure?
Ou, noyant ma douleur, dans les flots de mon ſang,
Me monſtrer, par ma mort, digne du premier rang?

Gillon,

LIVRE CINQVIESME.

Gillon, l'Oracle seul qu'il consulte en ses crimes,
Surpris de voir en luy ces pensers magnanimes,
L'interrompt par ces mots ; Non, non, cette valeur
Est vn mauuais moyen, pour guerir ta douleur.
Ton salut, *Amaury*, depend de ta prudence ;
Tu ne peux que par art surmonter la vaillance ;
La finesse est ta force ; il faut la pratiquer,
Et, par elle aujourd'huy, la Guerriere attaquer.
Mais employe, à la perdre, vn moins fol artifice,
Que celuy qu'autresfois t'inspira ton caprice,
Quand tu priuas la Cour de l'illustre Beauté,
Qu'à tort tu crus fatale à ton authorité.
Il te falloit seruir de ce charmant visage,
Pour ammolir du Roy le trop masle courage ;
Si de tous ses appas tu l'eusses combatu,
Il n'eust jamais fait luire vn rayon de vertu.
Son cœur, vuide d'*Agnes*, par ta grossiere addresse,
A donné libre entrée à cette autre Maistresse,
Qui le remplit tout d'elle, & dont l'orgueil brutal,
Dans sa pretension, n'admet point de Riual.
Imprudent ennemy de ta propre fortune,
Sans trouble, auec *Agnes*, tu peux l'auoir commune,
Et dans l'aueuglement, dont tes yeux sont couuerts,
Pour la vouloir entiere, entiere tu la perds.
Sois plus sage à ce coup. Mais par quelle sagesse
Peux-tu de ton pouuoir soustenir la foiblesse ?
Ta conduitte insensée à ce point t'a reduit ;
Ta desfaueur prochaine en est le juste fruit.

A a

Ie ne voy qu'vn remede, au mal qui te poſſede,
Et la belle Exilée, Agnes eſt ce remede;
En la reſtabliſſant, tu l'auras pour ſouſtien,
Et, par ſon intereſt, la mettras dans le tien.
Fais en donc ta reſſource, & te ligue auec elle;
Fais luy, pour ſon ſalut, embraſſer ta querelle;
Oppoſe Fille à Fille, en cette extremité,
Et fay, de la valeur, triompher la beauté.

Il luy tint ce diſcours, auec des yeux de flamme;
Le ſon en retentit au profond de ſon ame,
Et, dans ſes facultés la force en imprimant,
A ſuyure cet auis força ſon jugement.
L'eſperance perdüe en ſon cœur ſe reſueille;
Il deſpeſche à l'inſtant, vers la jeune Merueille;
L'ordre eſt qu'elle reuienne, & Roger, entre tous,
Eſt choiſy pour luy faire vn meſſage ſi doux.

De ces Enfans d'honneur, que les Grands des Prouinces
Laiſſent, comme en oſtage, à la ſuitte des Princes,
Le beau Roger fut l'vn, par Agnes preſenté,
Et parut bien ſon Frere, à ſa rare beauté.
A la chaſſe penible, à la guerre mortelle,
Il aſſiſta ſon Roy valeureux & fidelle,
Et de ſa grace encor demeura poſſeſſeur,
Lors que la jalouſie en eut banny ſa Sœur.

Le Fauory l'appelle, &, ſans peine, l'engage
A partir, & porter l'agreable meſſage;
Il part, deſcend au fleuue, & ſaute en vn bateau;
L'onde s'enorgueillit, d'vn ſi riche fardeau.

Gillon, l'Oracle seul qu'il consulte en ses crimes,
Surpris de voir en luy ces pensers magnanimes,
L'interrompt par ces mots ; Non, non, cette valeur
Est vn mauuais moyen, pour guerir ta douleur.
Ton salut, Amaury, depend de ta prudence ;
Tu ne peux que par art surmonter la vaillance ;
La finesse est ta force ; il faut la pratiquer,
Et, par elle aujourd'huy, la Guerriere attaquer.
Mais employe, à la perdre, vn moins fol artifice,
Que celuy qu'autresfois t'inspira ton caprice,
Quand tu priuas la Cour de l'illustre Beauté,
Qu'à tort tu crus fatale à ton authorité.
Il te falloit seruir de ce charmant visage,
Pour ammolir du Roy le trop masle courage ;
Si de tous ses appas tu l'eusses combatu,
Il n'eust jamais fait luire vn rayon de vertu.
Son cœur, vuide d'Agnes, par ta grossiere addresse,
A donné libre entrée à cette autre Maistresse,
Qui le remplit tout d'elle, & dont l'orgueil brutal,
Dans sa pretension, n'admet point de Riual.
Imprudent ennemy de ta propre fortune,
Sans trouble, auec Agnes, tu peux l'auoir commune,
Et dans l'aueuglement, dont tes yeux sont couuerts,
Pour la vouloir entiere, entiere tu la perds.
Sois plus sage à ce coup. Mais par quelle sagesse
Peux-tu de ton pouuoir soustenir la foiblesse ?
Ta conduitte insensée à ce point t'a reduit ;
Ta desfaueur prochaine en est le juste fruit.

A a

Ie ne voy qu'vn remede, au mal qui te poſſede,
Et la belle Exilée, Agnes eſt ce remede;
En la reſtabliſſant, tu l'auras pour ſouſtien,
Et, par ſon intereſt, la mettras dans le tien.
Fais en donc ta reſſource, & te ligue auec elle;
Fais luy, pour ſon ſalut, embraſſer ta querelle;
Oppoſe Fille à Fille, en cette extremité,
Et fay, de la valeur, triompher la beauté.

Il luy tint ce diſcours, auec des yeux de flamme;
Le ſon en retentit au profond de ſon ame,
Et, dans ſes facultés la force en imprimant,
A ſuyure cet auis força ſon jugement.
L'eſperance perdüe en ſon cœur ſe reſueille;
Il deſpeſche à l'inſtant, vers la jeune Merueille;
L'ordre eſt qu'elle reuienne, & Roger, entre tous,
Eſt choiſy pour luy faire vn meſſage ſi doux.

De ces Enfans d'honneur, que les Grands des Prouinces
Laiſſent, comme en oſtage, à la ſuitte des Princes,
Le beau Roger fut l'vn, par Agnes preſenté,
Et parut bien ſon Frere, à ſa rare beauté.
A la chaſſe penible, à la guerre mortelle,
Il aſſiſta ſon Roy valeureux & fidelle,
Et de ſa grace encor demeura poſſeſſeur,
Lors que la jalouſie en eut banny ſa Sœur.

Le Fauory l'appelle, &, ſans peine, l'engage
A partir, & porter l'agreable meſſage;
Il part, deſcend au fleuue, & ſaute en vn bateau;
L'onde s'enorgueillit, d'vn ſi riche fardeau.

LIVRE CINQVIESME. 191

Mais les deux grands Rochers, dont se forme sa creste,
Aux Cieux plus fierement dressent leur chauue teste,
Et, par le bel excés de leur enormité,
Dominent sur le Tertre, aueque majesté.
Tous deux, comme à l'enuy, par leurs pointes cornües,
Prouoquent au combat, & les vents & les nües,
Et monstrent, dans leur tour, & leur sein tenebreux
Cent grottes, cent vallons, & cent abysmes creux.
Du plus haut au plus bas, en touffes differentes,
Par tout, d'entre les Rocs, sortent de vieilles plantes,
Qui pendant les chaleurs, sous leur feüillage espais,
Et conseruent l'ombrage, & maintiennent le frais.
Ce Lieu, sur tous les lieux du Royal Hermitage,
Au jugement d'Agnes remporte l'auantage;
Il la retient les jours, il la retient les nuits,
Et luy fait quelquesfois supporter ses ennuis.

 Roger impatient, vers l'aymable Colline,
Pour rencontrer la Belle, à grands pas s'achemine,
Et, l'ayant aperceüe, au pied de ces grands bois,
De tout loin qu'il la voit, luy crie à haute voix.

 Repren, ma chere Sœur, ta premiere allegresse;
Ta destinée enfin demeure la maistresse;
Amaury s'humilie, & consent qu'à la Cour
Tu faces, à sa honte, vn triomphant retour.
De ton Astre cruel l'influence adoucie,
Permet qu'à sa faueur ton Riual t'associe;
Il t'y veut pour compagne, & t'inuite, par moy,
A venir auec luy reposseder ton Roy.

Pagination incorrecte — date incorrecte
NF Z 43-120-12

Agnes, que son exil, dans la melancolie,
Profondement alors tenoit enseuelie,
Respond nonchalamment ; Ah ! que dis-tu Roger?
Contre ses interests voudroit-il m'obliger?
 Il repart ; L'interest de sa propre puissance,
A te faire cette offre, engage sa prudence ;
Il le fait pour luy-mesme, & met, dans ton secours,
Ce qui reste d'espoir à ses malheureux jours.
Le pitoyable Ciel, pour finir ta misere,
A fait naistre vn beau Monstre, vne illustre Bergere,
Dont l'effort heroique, en releuant l'Estat,
De l'Autheur de tes maux le grand Colosse abat.
Charles, sur elle seule, aujourd'huy se repose ;
Il veut que, de l'Armée, elle seule dispose ;
Par ses mouuemens seuls, tout le Conseil agit,
Et la France, par elle, aujourd'huy se regit.
Amaury, dont la cheute est, par elle, euidente,
Met en toy son recours, en toy met son attente,
Et veut que la beauté combatant la valeur,
Luy serue à reprimer le cours de son malheur.
Sur le point du naufrage, à son ayde, il implore
Le visage diuin que l'Vniuers adore ;
A son ayde il t'implore, & te veut bien deuoir
Tout ce qu'à l'auenir il aura de pouuoir.
Tandis qu'à ta grandeur le Sort est fauorable,
Abandonne ce lieu, pour toy si miserable,
Quitte cette prison, viens regner à la Cour,
Et viens y rallumer le flambeau de l'Amour.
              Par

Mais les deux grands Rochers, dont se forme sa creste,
Aux Cieux plus fierement dreſſent leur chauue teſte,
Et, par le bel exces de leur enormité,
Dominent ſur le Tertre, aueque majeſté.
Tous deux, comme à l'enuy, par leurs pointes cornuës,
Prouoquent au combat, & les vents & les nües,
Et monſtrent, dans leur tour, & leur ſein tenebreux,
Cent grottes, cent vallons, & cent abyſmes creux.
Du plus haut au plus bas, en touffes differentes,
Par tout, d'entre les Rocs, ſortent de vieilles plantes,
Qui pendant les chaleurs, ſous leur feüillage eſpais,
Et conſeruent l'ombrage, & maintiennent le frais.
Ce Lieu, ſur tous les lieux du Royal Hermitage,
Au jugement d'Agnes remporte l'auantage,
Il la retient les jours, il la retient les nuits,
Et luy fait quelquesfois ſupporter ſes ennuis.

 Roger impatient, vers l'aymable Colline,
Pour rencontrer la Belle, à grands pas s'achemine,
Et, l'ayant aperceuë, au pied de ces grands bois,
De tout loin qu'il la voit, luy crie à haute voix.

 Repren, ma chere Sœur, ta premiere allegreſſe,
Ta deſtinée enfin demeure la maiſtreſſe ;
Amaury s'humilie, & conſent qu'à la Cour
Tu faces, à ſa honte, vn triomphant retour.
De ton Aſtre crüel l'influence adoucie,
Permet qu'à ſa faueur ton Riual t'aſſocie,
Il t'y veut pour compagne, & t'inuite, par moy,
A venir auec luy repoſſeder ton Roy.

LA PVCELLE,

Agnes, que son exil, dans la melancolie,
Profondement alors tenoit enseuelie,
Respond nonchalamment ; Ah ! que dis-tu *Roger* ?
Contre ses interests voudroit-il m'obliger ?

Il repart ; L'interest de sa propre puissance,
A te faire cette offre, engage sa prudence ;
Il le fait pour luy-mesme, & met, dans ton secours,
Ce qui reste d'espoir à ses malheureux jours.
Le pitoyable Ciel, pour finir ta misere,
A fait naistre vn beau Monstre, vne illustre Bergere,
Dont l'effort heroique, en releuant l'Estat,
De l'Autheur de tes maux le grand Colosse abat.
Charles, sur elle seule, aujourd'huy se repose ;
Il veut que, de l'Armée, elle seule dispose ;
Par ses mouuemens seuls, tout le Conseil agit,
Et la France, par elle, aujourd'huy se regit.
Amaury, dont la cheute est, par elle, euidente,
Met en toy son recours, en toy met son attente,
Et veut que la beauté combatant la valeur,
Luy serue à reprimer le cours de son malheur.
Sur le point du naufrage, à son ayde, il implore
Le visage diuin que l'Vniuers adore ;
A son ayde il t'implore, & te veut bien deuoir
Tout ce qu'à l'auenir il aura de pouuoir.
Tandis qu'à ta grandeur le Sort est fauorable,
Abandonne ce lieu, pour toy si miserable,
Quitte cette prison, viens regner à la Cour,
Et viens y rallumer le flambeau de l'Amour.

Par

LIVRE CINQVIESME.

Par ton propre Ennemy puissamment secondée,
Tu reprendras la place autresfois possedée,
Destruiras la Guerriere, & pres du jeune Roy
Ne verras rien de grand, qui ne soit moins que toy.
 De transport elle baise, elle embrasse son Frere,
Desormais, de son sort, toutes choses espere,
Vers le riche Sejour, tourne à l'instant ses pas.
Et sent, auec plaisir, resueiller ses appas.
Elle ordonne, en marchant, que sa galere aymée,
De voile, & d'auirons, soit promptement armée,
Et que chacun des siens, le sommeil bannissant,
Soit prest à s'embarquer, au Soleil renaissant.
Dans sa chambre elle passe, & là, pleine de joye,
Des vestemens pompeux l'abondance desploye,
Et pour accompagner ses precieux habits,
Tire des diamans, des perles, des rubis.
Sa main en trouue plus, que son cœur n'en desire,
Le nombre l'embarasse, & sa peine est d'elire;
Elle en pare à la fin, auec addresse & choix,
Sa simarre, son col, sa coiffure & ses doigts.
La nuit se passe toute, en ce bel exercice,
Sans que, sous ses pauots, Agnes s'appesantisse,
Mais attendant le jour, qui tarde à reuenir,
Elle veut que Roger la vienne entretenir.
Elle se fait conter l'enuoy de la Guerriere,
De son auenement l'admirable maniere,
Les Forts qu'elle a conquis, les Chefs qu'elle a dontés,
Et sur tout, ses attraits, sa grace, & ses beautés.

Roger l'inſtruit de tout, &, loüant la Pucelle,
En beauté toutesfois, la fait bien moindre qu'elle;
Elle, qui ſe connoiſt, le croit facilement,
Et s'en oſe promettre vn bon euenement.
Seule enfin il la laiſſe, & voit, ſur le riuage,
La nombreuſe famille, & le riche equipage;
L'embarquement ſe fait, & ſous le grand fardeau
La galere s'enfonce, & ſe met à fleur d'eau.

Agnes demeure ſeule, en ſa chambre dorée,
Qui de brillans miroirs tout-autour eſt parée,
Et, de quelque coſté qu'elle tourne les yeux,
Y voit l'Objet de tous le plus delicieux.
En la plus haute part d'vn viſage celeſte,
Les glaces luy font voir vn front grand & modeſte,
Sur qui, vers chaque temple, à boüillons ſeparés,
Tombent les riches flots de ſes cheueux dorés.
Sous luy, roulent deux Cieux, d'où mille ardentes flammes,
Mille foudres, ſans bruit, ſe lancent dans les ames;
Deux yeux eſtincelans, qui, pour eſtre ſerains,
N'en font pas moins trembler les plus hardis humains.
Là, forgent les Amours les redoutables armes,
Dont les coups, pour du ſang, ne tirent que des larmes,
De là volent les dards, de là volent les traits,
Auec qui les eſprits n'ont, ni trefue, ni paix.
Au deſſous ſe fait voir en chaque joüe ecloſe,
Sur vn fond de lys blanc, vne vermeille roſe,
Qui, de ſon rouge centre eſpanduë en largeur,
Vers les extremités fait paſlir ſa rougeur.

LIVRE CINQVIESME.

Plus bas s'offre, & s'auance vne bouche enfantine,
Qu'vne double fossette aux deux angles termine,
Et dont le petit tour, fait d'vn coral riant,
Couure vn double filet de perles d'Orient.
On voit que la Nature, acheuant son ouurage,
D'vn exquis artifice arondit ce visage,
A ses plus petits traits donne vn air delicat,
Et mesle, en tout son teint, la fraischeur à l'eclat.
On voit que, sous son col, vn double demy-globe
Se hausse par mesure, & sousleue sa robe;
L'vn, & l'autre d'vn blanc si pur & si parfait,
Qu'il ternit la blancheur de la neige & du lait.
On voit, hors des deux bouts de ses deux courtes manches,
Sortir, à descouuert, deux mains longues & blanches,
Dont les doigts inegaux, mais tous ronds & menus,
Imitent l'embonpoint des bras longs & charnus.
S'obseruant toute entiere, Agnes se trouue grande,
De la juste grandeur que son sexe demande,
Et dans sa taille noble, & sa libre action,
Elle ne voit que gloire, & que perfection.
Elle juge qu'en tout, toute autre elle surpasse,
Mais remarque, sur tout, l'inexprimable grace,
Qui, dans ce bel amas, ses beaux rayons semant,
En rend beau l'assemblage, & le lustre charmant.
A ces dons naturels enfin joignant l'estude,
Elle adoucit, par art, tout ce qu'ils ont de rude,
Et mettant, en leur jour, tout ce qu'ils ont d'appas,
Se tire hors du rang des Beautés d'icy bas.

Telle ou moins radieuse, est l'Aurore vermeille,
Quand au sortir des Flots le Monde elle resueille,
Et, mirant ses attraits dans les saphyrs des Cieux,
Range sa cheuelure, & compose ses yeux.
 La Belle, à tant d'eclat, elle mesme s'admire,
Et de son propre amour est atteinte, & souspire;
Elle se croit Deesse, &, des humbles mortels,
S'appreste à receuoir l'encens & les autels.
 Agnes, dit-elle alors, contemplant son image,
Enfin ton Ennemy t'est venu rendre hommage;
Tu le vois à tes pieds, tu le vois plein d'ennuy,
Qui recourt à ton ayde, & brigue ton appuy.
A quel plus grand honneur aurois-tu sceu pretendre?
La gloire de ton Nom plus loin ne peut s'estendre;
Desormais que sous toy s'abbaisse la Fierté,
Sous qui le Monde a veu succomber ta Beauté.
Menage, heureuse Agnes, cet instant fauorable,
Qui peut changer en mieux ton estat miserable;
Du gré de ton Riual, va de luy te venger;
De ton Prince, auec luy, va l'amour partager.
Va partager son Sceptre, auec ton Aduersaire;
Mais ne te joins à luy que pour mieux le desfaire,
Ne songe, en le sauuant, qu'à le faire perir,
Et te garde d'aymer, qui n'a pu te cherir.
Le Ialoux, à son ayde, aujourd'huy ne t'appelle,
Que pour vaincre, par toy, l'inuincible Pucelle;
Son danger luy fait seul ce remede embrasser;
La Pucelle chassée, il te voudra chasser.

LIVRE CINQVIESME.   197

Chasse là de la Cour, puis luy-mesme l'en chasse;
Pres du Roy seulement songe à rentrer en grace;
Peu de temps suffira, pour rengager ce cœur,
Sous l'agreable joug de son premier vainqueur.
Mais il faut l'attaquer, auec toutes tes armes,
Monstrer tous tes appas, estaler tous tes charmes,
Et, desployant ta force & ta dexterité,
Pour la seconde fois, donter sa liberté.
Vienne apres, cette Fille, effroy de l'Angleterre,
Pour t'oster ce Captif, te declarer la guerre;
Malgré tout son pouuoir, ses Cieux, ou ses Enfers,
Tu retiendras ta prise, en tes aymables fers.
 Roger entre à ce mot, & luy dit que l'Aurore
Eclaircit desja l'ombre, & commence d'eclore,
Qu'il est temps de partir, & que les matelots
N'attendent qu'apres elle à sillonner les flots.
 Ma Sœur, adjouste-t-il, de ta grandeur future
Renforce l'esperance auec ce bon augure;
Le vent frais, qui vers toy m'a si viste amené,
Pour seconder tes vœux, tout à coup s'est tourné.
Iusques dans ce desert, la Fortune changée
Te vient faire raison de t'auoir outragée;
Elle vient au deuant de ta rare beauté,
Pour luy seruir de guide, au throsne souhaité.
Sors donc, brillant Soleil, de cette nuit profonde,
Et reuiens de ta flamme illuminer le Monde.
 Agnes dans le desir d'aller luire à la Cour,
Abandonne à l'instant ce superbe Sejour.

            Bb iij

Elle court vers le port, par Roger souſtenüe,
Et marque ſes beaux pas dans l'arene menüe;
Le vaiſſeau la reçoit ſur vn pont preparé,
Et de l'humide bord eſt ſoudain ſeparé.
Pour donner à ſa courſe vn chemin plus facile,
La Loire s'applanit, & ſemble eſtre immobile;
Le Pilote, à la pouppe, alors ſe vient placer,
Et fait la voile au maſt, ſur l'antenne, hauſſer.
On ne voit plus aux Cieux paroiſtre aucune eſtoille,
Vn amoureux Zephyre enfle la riche voile,
La chourme, en ſes deux bords, ſuſpend les auirons.
Et voit le fleuue calme, en tous les enuirons.
Contre le cours des flots, on ouure la carriere;
L'eau boüillonne deuant, & murmure derriere;
Le vent pouſſe, & l'endroit, où la proüe a paſſé,
Garde long-temps d'eſcume vn blanc ſillon tracé.

  Gergeau voit, cependant, par Dunois & la Sainte,
Auec tous leurs drappeaux, occuper ſon enceinte,
Et voit en tous ſes toits, le Camp victorieux,
Par les mains du Sommeil, ſouffrir clôre ſes yeux.
Mais, auant que le jour ſorte du ſein de l'Onde,
Et rende la couleur à la face du Monde,
Chacun, par la trompette, au depart excité,
Prend la route de Meun, d'vn pas precipité.
On va, comme en volant, & le cours de l'Armée
Laiſſe à peine ſa trace en l'arene imprimée;
Orleans la reuoit, &, ſous ſes hauts remparts,
En retient, pour vn temps, les braues eſtandards.

LIVRE CINQVIESME.

Honteux de n'agir point en sa propre querelle,
Son Citoyen s'anime à combattre pour elle,
Et mille, des moins vieux, sur sa place enrollés,
Volontaire recreüe, aux soldats sont meslés.
De ce nombre, en passant, ils accroissent leur nombre;
Sur ce temps vient la Nuit, mais elle vient sans ombre;
La Lune l'illumine auec ses plus beaux rais;
Ils reprennent leur marche, & jouïssent du frais.
Vers Meun tire l'Armée, & l'Aube renaissante,
Luy fait voir de ses toits la cime blanchissante;
Les Coureurs auancés y donnent brusquement,
Et franchissent, d'vn saut, le bas retranchement.
De la teste du pont, au temps mesme, ils s'emparent;
Le defenseur se trouble, & ses esprits s'egarent;
Il craint, il fuit d'abord, & le poste ocupé
De peu de noble sang en demeure trempé.
Sans peine, la Guerriere emporte le passage,
Gaigne, aueque les siens, l'opposite riuage,
Et, d'vn pas de vainqueur, approche Baugency,
Deuant que l'horizon soit par tout obscurty.
Au bruit de ses tambours, l'Anglois tremble & frissonne,
Abandonne le champ, la muraille abandonne,
Et, dans le seul Chasteau sur la Ville eleué,
Croit du foudre François pouuoir estre sauué.

 Comme lors qu'vn grand feu, que suscite en la plaine,
Du glaçant Aquilon la vigoureuse haleine,
D'vn vol impetüeux, aueque les moissons,
Enueloppe & destruit, les bourgs & les buissons;

Les Peuples, qu'il surprend dans la vaste campagne,
Quitent de toutes parts, courent vers la montagne,
Y grimpent effrayés, & de l'embrasement
N'esperent s'affranchir, qu'au sommet seulement.
 Du sourcilleux Chasteau la ceinture terrible
Borde vn Roc escarpé, hautain, inaccessible,
Où meine vn endroit seul, & de ce seul endroit
Droitte & roide est la coste, & le sentier estroit.
 L'Anglois, bien que sur luy tombe toute la France,
A l'abry de ce mur fait voir de l'assurance,
Et se figure encor, qu'il peut du Conquerant,
Par cette forte digue, arrester le torrent.
Mais l'affreuse Terreur, qui, contre la Pucelle,
Voit, dans cette esperance, obstiner le Rebelle,
D'vn si friuole espoir soufrit amerement,
Et, vers les champs Bretons, vole soudainement.
Vers la nuit, la Guerriere, arriue sous la Place,
La somme vainement, vainement la menace,
Par tout, aux enuirons, va les gardes poser,
Puis au Camp, sous leur foy, permet de reposer.
Voyant du Monde enfin les tenebres chassées,
Elle esueille, en tous lieux, les trouppes delassées,
Les assemble, & leur dit; A vos vaillantes mains,
On ne peut opposer que des obstacles vains.
Il n'est rien de si grand, rien de si redoutable,
Où ne puisse aspirer vostre cœur indoutable,
Et ce Roc, qui si bas vous descouure au dessous,
Va bien-tost esprouuer ce que pesent vos coups.

Quoy

LIVRE CINQVIESME.

Quoy qu'il soit defendu, par sa pente couppée,
Il va voir, sur sa cime, eclater vostre espée,
Et quoy qu'à la Nature, en luy, se joigne l'Art,
Il va voir, sous vos pieds, l'orgueil de son rempart.

 Tous, d'vn mesme transport, ces paroles entendent,
Tous l'attaque impossible, à haute voix, demandent;
L'Heroine les loüe, & fait, des ce moment,
D'vn ample Caualier jetter le fondement.
Par ses ordres, en rond, la figure s'en trace;
De gazon & de bois s'en compose la masse;
D'heure en heure il se hausse, &, dans moins de cinq jours,
De la superbe Place il commande les tours.
Tout le Camp à-l'enuy s'occupe à cet ouurage;
Son oblique chemin doucement se menage,
Et sans estre, en nul lieu, ni roide, ni glissant,
Chacun le monte à l'aise, à l'aise le descend.
Dans cinq jours on l'acheue, & desja, sur le faiste,
Le foudroyant metal fait bruire sa tempeste;
Desja les assiegés, qu'elle voit au dessous,
Malgré leur assurance, en redoutent les coups.
Vers le bas de la Loire, vne guerriere bande
Sur ce temps se descouure, &, se descouure grande;
Ses harnois sont polis, & batus du Soleil,
Luy rendent vn eclat, à son eclat pareil.
L'effroyable Terreur, turbulente & rapide,
Luy tient lieu, dans son cours, de trompette & de guide,
Fend les airs à sa teste, & d'vn vol elancé,
La meine au bouleuard, par la Sainte, pressé.

Cc

LA PVCELLE,

Elle a pour Chef Artus, ce Breton magnanime,
Qui, sur cent nobles faits, bastissant son estime,
Au degré le plus haut, où montent les soldats,
A l'ombre des lauriers, auoit porté ses pas.
En cent occasions, sa force & sa conduitte
Aux trouppes des Tyrans auoient donné la fuitte,
Auoient de leur bonheur arresté le progres,
Et mis l'honneur du Prince, à couuert de leurs traits.
Mais la peste des Cours, la noire Ialousie
Contre tant de vertus armant sa frenaisie,
Le jeune Roy par elle, & surpris, & gaigné,
L'auoit indignement de sa grace eloigné.
Et ce fatal exil, cette injure soufferte,
Aux maux de la Couronne ayant la porte ouuerte,
Le valeureux Breton, par les siens, outragé,
Par son propre Ennemy, se vit trop bien vengé.
Vn cœur moins genereux eust aymé sa vengeance;
Le sien ne peut l'aymer, aux despens de la France;
Il la souhaita libre, & creut tousjours deuoir
Pour elle, quoy qu'ingrate, employer son pouuoir.

   Ainsi, lors qu'vn Amant, par son noble seruice,
A de ses Enuieux resueillé la malice,
Et que sa Dame foible, & sousmise à leur loy,
A d'vn bannissement recompensé sa foy;
Si de quelque grand mal il la voit menacée,
Il sent renaistre en luy sa tendresse passée;
Toute injuste qu'elle est, il la cherit tousjours,
Et ne peut plus songer qu'à luy donner secours.

Enfin, auec cent voix, la vague Renommée
Le vient entretenir de la Bergere armée,
Et, luy contant au long ses valeureux exploits,
La luy fait croire née au salut des François.
Au bruit d'vne si rare & si haute merueille,
Le genereux Artus son courage resueille;
L'entreprise le charme; il y veut prendre part,
Ramasse sa puissance, & haste son depart.
Tout ce que la Bretagne a d'ames belliqueuses,
Suit du Heros Breton les enseignes fameuses,
Et, de ses bords tiré, par l'espoir des combats,
Vers la Loire, apres luy, precipite ses pas.
Ces inuincibles cœurs, du fond de leur Prouince,
Au secours de la France, accompagnent leur Prince,
A ses commandemens ont leur vouloir sousmis,
Et bruslent d'affronter les drappeaux ennemis.
Aux rempars d'Orleans, par le milieu du Maine,
Infatigable & pront, leurs brigades il meine,
Et sur la Sarte apprend, que le Sort est changé,
Et que Dunois assiege, au lieu d'estre assiegé.
Sous Vendosme il apprend, que de l'Angloise Armée,
Par la valeur Françoise à demy consumée,
Dans le fort Baugency, les restes ramassés,
Par le bras de la Sainte, alloient estre forcés.
Il repute à malheur ces heureuses nouuelles,
Et, pour joindre Dunois, voudroit prendre des aisles;
Ah! Compagnons, dit-il, pressons, doublons nos pas,
Et que l'Anglois par nous souffre quelque trespas.

Si nous ne nous haſtons de luy porter la guerre,
Nous aurons vainement trauerſé tant de terre,
Et ce dernier rempart, qu'attaque le François,
Sera, ſans nous encore, aſſeruy ſous ſes loix.
    Le Breton à ces mots, d'vne courſe haſtiue,
Iuſques aux murs de Blois, ce meſme jour, arriue,
Dans l'ombre ſuit ſa courſe, & , trompant le ſommeil,
Eſt desja loin de Blois, au leuer du Soleil.
A la fin Baugency luy deſcouure ſa Roche;
Le François le deſcouure, & le voit qui s'approche;
Il le juge Ennemy, ſuſpend tous ſes trauaux,
Et le va reconnoiſtre, auec mille cheuaux.
Il va, ſonge à combattre, & ſes armes appreſte;
Des eſcadrons ſerrés la Sainte prend la teſte;
Artus la voit venir, arreſte ſes ſoldats,
S'auance ſeul vers elle, & marche au petit pas.
Elle, à qui plaiſt du Chef la guerriere aſſeurance,
Au petit pas, vers luy, ſeule marche & s'auance;
Il a la lance haute, elle l'a haute auſſi,
Mais preſte à la coucher, lors qu'il luy parle ainſi;
    De grace, fay moy voir la vaillante Pucelle,
Qui remplit l'Vniuers de ſa gloire immortelle;
Des riuages Bretons, je viens la viſiter.
    Tu la vois, reſpond-elle, & te peux contenter.
Il reprend; O des Cieux merueille incomparable,
Au malheureux Artus monſtre toy fauorable;
Reçoy le au rang des tiens, & , comme ton ſoldat,
Laiſſe luy, par ſes faits, meriter de l'Eſtat.

LIVRE CINQVIESME.

Ses perfides Riuaux, par leur noir artifice,
Contre luy, de son Prince ont surpris la justice;
Leur addresse maligne a pu le luy rauir,
Et la reduit, par force, à ne le plus seruir.
Toy, qui lis dans les cœurs, ô Sainte magnanime,
Voy si son infortune est l'effet de mon crime,
Si ses Peuples, par moy, sont accables de fers,
Et si je suis l'autheur des maux qu'ils ont soufferts.
Des lasches Courtisans defens mon innocence,
Et sers toy de mon bras, pour le bien de la France;
I'implore ta bonté, j'implore ton pouuoir,
Fay que je viue & meure, en suyuant mon deuoir.
Tu vois de mes vassaux la genereuse elite;
Leur naissance est illustre, illustre leur merite;
Tout cede à leurs efforts, & le superbe Anglois
Est desja, sous leurs coups, tombé plus d'vne fois.
Ie t'offre cette bande, & je m'offre auec elle,
A ta rare valeur, joins sa force & mon zele,
Aux dangers les plus grands, esprouue nostre foy,
Et croy que nous mourrons, ou vaincrons auec toy.

 Elle respond alors; Quelle lointaine plage
Du genereux Artus ignore le courage?
Quel climat si barbare, & si peu frequenté,
N'a pas sceu sa constance, & sa fidelité?
Ouy, je reçoy ton offre, & je tiens mesme à gloire
De remporter, par toy, le prix de ma victoire;
Ie renforce mon Camp de tes braues guerriers,
Et veux bien, comme à toy, leur deuoir mes lauriers.

Ton Monarque sçaura, combien ton assistance
Aura de son pays hasté la deliurance,
Et sans plus escouter, ni jaloux, ni flateur,
Cherira desormais vn si grand Seruiteur.

  A l'accueil obligeant de la Fille diuine,
Sur l'arçon, deuant elle, humblement il s'incline;
Elle tourne, & l'emmeine; il suit d'aise rauy,
Et des siens, vers le mur, en bon ordre, est suyui.
L'assiegé qui le voit, & qui voit la Pucelle
Enfler ses escadrons d'vne trouppe nouuelle,
Glacé par la Terreur, & du François poussé,
Se sent de sa vertu, tout à coup, delaissé.

  Comme quand, par le trait d'vne volante foudre,
Vn superbe Palais vient d'estre mis en poudre;
Sans que l'art, dont le Prince a creu le secourir,
Ait produit autre effet, que ly faire perir;
Si par l'effort du vent, au prochain edifice,
L'espouuantable feu se respand, & se glisse;
Son tremblant possesseur, ne pouuant l'amortir,
Pour ne s'y perdre pas, se resout d'en sortir.

  Ainsi quand Baugency, voit fondre sur sa teste,
Du foudroyé Gergeau la mortelle tempeste,
Son braue defenseur n'ose plus resister,
Et, pour n'y perir pas, resout de le quitter.
La Nuit suruient obscure, & du bras de la Sainte,
Dans l'esprit des Anglois vient redoubler la crainte;
Et la froide Terreur, ses glaces y semant,
Leur fait de leur salut juger sinistrement.

Elle n'offre à leurs yeux que des objets funebres,
Et la lumiere à peine a banny les tenebres,
Que, dans le desespoir d'vn assés pront secours,
Ils se monstrent, sans dards, au sommet de leurs tours.
A ce signal de paix, l'attaque est suspenduë;
La Place capitule, & soudain est renduë;
Douze enseignes d'elite, & cinq forts estandards,
Sous la foy du Traité, sortent de ses remparts.
Les Demons, dont la rage a formé tant d'obstacles,
Cedent à ce torrent de visibles miracles,
Et, trop foibles contre eux, veulent, pour quelque temps,
Cesser de trauerser les François combatans.
Iamais aucun dessein n'eut vn cours si rapide;
D'vn commun sentiment, c'est le Ciel qui le guide;
Le doigt de Dieu s'y voit, &, dans tout son progres,
Paroist l'executeur des souuerains Decrets.
Les vaincus à Ienuille obtiennent qu'on les rende;
Vn grand corps est choisy; Saintrailles le commande;
Il va pour leur escorte, &, dans Meun repassant,
Voit, contre luy, l'Anglois en bataille auançant.

 Le peril de Gergeau, sensible à l'Angleterre,
Auoit porté ses Chefs à retenter la guerre,
Et Talbot, auant tous, redeuenu puissant,
Raccouroit vers la Loire, en ce besoin pressant.
Mais, dans sa pronte marche, en ayant sceu la prise,
Bien que ce mal le touche, il feint qu'il le mesprise,
Et, sans laisser troubler son ferme jugement,
Tourne vers Baugency, d'vn soudain mouuement.

La vehemente peur de ce nouueau dommage,
Dans son valeureux sein, renforce son courage,
Il anime ses gens, & ses gens animés
Renforcent leur courage, & marchent enflammés.
Talbot de Meun s'approche, &, hors de sa muraille,
Apperçoit les François, qui viennent en bataille;
Puis voit vn corps serré, de neuf fois cent soldats,
Se detacher du leur, & venir à grands pas.
A l'aspect de ce corps, le cœur remply de joye,
Pour les siens, il le juge vne facile proye,
Commande, contre luy, douze gros escadrons;
L'ordre n'est pas donné, qu'ils partent vifs & pronts.
Humford qui les regit, voit, & non sans merueille,
Que l'enseigne opposée à la sienne est pareille,
Puis à la contenance, à l'habit, à la voix,
Reconnoist que la trouppe est d'amis, & d'Anglois.
Leur Chef, en l'abordant, parle ensemble, & souspire;
    Baugency, luy dit-il, n'est plus sous nostre Empire;
Il nous vient d'eschaper, & le secours douteux
Nous a reduits à prendre vn party si honteux.

    Humford à cet auis, l'ame pleine de glace,
Va surprendre Talbot par cette autre disgrace;
Et le braue Talbot, du coup inopiné,
Bien qu'il le cele encore, a le cœur estonné.
Il se dit à soy-mesme; Enfin si, sur la Loire,
Dunois s'est veu, par tout, suyui de la victoire;
S'il a, sous Orleans, nostre lustre obscurcy;
S'il a forcé Gergeau, s'il a pris Baugency;

Que

LIVRE CINQVIESME.

Que luy reste-t-il plus, qu'à voir nostre desfaitte?
Pour la seconde fois, songeons à la retraitte,
Cedons au plus puissant, reuerons son bonheur,
Et laissons à sa gloire immoler nostre honneur.

   Dans vn ordre serré, pour chercher vn Asyle,
Aussi-tost sur ses pas, il tourne vers Ienuille;
De temps en temps s'arreste, & monstre à l'Ennemy,
Sur vn front descouuert, vn courage affermy.
Le Caualier François le poursuit de furie,
Et, dés le premier choq, rompt sa Cauallerie;
Puis, en queüe, à la teste, aux costés, le chargeant,
Il le contraint de faire vn cours moins diligent.

   Ainsi quand, au milieu de l'Abyssine plage,
Le Tygre bondissant, affamé de carnage,
Se trouue tout à coup enceint & poursuyui,
De Negres, à sa mort, animés à-l'enuy;
Bien que d'vn pas leger, & d'vne forte haleine,
Il s'esloigne, à la course, au trauers de la plaine,
De moment en moment, par cent traits arresté,
Il s'affoiblit d'haleine, & de legereté.

   Talbot va lentement, mais tousjours gaigne terre,
Sans laisser perdre l'ordre aux trouppes d'Angleterre;
Fascot est deuant tous, apres tous est Humford;
L'vn perce le François, l'autre en soustient l'effort.
Long-temps, en cet estat de guerre & de voyage,
L'Anglois marche & resiste, auec peu de dommage,
Et desja sous Patay, malgré tout, arriué,
Voit les murs de Ienuille, & s'estime sauué;

                                         Dd

Quand la Sainte & Dunois, sur l'auis de Saintrailles,
Quittent de Baugency les conquises murailles,
Et, vers le fier Talbot, fendant le sein des airs,
Viennent enuironnés de foudres & d'eclairs.
A l'auis redoublé, qui les presse, & represse,
Ils rasent les sillons d'vne egale vistesse;
Auec eux est Artus, auec eux ses soldats,
Et l'aride terrain resonne sous leurs pas.
Mais ils ont beau piquer, & beau lascher la bride;
Leur carriere est en vain vigoureuse & rapide,
Vn bois sombre & touffu, rencontré sur leur cours,
Les egare d'abord, en ses confus destours.
Dans ces forts vainement plus d'vn passage ils s'ouurent;
Les Anglois à leurs yeux, par ce voile, se couurent;
La chasse est en defaut, & le bouillant Dunois
Se plaint, que son malheur luy derobe l'Anglois;
Artus en paroist triste, & regarde la Sainte;
Mais, Allons, leur dit-elle, & sans doute, & sans plainte;
Talbot sera ma proye, il ne peut l'euiter;
Le Ciel, en ma faueur, va sa trace esuenter.

 Et, sur ce mesme temps, en ce lieu mesme arriue
Vn Cerf, large de teste, & de taille excessiue,
Qui d'vn colier d'argent a le grand col armé,
Et l'argent, tout autour, de lys d'or est semé.

 Ce Cerf, depuis vn siecle, en ces Prouinces erre,
Et joüit de la paix, au milieu de la guerre,
Par vn heureux destin de gloire accompagné,
Respecté des Veneurs, & des chiens espargné.

LIVRE CINQVIESME.

Pris jeune sous la Biche, il eut pour sa Maistresse
Du premier des Valois la Femme chasseresse,
Et de sa noble main flaté, paré, nourry,
Vescut, parmy sa Cour, animal fauory.
Là poussé d'vn instinct, ou d'vne connoissance,
Comme s'il eust preueu les succes de la France,
Par cent signes diuers, mais signes euidens,
Il luy marqua tousjours ses futurs accidens.
Rendu mesme aux forests, & libre de seruage,
De ce pressentiment il n'eut pas moins l'vsage,
Et ne parut depuis, que pour luy presager,
Ou son proche bonheur, ou son proche danger.

 La Sainte le descouure, &, Voilà, leur dit-elle,
Qui va dans vn moment nous monstrer le Rebelle,
C'est le Ciel, qui l'enuoye; allons, & sur ses pas,
Portons à l'Ennemy la honte & le trespas.

 Le Cerf, en ce moment, abandonne la place,
Et la Fille & Dunois le suyuent à la trace,
Artus comme eux le suit, & tous trois, pleins d'ardeur,
Courent, en le suyuant, de pareille roideur.
Mais la legere Beste, en sa longue carriere,
Prend tousjours auantage, & les laisse derriere;
Sans ailes elle vole, & se perd deuant eux;
Leurs pas encore vn coup sont errans & douteux.
En vain chacun regarde, en vain chacun escoute,
De l'Anglois derechef ils ignorent la route,
Et, d'vn trouble nouueau, leur esprit ocupé
Le juge, par la fuitte, a leurs mains eschapé.

Dd ij

En cette incertitude, au plus fort de leur peine,
D'vn endroit aßés proche, où s'enfonce la plaine,
Mille effroyables cris, & confus, & perçans,
Par les routes de l'air, viennent frapper leurs sens.
Soudain, vers cet endroit, chacun tourne la bride,
Et redouble l'effort de sa course rapide;
L'Anglois s'offre à leurs yeux, & fait voir que ce bruit
Est l'effet de l'estat, où le Cerf l'a reduit.
Ils remarquent le Cerf, qu'vne fureur subite
Au trauers de ses rangs, à grands sauts, precipite,
Remarquent qu'il les trouble, & deuenu guerrier,
Semble auoir au François enuié ce laurier.
La Pucelle s'escrie; O François magnanimes,
Le Ciel à vostre fer demande ces victimes;
Il veut voir, sous vos bras, tout leur sang ecouler,
C'est luy qui vous les offre, en estat d'immoler.
C'est luy qui, par ce Cerf, attaque le Rebelle,
Luy qui, par son exemple, à vaincre vous appelle;
Allés donc mettre fin à ses rebellions,
Et qu'vn Cerf aujourd'huy conduise des Lions.

Ils piquent, & Talbot voit sa perte infaillible;
Mais, dans sa perte mesme, il veut estre inuincible,
Il est desesperé, mais non pas abatu,
Et medite vn trespas digne de sa vertu.

Tel est vn grand Lion, Roy des Monts de Cirene,
Lors que, de tout vn Peuple entouré sur l'arene,
Contre sa noble vie, il voit, de toutes parts,
Vnis & conjurés, les espieux & les dards;

LIVRE CINQVIESME.

Reconnoissant, pour luy, la mort ineuitable,
Il resout à la mort son courage indontable;
Il y va sans foiblesse, il y va sans effroy,
Et, la deuant souffrir, la veut souffrir en Roy.
   Serrons nous, dit Talbot, & roidissant nos ames,
Resueillons, rallumons nos genereuses flammes;
Soustenons ce grand choq, & de cœur nous armant,
S'il nous fait succomber, succombons vaillamment.
A ne nous point flater, dans ce fatal orage,
Nostre salut depend de nostre seul courage;
Si nous resistons mal, il nous faudra perir;
Nous n'auons que le choix, de vaincre, ou de mourir.
Formons vn bataillon, qui, par tout, face teste,
Et, par tout, du François repousse la tempeste,
Ces escadrons volans, contre vn si ferme corps,
Feront pour l'ebransler d'inutiles efforts.
En cette extremité ce remede est l'vnique;
Homme donques contre homme, & pique contre pique,
Opposons nostre bois, de pointes herissé,
A ce bois que, vers nous, l'Ennemy tient baissé.
   Suyuant ce prudent ordre, ils forment leur bataille,
Composent de piquiers vne espaisse muraille,
Attendent resolus vn assaut furieux,
Et, par tout menacés, menacent en tous lieux.
La Sainte à la victoire excite sa vaillance,
Serre les deux genoux, couche sa forte lance,
Dans le milieu du gros, pousse son grand coursier,
Et rompt plus d'vne pique, en son chamfrain d'acier.

Par vn si rude choq, il s'y fait ouuerture,
Mais reçoit, dans le flanc, vne large blessure,
Et, d'vn sang escumeux respandant des torrens,
S'arreste, de foiblesse, entre les premiers rangs.
Sous le braue Dunois, & non loin de la Sainte,
Trebuche le sien mort, d'vne semblable atteinte;
Le Prince s'en degage, & bien que desmonté
Attaque, & de l'Anglois n'est pas moins redouté.
Le Chasseur Balibauld, à qui dans son boscage
Iamais fort ni buisson n'a refusé passage,
Se pretend faire jour au bataillon serré,
Et donne, homme & cheual, dans le fer aceré.
Mais l'inflexible fer, sans se ployer qu'à peine,
Estend homme & cheual transpercés sur l'arene,
Et l'vn, ainsi que l'autre, en rendant les abois,
Voit de combien le fer est plus dur que le bois.
Trois valeureux Amis, Bins, Charlus, & Courances,
S'vnissent pour l'attaque, & baissent leurs trois lances;
L'Anglois, au triple effort, sent ebransler son front,
Et plein d'estonnement, & s'entame & se rompt.
Il est vray qu'aux François, dure peu cette gloire;
De leurs mains aussi-tost s'enuole la victoire,
Et, par le front Anglois, rejoint & redressé,
Des trois, les deux sont pris, & l'autre est repoussé.

Artus, pendant ce temps, vers le front opposite,
Auec moins de vigueur, son barbe precipite,
Et, d'vn projet rusé, par plus d'vn feint assaut,
Taste s'il aura l'heur, d'en trouuer le defaut.

LIVRE CINQVIESME.

Grauille, à ses costés, Saintrailles & la Hire,
Chacun, d'ardeur pareille, à le trouuer aspire;
Chacun tient à l'enuy l'aduersaire pressé,
Et chacun, de sa main, le croit voir terracé.
Cran s'auance plus qu'eux, plus qu'eux la Hunaudaye,
Et chacun en raporte vne profonde playe;
Le sable, aux enuirons, en demeure abbreuué;
Le Breton, au combat, en va plus reserué.
Kermelec & Bremor, à qui cede, en addresse,
Tout ce que meine Artus de vaillante jeunesse,
S'ajustent pour l'attaque, & l'vn deux biaisant
Fait, sur luy, de plusieurs tourner le fer luysant.
L'autre qui voit l'Anglois ouurir son ordonnance,
Dans l'espace accordé rapidement s'elance;
Mais, par ses compagnons, negligemment suyui,
A la clarté du jour il est soudain rauy.
Karadreux, qui de près sur la gauche le serre,
Ioint, à son choq de foudre, vne voix de tonnerre;
Mais, atteint au gosier, par l'vn de ces longs bois,
Il perd, d'vn mesme coup, & la vie, & la voix.
 Talbot enueloppé de deux forces egales,
Iette Humford vers l'vne, & vers l'autre Descalles,
Et, tenant le milieu, fournit de toutes parts
Le renfort necessaire à ses guerriers espars.
Fascot & Rameston, dans ses ordres, l'assistent,
Et tous deux aux François, sous ses ordres, resistent;
Tous deux, par leur exemple, autant que par leur voix,
A resister, comme eux, excitent les Anglois.

Là, chacun des Partis tesmoigne sa puissance,
Là, le Sort incertain se maintient en balance,
Et là, les assaillis, de desespoir vaillans,
Respondent, par leurs coups, aux coups des assaillans.
D'vn & d'autre costé, sous les pointes meurtrieres,
Du sein des combatans le sang coule en riuieres,
D'vn & d'autre costé, sous de mortels efforts,
On voit le champ couuert de blessés & de morts.

De ce progres si lent la Guerriere s'irrite,
Veut vaincre, & sa valeur à la victoire excite,
Excite son cheual, par des cris violens;
Mais, sous elle, il trebuche, à ses derniers elans.
L'espee en vne main, en l'autre la rondache,
De plus pres, au Rebelle alors elle s'attache,
Le choque de pied ferme, & malgré tout enfin,
Au trauers de ses rangs, s'ouure vn ample chemin.

Ainsi, quand vne haute & massiue chaussée,
Qui fut mise pour bride à l'onde courroucée,
A, des siecles entiers, resisté constamment
Au choq impetüeux du liquide Element;
S'il auient que le flot, d'vne horrible secoüsse,
De tout son poids enfin, vers la terre la pousse,
Elle cede par force, & laisse, à gros boüillons,
Derriere elle, inonder les fertiles sillons.

La Sainte, en s'auançant, de sa trouppe suyuie,
Veut oster à Talbot la franchise, ou la vie;
Luy, qui se voit perdu, l'apperceuant venir
Se veut perdre auec elle, & va la soustenir.

En

LIVRE CINQVIESME.

En ce danger fatal, d'vne heroique rage,
Il se sent tout à coup enflammer le courage,
Enuisage la Sainte, &, puis qu'il faut mourir,
Au moins, en perissant, la veut faire perir.
D'vn vehement effort il se darde vers elle,
Et reçoit de son fer vne atteinte mortelle;
L'vn à l'autre s'attache, & bras à bras s'estraint;
D'vn sang noir & fumeux l'aride champ se teint.

   Artus, dont jusqu'alors, l'addresse & la vaillance
N'auoient pû de l'Anglois forcer la resistance,
La force en ce temps mesme, &, presque en vn moment,
Au fond du bataillon passe triomphamment.
Dans ce cours glorieux il vient jusqu'à la place,
Où Talbot embrassé son Ennemie embrasse,
Elle, voyant Artus, luy crie à haute voix;

   Prince, j'ay dans mes mains le bonheur de l'Anglois.
La victoire douteuse est desormais certaine,
Talbot n'agissant plus, nous l'obtiendrons sans peine.

   Talbot à ce discours, d'vn elans vigoureux,
S'esforce, quoy qu'en vain, de sortir de ses nœuds.
Il se rend, & la Sainte à ses Gardes le donne;
Le General captif, ce qui reste s'estonne,
Laisse choir, sur le champ, ses piques & ses dards,
Perd le soin des drappeaux, & fuit de toutes parts.
Humford, qui voit des siens la fortune destruitte,
Vse de tout son art, pour arrester leur fuitte,
Se sert de la priere, & du commandement;
Mais l'effroy leur rauit, & cœur, & jugement.

Chacun, sans escouter reproche ni menace,
D'vn desespoir commun, abandonne la place;
Descalles & Humford, dans ce confus debris,
Par le braue Dunois sont, & chargés, & pris.
Fascot moins malheureux, suyui de quatre mille,
Euite les liens, & tire vers Ienuille;
Mais ce mur, redoutant le courroux du vainqueur,
Se tient clos aux fuyards, & redouble leur peur.
Le dernier corps François, d'vne course hastiue,
Dans le champ de bataille, en ce temps mesme, arriue,
Et, sur l'Anglois espars, exerce, auec horreur,
Tout ce que la licence inspire à la fureur.
Tout, sans distinction, passe au fil de l'espée,
De sang, en mille endroits, la campagne est trempée;
On ne voit en tous lieux, que morts, ou que mourans,
Leur sort est inhumain, mais digne de Tyrans.
Le diligent Fascot, & sa tremblante suitte,
Par des chemins cachés font vne heureuse fuitte,
Saintrailles les poursuit, & les poursuit en vain;
Corbeil, fidelle & seur, les reçoit dans son sein.
Ienuille arbore alors l'estandard de la France,
Et desormais aux Lys veut rendre obeissance;
La Sainte, en son pouuoir ayant receu ses tours,
En belliqueuse pompe y termine son cours.

 L'infortuné Talbot, à qui mille blessures
Seroient moins que les fers importunes & dures,
A pas tristes & lents, de gardes entouré,
Suit les pas des François, morne & desesperé.

LIVRE CINQVIESME.

Comme lors qu'vn grand Ours repoussé de la Plaine,
Dont ses dents ont cent fois ensanglanté l'arene,
Dans sa retraitte lente, apres cent maux soufferts,
Enfin, par le Chasseur, est accablé de fers;
Bien qu'au trauers des champs, auec plus d'une chaisne,
Son superbe vainqueur violemment le traisne,
Aux chaisnes il resiste, & , retenant ses pas,
Semble craindre la honte, & non pas le trespas.
  Ce Guerrier suit à peine, & , d'espace en espace,
La douleur de son coup l'arreste sur la place;
La douleur de sa prise altere sa raison,
Et luy fait preferer la mort à la prison.
Il marche toutesfois, & s'emporte de rage,
Contre l'injuste Sort qui cause son seruage,
Quand la nuit suruenant, pleine d'obscurité,
Par vn heur impreueu, luy rend la liberté.
  Le braue Lyonnel, Fils de ce braue Pere,
Et le soustien naissant de la gloire Estrangere,
Des Britanniques bords naguere retourné,
Fut à ce grand exploit, par les Cieux destiné.
Pour faire vne leuée, & nombreuse, & soudaine,
Talbot l'auoit laissé sur les bords de la Seine;
Le Party de l'Anglois, dans ses presens trauaux,
Manquant egalement d'hommes & de cheuaux.
Luy qu'vn respect cruel force à l'obeissance,
N'obmet, pour cet amas, ny soin, ny diligence,
Le commence, l'acheue, & part, en mesme temps,
Suyui d'vn corps nombreux de nouueaux combatans.

                                                Ee ij

Vers Gergeau, puis vers Meun, d'vne courſe rapide,
S'auance, auec les ſiens, ce Courage intrepide,
Et s'il craint quelque choſe, en ce projet guerrier,
C'eſt que Talbot, ſans luy, n'en cueille le laurier.
Il n'a point d'autre peur ; mais, ô peur deceuante !
Il voit l'euenement contraire à ſon attente ;
Proche du haut Ienuille, il voit, de toutes parts,
Les ſillons eſtendus ſemés d'Anglois fuyards.
L'vn d'eux paſſe & tremblant, l'inſtruit de leur desfaite ;
La troupe s'en effraye, & ſonge à la retraitte ;
Luy, de tout ſon pouuoir, taſche à la raſſurer,
Et, contre les vainqueurs, va ſans deliberer.

   Allons, dit-il, Amis, employer nos eſpées
Sur ces bandes, ſans ordre, à la proye occupées ;
Allons venger Talbot, & par noſtre valeur,
De l'Anglois deſconfit reparer le malheur.
Quoy ! venir de ſi loin, pour ne rien entreprendre ;
Aſſaillons l'aſſaillant, forçons-le à ſe deffendre,
Ou, s'il nous faut tomber, ſous ſon puiſſant effort,
Rachetons noſtre honneur, au prix de noſtre mort.

   Il part en finiſſant, & le jour qui s'efface,
Contribuë au ſucces de ſa guerriere audace ;
Ses ſoldats ranimés accompagnent ſes pas,
Et meſme du François eſperent le treſpas.

   Et voilà qu'à ſes mains la Fortune preſente
Des triſtes priſonniers la troupe languiſſante ;
Il en charge la garde, &, par cent rudes coups,
Signale, & ſatisfait ſon genereux courroux.

LIVRE CINQVIESME.

Sans peine il la dissipe, ou l'estend sur la terre;
Elle cede aux eclats de ce subit tonnerre;
Talbot, dans ce malheur, trouue sa liberté;
Son Fils le reconnoist, & d'aise est transporté.
Il l'embrasse, & pour luy desormais apprehende;
Desormais son ardeur est moins viue & moins grande,
Et desormais il croit, le voyant deliuré,
Que c'est auoir vaincu, que l'auoir recouuré.
Ialoux de ce thresor, maintenant il ne pense
Qu'à le mettre à l'abry des armes de la France,
Ordonne la retraitte, & pour sa seureté,
Ne voit pas, sans plaisir, croistre l'obscurité.
Loin des chemins batus, de boscage en boscage,
Vers Paris il s'auance, & haste son voyage;
Talbot du sang qu'il perd, baigne tout son cheual;
Lyonnel le soustient, & console son mal.
De cet euenement la Guerriere informée,
Apres eux aussitost, met la fleur de l'Armée;
Trente escadrons espars les cherchent en tous lieux;
Mais l'ombre de la nuit les derobe à leurs yeux.

FIN
DV CINQVIESME LIVRE.

LA PVCELLE
OV
LA FRANCE DELIVREE.

LIVRE SIXIESME.

HARLES, pendant ce temps, accreu de renommée,
Meine contre Betford vne innombrable Armée,
Prend la plus droitte route, & loin, deuant ses pas,
Fait voler l'espouuante, & l'horreur du trespas.
Il court aux ennemis, d'vne ardeur violente,
Sa course toutesfois est vne course lente ;
Du pesant attirail l'excessiue grandeur,
Malgré sa violence, allentit son ardeur.

Ff

Au recit des exploits de la Fille admirable,
La France, bien qu'alors, & foible, & miserable,
Pour seconder les coups de ce celeste Bras,
En plus d'vne Prouince enfante des soldats.
Le Camp grossit à l'œil, & desormais la Plaine
Sous ses drappeaux se cache, & les soustient à peine,
Il s'espand par les monts, par les prés, par les bois;
Et, pour le contenir, les champs sont trop estroits.
 Ainsi, quand sous le Vent, qui ramasse les nuës,
Tombent les tas neigeux des montagnes chenuës,
Le ruisseau qui naguere en ses bords languissoit,
Et, sur le moite sable, à peu de bruit, glissoit,
De ces tributs soudains enrichissant son onde,
Dans son lit resserré, hausse, boüillonne & gronde,
Et s'accroissant tousjours des tresors de l'hyuer,
Deborde, & sur les champs represente vne mer.
 Le Camp marche six iours, & sa vaste puissance,
Iusqu'aux remparts de Meun, le septiesme s'auance;
Meun s'ouure aux bataillons, les inuite à passer,
Et les voit au passage à-l'enuy se presser.
Charles est à leur teste, & le long du riuage,
Luy mesme, pour camper, le terrain leur partage;
Vers le bas, vers le haut, par cent diuers sentiers,
Tous, sans confusion, remplissent leurs quartiers.
Mais, au premier auis de l'approche Royale,
La Sainte met au vent son enseigne fatale;
Autour d'elle aussi-tost se rangent les soldats,
La suyuent en bataille, & vont d'vn graue pas.

LIVRE SIXIESME.

Le Soleil deformais, cherchant l'autre hemisphere,
Luyſoit ſur l'horiſon, d'vne flamme moins claire;
Quand elle ſort du bois, &, d'vn feu radieux,
Comme vn Soleil naiſſant, vient eblouïr les yeux.
Sur elle, auec tranſport, chacun tourne la veuë,
Chacun, plein d'allegreſſe, à grands cris la ſaluë;
Ses triomphans guerriers, ſur eux, de toutes parts,
De ces guerriers noueaux attirent les regards.
Quelques pas au deuant, vient le jeune Monarque;
Le plaiſir de ſon cœur, ſur ſon front, ſe remarque;
Il aborde la Fille, & modeſte, & ſouſmis;

J'ay fait, dit-il, enfin, ce que je t'ay promis;
Pour reſpondre à tes vœux, enfin j'ay mis enſemble
Vn Camp, ſous qui l'Anglois, juſqu'en ſon Iſle, tremble;
Le voilà preſt enfin de te ſuyure en tous lieux,
Et d'accomplir, ſous toy, la volonté des Cieux.
Mais, ô que ta vaillance à mon bras eſt funeſte!
Que j'ay peur qu'apres toy nul employ ne me reſte!
Que je crains que ce Camp d'Aduerſaire priué,
Vainement, par mes ſoins, ne ſe trouue leué.
Ton bras ſeul a tout fait ce que nous deuions faire;
Il nous a derobé noſtre juſte Aduerſaire,
Et ſe haſtant de vaincre, a voulu nous oſter
L'honneur de le combatre, & de le ſurmonter.
De ton propre bienfait la grandeur nous outrage;
Elle empeſche nos cœurs de monſtrer du courage,
Et de pouuoir, au moins auec quelques exploits,
Acquerir de la gloire, aux deſpens de l'Anglois.

Grand Prince, luy respond la genereuse Sainte,
Tu conçois, sans sujet, vne si belle crainte;
I'ay peu fait jusqu'icy, pour ton droit combatant,
Ce qui demeure à faire est le plus important.
La Couronne des Lys, par l'Anglois vsurpée,
Est vn plus digne objet, pour ta Royale espée;
Rheims, par ton puissant bras, verra son joug leué,
Et, par ce mesme bras, Paris sera sauué.
Donc, inuincible Roy, pour ces hautes merueilles,
Renforce ton ardeur, & redouble tes veilles.
 Charles, sans repliquer à ce masle discours,
Pour la marche, à l'instant fait battre les tambours.
Mais la Fille, à cet ordre, oppose ce langage;
 Reprime vn peu, grand Roy, le feu de ton courage;
Auant que de partir, il faut voir, sur ce champ,
Drappeaux apres drappeaux, passer ton vaste Camp.
 Il l'approuue, & soudain la guerriere Reueuë,
Pour la suyuante Aurore, entre eux, est resoluë;
De quartier en quartier, d'vn cours precipité,
L'ordre en est à l'instant, par Tanneguy, porté.
Alors on les voit tous, à l'abry de leurs tentes,
Donner vn nouueau lustre à leurs armes luysantes,
Reparer, auec soin, leurs diuers manquemens,
Et desployer à l'air leurs plus beaux ornemens.
Leurs casques sont, par eux, ombragés de pennaches;
Ils chargent de rubans, & leurs dards, & leurs haches,
Parent de franges d'or leurs homicides bois,
Et cachent leurs coursiers, sous de pompeux harnois.

LIVRE SIXIESME.

Ainsi quand, pour gagner vne illustre Maistresse,
Se prepare au grand Bal l'amoureuse Noblesse,
Et qu'il n'en est aucun, qui ne flatte son cœur
Du glorieux espoir d'en retourner vainqueur.
Tant que dure le jour, qui precede la feste,
Chacun, d'vn soin veillant, à la danse s'appreste ;
Et soit en sa personne, ou dans son vestement,
Fait briller, à l'enuy, la pompe & l'agrement.

 Pour ce Royal spectacle, on choisit vne Plaine,
Que Nature a formée en boscagere Scene,
D'arbres hauts & feüillus ceinte de tous costés,
Sinon où sont ses bords par la Loire humectés.
De l'vn à l'autre bout ce theatre superbe,
Est paué d'vn sablon ferme & reuestu d'herbe,
Et, comme vne mer calme, egalement vny,
Embrasse, dans son tour, vn espace infiny.
Au costé descouuert, proche l'humide greue,
La terre plate ailleurs en tertre se releue,
Et le tertre, par tout, de mousse enuironné,
A d'ormeaux verdoyans son sommet couronné.

 La nuit vient, mais en vain, car aucun ne repose ;
On s'arme, &, dans les Cieux, l'Aube est à peine eclose,
Qu'en bon ordre, guidons, enseignes, estandards,
S'auancent des quartiers, en ce beau champ de Mars.
Charles, comblé de joye, au Tertre s'achemine,
Rien n'eschappe à ses yeux, dans la Plaine voisine ;
La Sainte est à sa droitte, à sa gauche Amaury ;
Le Camp passe à leurs pieds, sur l'herbage fleury.

Ff iij

LA PVCELLE,

Fidelle Gardien du Temple de Memoire,
Clair Esprit qui de tout es la viuante histoire,
Qui vois tout, qui sçais tout, & pour qui le passé
Par la lime du Temps n'est jamais effacé;
Sers moy de guide seure au trauers de son ombre,
Fay que de ses soldats je discerne le nombre,
Ie discerne les Chefs, & , l'Oubly combatant,
Les monstre à nos Neueux, dans vn jour eclatant.

 La troupe Vandomoise, auant tous, se presente,
Petite, mais de fer, & couuerte, & brillante;
Glorieuse, entre tous, d'auoir le premier lieu;
Six cens portent la pique, & quatre cens l'espieu.
Ils ont, dans leur drappeau, la Larme si vantée,
Qui fut par l'Homme-Dieu sur son Amy jettée,
Foulent le pré, sous elle, auec grace & lenteur;
Et le vaillant Grauille en est le Conducteur.
L'enseigne estant venuë au droit de la Colline,
Celuy qui la soustient, deuant Charles, l'incline,
Il s'incline luy-mesme, auec humilité
Des autres, à leur tour, l'exemple est imité.

 Archambauld vient apres, & meine, d'vn pas graue,
Les Peuples qu'en son cours la Lise enferme & laue,
Qui labourent de Blois les riuages marchands,
Et de Romorantin ensemencent les champs.
Orcheze y mesle ceux, qui, dans leurs murs antiques,
Des greniers de Cesar conseruent les reliques,
Et de qui la campagne est d'vn rouge terrain,
Pour estancher le sang remede souuerain.

LIVRE SIXIESME.

Au bruit de la Guerriere, esueillés dans leur terre,
Ils viennent prendre part à son heureuse guerre,
Neuf cens armés de traits, neuf cens de coutelas,
Et d'vne ardente foudre arborent les esclats.

 Apres, vient sur les rangs la trouppe redoutée,
Par qui de Chasteaudun la Roche est habitée,
Et l'habitant du Lac qui boüillit autresfois,
A la tragique mort d'vn Monarque François.
A ces Peuples sont joints les Peuples de la Plaine,
Que le Loir si souuent couure & jonche d'arene,
Qu'abbreuue Aigre, Couuoye, & l'estrange Ruisseau,
Dont l'eau s'enseuelit, puis renaist du tombeau.
D'onze cent vieux soldats cette bande est formée,
De corselets vestüe, & de piques armée;
Sa banniere est d'azur, & par l'air voltigeant
Sur trois Fleurs de Lys d'or, monstre vn Lambel d'argent.
Dunois en est le Chef, aussi bien que le Maistre;
A leur teste pourtant il ne veut point parestre;
Vn page tient sa place, & porte son harnois,
Mais il le porte à peine, & flechit sous le poids.

 Cette enseigne passée, auancent & la suyuent
Ceux qui sous Orleans le vignoble cultiuent,
Ceux qui battent son fleuue auec les auirons,
Et ceux que sa forest a rendus bucherons.
Son bourgeois mesme y brille, & marche plein de gloire,
Dans le doux souuenir de sa haute victoire,
Et distingué de tous, par l'arc & le carquois,
Qu'a l'Anglois il rauit, pour combattre l'Anglois.

Là ſont ceux que Loiret, riuiere dés ſa ſource,
Reſchauffe, & raffraiſchit, dans ſa petite courſe,
Loiret qui, des Saiſons reparant le defaut,
Eſt chaud durant le froid, & froid durant le chaud.
La moitié de la Beauſſe, & la Soulogne entiere,
Ont dans ce bataillon leur Ieuneſſe guerriere,
Et de ceux de Pluuiers, de ceux de Baugency,
Ce gros desja puiſſant eſt encore groſſy,
Montargis le Royal, cette ville indontée,
Que par deux fois en vain le Rebelle a tentée,
Pour ſe venger de luy, joint aux Orleannois
La genereuſe fleur du fecond Gaſtinois.
Ils ſont cinq mille en tout, & tous ont la cuiraſſe;
Les vns portent la pique, & les autres la maſſe,
Gaucourt marche à leur teſte, à pas lents & poſés,
Et leur drappeau n'eſt peint que de chaiſnons briſés.

 Apres eux du Berry la milice nombreuſe,
Sous le vieillard Gillon, va ſuperbe & pompeuſe;
Leur terre eſt en paſtis, & ſon herbage eſpais
Iuſqu'alors dans le trouble a joüy de la paix.
Bourges, l'antique mur, ce bouleuard des Gaules,
De qui, dans vn marais plein de joncs & de ſaules,
Cinq fleuues tortüeux moüillent les larges flancs,
Du vaſte bataillon fournit les premiers rangs.
Les Braues qu'a produits l'aſpre Mont de Sancerre,
Ceux qu'Iſſoudun le fort arme pour cette guerre,
Ceux qu'enrôlle Agurande, & Perouſe & Charros,
Auec ceux de Leuroux, en compoſent le gros.

Les

LIVRE SIXIESME.

Les autres, dont l'amas suit & ferme la trouppe,
Sont ceux que Vierzon defcouure de fa crouppe,
Ceux qu'enuoye Aubigny, la Chaftre, Saint-Agnan,
Concreſſaut, Argenton, Linieres & Vatan.
Ils font en tout fix mille, & tiennent tous ferrées,
Ou des haches d'acier, ou des maſſes ferrées;
Leur enſeigne eſt illuſtre, & porte la Toiſon,
Dont la Conqueſte encor fait honneur à Iafon.

 Le valeureux Paumy, fur leurs traces, ameine
Tout ce qu'a de vaillant la fertile Touraine,
Ce Iardin precieux, dont le fruit fans pareil
Eſprouue, plus qu'aucun, la faueur du Soleil.
Auec le riche Tours, Monarque de la Loire,
Du deuot Marmonſtier la Solitude noire,
Le haut terire d'Amboiſe, & le bas Chaſtillon,
Forment de leur leuée vn petit bataillon.
A ceux-cy joint les ſiens Loches, ce mur terrible,
Que la Nature & l'Art rendent inacceſſible,
Cette priſon fameuſe, & cette forte Tour,
Où fi long-temps Agnes renferma ſon amour.
Ce gros eſt de huit cens, chargés d'armes legeres,
Force peu redoutable aux forces Eſtrangeres,
Bien que dans ſon drappeau le Montgibel ardent
Les ſemble menacer d'vn mortel accident.

 Altiere, fur ſes pas, marche la fiere bande,
Que le Prince Angeuin, le fier René commande;
Les trois Couronnes d'or, qu'elle deſployé au vent,
Repreſentent Sicile, Angleterre, & Leuant.

Gg

Sa terre entrecouppée, & ceinte de riuieres,
Arme, à son mandement, trois mille ames guerrieres;
Sur l'espaule, deux mille ont le ferme & long bois,
Et mille, sur leur dos, font sonner le carquois.
Là paroissent d'Angers les brigades sçauantes,
Là des Ponts de Cesar les gardes vigilantes,
Là ceux qui du Theatre, autresfois si fameux,
Habitent maintenant les vestiges fumeux.
On voit là de Saumur l'elite courageuse,
On y voit les pescheurs de la Mayne fangeuse,
Et ceux qui, de vaillance & d'addresse remplis,
Ont laissé du Coüesnon les tortüeux replis.
De Duretal enfin là reluit la Noblesse,
Là d'Ingrande paroist la trouppe chasseresse,
Et du vieux Chasteauneuf, Cour des Ducs anciens,
Là se font remarquer les braues Citoyens.
 Godefroy, les fuyuant, entre dans la carriere,
Et de l'vn des Poitous arbore la banniere,
Qui presente aux regards vn enorme Elephant,
Estendu sous les pieds d'vn Lion triomphant.
La Prouince a deux parts, mais la part maritime
N'a pû faire, assés-tost, voir le feu qui l'anime;
L'autre part, que le Clain trauerse de ses eaux,
S'offre sur la prairie, auec onze drappeaux.
Le populeux Poitiers tire, de son enceinte,
Mille hommes, dont le cœur ne connoist point la crainte,
Accompagnés de mille, aux tristes champs leués,
Que le sang du François a jadis abbreuués.

LIVRE SIXIESME.

Tous passent reuestus de cuirasses dorées,
Qu'en fendant les guerets leur soc a deterrées,
Et tous portent des dards, ou des traits acerés,
Auec le mesme soc, du mesme fonds tirés.
De ses propres remparts, & des plaines voisines,
Où l'antique Poitiers n'est plus qu'en ses ruines,
L'estroit Chastelleraud fournit jusqu'a neuf cens,
Ou Bourgeois aguerris, ou Villageois puissans.
Parmy le dur metal, qui se plaist au carnage,
Ils ont, des leur naissance, affermy leur courage;
Leur mestier les nourrit parmy l'acier brillant,
Et dispose leur bras au mestier de vaillant.
Lusignan si connu, dont Chypre, en sa misere,
Non sans plaisir encor, le souuenir reuere;
Berceau de tant de Roys aux Soldans opposés,
Pour ce grand armement, a ses murs espuisés.
De six cens est sa trouppe, &, sur leur jaueline,
Tous, en femme & couleuure, ont peinte Mellusine,
D'vne grossiere fable, & d'vn conte odieux,
Iusqu'à la frenaisie, à l'enuy glorieux.
Saint-Maixant, Hermitage enfin deuenu Ville,
Compose, auec ses bourgs, vn gros de pres de mille,
Et, sous de blancs armets, & des corselets blancs,
De ce grand bataillon ferme les derniers rangs.
 En suitte on voit venir ceux que fournit l'Yonne,
Ceux que donne l'Allier, ceux que la Loire donne,
Peuples, sur tous, heureux, dont le riche terrain
A le fer & l'argent aux veines de son sein.

Du spacieux Neuers passe la trouppe fiere,
En nombre la plus grosse, en ordre la premiere ;
Pougues vient le second, Pougues, où tous les maux
Ont vn present remede, en ses froids mineraux.
Apres eux vient Desize, aymable territoire,
Que de ses moites bras enuironne la Loire ;
Cosne, & la Charité se laissent voir apres,
Et, pour armes, n'ont tous que des arcs, & des traits.
A sept cens, ou peu plus, monte cette Milice,
Et reconnoist pour Chef le sage la Palisse ;
L'enseigne est vn esquif, que, par vn double effort,
La marée & le vent conduisent dans le port.

De l'aspre Bourbonnois la commune aguerrie
Foule, en suyuant ceux-cy, le vert de la prairie ;
Trois cens ont des espieux, trois cens des jauelots,
Et de peaux de sanglier tous se couurent le dos.
De ces affreux soldats la meilleure partie
Du resserré Moulins, en campagne, est sortie,
Et Charles doit le reste aux deux Royaux Bourbons,
Où la Santé reside à l'abry des hauts Monts.
Clermont le genereux, triste de sa desfaite,
Va tout seul deuant tous, & l'Ennemy souhaite ;
Le drappeau qui les guide est vn morne Taureau,
Qui, bien que terracé, cherche vn combat nouueau.

De l'vn & l'autre Auuergne enfin la bande eleüe
Vient de l'Infanterie acheuer la reueüe ;
Achon & Senescé, quoy qu'Amoureux riuaux,
Pour la regir en paix vnissent leurs trauaux.

LIVRE SIXIESME.

Espris egalement de la jeune Isabelle,
Ils l'aymoient d'vn amour egalement fidelle,
Et leurs cœurs, l'vn de l'autre egalement jaloux,
Ne pouuoient, l'vn pour l'autre, attiedir leur courroux.
Par sa rare beauté, par sa haute naissance,
Par son esprit diuin, par sa richesse immense,
Elle charme leurs sens, excite leurs souspirs,
Et d'vne ardeur pareille eschauffe leurs desirs.
Chacun d'eux la pretend, & leur flamme embrasée
Embrase la Prouince, & la tient diuisée;
Chacun, pour l'aquerir, arme de son costé,
Et le jour du combat estoit presque arresté.
Quand à seruir leur Prince, à deliurer la France,
La vaillante Pucelle attire leur vaillance;
Alors, par le deuoir à la raison soufmis,
Ils font trefue de haine, & viuent en amis.

 Ainsi, lors qu'vn Nocher, dans vn mesme Nauire,
A l'enuy de quelqu'autre au gouuernail aspire,
Et qu'en cet interest l'vn à l'autre opposés,
Tant que regne le calme, ils viuent diuisés;
Si le vaisseau, batu d'vn violent orage,
Demande tous les bras, pour combattre sarage,
Ils suspendent leur haine, &, luttant contre l'eau,
Trauaillent, comme amis, au salut du vaisseau.

 Rions glorieux Chef de cette Terre grasse,
Que l'on nomme Limagne, au lieu d'Auuergne basse,
Au secours de son Prince, entre ses habitans,
Leue, & ramasse vn Corps de mille combatans.

Gg iij

Clermont, le defefpoir, du Donteur de la Gaule,
Pour renforcer ce Corps, huit cens hommes enrôle,
Sept cens dans fa muraille, & cent au Mont prochain,
Où campa vainement l'inuincible Romain.
Deux cens partent des bords de ce Fleuue rapide,
Où l'onde fait fur l'onde vn paffage folide,
Où le fel, qu'vne fource enfante au pied d'vn Mont,
Baftit, fur fon lit mefme, vn admirable pont.
Trois cens quittent le tour du falutaire Gouffre,
Où les maux deplorés gueriffent dans le fouffre,
La creufe Chamaillere, & l'eftonnant Ruiffeau,
Qui change, en gouft de vin, la faueur de fon eau.
Du fertile Rocher, d'où Montferrand domine
Le fommet des bas Monts, & la Plaine voyfine,
D'Yffoire, de Randan, & du haut Montpenfier,
Sortent neuf cens, tous forts, & tous couuerts d'acier.
A ceux-cy l'on voit joints deux cens hommes d'elite,
Vieux Guerriers, qu'aux perils la belle Gloire inuite,
Nourriffons d'Aurillac, où, dans ce fiecle encor,
Le fond du Lac fechè brille de veines d'or.
Mefme nombre leur joint Saint-Flour, montagne nüe,
Qui n'a, pour y grauir, qu'vne roide auenüe,
Mefme nombre leur joint, & Murat, & Carlat,
Et tous font à-l'enuy defireux du combat.
Cantal, le Mont neigeux, cette Alpe de la France,
Pour affifter fon Roy, defcouure fa puiffance,
Et joint feul aux premiers, trois fois cent montagnards,
Grands coureurs, grands lutteurs, & grands lanceurs de dards.

LIVRE SIXIESME.

L'arboriste habitant de la Roche du Dome,
L'enfumé forgeron du sombre Bois de Come,
Et les buueurs de l'eau que glacent les Estés,
Y joignent quatre cens au trauail indontés.
Du haut Mont, qui de l'Or a le titre superbe,
Dont la coste produit plus de sources que d'herbe,
Que la trouble Dordogne a pour Antre natal,
Et qui de tous costés distille le crystal.
De cet autre grand Mont, de qui la plate cime,
Est le lit d'vn grand Lac, qui n'a fond que l'abysme,
Où les cailloux jettés produisent, dans les airs,
Vn orage confus, & de gresle, & d'eclairs.
Des Vallons, où Vichy, par ses chaudes fontaines,
Adoucit tous les jours les plus cuysantes peines,
Enfin du Bourg heureux, où les Rocs entamés
Font voir de diamans leurs riches flancs semés;
Mille suyuent encor, dont les communes armes
Sont de noirs jauelots chargés de blanches larmes,
Et leur drappeau commun porte des flots mouuans,
Qui trouuent leur repos, sous de contraires vents.
   Les bataillons passés, l'orgueilleuse prairie
Est couuerte à-l'instant par la Caualerie;
Le nombre est de six mille, en vingt gros escadrons,
Qui sur les champs herbus volent brillans & pronts.
Toute, en vn mesme temps, des mesmes lieux tirée,
Elle marche en mesme ordre, & sa marche est serrée;
Chacun des escadrons est de six estandards,
Peints d'Aigles, de Sangliers, d'Ours & de Leopards.

Artus les doit conduire, auſſi bien que ſa bande,
Mais du Prince irrité la veüe il apprehende ;
Dans le bois il ſe cache, & ſous l'ombrage eſpais
Attend que la Guerriere ait menagé ſa paix.
  Rhodes porte, apres tout la Cornette Royale,
Qui, d'Auanturiers ceinte, eſt ſeule & ſans egale,
Blanche de tous coſtés, marque de ſon pouuoir,
Et de qui la Deuiſe eſt de n'en point auoir.
  Tout ſembloit acheué, quand la trouppe vaillante,
Que nagueres Betford eſprouua ſi puiſſante,
Vint clôre la reueüe, &, ſous le fort Dunois,
Meſler au nouueau Camp les vainqueurs de l'Anglois.
Enflés de leur ſucces, fiers de leurs auantages,
Ils font tous, dans leurs yeux, luire leurs grands courages,
Et, ſur leurs maſles fronts, ils font remarquer tous,
Des mains de leurs vaincus les effroyables coups.
Ils font tous remarquer, ſur leurs armes brillantes,
De ces meſmes vaincus les deſpoüilles ſanglantes,
Et par vn air ſi noble, & de tels ornemens,
Font diſtinguer leurs Corps des communs Regimens.
Charles ſent, à leur veüe, eſmouuoir ſa tendreſſe,
Et, confondant ſa honte auec ſon allegreſſe,
Dit à la ſainte Fille ; Il s'en faut prendre à toy,
Si ces vaillans Soldats ont combatu ſans moy ;
Ie deuois partager leurs trauaux, & leur gloire,
Mais je deuois auſſi t'obeïr, & te croire.
  Elle reſpond au Roy ; Tel fut l'ordre des Cieux,
Et le ſuyure eſt bien plus qu'eſtre victorieux.

Ils

LIVRE SIXIESME. 241

Ils marchent d'vn pas graue, & leur marche est suyuie
D'vn cry d'estonnement, de plaisir & d'enuie;
Tout le Camp les respecte, & repute à malheur,
Que leur bras ait, sans luy, monstré tant de valeur.
Alors vers le Couchant, & sur l'onde egalée,
On voit vn brigantin qui monte à voile enflée;
Les rames, à fleur d'eau, demeurent sans mouuoir;
Sa figure est estrange, & fait peur à la voir.
Il ressemble vn Dragon d'vne grandeur enorme;
L'Ouurier, par vn jeu d'art, luy donna cette forme;
Le timon de sa pouppe en queüe il deguisa,
Et le fer de sa proüe en teste il composa.
Ses rames sont ses pieds, & ses voiles tenduës
Representent, de loin, des ailes espanduës;
D'vn rouge-brun luysant son corps est esmaillé,
Et jusques sous l'eau mesme en escailles taillé.
Le Serpent contrefait, razant les ondes plates,
Fait voler contremont ses ailes incarnates,
De plus en plus s'approche, &, doublant son effort,
Sous le Tertre ombrageux s'en vient mordre le bord.
De cette nouueauté l'Armée est suspenduë,
Et, sur le feint Dragon chacun tenant la veuë,
Contre toute esperance, on voit sortir enfin,
De son ventre hideux, vn visage diuin.
Agnes, cette Beauté, dont l'Amour fit sa gloire,
Qui tousjours à son char attacha la victoire,
Et qui ne luy sousmit que les cœurs des Cesars,
Sort du vaisseau superbe, & surprend les regards.

H h

Telle Chypre autresfois vit, à sa molle arene,
Aborder sa charmante & glorieuse Reyne,
Quand l'escume salée en elle se changea,
Et que de tous ses biens le Ciel la partagea.
Ce qui fut eclairé de son brillant visage,
Reconnut son Empire, & luy rendit hommage;
La Mer baisa ses pieds, les Zephyrs ses cheueux,
Et les Tritons, en l'eau, ressentirent ses feux.
 Le jeune & beau Roger, appuy doux & fidelle,
Tend l'vne de ses mains, pour ayder à la Belle,
Et, portant l'arc en l'autre, & la trousse au costé,
Semble Amour dont Venus renforce sa beauté.
De trois Filles suyuie, adorable & diuine,
Elle quitte la barque, & monte la Colline;
Tout luit à l'entour d'elle, &, sur ses vestemens,
On ne voit que rubis, perles & diamans.
L'Armée à cet objet de merueille est comblée;
Charles sent sa raison à cet objet troublée;
Amaury le voyant nage dans le plaisir,
Et s'en promet la fin conforme à son desir.
Vers le Prince elle auance, auec l'air & le geste
D'vn esprit orgueilleux, & toutesfois modeste,
S'incline en l'abordant, &, d'vn ton radoucy,
Les yeux remplis d'amour, luy vient parler ainsi.
 Monarque des François, à qui le Ciel destine
L'honneur inesperé de l'Angloise rüine,
Et pour qui ce Royaume espuisé de soldats,
Reproduit, au besoin, tant de cœurs & de bras;

LIVRE SIXIESME.

Pour la noble Entreprise, où la Gloire t'engage,
Reçoy mon bras encore, & reçoy mon courage;
Ie suis Fille, il est vray, mais, en cet heureux temps,
Les Filles trouuent place, entre tes combatans.
I'en voy deuant mes yeux, & pres de ta personne,
Vne dont la vertu merite vne couronne,
Vne à qui justement tes plus braues Guerriers
Cedent, sans contester, le premier des lauriers.
Par cet exemple illustre, ardemment animée,
Du fond de mon Desert, j'accours en ton Armée;
S'il falloit qu'vne Fille eust soin de te venger,
Qui deuoit plus que moy d'vn tel soin se charger?
I'ay honte qu'en mon lieu cette sainte Bergere
Ait brisé tes liens, & vaincu ta misere;
I'ay honte que mon bras, de pudeur retenu,
Par ce bras estranger ait esté preuenu.
Dans ce sein bat vn cœur des grands actes capable,
Aux accidens du Sort vn cœur inebranslable,
Vn cœur qui te reuere, & qui sçaura perir,
Pourueu que son trespas t'empesche de mourir.
   Elle joint à ces mots tout ce qu'elle a de charmes,
Et combat le Monarque auec toutes ses armes;
Il en sent les efforts, &, trop foible pour eux,
Se laisse rengager sous le joug amoureux.
Amaury le remarque, &, poursuyuant sa trame,
Par ces termes adroits, vient accroistre sa flame;
   Dieu le veut, luy dit-il, &, par ce second Bras,
Confirme que ce Sexe est l'heur de tes Estats.

Mais la Sainte, *en horreur ayant leur artifice*,
Dit; Ah! n'abusons point du Soleil de Iustice,
Ne prenons point en vain le Nom du Tout-puissant,
Et gardons deuant luy nostre cœur innocent.
Charles, contente-toy de la grace celeste;
Le secours que l'on t'offre, est vn secours funeste;
Il seroit ta ruine, & non pas ton appuy;
Betford de ta vertu triompheroit par luy.
Rejette ces appas, dont la douce puissance
Ne feroit qu'ammollir l'effort de ta vaillance,
Et commence par là de monstrer aux Anglois,
Que tu peux tout ranger sous tes Royales loix.
Le Ciel te le commande, &, si tu le mesprises,
Tu verras quels malheurs suyuront tes entreprises,
Tu verras quel destin ont reserué les Cieux,
A ce brillant Objet qui t'eblouït les yeux.
Beauté funeste à tous, à toy-mesme funeste,
Esloigne de ce Camp ton agreable peste,
Reporte en ton desert tes doux enchantemens;
Et crains du Dieu vengeur les secrets jugemens.

 Tandis que parle ainsi la magnanime Fille,
Vne rougeur de feu sur son visage brille;
Autour d'elle s'espand vne viue clarté;
Sa voix tonne, & chacun en est espouuanté.
Charles perd la parole, Amaury l'a perduë,
L'imperieuse Agnes se trouue confonduë,
Et l'espoir, tout à coup, mourant dans leur esprit,
Y laisse succeder la honte & le depit.

LIVRE SIXIESME.

Pour vn si saint discours, l'Ange amy de la Sainte,
A tous, remplit le cœur de respect & de crainte;
Par le Ciel, en ce choq, l'Enfer est surmonté,
Et la Beauté flechit deuant la Sainteté.
Agnes pleine d'aigreur rentre dans sa galere,
Et jette au triste Prince vn regard de colere;
Il s'en tesmoigne emeu, mais pour l'en diuertir,
La Sainte part soudain, & l'oblige à partir.
Vers l'attirail guerrier adroite elle le meine;
Il va triste, mais sage, & honteux de sa peine,
Et s'armant de vigueur, afin de l'estouffer,
Croit qu'en bien combatant il en peut triompher.

 L'implacable Ennemy du Seigneur de la Terre,
Ialoux qu'en sa main seule eclatast le Tonnerre,
Pour s'egaler à luy, par vn semblable dard,
Auoit cent fois en vain sollicité son Art.
Son orgueil s'obstina dans ce projet horrible,
Mais l'esprouua tousjours à son Art impossible,
Et ne l'esperoit plus, quand vn heureux moment
Luy fit de ses desirs voir l'accomplissement.
Entre mille moyens de faire à l'Angleterre
Auoir enfin le prix de cette longue guerre,
Vn jour, au plus profond de ses Antres souffreux,
S'offrit à sa pensee vn Instrument affreux.
Dans vn moule estendu d'argille espaisse & grasse,
De differens metaux il fondit vne masse,
La creusa, l'arrondit, &, par l'vn de ses bouts,
La fit propre à lancer le fer & les cailloux.

Hh iij

Par les plus noirs Demons il fabriqua la Poudre,
Qui deuoit allumer cette infernale Foudre,
Et qui, chaſſant ſon dard, par les airs, à grand bruit,
Tout obſtacle oppoſé choque, ebranſle & deſtruit.
Il reſtoit à l'Anglois, vainqueur dans les batailles,
De ſouſmettre à ſon joug les Françoiſes murailles;
Cet Inſtrument pour luy fut alors inuenté;
C'eſt la Clef qui par force ouure toute Cité.
Sous l'habit d'vn Saxon, vne ardente Furie
Au triomphant Betford porta l'Artillerie;
Tel, du nouueau Tonnerre, en ce temps, fut le nom,
Qu'on a changé depuis en celuy de Canon.
Tant que ſur le François regna l'Ire diuine,
L'Eſtranger employant la terrible Machine,
Par tout ſe fit paſſage, & ne vit point de lieux
Capables d'arreſter ſon cours victorieux.
Mais, quand le Ciel calmé voulut, par ſa Clemence,
Retirer du tombeau la Françoiſe puiſſance,
Dans les mains du François vint l'Inſtrument fatal,
Inuenté, contre luy, par le Monſtre Infernal.
 La Sainte en ce moment, pour eſteindre la flamme,
Que le fragile Roy ſent renaiſtre en ſon ame,
Le meine, où le Canon, par ſes trouppes, gardé,
N'attend plus, pour ſeruir, que d'eſtre commandé.
Charles en conte cent, de grandeurs inegales,
En contemple la forme, en obſerue les bales,
Et dit, Auroit-on creu qu'armé d'vn tel ſecours,
Betford euſt veu ternir la gloire de ſes jours?

LIVRE SIXIESME.

Il l'a veu cependant, luy repart la Pucelle,
Et l'Autheur de sa honte est ton Peuple fidelle;
C'est luy, dont les efforts viennent de rendre vains
Ces foudres bruissans des Antres sousterrains.
Mais du fameux Artus l'heroique vaillance
A le plus, entre tous, merité de la France,
Ayant cherché la mort, pour son soulagement,
Bien que dans la disgrace, & le bannissement.
En sa cause, grand Roy, j'implore ta justice,
Rens luy ta bienueillance, & souffre son seruice.

   Amaury, de frayeur, blesmit en l'escoutant;
Le Prince à ce discours respond au mesme instant.

   Bien qu'Artus soit coupable, ô Fille magnanime,
Ie veux, si tu le veux, mettre en oubly son crime;
Ie veux estre pour luy de moy-mesme vainqueur,
Et veux que desormais il ait part en mon cœur.
Ie consens mesme encor qu'il ait part à ma gloire,
Lors qu'il pourra m'ayder à suyure ma victoire,
Et que des coups receus par le fer ennemy,
Son redoutable bras sera bien raffermy.
Ie dois trop aux exploits produits par ta vaillance,
Pour faire à ton desir la moindre resistance;
Et qui peut à tes loix son throsne assujetir,
Peut bien, en toute chose, à tes vœux consentir.

   Du malheureux Artus la grace demandée
Estant par le Monarque à la Sainte accordée,
En termes genereux prononcés grauement,
Elle en monstre sa joye, & son ressentiment.

Sur le declin du jour les bandes separées,
En leurs diuers quartiers s'en retournent serrées ;
Tanneguy les rameine, & Charles, les quittant,
Du geste & de la voix, s'en tesmoigne content.
Au plus creux de sa tente apres il se retire,
Et dans sa solitude en liberté souspire ;
De sa playe incurable il sent la profondeur,
Et sent renoueller son amoureuse ardeur.
Amaury le regarde, &, souspirant luy-mesme,
Monstre de sa douleur vne douleur extreme ;
Tous deux sans mouuement, comme frappés des Cieux,
Tiennent la bouche close, & se parlent des yeux.
Le Monarque se couche, & sa peine müette
Iusques dans le repos, l'agite & l'inquiëte ;
Agnes, à sa pensée estalant ses attraits,
Plus que jamais l'eschauffe, & l'engage en ses rets.
Mais enfin, par la grace, il estouffe sa flamme,
Il brise les liens, qui captiuoient son ame,
Et, deuant que le jour ait repeint l'horison,
Voit le diuin Soleil eclairer sa raison.
Au Tertre il monte, & prie, &, durant sa priere,
Sur les champs descouuerts la Ieunesse guerriere,
D'vne egale chaleur bruslant pour le depart,
De ses diuers quartiers, se range à l'estandard.
Le Prince au Tout-puissant demande, auec des larmes,
Qu'il protege son Droit, qu'il benisse ses armes,
Et vueille du Tyran, qui maistrise son cœur,
Defendre sa foiblesse, & le rendre vainqueur.

Parmy

LIVRE SIXIESME.

Parmy cent longs souspirs, d'vne voix gemissante,
Il repeta trois fois sa priere feruente,
Et, recueillant en vn tous ses pensers espars,
Vers le sombre Orient arresta ses regards.
   L'Archange valeureux, qui, par la Prouidence,
Est chargé de veiller au salut de la France,
Et qui, malgré Satan, malgré tous ses Enfers,
Voit la Guerriere preste à la tirer des fers;
De la plus haute Sphere aux Plages les plus basses,
Vient fixer l'air mobile, en assembler des masses,
Les mesler, les vnir, & s'en former vn corps,
Vuide par le dedans, & solide au dehors.
De la France abbatüe il luy donne l'image,
Il luy donne son air, luy donne son corsage,
Et, dans son caue sein luy-mesme s'enfermant,
A ses membres diuers donne le mouuement.
   Charles, qui tient la veüe aux Astres attachée,
Bien que sous l'onde encor l'Aurore soit cachée,
Dans l'eclatant milieu d'vn nüage enflammé,
Voit paroistre à ses yeux vn Colosse animé.
Il le voit qui, vers luy, prend sa route & s'abbaisse,
Sous l'aspect glorieux d'vne antique Princesse,
En qui malgré les ans l'auguste majesté,
Et reluit auec grace, & tient lieu de beauté.
Son front resplendissoit, &, d'entre ses paupieres,
Sortoient de vifs eclats, & d'ardentes lumieres;
En ondes sur le col les cheueux luy flottoient,
Et les Lys sur son chef en couronne eclatoient.

Mais cette mesme Fleur, seche & desigurée,
Languissoit sur sa robbe en lambeaux dechirée;
Sa main ne soustenoit qu'vn demy Sceptre d'or,
Où la trace des Lys restoit à peine encor;
Et sur son noble front se remarquoit empreinte,
Parmy beaucoup d'espoir, quelque ombrage de crainte.
L'Archange sous ce voile, en s'abbaissant tousjours,
Aborde enfin le Prince, & luy tient ce discours.

 Grand cœur, dont la vertu s'accroist par les obstacles;
Toy, pour qui Dieu n'aguere a fait tant de miracles;
Toy, que du Tout-puissant le vouloir absolu,
A par grace, entre tous, pour ma franchise eleu;
Toy, dont les fermes bras, au besoin secourables,
Vont estre le support de mes jours miserables;
Enfin, Toy, que j'implore, & qui doit me venger
Des maux que j'ay soufferts, sous le joug Estranger;
Viens, l'vnique souhait de mon ame affligée,
Viens me tirer du gouffre, où le Sort m'a plongée,
Viens me rendre à moy-mesme, & ranger, sous mes loix,
Le Bourguignon perfide, & le superbe Anglois.
Ie ne te diray point, pour disposer ton Zele,
A faire vne entreprise, & si juste, & si belle,
Combien de grands motifs, de sujets differens,
Inuitent ta valeur à perdre mes Tyrans.
Tu me connois assés pour la France guerriere;
Tu sçais que c'est de moy que tu tiens la lumiere,
Que je t'ay dans mon sein tendrement eleué,
Que de mille perils mes soins t'ont preserué;

LIVRE SIXIESME.

Que tousjours constamment j'ay suyui ta fortune,
Que ta peine, auec toy, me fut tousjours commune,
Enfin, que j'ay tousjours, d'vn mouuement egal,
Fait mon bien de ton bien, & mon mal de ton mal.
Tu sçais que l'on adore, & sans idolatrie,
Celuy qui sçait mourir, en seruant sa patrie,
Que sa memoire est sainte, & qu'entre les mortels,
On accorde à son Nom l'encens & les autels.
Tu sçais que, de cent maux viuement poursuyuie,
Ie fonde, sur toy seul, tout l'espoir de ma vie,
Et que par ta tendresse, & par ta dureté,
Tu feras ma franchise, ou ma captiuité.
Ie ne viens point aussi, par vn recit funeste,
Emouuoir à pitié cette vertu celeste,
Emouuoir à fureur ce noble mouuement,
Qui preuient ma priere, & mon ressentiment.
Ie viens de tes bontés receuoir l'assistance,
Ie te viens assurer de ma reconnoissance,
Et te viens auertir, par combien de trespas
Tu peux voir trauerser tes heroïques pas.
Mais tu cours, à ce mot, enflammé de colere;
  Espargnés, justes Cieux, vne teste si chere;
Plustost que par vos traits ses beaux jours soient bornés,
Finissent par vos traits mes jours infortunés.
Ma teste à vostre foudre est seule reseruée;
Si vous sauués mon Fils, je me croiray sauuée.
  Arreste vn peu, mon Fils, modere ton ardeur,
Pese bien ton dessein, mesure sa grandeur,

Vnis en tes conseils le courage & l'addresse,
Oppose force à force, & finesse à finesse,
Et dans l'assaut des murs, dans le feu des combats,
Par ruse, & par effort, mets les Tyrans à bas.
Tous auis, tous moyens, te feront necessaires,
Tant se monstrent heureux tes crüels Aduersaires,
Tant, en leur perte mesme, ils font encore voir
De subtil artifice, & d'orgueilleux pouuoir.
Que si ton jeune cœur, à sa haute vaillance,
Peut joindre la conduitte & la perseuerance,
Et de ses passions estre victorieux,
Ie seray toute libre, & toy tout glorieux.
La Terre à ta fortune aueque toy conspire,
L'Enfer ne choque plus ton legitime Empire,
Et le Ciel, en tes maux inflexible autresfois,
Maintenant à ton bien accommode ses loix.
Les decrets du Tres-haut enfin te sont propices;
D'vn pas de Conquerant marche sous leurs auspices;
Ie ne vois plus d'obstacle à tes forces egal;
L'entreprise est venüe à son terme fatal,
Paris, lassé du joug, le secoüe, & t'implore,
Sur tous ses bouleuards tes enseignes arbore,
Et, par l'ample chemin de ses murs demolis,
T'accompagne en triomphe au grand throsne des Lys.
Mais l'auenir m'emporte, & mon ame eclaircie
Connoist que ce discours n'est qu'vne prophetie;
Il est temps toutesfois, de l'aller accomplir;
Ce throsne, vuide encor, t'attend pour le remplir.

LIVRE SIXIESME.

Allons, que tardons nous? Icy l'Archange acheue,
Et dans le sein de l'air, en mesme temps, s'eleue,
Vn long trait de lumiere à sa suitte laissant,
Et, d'vn vol estendu, le chemin luy traçant.
Charles, plein de transport, descend alors, & crie;
   I'en accepte l'augure, Allons chers Patrie;
Allons, reprend le Camp, &, du creux des vallons,
Respondent cent Echos, Allons, Allons, Allons.
Le son en rejalit, au sommet des montagnes,
Il se roule, & s'espand, sur les vastes campagnes,
La forest le repete, & le proche torrent,
Plus trouble & plus emeu, fuit en le murmurant.
Tout marche, & le soldat, en son ardeur extreme,
Rapidement vers Rheims se porte de luy-mesme;
On voit, comme à l'enuy, les drappeaux ondoyans,
Vers la sainte Cité, d'eux mesmes se ployans;
Le cry des bataillons imite le tonnerre;
Leurs pas, plus sourdement, font resonner la terre;
La poussiere se leue, & compose vne nuit,
Qui du Camp disparu ne laisse que le bruit.
   Ainsi quand, au signal, l'importune barriere
Ouure aux barbes rangés le front de la carriere,
Et que les cris du peuple aux trompettes meslés,
Poussent leurs sons aigus aux lambris estoillés;
De la main aussi-tost ils partent tous ensemble;
Au battement des pieds le champ murmure & tremble;
On les voit s'esloigner, & l'œil, en les suyuant,
Moins viste qu'eux, se lasse, & les perd dans le vent.

LA PVCELLE,

Tout cede, tout fait joug à la terrible Armée;
Deuant ses estandards vole la Renommée;
Charles jette, en son cours, l'effroy de toutes parts;
Les Villes n'ont, pour luy, ni portes, ni remparts.
De tous costés, en foule, on luy vient rendre hommage;
Cet empeschement seul allentit son voyage;
Chacun le reconnoist, chacun luy tend les bras,
Chacun s'offre à le suyure, au milieu des combats.
Philippes, entre tous, Philippes mesme enuoye,
Du succes d'Orleans, luy tesmoigner sa joye,
A ses Royales mains des palmes souhaiter,
Et d'vn futur accord les fondemens jetter.

Mais les Monstres d'Enfer, dont la bande obstinée,
Pour trauerser le Sacre, est au Camp retournée,
Dans vn noir tourbillon l'accompagnant tousjours,
Consultent les moyens d'en affoiblir le cours.
Apres mille projets, leur profonde malice,
Enfin se determine au damnable artifice,
D'inspirer au soldat le penser libertin,
De faire, sur sa route, vn infame butin.

Des Cauernes d'horreur, qu'enferme le bas Monde,
La plus grande & plus noire est vne Grotte immonde,
Qui, couuant vne molle & piquante chaleur,
Sous ombre de plaisir, n'enfante que douleur.
Cette Grotte, formée, & de boüe, & de braise,
Du charnel Asmodée est la sale fournaise,
Où, dans vn feu cuysant il forge des appas,
Qui, par de beaux sentiers, meinent l'homme au trespas.

LIVRE SIXIESME.

C'est luy qui seul au Camp cette fureur inspire;
Ce n'est plus qu'à ce but que le François aspire,
Et rares sont les cœurs, qui, d'vn si doux poison,
Puissent, par leur vertu, preseruer leur raison.
Pour des Filles sans honte, il fait naistre, en leurs ames,
D'impudiques desirs, & de lasciues flammes;
Par ce venin charmant, le soldat empesté
Court auec moins de force, & de legereté.
Du desordre des siens, la Pucelle indignée
Passe, de rang en rang, du Prince accompagnée,
Ecarte, d'vn clin d'œil, ces criminels objets,
Et de l'Esprit impur estouffe les projets.

Ainsi, quand le Sommeil assoupit la Nature,
Les nocturnes Oyseaux, de malheureux augure,
Quittent leurs sombres toits, &, d'vn long sifflement,
Viennent troubler le sein du venteux Element.
Mais à peine le jour rougit les bords du Gange,
Que la bande funeste en ses ombres se range;
L'Aurore en purge l'air, & sa viue clarté,
Par leur esloignement, luy rend la pureté.

Le terrible regard de la Sainte Guerriere,
Redonne aux bataillons leur chasteté premiere;
A leur desreglement succede la pudeur,
Et leur cours recommence, auec la mesme ardeur.

Il n'est point de vaisseau, qui, d'vn cours plus rapide,
Raze les vastes champs de l'Empire liquide,
Lors que, dans tous ses masts, le Pilote sçauant,
Par pouppe, a recueilly tout le souffle du vent.

Le Loin Fleuue profond, fauorable à leur courſe,
Retient ſes claires eaux captiues dans ſa ſource,
Laiſſe ecouler le reſte, & par tout abbaiſſé,
Par tout deuient gueable, & par tout eſt paſſé.
Ils laiſſent Montargis, & tousjours gaignent terre;
La Fille les deuance, & va ſommer Auxerre,
L'habitant luy promet d'admettre le François,
Et du Monarque armé reconnoiſtre les loix.
Elle en tire parole, & trauerſe l'Yonne;
De frayeur à ſon nom la Prouince friſſonne;
Tout redoute ſon bras, tout fremit à ſa voix,
Et rien deuant ſes yeux n'oſe paroiſtre Anglois.
Elle obſerue, par tout, la campagne ſemée
De charrois deſtinés aux beſoins de l'Armée;
Elle voit, en tous lieux, les diligens meuſniers,
De bleds nouueaux batus eſpuiſer les greniers.
Sous le vent, & ſous l'onde, elle voit cent machines
Changer les grains broyés en de blanches farines,
Et leur maſſe paiſtrie, à l'ayde du leuain,
Dans les fours embraſés ſe conuertir en pain.
Elle retourne alors, &, ſur vn pont fragile,
Trouue Charles qui paſſe, au deſſous de la Ville,
Se reconnoiſt deceüe, & voit, au meſme inſtant,
Quelle ruſe a ſauué le parjure habitant.
Son Ange l'eclaircit, & deſcouure à ſon ame
Le pacte criminel, & le commerce infame,
Par qui, de ſon Ialoux le credit acheté
A le mur Auxerrois du paſſage exemté.

En

LIVRE SIXIESME.

En tes termes, alors, au Prince elle s'addresse;
  Quoy! des le premier pas monstrer de la foiblesse?
Souffrir que ce rempart soit fermé deuant toy,
Qu'il mesprise ton sceptre, & te donne la loy!
Est-ce là donc l'essay de ce que tu peux faire?
Est-ce ainsi que ton bras force ton Aduersaire?
O toy, dont l'interest est toute la vertu,
D'vn conseil si fatal comment respondras-tu?
  A ce reproche amer, à ce langage masle,
Le Prince deuient rouge, Amaury deuient pasle;
Ils ne repartent rien, &, poursuyuant leur cours,
Laissent Sens à leur gauche, & s'auancent tousjours.
Le Camp, par le plus droit, prend la route de Troye;
La Sainte va deuant luy preparer la voye;
Mais son projet est vain, & ses pas superflus,
Elle somme la Place, & n'en a qu'vn refus.
Depite elle reuient, &, du Roy mal contente,
Le trouue dans son throsne, au milieu de sa tente,
Au milieu de ses Chefs, par son ordre assemblés,
Pour redonner le calme à ses esprits troublés.
  Depuis qu'aux yeux de tous la vaillante Pucelle
Exposa d'Amaury le trafic infidelle,
Emporté de fureur, & de honte confus,
Il luy fit guerre ouuerte, & ne l'espargna plus.
La crainte de perir, s'il eust feint dauantage,
Plus que jamais, contre elle, enuenime sa rage;
Et, mettant sous les pieds, & justice, & raison,
Sur elle, aupres du Prince, il vomit son poison.

LA PUCELLE,

Deſormais, luy dit-il, ſans vne horrible offenſe,
Ie ne puis voir ta perte, & garder le ſilence;
Cette Fille inſenſee eſt l'eſcueil de ton ſort;
Tu n'en dois, ni n'en peux, attendre que la mort.
Sous vn cerueau leger, ta grandeur s'humilie,
Prenant, pour feu diuin, ce qui n'eſt que folie;
Et cet eclat, qui brille en ſa temerité,
Impoſe à ta ſageſſe, & ſurprend ta bonté.
Ce n'eſt rien qu'vn Ardent, qui meine au precipice;
Il faut, ſi tu le ſuis, que ta gloire periſſe;
Ah! deſſille tes yeux, qu'vn nüage à couuerts,
Et voy, deuant tes pas, cent abyſmes ouuerts.

 L'Enfer ces mots appuye, & leur force imprimée
Dans le ſein des vieillards qui regiſſent l'Armée,
Corrompant, tout à coup, les plus ſages eſprits,
Rend la Fille, pour eux, vn objet de meſpris.
Le Prince les conuoque en ſa Royale tente,
Et demande remede au mal qui le tourmente;
Ils parlent tour à tour, & font egalement
De l'illuſtre Guerriere vn mauuais jugement.
Renaud, graue Prelat, & par qui Charles meſme
Doit voir ceindre ſon front du ſacré Diademe,
Non moins qu'eux infecté de l'infernal poiſon,
Dans la commune erreur, laiſſe aller ſa raiſon.
Sur ce temps au Conſeil arriue la Pucelle;
Tous, ſans deliberer, ſe leuent deuant elle;
Ils ſe ſentent forcés à ce juſte deuoir,
Et ſa preſence auguſte à ſur eux ce pouuoir.

LIVRE SIXIESME.

D'vn faux espoir, dit-elle, on te vouloit repaistre;
Charles, le fier Troyen, te refuse pour Maistre;
De rentrer sous tes loix en vain je l'ay sommé,
Dans sa rebellion, l'Injuste est confirmé.
Et, voila le beau fruit que nous produit Auxerre;
Ce mur, donté par nous, eust finy nostre guerre,
Ce mur, laissé par nous, prolonge nos trauaux;
O, que la soif de l'or nous coustera de maux!
 Renaud prend la parole, & dit, Braue Guerriere,
Qui nous as engagés dans cette aspre carriere,
Tu nous dois pardonner, si nous ne croyons pas
Te deuoir faire, en tout, la regle de nos pas.
Nous craignons que le feu de ton zele celeste,
A ce valeureux Camp ne deuienne funeste;
Nous craignons que le feu de ta haute valeur,
N'attire sur ton Roy quelque insigne malheur.
L'Ennemy nous resiste, & nous ferme la Seine;
Nostre Canon se lasse, & ne nous suit qu'à peine;
On va voir, dans ces champs, nos drappeaux s'affamer,
Et, par vn si grand chaud, leur force consumer.
A ces difficultés il n'est point de remede;
Il faut que, malgré nous, nostre vertu leur cede;
Nous tenterions les Cieux, les voulant surmonter,
Et nous les craignons trop, pour les vouloir tenter.
Il n'est point de salut, qu'en la retraitte pronte;
Nous mourrons autrement, & mourrons auec honte;
Nous auons assés fait d'auancer jusqu'icy;
Du pouuoir des François l'Anglois est eclaircy.

Sans plus rien hazarder, conseruons l'auantage,
Que l'Estat & le Roy doiuent à ton courage ;
Laissons là cette Troye imprenable à nos mains,
Et cessons de courir apres des songes vains.
Formons d'autres projets, prenons d'autres brisées,
Allons à nostre but par des routes aisées,
Allons mesme à Paris, si tes rares exploits
N'ont pas, sous Orleans, assés vaincu l'Anglois.

Durant tout ce discours, la Fille impatiente
A peine à retenir sa colere boüillante ;
Elle s'eschappe enfin, &, par vn grand eclat,
Releue ainsi l'erreur du timide Prelat.

Quoy ! ces lasches conseils, honteux à la Couronne,
Mais plus honteux encore à celuy qui les donne,
Trouueront en ce lieu qui leur applaudira,
Et le Ciel offensé, sans foudres, le verra.
Renaud qu'est deuenu ce cœur si magnanime ?
En cette occasion ta foiblesse est vn crime ;
De tous ces genereux, nul n'estoit plus que toy
Obligé, par sa charge, à n'auoir point d'effroy.
Dans ce que ta frayeur t'inspire & nous propose,
Dieu te voit aujourd'huy deserteur de sa cause,
Deuant son tribunal dautant plus criminel,
Que tu dois accomplir le Sacre solennel.
Du criminel Anglois tu te rends le complice,
Tu repousses la France au bord du precipice,
Et, non moins que Betford, à Charles inhumain,
Tu luy fais retomber le Sceptre de la main.

LIVRE SIXIESME.

L'art de mes Enuieux, & l'infernale flamme,
Ont porté leur venin, jusqu'au fond de ton ame;
Du sentier de Iustice ils t'ont fait escarter,
Et de mon saint enuoy t'ont fait mesme douter.
Mais doute, si tu veux, apres tant de merueilles,
Demens tes propres yeux, & tes propres oreilles,
Dieu n'en est pas moins Dieu, ni son Oeuure diuin
N'en ira pas moins viste à son heureuse fin.
Ces obstacles puissans, qui troublent ta sagesse,
Ne pourront rendre vain l'effet de ma promesse;
De tous mes Ennemis je rompray les desseins,
Et, malgré les Enfers, mettray Charles dans Rheims.
Ie veux qu'auant trois jours cette imprenable Troye
Craigne son bras vainqueur, & deuienne sa proye;
Sans canon, sans assaut, ouy, je veux, dans trois jours,
Planter mon estandard au plus haut de ses tours.

 Le Prelat, à ces mots, demeure sans replique;
Charles sent rallumer son ardeur heroique;
Gillon d'horreur frissonne, & de son Amaury
Voit auec desespoir l'artifice pery.

 Ainsi, lors que le Sud, des Monts de Barbarie,
Sur l'humide Element s'est lancé de furie,
Et que son moite souffle, aux plus tranquilles flots,
Iusques sous les rochers, a rauy le repos;
Si Thetis sort de l'Onde, &, d'vne voix seuere,
A l'orgueilleux Autan tesmoigne sa colere,
Il perd soudain l'haleine, & ne l'agite plus;
Eole s'en afflige, & demeure confus.

La Guerriere à l'inſtant, d'vn ſaint Zele animée,
Vers le rebelle mur fait marcher ſon Armée,
Et le matin ſuyuant, des nombreux bataillons,
Non loin de ſes foſſés, dreſſe les pauillons.
Le Canon luy manquoit ; mais, ſans le Canon meſme,
Elle veut l'emporter, par vn ſaint ſtratageme ;
Son Ange le luy dicte, & la faueur des Cieux
En rend l'euenement vtile & glorieux.
Comme pour faire breche au moins fort de la Place,
Elle eleue en deux lieux vne double terrace,
La forme en batterie, &, par ces deux trauaux,
Menace les remparts de deux puiſſans aſſauts.
L'Ange, afin de haſter la victoire promiſe,
De l'affreuſe Terreur implore l'entremiſe,
Et, de la part du Ciel, la preſſe viuement
D'aller chez l'Ennemy jetter l'eſtonnement.
Inuiſible & rapide, elle prend ſa volée,
Et, parmy les Anglois adroitement coulée,
Leur fait voir dix canons, deçà, delà pointés,
Et preſts à foudroyer les bouleuards tentés.
L'orgueil cede à l'effroy, dans ces ames altieres ;
Elles n'eſperent plus qu'en leurs ſeules prieres,
Renoncent à la guerre, &, pour ſigne de paix,
Se monſtrent ſur leurs murs, ſans piques, & ſans traits.
La Sainte, au Saint des Saints rend graces immortelles,
Par accord prend la Ville, & pardonne aux Rebelles ;
L'Anglois eſt juſqu'à Sens ſeurement eſcorté ;
L'habitant à ſon Roy jure fidelité.

LIVRE SIXIESME. 263

Du progres merueilleux le François, plein de joye,
Ne sçait s'il le doit croire, encore qu'il le voye;
La Fille en tous les cœurs redouble son credit,
Amaury le remarque, & demeure interdit.
Le Camp passe la Seine, & rien plus ne l'arreste;
Sans faire de combat, Charles fait sa conqueste;
Tous lieux luy sont ouuerts, tous murs luy sont liurés,
Et sont tous moins conquis, qu'ils ne sont deliurés.
Chalons, Place fidelle, & Chef de la Prouince,
Fait sortir tout son Peuple, au deuant de son Prince,
Et, d'vn Zele enflammé l'appellant dans son sein,
Le confirme en l'espoir d'accomplir son dessein.
Le Monarque se loge au pied de la muraille;
Mais du Sacre diuin le desir le trauaille;
Il bat aux champs des l'Aube, &, desployant ses Corps,
De l'ondoyante Marne abandonne les bords.
Il va d'vn cours rapide, & s'auance vers l'Aisne;
Son bras n'a plus que Rheims à tirer de la chaisne;
L'Angloise garnison tremble dans son rempart;
L'habitant se sousleue, & l'oblige au depart.
Le Camp suruient alors, &, guidé par la Sainte,
Entre en la sainte Ville, & remplit son enceinte;
Mais, pour ses murs estroits, il se trouue trop grand,
Et, sur les lieux voysins, ses brigades respand.

 Ainsi, lors qu'vn ruisseau, grossi par vn orage,
A brisé les rochers, qui bouchoient son passage,
Et, par mille degasts, dans son cours escumeux,
Aux despens des vallons est deuenu fameux;

LA PVCELLE,

De destroit en destroit, s'il gaigne enfin la plaine,
Et n'est plus retenu que par vn peu d'arene,
Son flot impetüeux regorge sur son lit,
Et, sous ses gros boüillons, la plaine enseuelit.

FIN
DV SIXIESME LIVRE.

LA PVCELLE

OV
LA FRANCE DELIVREE.

LIVRE SEPTIESME.

ENDANT ce temps Agnes, dans sa
barque, rentrée,
Et non moins de courroux que de dou-
leur outrée,
Vouloit soudain quitter ce riuage odieux,
Quand l'espoir reprima son vouloir fu-
rieux.
Elle espere tousjours, & son ame hautaine,
Iusques dans le mespris, de confiance est pleine;
Elle est vaine, & se flatte, &, d'instant en instant,
A ses pieds orgueilleux son Infidelle attend.

Mais la clarté s'esteint, & l'ombre passe toute,
Sans que du bel esquif Charles prenne la route;
La lumiere renaist; il laisse enfin ces lieux,
Et vers elle, en parlant, ne tourne pas les yeux.
Reconnoissant alors sa fortune cruelle,
Sa mortelle fureur deuient plus que mortelle;
Elle s'en prend aux Cieux, elle s'en prend au Roy,
Et se plaint d'Amaury, de Roger, & de soy.
Son transport est sans borne, & sa rage est extreme;
Son vif ressentiment la met hors d'elle-mesme,
Elle parle, elle eclate, &, dans ses cris perçans,
A mots entrecouppés, fait oüir ces accens.

   Quel sanglant deshonneur, quelle injure, dit-elle,
Vient de faire à mon Nom cet Esclaue rebelle?
Son desdain pouuoit-il estre plus solennel?
Son oubly pouuoit-il estre plus criminel?
Il m'a veüe à ses pieds humblement abbaissée,
De ses pieds il m'a veüe indignement chassée,
Et par qui malheureuse? ô mes foibles attraits!
La voix d'vne Bergere a vos charmes desfaits.
Sa reuolte est publique, & son ame legere
A passé de mon joug au joug d'vne Bergere;
A sa honte, à ma honte, il a pû me laisser;
Il a pû de son cœur mon image effacer.
L'injuste, l'inhumain, pour couronner l'outrage,
Sans me rien faire dire, a quitté ce riuage,
Sans chercher de pretexte à son manque de foy,
Et, ce qui passe tout, sans tourner l'œil vers moy.

Vengeance, ma Beauté, c'est à toy qu'est l'offense;
A toy d'vn tel affront appartient la vengeance;
Arme tout l'Vniuers contre cet Inconstant.
 Là, son aspre douleur l'arreste en sanglotant.
Ainsi lors que la Terre, en ses cauernes creuses,
Sent la flamme s'esprendre à ses veines souffreuses,
Et qu'en vn lieu contraint vn grand embrasement
Lutte contre le poids du massif Element;
Son sein mugit d'abord, & les Peuples estonne;
Puis, en se sousleuant, sous leurs pas tremble & tonne,
Et n'appaise son bruit, que quand les feux couuerts
Enfin se sont fait jour, par les monts entrouuerts.
 A son aspre infortune Agnes songe & resonge;
Au milieu du courroux l'ambition la ronge;
Elle veut la vengeance, & ne veut pourtant pas
De son Royal Coupable auancer le trespas.
 Mais je puis me venger, dit-elle vn peu calmée,
Sans destruire l'Ingrat, dont je veux estre aymée;
Ie puis punir le crime, & par son chastiment
Ranger le criminel sous mon commandement.
S'il me creut, pour son bien, trop foible de courage,
Qu'il m'esprouue aujourd'huy forte pour son dommage,
Que mon inimitié le rengage à m'aymer,
Et que, par ses malheurs, il me sache estimer.
Faisons de sa Pucelle auorter l'entreprise;
Estouffons la valeur, qui fait qu'on nous mesprise;
Rendons vains ses efforts, rendons ses projets vains,
Et, sur leur grand debris, eleuons nos desseins.

Il faut du Bourguignon, enchanté par mes charmes,
Ressusciter l'ardeur, & commander les armes;
Pour moy seul il respire, & l'vn de mes regards
Le portera, sans peine, aux plus mortels hazards.
Pour moy, deust-il choquer, & le Ciel, & la Terre,
Ce magnanime cœur à tous fera la guerre;
Mais, plus qu'à tous encore, à ce Guerrier fatal,
Qui fit meurtrir son Pere, & qui fut son Riual.
Cette main, en tous lieux triomphante & maistresse,
Sera de mon affront l'illustre vengeresse,
Et, secondant mes yeux, seruira d'instrument,
Pour remettre en mes fers mon fugitif Amant.
Allons de ce Heros implorer l'assistance,
Et receuoir, par luy, le Sceptre de la France;
Ne m'en destourne point, importune Raison,
Tes timides conseils ne sont plus de saison.
Le sort en est jetté; mourons, ou viuons Reyne.

A l'instant elle part; l'ancre quitte l'arene,
Aux deuoirs du vaisseau le marinier est pront,
Et le vent, à souhait, le pousse contremont.
Orleans au leuer des premieres estoilles,
Voit couler, sous ses murs, les flamboyantes voiles,
Croit la barque vn Dragon, &, par son vol ardent,
Se juge menacé d'vn sinistre accident.
A peine le Soleil les ombres illumine,
Que sur la riue gauche, au pied d'vne colline,
Agnes se fait descendre, & sa douce clarté
Illumine à l'enuy le bord inhabité.

LIVRE SEPTIESME.

Apres elle on descend, au moite sein de l'herbe,
Vn Char brillant, pompeux, magnifique & superbe,
Pour ses doux promenoirs autresfois fabriqué,
Maintenant pour la guerre à sa suitte embarqué.
 Le corps en est de cedre, & sa noble structure
D'vn grand & large throsne imite la figure,
Bas deuant, haut derriere, auec art trauaillé,
Et, par tout le dehors, en diamans, taillé.
En forme d'eschiquier, leurs pointes compaßées,
Luysent, d'or & d'argent, par ordre, entrelacées,
Et, quand l'Astre du jour de ses rayons les bat,
L'vne à-l'enuy de l'autre, accroissent leur eclat.
Le dedans est couuert d'vne pourpre enflammée,
De fleurs d'or & d'argent, en eschiquier, semée,
Et son grand Ciel de pourpre, en eschiquier encor,
Est semé, pres à pres, de fleurs d'argent & d'or.
Deux caualles, de taille entre mille egalées,
Par tout, sur vn fonds blanc, de jaune pommelées,
Tiennent le court timon, entre elles, arresté,
D'or & d'argent, par tout, à quarreaux marqueté.
De ces riches metaux, mais en legeres chaisnes,
Furent forgés leurs traits, leurs harnois & leurs resnes,
Et le mors escumeux, par leurs bouches rongé,
De ces mesmes metaux fut encore forgé.
 La Belle assise au Char, prend les guides sonnantes;
A sa teste est Roger, sous des armes brillantes;
Ses Femmes & sa Suitte, autour d'elle à cheual,
Pour commencer leur course, attendent le signal.

LA PVCELLE,

Elle part, & soudain la trouppe fauorite
S'auance vers le haut, & le riuage quitte;
Sous le Char, en montant, s'adoucit le chemin,
Et l'air s'epure au feu d'vn Objet si diuin.

   Tel paroist le Soleil, lors que, du sein de l'Onde,
Il vient, sur vn Char d'or, rendre le jour au Monde,
Et, vers le haut des Cieux, met ses ardens cheuaux
Dans la route, où d'Alcide eclatent les trauaux.
Non loin, deuant ses pas, va le Phosphore, & brille;
Des Heures, à ses flancs, court l'egale famille;
Les Zephyrs, sous ses pieds, font naistre mille fleurs,
Et le Ciel se repeint de ses viues couleurs.

   Agnes en cette pompe, au trauers de la France,
Chès le Prince irrité va chercher sa vengeance;
Elle sçait quel sujet l'a fait perdre à l'Anglois,
Elle sçait sa retraitte, & va droit à son bois.
Vn si rare attirail, vne beauté si rare,
Et surprend, & rauit le cœur le plus barbare;
Tous s'imaginent voir vne Diuinité,
Et leur estonnement produit sa seureté.

   Philippes, au plus creux d'vne grotte sauuage,
Profondement, alors, resuoit à son outrage,
Et de l'altier Anglois l'equitable malheur,
Auec quelque plaisir, consoloit sa douleur.
Orleans à tel point occupoit sa pensée,
Que la mort de son Pere en sembloit effacée;
Et, pour rendre l'outrage à l'outrageux Betford,
Il auoit imploré l'Autheur de cette mort.

Il

Il l'imploroit encore, & de son assistance
Attendoit la promesse, auec impatience,
Lors qu'vn son bruissant, d'hommes & de cheuaux,
Retira son esprit du penser de ses maux.
Il sort du fond de l'antre, & sa veüe est surprise
A l'aspect de ces yeux dont l'eclat le maistrise;
Il demeure interdit en voyant la Beauté,
Qui fait son infortune & sa felicité.
Cet Objet merueilleux, & le charme, & l'estonne;
Il s'enflamme à le voir, à le voir il frissonne;
L'amour & le respect l'agitent tour à tour;
Le respect toutesfois cede enfin à l'amour.
Vers la Belle il s'auance, & se prosterne en terre;
Elle sort du beau Char, & des deux bras le serre;
Il veut baiser ses pieds; elle n'y consent pas;
Mais se plaist dans l'effet de ses puissans appas.
En releuant le Prince; Il est juste, dit-elle,
Que je sois bien-faisante à qui me fut fidelle,
Et que tant de deuoirs, si noblement rendus,
Trouuent leur recompense, & ne soient pas perdus.
Ie viens à ton besoin sacrifier ma vie,
Et seruir de mon bras le bras qui m'a seruie;
Ie m'en viens, contre tous, prendre tes interests,
Et je viens de mes dards fortifier tes traits.
Maintenant qu'aux drappeaux de France & d'Angleterre
Ton magnanime cœur a declaré la guerre,
Qui t'ayme, sans feintise, & te garde sa foy,
Doit courir à ton ayde, & se ranger vers toy.

Ouy, j'ay pour toy, grand Prince, vn amour veritable;
Le tien m'oblige seul, & seul m'est agreable;
Ie suis impitoyable à mes autres Amans,
Et n'ay, que pour toy seul, de tendres sentimens.
Charles, ton grand Riual, pour qui ta fantaisie
A le plus, entre tous, conceu de jalousie,
Ne fut chery de moy, que par ambition;
Et toy, tu ne le fus, que par affection.
Ie n'estimay de luy, que sa seule Couronne;
Ie n'estimay de toy, que ta seule Personne,
Tes respects, ta douceur, & ce feu violent
Que ton desespoir mesme a tousjours veu bruslant.

 A ces mots, sans parler, le Bourguignon souspire,
Et laisse dans ses yeux paroistre vn feint sousrire;
Agnes juge qu'il doute, à voir cette action,
Et, d'vn art plus adroit, suit son intention.

 Tu balances, dit-elle, & tu n'es pas sans crainte,
Que, sous ce vray discours, ne se cache vne feinte;
Ce discours toutesfois est sans deguisement,
Et ne tend point de piege à ton clair jugement.
Sur le bruit que l'Anglois, par sa folle arrogance,
Auoit à son Party fait perdre ta vaillance,
Ie quittay mon repos, & courus vers ce Roy,
Dans l'vnique dessein de le rejoindre à toy.
I'essayay de l'induire à rechercher ton ayde,
Et faire de ton bras son glorieux remede;
Mais, loüant ta vertu, je choquay son esprit,
L'ingrat, me jugeant tienne, en conceut du depit.

LIVRE SEPTIESME.

De sa Bergere, alors, j'esprouuay la manie,
Et fus du Camp, par elle, indignement bannie;
Il le vit, le souffrit, &, d'vn mot seulement,
Ne rendit pas plus doux vn si dur traitement.
L'ingrat m'a mesprisée, & moy je le mesprise;
Il ne vaut pas qu'Agnes regne sur sa franchise;
Ses hommages, à tort, furent par moy soufferts;
Vn Esclaue si lasche a fait honte à mes fers.
Ie consens qu'il demeure à son Enchanteresse,
Esclaue digne en tout d'vne telle Maistresse,
Et me range vers toy, qui peux seul te vanter,
De m'auoir pour Maistresse, & de me meriter.
Mon bras vient, contre tous, embrasser ta querelle,
Vient combattre Betford, Charles, & sa Pucelle,
Et, te vengeant de tous, m'aquiter enuers toy,
De tout ce que je dois à ta constante foy.

  Ce langage flatteur, cette beauté supreme,
Respandent en son ame vne douceur extreme;
Tout entier à la Belle il se laisse occuper,
Et, s'aueuglant luy-mesme, il l'ayde à le tromper.

  Comme vers l'Occident, sur la coste barbare,
Que l'immense Thetis de nos costes separe,
Quand le Marchand desploye, aux nouueaux Indiens,
Le different amas de ses fragiles biens;
Ces Peuples, eblouïs de la clarté du verre,
Pour luy de vrays thresors appauurissent leur terre,
Et, de ce faux tresor leurs sens preoccupés,
Eux mesmes, pour l'auoir, veulent estre trompés.

Sa raison vainement tasche à le mettre en doute ;
Ce n'est plus sa raison, c'est Agnes qu'il escoute ;
Du Roy, de la Guerriere, il s'estoit tout promis ;
Mais, puis qu'Agnes l'ordonne, ils sont ses ennemis.
Il suffit que la Belle, Amante & fauorable,
A son puissant Riual le juge preferable,
Et pour donter ensemble, & Charles, & Betford,
Pourueu qu'elle l'assiste, il se croit asses fort.
 O Beauté, luy dit-il, vnique, & sans exemple,
Terrestre Deité, dont mon cœur est le temple,
Ie fais de ton desir ma souueraine loy,
Ie te reuere seule, & n'ay d'yeux que pour toy.
Que Charles te desdaigne, ou que tu le haïsses,
Contre luy desormais je te dois mes seruices,
Et, quelque grand bonheur qu'il me pust apporter,
S'il est mal auec toy, je le dois rejetter.
Quoy que, deshonnoré par vne indigne offense,
I'eusse mis en son bras l'espoir de ma vengeance,
Plustost qu'à sa valeur maintenant recourir,
I'ayme mieux voir encor ma vengeance perir.
I'ayme mieux qu'vn affront ternisse ma memoire ;
Ie neglige l'honneur ; je renonce à la gloire ;
De toy, je fais ma gloire, & je fais mon honneur,
Et, sur toy seulement, j'establis mon bonheur.
Allons où tu voudras, je suis prest à te suyure ;
C'est viure dans l'honneur, que dans ta grace viure ;
C'est estre bien vengé, que de la posseder ;
A ce noble interest, tout autre doit ceder.

LIVRE SEPTIESME.

Si je suis animé de tes celestes charmes,
Ie puis, par mon bras seul, faire craindre mes armes,
Ie puis, par mon bras seul, & par mon seul effort,
De Charles me venger, me venger de Betford.

De son pouuoir supreme Agnes se glorifie,
Et desormais du Sort la puissance desfie;
Son esclat qui s'accroist, par son contentement,
Du brasier de Philippe accroist l'embrasement.
Au throsne du beau Char alors monte la Belle,
Et contraint son Amant d'y monter auec elle;
L'Esclaue icy triomphe, aupres de son Vainqueur,
Et la joye en ses yeux regorge de son cœur.
Le Char brillant arriue au Palais solitaire,
Que desja l'ombre vaine occupoit l'hemisphere;
Agnes lance, par tout, des rayons & des feux,
Et son corps, parmy l'ombre, est vn corps lumineux.

Marie, au premier bruit, vers la porte s'auance,
De ce Char radieux voit la magnificence,
Reconnoist la Beauté, qu'idolatre la Cour,
Et ne sçait qui l'ameine, en ce triste sejour.
Elle, qui sur son front descouure sa pensée,
Flatteusement l'aborde, & l'ayant embrassée;

En l'estat, luy dit-elle, où sont reduits mes jours,
Ie viens de ce Heros implorer le secours.
D'vn Monstre des Enfers, plein d'orgueil & de rage,
A qui le foible Roy rend vn seruile hommage,
Ie fuis la violence, & cherche, en ce desert,
Vn refuge asseuré, qui m'en mette à couuert.

Mm iij

Charles, comme Dunois, adore la Furie,
Qui regne dans son Camp, & destruit sa Patrie;
Et l'Ingrat sans honneur, quand je viens l'assister,
A ses yeux, deuant tous, m'en souffre mal-traiter.
Nous sommes aujourd'huy compagnes de misere,
Rebut de nos Amans, joüet de leur Megere;
Et ce mal, toutesfois, se conuertit en bien,
Puis que le Sort nous donne vn si ferme soustien.
S'il nous falloit tomber en ces mains genereuses,
Ce fut nostre bonheur que d'estre malheureuses;
Ouy, pour guerir le mal qui nous met aux abois,
Philippes vaut mieux seul, que Charles, ni Dunois.

  Le Prince, par ces mots, sent son ame flattée;
La Princesse en rougit, & s'en monstre irritée;
Elle baisse la veüe, &, changeant de propos,
Ciuilement l'inuite à prendre du repos.
Puis, dans son logement sans suitte retirée,
Elle retourne aux soins, dont elle est deuorée,
Elle retourne aux pleurs, que son cher Inconstant
Luy fait, sur son beau sein, couler à chaque instant.
Mais ne pouuant haïr cet aymable Infidelle,
Et sa haute valeur luy semblant tousjours belle,
Pour le trouuer sans crime, elle veut s'abuser,
Ou, du moins, de son crime essaye à l'excuser.

  Il paroist criminel, dit-elle en sa pensée;
Si toutesfois vn sort a sa raison blessée,
A quoy que l'ait porté le trouble de ses sens,
Les maux qu'il a commis sont des maux innocens.

LIVRE SEPTIESME.

L'Enchanteresse, à tous, fait manquer de parole;
Le malheur general mon desastre console;
Dunois, par sortilege à mes fers arraché,
Offense, sans offense, & peche, sans peché.
Que si, pour me l'oster, ses veritables charmes,
N'estoient rien que l'eclat de la gloire des armes;
Ainsi qu'elle, aujourd'huy reuestant le harnois,
Puis-je pas, à mon tour, luy rauir mon Dunois.
Si le courage seul l'attache à la Sorciere,
Il peut abandonner Guerriere pour Guerriere,
L'abandonner pour moy, quand vn illustre sang
L'auroit mesme eleuée à l'honneur de mon rang.
Endosse donc le fer, & t'en cours au volage;
Ton cœur, pour les combats, n'a que trop de courage,
Et si ton bras est foible, Amour, qui ne l'est pas,
Le sçaura rendre propre à donner le trespas.
Ah! folle qu'as-tu dit? quelle indigne pensée
Inspire à ta vertu ta fureur insensée?
Oublier ton deuoir, pour suyure ton amour!
Changer, au bruit d'vn Camp, la paix de ce sejour!
Courir apres vn homme, en homme deguisée!
Exposer ta conduitte à l'humaine risée!
Violer la pudeur! Non, non, plustost mourir,
Qu'à ce honteux remede, en tes maux, recourir.
Plustost ce Fugitif demeure à l'Inhumaine,
Qui, pour le captiuer, t'a tiré de ta chaisne;
Pour toy, ce grand Esclaue est vn bien sans egal;
Mais ne l'achete point, au prix d'vn si grand mal.

LA PVCELLE,

Au fort de son ardeur, & dans sa resuerie,
Ainsi parle, en pleurant, la pudique Marie;
Ainsi, vers son Dunois, son desir emporté,
En faueur de sa gloire, est par elle aresté.
 Telle part, quelquesfois, vne Lionne ardente,
Pour sauuer le Lion, dont elle fut Amante;
Quand, au piege tendu le Negre l'ayant pris,
A l'infaillible mort le conduit, à grands cris;
Puis tournant sa pensée aux petits de son antre,
De leur danger emeüe, aussi-tost elle y rentre;
Ses tendres sentimens durent peu my-partis,
Vne amour cede à l'autre, & l'Amant aux petits.
 Sur son lit, à la fin, se jette la Princesse;
Elle est triste, & la nuit augmente sa tristesse;
Le sommeil vient, en suitte, assoupir ses douleurs;
Le sommeil, toutesfois, ne seche pas ses pleurs.
Mais à peine le front de l'Aurore vermeille
Se degage des flots, & le Monde resueille,
Que, par vn souuenir plus qu'aucun douloureux,
Philippes sent troubler son estat bienheureux.
Son cœur sent reuenir la fatale journée,
Où son Pere acheua sa triste destinée;
Lors que, sous Montereau, le vengeur Du-Chastel,
Aux Manes de LOVYS, l'offrit d'vn coup mortel.
Ce Iour, marqué d'vn sang illustre & miserable,
Luy fut tousjours amer, & tousjours venerable,
Et tousjours, chaque année, en ce mur criminel,
Luy vit moüiller de pleurs le tombeau paternel.

Aussi,

LIVRE SEPTIESME.

Aussi, bien qu'en ce bois sa flamme le retienne,
Il ne peut negliger sa coustume ancienne;
Pour ce pieux office, il resout de partir,
Le propose à la Belle, & l'y fait consentir.
Tout le jour, cependant, auprés d'elle il demeure,
Et le jour, quoy que long, luy dure moins qu'vne heure;
Il passe la nuit mesme, en son cher entretien;
Puis la quitte, & s'appreste à ce deuoir Chrestien.
Il part enfin, mais tard, & non sans violence;
Auec le lent Soleil, lentement il s'auance,
Voit Montereau de loin, &, marchant vers ses tours,
N'y borne qu'à la nuit la lenteur de son cours.
Il va, d'vn pas douteux, à l'antique Chapelle,
Qui garde du vieux Duc la despoüille mortelle,
Passe en la noire Caue, hostesse du cercüeil,
Et fremit à l'aspect de son lugubre deüil.
De vingt flambeaux noircis la fumeuse lumiere,
Sur vingt chandeliers noirs, enuironne la biere;
Vn grand drap noir la cache, &, par tout abaissé,
A d'vne blanche Croix son milieu trauersé.
Le marbre qui la porte est de couleur obscure,
Obscurs sont les piliers, qui forment sa closture,
Et les bras, qui, par tout, sortent du sombre mur,
Ainsi que les piliers, sont de metal obscur.
L'Horreur, comme en son Antre, en cette Grotte habite,
Et les cœurs les plus gais à la tristesse inuite;
Philippes, des le sueil, auant que d'y passer,
Sent, de la teste aux pieds, tous ses membres glacer.

Remply d'vn plus grand trouble, il entre en la Cauerne,
Au terrible Sepulchre, à l'abord, se prosterne,
Et par cent vœux ardens, pour les malheureux os,
Demande à l'Eternel la paix & le repos.
Mais, ô surprise estrange ! au fort de sa priere,
Il voit fendre le drap, il voit fendre la biere,
Et, par vn lent effort, de son Pere meurtry,
Il voit leuer tout droit le corps sec & flestry.
Du tranchant coutelas, qui le rauit au Monde,
Il porte, & monstre encor la blessure profonde,
Et d'vn liuide sang, autour d'elle, caillé,
A le front spacieux affreusement soüillé.
Le Prince plus emeu, plus tremblant & plus blesme,
Sent le poil, sur son chef, se dresser de luy-mesme,
Sent vn nouueau glaçon, par ses veines, courir,
Et sent sa voix naissante, en sa gorge, mourir.
Le corps parle, & ces mots à Philippes addresse ;
 Ame à ton Pere ingrate, à ta gloire traistresse,
De qui l'infame crime, à ma cendre odieux,
Pour te le reprocher, me rappelle en ces lieux ;
Qu'est-ce que ton depit, à ta honte, projette ?
Veux-tu donques laisser ma vengeance imparfaitte ?
Veux-tu donc aujourd'huy laisser, sans chastiment,
L'Inhumain, dont le fer m'a mis au monument ?
Ie dis peu ; mon Meurtrier, par ta propre assistance,
Se verra-t-il assis au throsne de la France ?
Ce barbare Ennemy des plus augustes loix,
Par ta propre valeur, dontera-t-il l'Anglois ?

Pour venger, sur Betford, vne offense legere,
Prendras-tu le party du bourreau de ton Pere?
Pour destruire Betford, qui, vengeant mon trespas,
A si bien saccagé ses florissants Estats.
Mais non, à l'Assassin tu n'es plus fauorable;
Tu veux à ton Agnes immoler le coupable,
Et la voix d'vne femme a seule eu ce pouuoir,
Que la voix de mon sang auroit deu seule auoir.
Toutesfois, pour haïr ce Monstre sanguinaire,
Au genereux Betford tu n'es pas moins contraire;
Tu ne l'en hais pas moins, & ton aigre courroux
Se le propose encor, pour objet de ses coups.
Ton courroux, cependant, despourueu de prudence,
Ruine ton dessein, ruine ma vengeance,
Et t'empesche de voir, que, pour venger ma mort,
Ton bras est impuissant, sans le bras de Betford.
Tu ne sçaurois sans luy gaigner cette victoire;
Les Destins à sa foudre en reseruent la gloire;
Quel trouble frenetique, & quelle folle erreur,
Contre ton secours propre animent ta fureur?
Venge donques, par luy, nostre injure commune;
Ranime par ses faits ta mourante fortune;
Il ne te le faudra, ni chercher, ni flatter;
A tes pieds, de luy-mesme, il viendra se jetter.
Reçoy le, & condescends à son humble requeste;
Sinon, le juste Ciel cent supplices t'apreste,
Et mon Ombre irritée, auec plus d'vn flambeau,
Sans cesse, te suyura, jusques dans le tombeau.

N n ij

*Le Chef de ces Esprits, que le Roy des Tenebres
Fait errer à l'entour des demeures funebres,
Pour ramener Philippe au malheureux Betford,
Tira ce corps sanglant du pouuoir de la Mort.
Ce fut luy qui fendit, & son drap & sa biere,
Luy qui força ses yeux à reuoir la lumiere,
Luy qui, pour le dresser, lentement l'ebransla,
Et luy qui, par sa bouche, au Bourguignon parla.
Au corps, en finissant, il referme la bouche,
Et, dans le noir cercüeil, lentement le recouche;
Le Prince veut respondre, & se trouue sans voix,
Mais deslors, en son cœur, se rejoint à l'Anglois;
Puis il sort, pasle & froid, de la Grotte funeste,
Fait lire en ses regards sa terreur manifeste,
Et soit dans son silence, ou dans son action,
De ses sens agités monstre l'emotion.
La nuit, qui dure encor, l'entretient en ce trouble;
Il court, & sa frayeur, en courant, se redouble;
Il voit tousjours son Pere vn tison dans la main,
L'incitant à venger son trespas inhumain;
Il le voit, il l'entend, & haste son voyage,
Pressé par cet aspect, pressé par ce langage;
Au gré de son effroy son cheual paroist lent;
Des talons il le serre, & s'esloigne en volant.
  Ainsi lors qu'vne Biche ardemment poursuyuie
Des mastins acharnés, contre sa foible vie,
Vers vn bois, dont les forts ne peuuent se percer,
Court, & semble, en courant, les vents mesme passer;*

LIVRE SEPTIESME. 285

Bien qu'aux chiens eschappée elle n'ait rien à craindre,
Elle les croit pourtant, tousjours prests à l'atteindre,
Pense tousjours les voir, les entendre tousjours,
Et tousjours, sans besoin, precipite son cours.

Au temps que le Soleil commence à luire au monde,
Ce triste Prince arriue à la Forest profonde,
Et redoublant son vol, parmy l'ombrage frais,
Vers le milieu du jour, arriue au beau Palais.
Sous le portail sublime, il voit, à la descente,
Betford qui, pasle & froid, deuant luy se presente,
Qui deuant luy s'incline, & desormais sousmis,
L'inuoque à son secours, contre ses ennemis.

Philippes, luy dit-il, j'ay tort, & je l'auoüe;
Le Sort m'a justement mis au bas de sa roüe;
Que peux-tu vouloir plus, voyant l'ingrat Betford,
Embrassant tes genoux, auoüer qu'il à tort?
Ie ne m'excuse point, je reconnois ma faute;
Il falloit mieux traitter vne vertu si haute;
Il falloist qu'Orleans deuinst, au moins, le prix
Du bienfait, par qui seul je regne dans Paris.
Mais le Sort t'a vengé de ma mesconnoissance,
M'apprenant que toy seul fais toute ma puissance;
I'ay commis vne erreur digne de mille morts;
Mais mon cœur la repare, auec mille remors.
Pour elle, accepte encor tout ce que l'Angleterre
A conquis sur la France en cette longue guerre;
Le present glorieux que je te viens offrir,
Egale bien le tort que je t'ay fait souffrir.

Nn iij

Ie te l'offre sans feinte, & l'offre est assés grande ;
Dans la Royale Ville en ma place commande ;
Ie t'y veux obeir, j'y veux suyure tes loix,
Pourueu que ton bras m'ayde à releuer l'Anglois.
Que si, par ton courroux, tu permets qu'on l'opprime,
Sa vertu portera la peine de mon crime,
Et, tombant sous le joug, par ton delaissement,
De ta captiuité deuiendra l'instrument.
La Race, que ta Sœur à ma couche a donnée,
Qu'à de si grands exploits les Cieux ont destinée,
Qui doit monter au throsne, & regner en ces lieux,
Verra faillir, par toy, les promesses des Cieux.
Enfin ce Pere illustre, autheur de ta naissance,
Ton Pere d'origine, & le mien d'alliance,
Verra son interest, par son Fils, negligé,
Et, par son Successeur, se verra mal vengé.
 Sur ce dernier sujet, Betford alloit s'estendre,
Incertain du succes qu'il en deuoit attendre ;
Mais, sans luy donner temps de suyure son propos,
Le Prince l'interrompt, & luy parle en ces mots ;
 Ie me rens, non à toy, mais à la voix secrette,
Qui me sonne dans l'ame, & vers toy me rejette ;
A sauuer les Anglois, malgré moy, je consens,
Et veux bien oublier qu'ils sont mesconnoissans.
Rejoignons, je le veux, nos conseils & nos armes,
Que la France retourne à ses premieres larmes,
Que Charles de Betford ait assés triomphé,
Et qu'il voye, en naissant, son espoir estouffé.

Betford à ce discours, est transporté de joye;
Son orgueil humblement, sous Philippes, se ploye;
Il luy presse les mains, luy serre les genoux,
Et, par cent mots flateurs, ammolit son courroux.
Le Bourguignon, pour luy, sent desarmer sa haine,
Et, desormais plus doux, en sa chambre le meine;
Ils s'y renferment seuls, & pensent meurement
Aux moyens de refaire vn puissant armement.
Ils resoluent enfin d'aller, pour leurs leuées,
L'vn, aux Terres du Nort par la Seine abreuuées,
L'autre, aux humides Champs, vers la mer, abbaissés,
Du Rhein & de l'Escaut enceints & trauersés.
Betford part au moment, & court la Normandie,
Reschauffe en tous les cœurs la vertu refroidie;
Bataillons, escadrons, soudain de toutes parts,
Marchent sous ses drappeaux, & sous ses estandards.
Philippes veut partir, mais, charmé de la Belle,
Sans vn puissant effort, ne peut s'esloigner d'elle;
Il veut, en mesme temps, partir & demeurer,
Et se sent, vers deux lieux, en mesme temps, tirer.
 Tel, entre deux Aymans, d'vne force pareille,
Le fer, comme animé, de son choix se conseille,
Et, par ce double attrait egalement tenté,
Ne sçauroit se resoudre, & demeure arresté.
 Le Prince enfin maistrise, & sa flamme, & sa peine;
Il quitte son sejour, & passe chés sa Reyne,
Ne luy dit rien, d'abord, par son mal, interdit;
Puis, surmontant son mal, la regarde, & luy dit;

Soleil qui fais mes jours, je pars, & t'abandonne;
L'honneur me le prescrit, mon Pere me l'ordonne,
Et je pretens t'y faire aisement consentir,
T'informant du sujet, qui me force à partir.
Contre ton Inconstant, & contre sa Guerriere,
La Flandre, par mes soins, va s'armer toute entiere;
Mon Pere, & mon Agnes, vont connoistre ma foy;
Mon Pere, & mon Agnes, se vont loüer de moy.
Mon amour seulement aura lieu de s'en plaindre;
Mais il faut, au besoin, apprendre à se contraindre;
Il faut sçauoir donter son propre sentiment,
Quand le deuoir l'exige, & ton contentement.
Ie ne te diray point, qu'à mon ame bruslante,
Ta celeste beauté sera tousjours presente,
Ni que, pour n'auoir plus le bonheur de te voir,
Ie n'en seray pas moins sousmis à ton pouuoir.
Si j'ay pû tant de mois, mesme sans esperance,
Monstrer ma passion plus forte que l'absence;
Maintenant que j'espere, il n'est esloignement
Capable d'amortir mon vif embrasement.
Ton desir inquiët n'aura guere à m'attendre;
Dans vne Lune, au plus, vers toy je me veux rendre;
Mon amour à mon cœur impose cette loy;
Le terme est assés court, ou n'est long que pour moy.
Pusse-je, sans te perdre, engager ton courage,
Dans les diuers perils d'vn si rude voyage;
Iamais nul accident n'eust pû nous separer;
Mais il faut à mon bien ton salut preferer.

A la

LIVRE SEPTIESME.

A la saison ardente, aux courses vagabondes,
Aux trauaux de la Terre, aux tempestes des Ondes,
Si j'allois t'exposer, pour mon bien seulement,
Ie serois ton meurtrier, & non pas ton Amant.
Ie pars ; console toy, dans la ferme assurance
De voir de ton Ingrat vne haute vengeance,
Et, si mon bras vengeur ne te semble assés fort,
Sache qu'outre mon bras, j'ay celuy de Betford.
Betford le redouté, ce second Aduersaire,
Contre qui ma douleur excitoit ma colere,
Pour calmer ma colere, & flatter ma douleur,
Vient de m'offrir Paris, de m'offrir sa valeur.
Nous deuons à-l'enuy ton Rebelle poursuyure,
Tant qu'il perde le Sceptre, & qu'il cesse de viure;
Tes vœux, n'en doute point, vont estre satisfaits;
Il mourra, le cruel, sous l'effort de nos traits.
Cependant à Paris, nostre nouuel Empire,
Va regner sur le throsne, où ton Ingrat aspire ;
Va trouuer là ta gloire, auec ta seureté,
Ce lieu merite seul de garder ta beauté.
 Il s'incline, à ces mots, la saluë, & la quitte;
Elle ne respond rien, & demeure interditte ;
Ce depart la surprend, & ce complot fatal,
Au lieu de la guerir, enuenime son mal.
Elle ne peut vouloir que son Ingrat perisse ;
Dans son plus grand courroux, elle luy fut propice,
Et son amere plainte eut pour vnique objet,
De le reuoir encore à ses ordres sujet.

Philippes connut mal sa veritable enuie;
Bien loin de la seruir, ses soins l'ont desseruie;
Elle en est offensée, &, pleine de desdain,
Ne luy peut pardonner ce bienfait inhumain.
L'accident impreueu de l'Angloise alliance
La fait de sa fortune entrer en desfiance;
Elle a crainte de tout, &, sur tout, craint de voir
Sa Personne engagée, & hors de son pouuoir.
Elle veut en ses mains retenir sa franchise;
Mais au Prince amoureux sa peur elle deguise,
Luy disant qu'elle espere, en ce charmant sejour,
Auec moins de douleur, attendre son retour.
 L'Amante de Dunois, dont la vertu seuere
A d'Agnes vn degoust, qui n'est pas sans colere,
Manquant d'autre couleur, dit, pour s'en separer,
Qu'on ne peut, sans peril, en ce lieu demeurer.
Le soin de sa pudeur la rend mesme inciuile;
Il la force à rentrer dans l'odieuse Ville,
A s'aller resousmettre à ses crüels Parens,
Et rebaisser le col sous le joug des Tyrans.
 La Belle, au beau desert seule ainsi demeurée,
Bruslante de courroux, de chagrin deuorée,
Sans descouurir de borne au cours de ses ennuis,
Passe dans le silence, & les jours, & les nuits.
Roger, son cher Roger, dans ses maux, la console;
Elle respond des yeux, & non de la parole,
Et ses mornes regards, arrestés fixement,
Tesmoignent la grandeur de son estonnement.

LIVRE SEPTIESME.

*Elle ne parle point, & son profond silence
De ses sensibles maux accroist la violence;
Elle ne parle point, mais songe incessamment
Au tort qu'elle reçoit de l'vn & l'autre Amant.
Ses pleurs aux claires eaux de l'illustre Fontaine,
Par leur cours eternel, communiquent sa peine;
Et, dans tout ce grand Bois, le vent de ses souspirs
Fait gemir les Echos, & plaindre les Zephyrs.
En cet estat funeste, elle coule vne Lune,
Reprochant aux Destins sa crüelle fortune,
Faisant, contre son mal, vn inutile effort,
Et, pour sa guerison, ne voyant que la mort.
Sur l'onde qui serpente, au sein de la Prairie,
Entretenant vn jour sa triste resuerie,
Roger vient l'auertir, que deux graues Prelats,
Vers ce noble sejour, dressent leurs foibles pas.
D'vn auis si fascheux, & surprise, & depite,
Elle impute à son sort l'importune visite,
Craint ces austeres fronts, qui preschent le deuoir,
Et resout de partir, plustost que de les voir.
Mais, quittant ce Palais, où sera sa retraitte?
Ce penser la retient, & la rend inquiëte;
A partir, à les voir, ne pouuant consentir,
Elle ne veut enfin, ni les voir, ni partir.
Elle se feint malade, &, trouuant son excuse,
Dans le secours aisé de cette pronte ruse,
Se cache dans sa chambre, & le courtois Roger
De l'accüeil des Prelats offre de se charger.*

O o ij

LA PVCELLE,

Pour confondre l'Erreur, & bannir la licence,
Qui du grossier Boheme alteroient l'innocence,
Cent & cent Peres saints, d'vn saint zele enflammés,
Estoient alors, dans Basle, vnis & renfermés.
Mais les longues fureurs de France & d'Angleterre,
Nourrissant ce poison, en nourrissant la guerre,
Ils conclurent enfin, que, pour le reprimer,
Il falloit, par la Paix, ces fureurs desarmer.
L'accord des Roys Chrestiens leur sembla necessaire,
S'ils vouloient aux Enfers, ces aueugles soustraire,
Et, pour donner le calme à ces sanglans debats,
Ils eleurent, d'entre eux, les deux plus grands Prelats.
Du Rhein, encore estroit, ils quittent le riuage,
Et font, parmy le trouble, vn tranquille voyage;
Leur vertu les protege, &, sans estre escortés,
Ils sont des deux Partis à-l'enuy respectés.
Vers les bords escumeux de la profonde Seine,
Ils vont, à pas pressés, où le besoin les meine;
La Conté, la Duché, leur ouurent leurs remparts,
Et, pour les reuerer, on vient de toutes parts.
Par Dole, par Dijon, par Beaune, & par Auxerre,
Ils apportent la Paix dans le champ de la Guerre;
Ils passent Montargis, ils trauersent Nemours,
Et Fontainebleau seul peut suspendre leur cours.
Fatigués d'vn chemin si penible & si rude,
Ils veulent respirer, en cette solitude,
Et de leurs ordres saints auertir, cependant,
L'impetueux Anglois, & le François ardent.

LIVRE SEPTIESME.

Roger, au deuant d'eux, s'auance vn long espace,
Et, comme auec respect, les reçoit auec grace,
Les conduit au Palais, les loge richement,
Et leur fait, pour sa Sœur, excuse & compliment.
La Nuit couure la Terre, & le Monde repose;
Mais, soudain que du Iour la barriere est declose,
Roger court aux Prelats, &, sans plus les laisser,
Par mille doux objets, songe à les delasser.
Il les conduit par tout, par tout il les promeine,
Leur fait voir la Forest, leur fait voir la Fontaine,
Leur fait voir l'Edifice, & de tant de beautés
Rend leurs cœurs satisfaits, & leurs sens enchantés.
Sur toutes, leur paroist, en estenduë, vnique,
En artifice, rare, en pompe, magnifique,
L'illustre Galerie, où cent vastes Tableaux
Du Royaume François representent les fleaux.

L'Oracle de son Art, & l'honneur de son âge,
Albert, le Florentin, fut l'Autheur de l'Ouurage,
Et le Duc Bourguignon, d'vn projet inhumain,
Implora, pour le faire, vne si noble main.
Il voulut employer l'estrangere industrie,
Pour saouler ses regards des maux de sa Patrie,
Et, Fils denaturé, dans ce crüel plaisir,
Aux despens de sa Mere, assouuit son desir.
Les yeux pour verité, prennent cette peinture;
Iamais rien de si pres n'imita la Nature;
Tout y vit, tout y parle, & le pinceau sçauant
Y donna l'ame à tout, y rendit tout mouuant.

Des succès figurés la merueille attrayante,
Charme les saints Vieillards, & passe leur attente;
Ils cherchoient d'en sçauoir le cours prodigieux,
Et cette occasion le presente à leurs yeux.
L'officieux Roger, qui, dans la solitude,
Depuis plus d'vne Lune, en a fait son estude,
S'offre à leur expliquer ce que chaque tableau
En contient de funeste, ou de grand, ou de beau.
L'vn & l'autre l'agrée, & son ame resueille,
Et tous deux, pour s'instruire, ouurent l'œil, & l'oreille;
Roger leue, & la canne, & la voix, à la fois;
L'œil s'attache à la canne, & l'oreille à la voix.

   Saints Prelats, leur dit-il, qui, remplis de prudence,
Venés calmer les flots, où s'abysme la France,
Et qui pour terminer, ses maux & ses soucis,
Du cours de ses Destins voulés estre eclaircis;
Ie fremis d'espouuante à l'affreuse memoire,
D'vne si lamentable & si tragique histoire,
Et crains de ne pouuoir, sans respandre des pleurs,
Vous faire le recit de tant d'aspres douleurs.
Nos crimes allumant la colere diuine,
Furent de nos trauaux la fatale origine,
Et, depuis cent Hyuers, souffrant & languissant,
Nous n'auons pas esteint l'ire du Tout-puissant.

   Dans ce premier Tableau, l'innombrable Assemblée,
Qui paroist toute en deüil, de tristesse comblée,
Est celle des Estats conuoqués par les Loix,
Pour donner vn Monarque à l'Empire François.

LIVRE SEPTIESME.

Sous la Coustume, icy, succombe la Nature,
Edoüard rejetté, plaint sa mes-auenture,
Et Philippes admis, doit le titre de Roy
Au pouuoir eternel de la Salique Loy.

 Edoüard, dans cet autre, enuironné de Princes,
Vient rendre hommage aux Lys, pour deux grandes Prouinces;
L'Anglois, que le François naguere eut pour Riual,
Du François maintenant se reconnoist Vassal.
Philippes le reçoit en Royal equipage,
Et trois Roys sont presens à ce fameux hommage;
Amiens en est la Scene, & par cette action
Pour jamais le confirme en sa possession.

 Edoüard, toutesfois, refusant tout seruice,
Et mettant sous les pieds, foy, raison, & justice,
Contre son Souuerain aussi-tost reuolté,
S'en-reuient enuahir le Royaume quitté.

 Philippes se resueille, & rend à l'Angleterre,
Mesme jusqu'en ses ports, l'usure de sa guerre;
Portmuth, que vous voyés, & ses humides bords,
Esprouuent de son fer les terribles efforts.

 Mais voicy d'Edoüard la facile reuanche;
Le François qui regnoit au milieu de la Manche,
Resserré dans l'Escluse, &, pressé par l'Anglois,
Est contraint de subir la rigueur de ses loix.

 L'Injuste, apres, en Flandre, en Guienne, en Bretagne,
Ayant fait, par ses Chefs, rauager la campagne,
Enfin, à la faueur des celestes flambeaux,
Vient fondre en Normandie, auec mille vaisseaux.

Voilà qu'il y descend, & que, de tout vn Monde,
Il couure son riuage, & sa campagne inonde;
Voilà qu'il la trauerse, & que, de bout en bout,
Son formidable Camp le rend maistre par tout.

Icy poussant d'ardeur son heureuse conqueste,
Au sac du grand Paris, il s'excite, & s'appreste;
Il paroist à sa veüe, & ses auant-coureurs,
Par cent embrasemens le comblent de terreurs.

Philippes sort des murs, le cœur gros de vengeance,
Prouoque l'Inhumain, & contre luy s'auance;
L'Anglois saisi d'effroy, vers la Flandre, s'enfuit;
Le François, à grands pas, ses brigades poursuit.
Auec vn vaste corps d'infatigables bandes,
Philippes les poursuit, vers les Terres Flamandes;
Il les joint à la course, &, trahy par son cœur,
A vaincre & triompher violente leur peur.
Crecy rendu fameux, par nostre insigne perte,
De François & d'Anglois voit sa plaine couuerte,
Et changée en Theatre, où l'ardente fureur,
Par tout, offre aux regards des spectacles d'horreur.
Le foible sur le fort icy prend auantage;
Icy la lascheté surmonte le courage;
Le Sort icy se joüe aux despens des humains,
Et rompt aux valeureux la palme entre les mains.
Remarqués dans le choq cette Teste Royale,
Ce vieux Prince Germain, qui sur tous se signale;
Il combat, quoy qu'aueugle, & ses coups foudroyans,
Passent, dans leurs effets, ceux des plus clair-voyans.

Mais

LIVRE SEPTIESME.

Mais enfin, sous l'Anglois, d'vne cheute commune,
Tombe & meurt, auec luy, la Françoise fortune;
L'elite des grands cœurs l'accompagne au tombeau;
Edoüard, des lauriers, cueille icy le plus beau.
Deuant luy desormais, tout fuit, tout se dissipe;
Le dernier qui luy cede est le braue Philippe;
Il se fait violence, & part desesperé;
Mais, dans son desespoir, n'est pas moins asseuré.
Le vainqueur est surpris de sa propre victoire,
Et, bien qu'il en joüisse, il a peine à la croire;
Les rigoureux Destins, en cet euenement,
Cherchoient moins sa grandeur que nostre abbaissement.

Il prend icy Calais, icy, dans l'Angleterre,
Il triomphe, & consent à suspendre la guerre;
Philippes de son sort, triste, mais non troublé,
Sous vn faix si pesant, sent son corps accablé.

Dans les bras de la Mort, l'ame toute guerriere,
Voilà, que de ses jours il fournit la carriere,
Ne faisant à ses Fils autre commandement,
Que de garder leurs Droits jusques au monument.

Iean succede aux vertus de son genereux Pere,
Et comme à ses vertus succede à sa misere;
Il n'eut pas moins que luy le courage eleué,
Et l'honneur, en son sein, ne fut pas moins graué.

Icy le Nauarrois, domestique Furie,
Vient, la torche à la main, consumer sa Patrie,
De l'Anglois, du Breton, resueille la langueur,
Et, d'vn brasier nouueau, leur enflamme le cœur.

LA PVCELLE,

Là, dans la Picardie, icy, dans la Guienne,
L'Anglois fait eclater sa fureur ancienne;
Par les deux Edoüards les deux Camps sont conduits,
Les Peuples consumés, & les remparts destruits.
 Vers le Pere d'abord, Iean va teste baissee;
Ces barbares degasts roulent dans sa pensée;
L'horreur qu'il en conçoit se descouure en ses yeux;
Il court à la vengeance, & court en furieux.
Mais, la fuitte à sa foudre ayant rauy le Pere,
 Il tourne, vers le Fils, sa vaillante colere;
Au trauers de la France, il le cherche à grands pas,
Et, pour tonner sur luy, leue desja le bras.
 Sur sa route guerriere, vne adroitte pratique
Luy liure, dans Roüen, cette peste publique,
Ce mortel ennemy du Royaume & des Loix,
L'espoir de l'Estranger, le crüel Nauarrois.
Le seul bruit de sa marche, & rapide, & hardie,
Range dans le deuoir l'Angloise Normandie;
Tout luy vient rendre hommage, & de tous les costés
Arborent ses drappeaux les rebelles Cités.
Par Chartres, & par Tours, vers son fier Aduersaire,
Ainsi qu'vn foudre il vole, esperant le desfaire,
Sous l'antique Poitiers le rencontre arresté,
Et le croit par les Cieux dans ses chaisnes jetté.
Le jeune Anglois reduit, par les forces Royales,
A se commettre au Sort, à forces inegales,
De sa temerité se repent desormais,
Tient sa perte certaine, & demande la paix.

LIVRE SEPTIESME.

Le François, sans l'oüir, à l'attaque s'auance;
L'Anglois triste, mais fier, s'appreste à la defense,
Et, dans son desespoir ramassant son effort,
Ne pense qu'à mourir, d'vne immortelle mort.
 Voyés, sages Prelats, auec quel art de guerre,
Dans ce vignoble estroit, ses bandes il resserre,
De quels buissons touffus, de quels fossés profonds,
Il en couure les flancs, il en arme les fronts.
 Là mesme, remarqués, auec quelle furie,
Sur luy, de toutes parts, fond la Cauallerie,
Et remarqués, encore, auec quelle valeur
Il fait sur l'assaillant retomber son malheur.
Voyés ceder, icy, la puissance à l'addresse;
Voyés par les Archers renuerser la Noblesse;
Voyés de corps François, l'vn sur l'autre entassés,
Et couurir les buissons, & combler les fossés.
Sur tout, voyés leur Roy, dans son desauantage,
Ranimer sa vertu, redoubler son courage,
Et par mille actions, d'vn heroique effort,
Retarder quelque temps la rigueur de son sort.
Mais son sort malheureux, plus fort que sa vaillance,
Malgré tant de hauts faits, donte sa resistance;
Il tombe, &, dans sa cheute, il monstre tant de cœur,
Que le vaincu paroist plus grand que le vainqueur.
De son sang tout couuert, il perd force, & franchise;
Edoüard, qui le prend, tremble deuant sa prise;
A Londres on le meine; il y vit sur sa foy,
Et là, bien que captif, semble en estre le Roy.

LA PVCELLE,

Par vn si violent & si terrible orage,
On peut dire qu'alors la France fit naufrage,
Et que ce qu'on vit d'elle, apres ce grand fracas,
Ne fut que le debris de ses puissans Estats.
L'Enfer s'ouurit pour elle, &, du sein des Abysmes,
Volerent dans son sein les fureurs & les crimes,
Sur ses champs s'espandit vn torrent de douleurs,
Et parmy cent trauaux acheua ses malheurs.
 L'inhumain Nauarrois, eschappé de ses chaisnes,
A sa rage, pour elle, abandonna les resnes,
Courut impetueux, les plaines & les monts,
Et seul, pour l'affliger, valut tous les Demons.
Depuis, & fort long-temps, cette agreable Terre
Fut l'image d'vn bois rauagé du tonnerre,
D'vn vaisseau tourmenté par de contraires flots,
D'vn Chaos plus confus que l'antique Chaos.
On n'y vit desormais que desordres infames,
Qu'infidelles Traittés, qu'abominables trames,
Qu'assassinats cruels, que reuoltes sans fin ;
Trop indigne matiere aux vertus du Daufin.
 Le Peintre n'a point eu de couleur assés noire,
Pour representer bien cette effroyable histoire,
Et, n'en pouuant tracer qu'vn imparfait tableau,
N'a fait, sur tant d'horreurs, que couler le pinceau.
 Cependant Edoüard vient fondre dans la France ;
Le voilà, qui la court, sans frein ni resistance ;
 Le voilà, qui conduit ses drappeaux aguerris,
Sous les tremblantes tours de l'immense Paris.

LIVRE SEPTIESME.

Et voilà, que les Cieux, armés pour la Iustice,
Menacent sa fureur d'vn rigoureux supplice,
Et par cent pronts eclairs, & cent foudres grondans,
Donnent de leur courroux cent signes euidens.
Cette peinture trompe, & la voyant il semble
Que le Firmament brusle, & que la Terre tremble ;
On croit oüir le bruit des tonnerres lancés,
On croit voir par leurs coups les drappeaux renuersés.
De vent, de feu, de pluye, vn terrible meslange
Des estranges horreurs produit la plus estrange,
Et d'vne fausse nuit l'ombrage tenebreux,
Rend cet affreux orage encore plus affreux.
L'Anglois espouuanté, dans ce trouble celeste,
Du Monarque eternel voit l'ire manifeste ;
Il craint son bras vengeur, & d'effroy conuerty
A Iean, pour sa rançon, fait vn plus doux party.

Icy, le Prisonnier obtient sa deliurance,
Et rend, par son retour, le repos à la France.

Icy, le grand Paris, dans ses murs, le reçoit,
Et d'vn sort plus heureux l'esperance conçoit.

Icy, contre le Turc, le bon Prince se croise,
Et de zele enflammé reuoit la Cour Angloise ;
Sa pieté l'y meine, & son ardente voix
Sollicite Edoüard de prendre aussi la Croix.
Mais, dans ce soin pieux, la magnanime vie,
Par l'Esprit infernal au Monarque est rauie ;
Cette mort fait mourir tous les saints mouuemens,
Et du joug des Chrestiens sauue les Othomans.

Pp iij

Là, le jeune Roger, ne parlant plus qu'à peine,
Se taist quelques momens, & prend vn peu d'haleine;
Et cet endroit, qui borne vn si long promenoir,
Conuie à respirer, aussi bien qu'à s'asseoir.
On s'assied, on respire, & soudain on se leue.

Ainsi, quand l'Ocean s'ebransle, vers la greue,
Et par vn flux reglé, sans le secours des vents,
Se roule tousjours plus, sur les sables mouuans;
Contremont, flot sur flot, l'onde viue eleuée,
Aux bornes de son cours à peine est arriuée,
Que sa masse escumeuse, en se rengloutissant,
Dans le sein de l'Abysme, aussi-tost redescend.

Sur ses pas on retourne, & Roger continüe;
Si du Royaume enfin le malheur diminüe,
C'est que le Roy des Roys en suspend les trauaux,
Pour le rendre plus propre à souffrir plus de maux.
Charles, que sa prudence a fait nommer le Sage,
De l'Estat desolé recüeille l'heritage,
Et le Camp Nauarrois, sous ses ordres, desfait,
De son illustre regne est le premier effet.

Par l'Angloise fureur, la Guienne opprimée,
Ayant du bras François la faueur reclamée,
Rejette la discorde entre les deux Partis,
Et rallume par tout les brasiers amortis.

Edoüard derechef aspire à la Couronne,
Et couure d'estandards la Seine & la Garonne;
Galles, Knolles, Chandos, par mille embrasemens,
Executent, icy, ses fiers commandemens.

LIVRE SEPTIESME. 303

Mais Guesclin, par sa foudre escartant leurs tempestes,
A leurs vaillantes mains arrache leurs conquestes;
Contre trois grands Guerriers, bien que seul il suffit,
Et par luy Pontvallan voit Knolles desconfit.

Icy tombe Chandos, & cette fleche aiguë
Luy fait perdre la vie, aussi bien que la veüe;
Là, Galles se retire, & sent que son destin,
Quoy que vainqueur des Roys, craint celuy de Guesclin.
Ce Prince genereux, comme si sa retraitte
Eust esté de l'Anglois la honte & la desfaitte,
De son Astre malin accusant la rigueur,
Dans le sein paternel, va mourir en langueur.

Guesclin, dont les Soldats entre eux content des Princes,
Court, d'un pas triomphant, les rebelles Prouinces;
Sans attendre d'attaque, au bruit de ce torrent,
La Rochelle se donne, & le Poitou se rend.

Sous le rapide effort de cette mesme course,
Le Breton trop hardy tombe, là, sans resource;
Lenclastre ardent & pront, pour luy prester la main,
Trauerse le Royaume, & le trauerse en vain.

Le vieux Edoüard mesme accourt à sa defense;
Mais trop foible est son bras, contre tant de vaillance;
Ceux qui virent leurs champs, par son fer, saccagés,
Luy vont porter la mort, dans ses champs rauagés.
Charles, qui sçait respondre à la grace celeste,
De ses braues Sujets leue ce qui luy reste,
En cinq lieux separés fait cinq grands armemens,
Et suit, d'un heur egal, ses beaux commencemens.

Icy le Nauarrois, que sa fureur inspire,
Contre Charles s'anime, & sa perte conspire;
Aux drappeaux de l'Anglois il joint ses estandards,
Et s'appreste, en ses Monts, à tenter les hazards.
Guesclin vole vers luy, dans ses murs le resserre,
Et traitte la Nauarre, ainsi que l'Angleterre;
Il les terrace ensemble, &, pour son front guerrier,
De leur double malheur, ne cueille qu'vn laurier.
Les seuls Calais, Cherbourg, Brest, Bordeaux & Bayonne,
Demeurent, dans la France, à l'Angloise Couronne;
Le surplus est François, &, fors le long des flots,
On y joüit, par tout, d'vn glorieux repos.

Là, Guesclin perd le jour, là, son Roy magnanime
Du cruel Nauarrois est la sourde victime;
La France voit à peine abattre son grand Bras,
Qu'elle voit aussi-tost son grand Chef mis à bas.
Ce malheur, dans son sein, fit liurer cent batailles,
Et par son propre fer dechirer ses entrailles;
La Iustice des Cieux, par ce grand chastiment,
Ayant voulu punir son endurcissement.

Icy le Nauarrois, ce Serpent domestique,
Sent purger, par le feu, son venin tyrannique;
Il s'embrase luy-mesme, &, ministre du Sort,
Borne ses jours affreux, par vne affreuse mort.
Le Ciel n'est pourtant pas plus doux que de coustume;
Si ce flambeau s'esteint, vn autre se rallume,
Vn autre plus ardent, plus fatal aux François,
Qui les consume encore, & les met aux abois.

Trop

LIVRE SEPTIESME.

Trop long-temps, sous vn homme, auoit gemy la France;
Il falloit qu'vne femme en causast la souffrance,
Et, si l'vn l'exerça, par cent rudes trauaux,
L'autre l'enseuelit, dans vn gouffre de maux.
    Celle que vous voyés, l'inhumaine Estrangere,
L'Espouse du Monarque, ou plustost sa Megere,
Le Monstre de son temps, l'Allemande Isabeau,
De l'Estat miserable est le second flambeau.
    Aux yeux du nouueau Roy, Clisson jetté par terre,
A l'assassin Breton fait declarer la guerre;
Voyés, là, qu'au plus chaud du flamboyant Esté,
En haste, contre luy, va le Prince irrité.
Mais voyés le, en son cours, dans ce boscage sombre,
Fierement arresté par vne infernale Ombre,
Qui, d'vn magique sort luy soufflant le poison,
Aussi bien que son sang, infecte sa raison.
Et, de tous nos malheurs, ce malheur fut le pire;
Il seruit, plus qu'aucun, à perdre cet Empire,
Et rengagea, le plus, les Fureurs de l'Enfer,
A faire, de ce siecle, vn vray Siecle de fer.
    Charles aydé du jeusne, aydé de la priere,
Recouuroit sa raison, & sa santé premiere,
Lors qu'en ce lieu de joye vn funeste accident
Rendit son sens plus foible, & son mal plus ardent.
Entre ces malheureux & contrefaits Sauuages,
Sur qui ce feu volant fait de si grands rauages,
Voyez le Roy luy-mesme, &, dans ses troubles yeux,
Voyés renouueler son transport furieux.

Philippes & LOVYS, de Charles Oncle & Frere,
D'âge, ainsi que d'humeur, l'vn à l'autre contraire,
Disputent le timon, &, d'affreux moüuemens,
Iettent par leur debat de tristes fondemens.
Philippes mort enfin, Iean, cette Ame hautaine,
Comme de ses Estats, herite de sa haine,
Et, pour la renuier, roule, en son traistre sein,
Contre son Aduersaire, vn atroce dessein.
Il en resout le meurtre, & soudain l'execute;
Ne fremissés-vous pas, à sa tragique cheute,
Et, dans ses yeux mourans, ne remarqués-vous pas,
Qu'il recommande aux siens, de venger son trespas?

On tient qu'en cet endroit le Peintre inimitable
Eut ordre d'oublier cet acte detestable,
Ou de le faire, au moins, en petit seulement,
De couleur effacée, & dans l'esloignement.
Mais l'esprit de l'Ouurier, amy de la Iustice,
Laissa, contre cet ordre, agir son beau caprice,
S'attacha, plus qu'à tout, à cette indigne mort,
Et de son Art, pour elle, employa tout l'effort.

Voyés, là, du Meurtrier, & le trouble, & la fuitte;
Voyés, là, des Enfans, la plainte, & la poursuitte;
Voyés, là, de la Femme, en vn si grand malheur,
La fureur pitoyable, & l'horrible douleur.

Le foible Roy pourtant, est obligé de faire
Vne Paix odieuse aux Manes de son Frere;
La Femme, hors d'espoir de venger son trespas,
En charge ses trois Fils, & meurt entre leurs bras.

LIVRE SEPTIESME.

Iean, du Prince egorgé trop tardiue victime,
Abuse des Destins, & jouït de son crime;
Rien ne s'offre à ses yeux, qui ne luy soit sousmis,
Et par tout, sous ses pieds, tombent ses Ennemis.
 Les seuls Enfans du Mort, malgré leur impuissance,
Contre le Bourguignon, courent à la vengeance;
Paris les voit combattre, ardens & valeureux,
Et, contre leur vertu, le voit encore heureux.
Mais, dans son haut bonheur, telle est son insolence,
Que mesme le Daufin, son gendre & sa defence,
D'vn genereux courroux s'animant contre luy,
De son bras, desormais, luy refuse l'appuy.
Le Tyran craint, s'esloigne, & dans sa propre terre,
A son tour, est pressé des flammes de la guerre;
Par son esloignement, ses Riuaux de retour
Releuent leur fortune, & regnent à la Cour.
 Alors, pour son salut, loin de toute apparence,
Le François de l'Anglois rejette l'Alliance,
Et l'Anglois orgueilleux, sensible à cet affront,
Sur le François troublé, comme vn tonnerre, fond.
 Voyés-le, icy, d'Harfleur soudain rendu le maistre,
Voyés-le, sur la Somme, en triomphe parestre;
Puis voyés-le, qui cede, & plein d'humilité
Nous demande la Paix, & n'est point escouté.
Le Ciel, encore icy, le jugement nous oste;
Pour la troisiesme fois, nous faisons mesme faute,
Dans son abbaissement, nous mesprisons l'Anglois,
Et le forçons à vaincre vne troisiesme fois.

Par l'heureuse Angleterre, Agincourt & Peronne
Virent, presque, à la France, enleuer la Couronne ;
Iamais autre combat ne fit tant de captifs,
Ne conta plus de morts, n'eut moins de fugitifs.
 Les deux, que vous voyés, si couuerts de blessures,
Si fiers dans leur malheur, sous des chaisnes si dures,
Sont du braue LOVYS les Enfans genereux,
Soustiens du foible Estat, mais soustiens malheureux.
Qui peut voir, sans fremir de douleur & de rage,
D'vn desastre si grand l'espouuantable image ?
Qui, sans verser des pleurs, & pousser des sanglots,
Peut, d'vn si noble sang, voir rouler tant de flots ?
 Le Vainqueur se retire, & n'en a que la gloire ;
Le crüel Bourguignon seul gaigne à la victoire ;
Vers Paris il s'auance, & cherche à se venger ;
François, pour son Pays, moins doux que l'Estranger.
 Charles, à qui son mal laisse vn bon interualle,
Pour sauuer du Tyran sa Personne Royale,
A la sage valeur des Chefs Orleannois,
Commet l'authorité des Armes & des Loix.
 Iean, pour venir au but, où son orgueil aspire,
Inuite l'Angleterre au sac de cet Empire ;
Il l'engage à s'armer, &, d'vn commun effort,
Tous deux portent aux Lys la terreur & la mort.
Le superbe à l'Anglois joint encore Isabelle,
Du lieu de son exil, à la guerre l'appelle,
Et, ce nouueau secours, pour ses fins, menageant,
Oppose Mere à Fils, & Regente à Regent.

LIVRE SEPTIESME.

Le Pere des Chrestiens, animé d'vn saint zele,
Enfin, des deux Partis compose la querelle ;
Orleans & Bourgogne, ensemble desormais,
Des interests publics doiuent porter le faix.

Mais, par le Bourguignon, d'vn projet detestable,
Est violé, bien-tost, l'accord inuiolable ;
Et Charles voit bien-tost, sous la foy du Traitté,
Paris traistreusement, & surpris, & donté.
Iean, ne respirant plus, que meurtre, & que carnage,
Là, sur l'Orleannois fait eclater sa rage ;
N'espargne la vertu, ni l'âge, ni le rang,
Et fait nager les morts, dans vn lac de leur sang.
Tanneguy seul des Chefs, suyui d'vn petit nombre,
Sauue le jeune Prince, à la faueur de l'ombre ;
Et l'imbecille Roy demeure entre les mains
De ses Sujets ingrats, insolens, inhumains.

Cependant l'Estranger, se riant de nos larmes,
Couure nos tristes Champs d'impitoyables armes,
Sans peine, fait, à tout, subir le joug Anglois,
Et, jusques dans Roüen, reconnoistre ses loix.

Le Tyran souffre tout, sa fureur insensée
Au seul meurtre du Prince attachant sa pensée ;
Et, pour l'attirer mieux au piege preparé,
Il se plaint de l'Anglois, & s'en tient separé.
Sousmis, vne Entreueüe au François il demande ;
Le piege est trop subtil, & l'addresse trop grande ;
Le Daufin s'y dispose ; il s'y rend, &, d'abord,
Par le fer ennemy, se voit porter la mort.

Tanneguy, d'vne ardeur plus heureuse & plus forte,
Preuient le coup du Lasche, & la mort luy reporte;
Par ce foudre, que lance vn amour si zelé,
Aux Manes de LOVYS *le Traistre est immolé.*
Sa cheute, qui l'eust dit? combla nostre misere;
Son venin, vif & mort, fut tousjours de vipere;
Les glaces du cercüeil ne l'esteignirent pas,
Et sa force s'accreut, mesme par le trespas.
  Philippes luy succede, & son cœur intraittable
Agité d'vn transport, qui paroist equitable,
Aux maux de son Pays refuse guerison,
Et fait à la Nature obeïr la Raison.
Le sang d'vn Pere crie, & demande vengeance;
Il promet de la faire aux despens de la France,
Et, se portant, deslors, à toute extremité,
Liure au Monarque Anglois la Royale Cité.
Il met entre ses mains la Royale Personne,
Du timon enuahy la conduitte il luy donne,
Et, pour derniere offrande, il immole à ses feux
La Princesse Royale, & l'Objet de ses vœux.
Il declare au Daufin vne guerre immortelle;
Au Daufin à l'enuy la declare Isabelle;
L'infortuné Daufin, de tous persecuté,
Cede à leur violence, à leur prosperité.
Son sage cœur, sur luy, laisse courir l'orage,
Et soustient tous les traits, dont le charge leur rage;
Mais, apres cent trauaux, il voit, du trait fatal,
La Mort percer son Pere, & percer son Riual.

LIVRE SEPTIESME.

Il est Roy, mais helas! Roy sans Sceptre, & sans Terre,
Auec le Bourguignon, auec l'Anglois en guerre,
Egalement, par tout, signalant sa valeur,
Par tout, egalement suyui de son malheur.
Il faut, s'il veut regner, que, par sa seule espée,
Il arrache à l'Anglois la Couronne vsurpée;
Par trois fois il le tente, & voit l'heur de l'Anglois,
Sur sa haute vertu, l'emporter par trois fois.
Creuant, Verneüil, Rouuroy, trois funestes batailles,
De son regne expiré furent les funerailles;
En ces trois grands Tableaux, vous les voyés de rang,
Et le Peintre eut horreur de peindre tant de sang.
Charles, tombé trois fois, dans sa Royale course,
A la troisiesme, enfin, se jugea sans resource;
Et, dans son desespoir, creut que le grand Dunois,
A defendre Orleans, perdoit tous ses exploits.

 Mais la Fille celeste, au fort de sa souffrance,
De ses fiers Ennemis combatant la puissance,
D'vn effort plus qu'humain, a donté son malheur,
Et du braue Dunois couronné la valeur.
Vne si merueilleuse, & si haute Auenture,
Comme nouuelle encor, manque à cette peinture;
Le Monde toutesfois en est assés instruit,
Et, pour estre ignorée, elle a trop fait de bruit.

 Roger borne, à ce mot, sa douloureuse histoire;
L'vn & l'autre Prelat la graue en sa memoire;
Et, dans vn si long cours d'affreux euenemens,
Reuere du Seigneur les profonds jugemens.

Cet Anglois inhumain, cette implacable Mere,
Ce Bourguignon heureux, dans sa vengeance amere,
La Couronne des Lys sousmise à leur pouuoir,
Ne laissoient pas au Prince vn seul rayon d'espoir.
Mais du vaillant Dunois l'heroïque constance,
Mais du Bras eternel la visible assistance,
Font trop voir aux Prelats, que les Saliques Loix,
Pour leur grand Protecteur, ont le grand Roy des Roys.
Tous deux, plus que deuant, à cette sainte veüe,
En faueur des François sentent leur ame emeüe,
Et cherissent l'honneur d'estre les Instrumens,
Par qui Dieu veut calmer de si grands mouuemens.

FIN
DV SEPTIESME LIVRE.

LA PVCELLE
OV
LA FRANCE DELIVREE

LIVRE HVITIESME.

URANT qu'ainsi, par tout, la Sage
    Prouidence
Dispose toute chose au salut de la France,
Charles entré dans Rheims, d'vn cours
    victorieux,
Se dispose luy-mesme à l'Onction des
    Cieux.
De quartier en quartier, la trompette guerriere,
Par son ordre, aux soldats commande la priere;
Le Camp prie à l'instant, & vers le Roy des Roys
Tourne, plein de ferueur, & l'esprit & la voix.

                            Rr ij

Vn pieux mouuement, excité dans leurs ames,
Pour vn temps, amortit leurs belliqueuses flammes;
Du seul amour du Ciel, ils bruslent desormais,
Et ne respirent plus, que douceur & que paix.
 Au centre de la Ville, entre six auenües,
S'esleue vn sacré Temple, à la hauteur des nües,
Et poussant ses clochers jusqu'au milieu des airs,
Y prouoque la foudre, & braue les eclairs.
L'Edifice est immense, & de structure antique;
Du dedans, du dehors, l'ornement est rustique,
Et l'ornement rustique, auec l'antiquité,
De l'Edifice auguste accroist la majesté.
Pour front d'vn Corps si grand, vers sa plus grande Place,
S'offrent trois grands portaux, sur vne longue face,
Tous trois artistement, par trois cizeaux diuers,
De figures sans nombre, ouuragés & couuerts.
Des entrailles d'vn mont la masse composée,
Par l'habile Architecte, en croix fut diuisée,
Et son sublime comble, en arcade ployé,
Sur cent piliers massifs, eut son faix appuyé.
D'vn jour fait de cent jours, la demeure diuine
De son vaste dedans tous les coins illumine,
Et descouure, aux regards deuots & curieux,
Mille viuans portraits des saints Hostes des Cieux.
A la droite, à la gauche, & d'vn egal espace,
Regne le long des murs vne voute plus basse,
Sous qui sont tout-autour mille autels eclairés,
De l'vn & l'autre Sexe à-l'enuy reuerés.

LIVRE HVITIESME.

Mais l'Autel venerable, où, pour regir la France,
Viennent les nouueaux Roys confirmer leur puiſſance,
Superbe & magnifique, au fond du ſacré Lieu,
Sur vingt degrés, s'eſleue, à l'honneur du vray Dieu.
Vn grand Dais ſuſpendu de la voute maiſtreſſe,
Couure du ſaint Autel la brillante richeſſe,
Magnifique & ſuperbe à l'egal de l'Autel;
Terreſtre Firmament du Monarque immortel.
Là pend, de l'vn des murs, la Banniere ancienne;
Accordée à Clouis auec la Foy Chreſtienne;
Où, ſur vn fonds d'azur, eſtincellent encor,
Comme autant de Soleils, mille Fleurs-de-Lys d'or.
Sous vne clef d'argent, là, ſe tient renfermée,
De ces meſmes Fleurons la Couronne formée;
Où, de pierres d'elite, vn threſor precieux,
En meſme temps, & bleſſe, & rejoüit les yeux.
On y voit reſplendir la Royale Tunique,
L'ample Manteau Royal, le gros Anneau myſtique,
Enfin, le peſant Sceptre, & l'equitable Main,
Qui fait le Prince juſte, & rend ſon cœur humain.
  Pour ſacrer Roy François, le Roy de l'Angleterre,
Betford ſous Orleans croyant finir la guerre,
Auoit de Saint-Denis, entre mille joyaux,
Fait tranſporter à Rheims ces ornemens Royaux,
Mais, par vn beau retour, la juſte Prouidence,
De l'Abyſme des maux ayant tiré la France,
Charles, executeur des celeſtes decrets,
Vint, pour ſon propre Sacre, employer ces appreſts.

Il ne manquoit plus rien au diuin Tabernacle,
Fors le diuin Cryſtal, l'Ampoulle de miracle,
Qu'en forme de Colombe vn Eſprit plein d'amour
Apporta, pour Clouis, du celeſte Sejour.
Au fond d'vn Antre obſcur, dans le ſaint Monaſtere
Du Saint, que l'Eſprit Saint en fit depoſitaire,
Sous vingt fidelles clefs, le ſaint Vaſe eſt ſerré,
Et, pour l'Onction ſeule, en peut eſtre tiré.
Au niueau de l'Autel, ſur des piles maſſiues,
On dreſſe, en eſchaffaut, vn plancher de ſoliues;
Où doit eſtre le Prince, au ſon des chants pieux,
Par les mains du Grand Preſtre, oint de l'huile des Cieux.
Vn tapis à fonds d'or, ſemé de roſes blanches,
De l'eſchaffaut vny cache les longues planches,
Et douze ſieges d'or, comme vn cercle tracé,
Tiennent, ſur ce tapis, vn grand throſne embraſſé.
On prend tous les abords, & le tour de la Place
Reluit de mainte pique, & de mainte cuiraſſe;
Remede neceſſaire aux efforts curieux,
Du Peuple, au ſaint Spectacle, accouru de cent lieux.
La clarté s'eſteignoit, & la Nuit vagabonde
De ſon voile ombrageux enuelopoit le Monde,
Son char rouloit ſans bruit, & mille Songes vains
S'enuoloient de ſon char dans les cœurs des humains.
Alors, du vieux Palais, Charles part en ſilence,
Et d'vn pas meſuré, vers le Temple, s'auance;
La Guerriere ly ſuit, & Clermont, & Dunois;
Sa Cour, pour cette veille, eſt reduitte à ces trois.

LIVRE HVITIESME.

Le Prince se prosterne au pied du Tabernacle,
Demande au Roy des Roys la fin de son Miracle,
Et, dans cette esperance, attendant le Soleil,
Ses offenses expie, & trompe le sommeil.
Aux plages d'Orient l'Aube enfin se descouure,
Et le Temple, aussi-tost, toutes ses portes ouure;
Le passage en son sein est à peine accordé,
Que d'vn torrent de Peuple il se trouue inondé.
Et barriere, & soldats, soustiennent mal la foule,
Qui dans ce vaste lieu, se respand & se roule;
Le Clergé, dans la Nef, du Grand Prestre est suyui;
La foule l'enuironne, & le presse à-l'enuy.
A grands cris, à grands coups, les Royales cohortes
Luy tracent vn chemin, vers les superbes portes;
Mais le Peuple, sans cesse, enfonce les soldats,
Et la pompe, en marchant, s'areste à chaque pas.
Iusques sous le portail, serrée elle se coule,
Et voit venir, de loin, la merueilleuse Ampoulle;
Ses pasles Gardiens, de chacun respectés,
Celebrent, en venant, les supremes Bontés.
De fils d'argent & d'or, vne traisnante gaze,
Aux profanes regards cache le sacré Vase;
Du Corps Religieux, en deux files rangé,
Va le Chef apres tous, & du Vase est chargé.
Du venerable Abbé, le Prelat venerable
Reçoit, à deux genoux, ce depost adorable,
Et, d'vn pas graue & lent, vers le Chœur, retourné,
Le pose sur l'Autel, à l'Autel incliné.

Il reuere humblement la Sageſſe infinie,
Puis, ſe leue, & s'appreſte à la Ceremonie ;
On l'habille ſoudain, & ſes pompeux habits
Sont de perles brodés, & couuerts de rubis.
D'vn air majeſtüeux, vers le Prince, il s'auance,
Et dit, Toy, qui n'es Roy que d'vn coin de la France,
Charles, voicy le temps, par le Seigneur, eleu,
Pour te l'aſſeruir toute, & t'y rendre abſolu.
Le Ciel, en ce moment, ſur toy s'enflamme & s'ouure ;
La Cour des Bien-heureux de ſes clartés te couure,
Et Dieu meſme, en ſa gloire, au milieu de ſes Saints,
Deſcend du Paradis, pour t'oindre par mes mains.
Admire ton bonheur, & penſe à cette grace,
Qui comble la meſure, & toute autre ſurpaſſe ;
Penſe à quoy ce bienfait t'oblige deſormais,
Et ſouſtiens dignement la grandeur de ce faix.
Sois Pere de ton Peuple, embraſſe ſa defenſe ;
Redonne à tes Eſtats le calme, & l'abondance ;
Ayme, & crains le Tres-haut, & promets ſaintement,
D'honnorer ſes Autels, juſques au monument.

 A la fin de ces mots, il luy monſtre le Liure,
Qui preſcrit aux mortels la regle de bien viure,
Et ſur le Texte Saint prend le ſerment du Roy,
Qu'il defendra l'Egliſe, & mourra dans ſa Loy.
Il jure, la main haute, & jurant s'agenoüille ;
Alors, de ſes habits, en haſte, on le deſpoüille ;
Ses Pairs, ſes Chambellans, ſont tous à l'enuiron ;
L'vn luy met la botine, & l'autre l'eſperon.

Le

LIVRE HVITIESME.

Le Grand Prestre, au costé, luy met l'espée ardente,
Que jamais l'Ennemy ne vit sans espouuante,
Et, du riche fourreau soudain la degageant,
Il luy remplit la main de sa garde d'argent.
Hors du brillant fourreau, la redoutable lame
Iette, en ce lieu de paix, vne guerriere flamme;
Le Prince, pour vn temps, en supporte le poids;
Puis en remet la charge au valeureux Dunois.
Au sommet de la teste, au bas de la poitrine,
Le Grand Prestre oint le Prince, auec l'Huile diuine;
Il l'oint à chaque espaule; il l'oint à chaque bras;
L'Huile coule, & pourtant ne s'en amoindrit pas.
Charles sanctifié, par le celeste Cresme,
S'eleue, tout à coup, au dessus de luy-mesme;
Par luy, de cent defaux il se voit affranchy,
Et par luy de cent dons il se trouue enrichy.
Il sent joindre à sa force vne force nouuelle;
Pour la gloire des Cieux, il sent croistre son zele,
Et n'estant plus qu'amour, qu'esperance, & que foy,
Il se sent desormais digne du nom de Roy.
La Royale Tunique à l'instant se desploye;
L'or & l'argent meslés y brillent sur la soye;
Rieux en reuest le Prince, & sur ce vestement
Fait du Manteau Royal eclater l'ornement.
Le Grand Prestre à la droitte, en signe de puissance,
S'en vient luy mettre, apres, le Sceptre de la France;
A l'autre il met la Main, symbole d'Equité,
Et, dans l'vn de ses doigts, l'Anneau de Fermeté.

Sſ

A tous les ornemens, qu'il luy met, ou luy donne,
De saintes Oraisons sa sainte voix raisonne,
Et, dans le Liure saint, qu'on presente à ses yeux,
Il lit, à chaque fois, les mots mysterieux.
Mais la Couronne encor ne couuroit point sa teste;
A la luy mettre, enfin, le Grand Prestre s'appreste;
Ses douze Pairs alors, vers luy dressant leurs pas,
Pour la supporter mieux, haussent leurs douze bras.
Sur le Prince François, qui n'est plus que lumiere,
Le Grand Prestre incliné renforce sa priere,
Et demande, pour luy, tous les dons qu'autresfois
Le Berger Roy-Prophete obtint du Roy des Roys.
A peine, en sa faueur, les prieres s'acheuent,
Qu'en foule tous les Pairs, sur le throsne, l'eleuent;
Il y sied d'vn air graue, & ses Pairs, tour-à-tour,
Par leurs sousmissions, luy monstrent leur amour.
Le Ciel, par cent eclairs, ces saints actes auoüe;
Le Monarque, en son cœur, l'en benit & l'en loüe,
Et l'on entend le Peuple, auec rauissement,
En loüer & benir le Roy du Firmament.
Chaque Pair, aux costés de la Chaire Royale,
Sur des sieges plus bas, ses richesses estale;
Les Gardes, sur leurs pieds, sont derriere, & dessous,
Et la seule Pucelle est deuant, à genoux.
Au nom du Roy sacré, sur l'Autel de Iustice,
Le Grand Prestre au Seigneur offre le Sacrifice,
Par qui le Genre humain, de ses taches laué,
Fut jadis, par les Cieux, à l'Abysme enleué.

LIVRE HUITIESME.

L'ordre veut que le Roy, pour l'Offerte, descende;
Il descend, & luy-mesme est l'Offrant, & l'Offrande;
La trouppe de ses Pairs est esparse à l'entour,
Et porte sa Couronne, à l'aller, au retour.
On consacre l'Hostie aux Pecheurs salutaire;
Le Prince participe au terrible mystere,
Et, le saint Sacrifice heureusement finy,
Chacun, par le Grand Prestre, est en suitte beny.
Là cessent les saints chants, & la sainte allegresse
S'accroist en tous les cœurs, par vne ample largesse;
Le Peuple, par cent cris poussés confusement,
Fait voir à quel exces va son rauissement.
  Le grand Globe de feu, qui roule la lumiere,
Touchoit le plus haut point de sa longue carriere,
Et, de sa viue ardeur offensant les regards,
Separoit l'hemisphere, en deux egales parts.
  On quitte, alors, le Temple, & l'innombrable foule;
Par tous les trois portaux, auec peine s'ecoule;
Ils sortent tous enfin, &, d'aise transportés,
Vont publier le Sacre aux climats escartés.
Charles rentre au Palais, &, d'vn parler affable,
Inuite tous ses Grands à l'honneur de sa table;
Du splendide festin le luxe est delicat,
Et l'exquise abondance y regne auec eclat.
D'abord, & par respect, la Royale presence
Les fait tous contenir, dans vn profond silence,
Puis, le vin commençant d'eschauffer les esprits,
La Liberté s'y mesle, & les Ieux & les Ris.

Le Monarque le ſouffre, & meſme le commande;
La joye, en nul feſtin, ne fut jamais ſi grande,
Et, d'entre leurs plaiſirs, auſſi doux qu'innocens,
Les moins delicieux ſont les plaiſirs des ſens.
Ils en ont de plus chers, en tournant leur penſée,
Sur leur gloire preſente, & leur honte paſſée;
Mais, quand leurs entretiens font le bruit le plus grand,
Suruient vn autre bruit, qui leurs ames ſurprend,
De l'vn de ces Partis, qu'aux quartiers des Rebelles
La Sainte, d'heure en heure, enuoyoit aux nouuelles,
Le Chef vient l'auertir que l'orgueilleux Betford,
Contre elle, du combat veut retenter le ſort;
Que, pour remettre aux champs vne nombreuſe Armée,
Il auoit de ſon Fils la promeſſe ſemée,
De ce Fils deſtiné, par les celeſtes loix,
A ſouſmettre les Lys aux Leopards Anglois;
Qu'à cet appaſt ſi doux, les bandes diſperſées
S'eſtoient, ſous les drappeaux, de cent lieux ramaſſées,
Et que ce nouueau Camp, roulant de hauts deſſeins,
Pour les executer, s'acheminoit vers Rheims.

 Le credule Betford, pour amour ſouueraine,
Eut des celeſtes Feux la Science incertaine,
Et, de ces premiers Corps faiſant ſes ſeuls Objets,
Vniquement, par eux, regla tous ſes projets.
Leurs flamboyans rayons ſemblerent, à ſa veüe,
Percer de l'Auenir la tenebreuſe nüe,
Seruir de voix au Sort, & marquer juſtement
L'ineuitable point de chaque euenement.

LIVRE HVITIESME.

Des Maisons du Soleil, il creut que la Naissance,
Tiroit vne benigne, ou maligne influence,
Et que, tels qu'en ce point regnoient les Ascendans,
Tels, ou bons, ou mauuais, estoient les accidens.
Il creut que ces beaux Feux, comme on les voyoit luire,
Ou pouuoient s'entr'ayder, ou pouuoient s'entre-nuire,
Et creut, sur toute chose, apres plus d'vn essay,
Qu'ils ne predisoient rien que de seur & de vray.
Soit hazard, soit raison, les aspects des Estoiles,
Pour luy, des Temps futurs auoient tiré les voiles,
Et cet Art deceuant, d'ombres enuelopé,
Par elles, jusqu'alors, ne l'auoit point trompé.
En tout, l'euenement respondit au presage;
Et c'est ce qui l'afflige, & qui le decourage;
Ayant veu, chaque fois, d'vn trespas auancé,
Par l'eclat de ces Feux, son cher Fils menacé.
Des Astres dominans les parlantes figures,
Au throsne des François portent ses auentures;
Mais, en diuers egards, leurs pronostics diuers
Le font, d'vn point si haut, trebucher à-l'enuers.
Betford veut de son Fils, la gloire & l'auantage,
Betford craint de son Fils, la honte & le dommage,
Par ces deux mouuemens, il sent troubler son cœur;
Le desir, toutesfois, cede enfin à la peur.
Il ayme mieux son Fils sans grandeur que sans vie;
Il l'esloigne des lieux, où l'honneur le conuie,
Et pense faire assés, publiant que le Sort,
Pour les derniers besoins, reseruoit son effort.

Mais ayant veu depuis, sous celuy de la Sainte,
L'Angleterre abbatuë, & sa vigueur esteinte,
Voyant que, par nul ordre, il n'a pû l'emouuoir
A releuer sa cheute, & monstrer son pouuoir;
L'amour de son Pays, l'amour de la vengeance,
Luy firent dans la peur trouuer de l'assurance;
Pour son Fils desormais, il veut esperer mieux,
Et de nouueau, pour luy, veut consulter les Cieux
Sur vn mont eleué, tranquille & solitaire,
Dans la paix d'vne nuit, non moins que le jour, claire,
Des Astres conjurés les flambeaux regardant,
Il reuoit de son Fils le mortel accident.
Regardant les flambeaux des Astres fauorables,
Il reuoit de son Fils les grandeurs admirables,
Et son cœur, agité de crainte & de desir,
Est d'abord incertain, & ne sçait que choisir.
Enfin, le pressant mal de l'Angloise Couronne
Fait que, plus qu'à demy, la crainte l'abandonne;
Ce danger le rassure, & luy fait conceuoir,
Pour son Fils bien-aymé, moins de peur que d'espoir.
Il le mande à la haste, & soudain, pour la guerre,
S'emeut toute l'Irlande, & toute l'Angleterre;
Pour la guerre, soudain tous les remparts Normands
S'emeuuent à-l'enuy, jusques aux fondemens.
Ce Fils, quoy que loin d'eux, à la mort les remeine.
 Le Monarque François ne l'entend pas sans peine;
Il rougit de colere, & plein d'emotion,
Se leue de la table, & court à l'action.

LIVRE HVITIESME.

Tous, changeant de couleur à la grande nouuelle,
Bruſlent au feu du Prince, au feu de la Pucelle;
Ils demandent Betford, demandent le combat,
Et la chaleur des Chefs paſſe juſqu'au ſoldat.

Ouy, nous le combattrons, dit la Fille celeſte;
Mais du Sacre auant tout, acheuons ce qui reſte;
Dans dix jours ſeulement l'Anglois ſe fera voir,
Cependant, qu'on s'appreſte à le bien receuoir.

Charles, qui plus qu'aucun la bataille deſire,
Dans ſa chambre auſſi-toſt, à grands pas, ſe retire;
La Guerriere le ſuit, & Clermont & Dunois;
Vers eux il ſe retourne, & leur dit à tous trois.

Quel eſt donques ce Fils, ce foudre de vaillance,
Qui du triſte Betford ranime l'eſperance,
Et qui par ſon Nom ſeul, fait que ſes eſtandards
Oſent tenter encor les belliqueux hazards?
Eſt-ce vn Nom veritable, ou ſi c'eſt vne feinte?
Les Cieux pour cet Anglois laiſſeroient-ils leur Sainte?
Les Cieux, qui par ſon bras ont le Lys ſouſtenu,
Voudroient-ils l'arracher par ce bras inconnu?

Mes Voix, reſpond la Fille, ont d'vne nüe obſcure,
A mes foibles regards couuert cette Auenture;
Mais, pouuant l'vn & l'autre eſtre victorieux,
Celuy des deux vaincra, qui craindra plus les Cieux.

Ce diſcours ambigu ne calme point ſon trouble;
Loin d'eſtre raſſuré, ſa crainte ſe redouble;
Du bonheur de ſa cauſe il commence à douter,
Et ſongeant à ces Voix les en veut conſulter.

Il tourne sa pensée à ces diuins Oracles,
Guides de la Pucelle, Aydes de ses Miracles,
Qui, dans tous ses besoins humblement implorés,
Ont tousjours ses esprits en leur ombre eclairés.
Cent fois il souhaita de les pouuoir entendre,
Iusqu'alors, toutesfois, il n'osa le pretendre ;
En ce moment il l'ose, & feruent & pieux,
Pour ce dessein, s'addresse à la Fille des Cieux.
Et Clermont, & Dunois, à sa requeste ardente,
Ioignent aussi la leur humble, viue & pressante ;
Elle cede à leur Zele, & promet d'obtenir
Qu'ils puissent, par ses Voix, apprendre l'Auenir.

 Marculphe a, dans son Temple, vne Grotte profonde,
Defendüe aux regards des profanes du Monde,
Vne sombre Retraitte, où l'Homme-Saint, jadis,
Vit cent fois, à ses yeux, s'ouurir le Paradis.
Par la terrestre masse, & l'horreur de son ventre,
Apres mille destours, on arriue à cet Antre,
Et, dans ce long chemin, l'air sans cesse agité
N'admet pas seulement vn rayon de clarté.
Haute & large est la Grotte, & de toute sa voute
Sort, & distille en pleurs, l'eau claire goutte à goutte,
Qui, par le froid du lieu gelée en descendant,
Y laisse de crystal plus d'vn feston pendant.
De l'eau mesme qui sort, & que le froid congele,
Se tapisse, par tout, la paroy naturelle,
Et l'Autel, qui d'vn roc est au fond erigé,
De semblables crystaux, est, par tout, ombragé.

A costé

LIVRE HVITIESME.

A cofté de l'Autel, fur l'inegale terre,
Eft en long eftendüe vne couche de pierre,
Où le vieux Penitent, d'vn cilice veftu,
Venoit rendre la force à fon corps abatu.
C'eft dans cette demeure, affreufe & foufterraine,
Que des Princes Sacrés la pieufe Neuuaine
Leur donne, de guerir les Peuples affligés,
D'vn mal dont, fans remede, ils fe fentent rongés.

La Fille prend ce Lieu, pour charmer leurs oreilles,
Par l'eftonnant recit des futures merueilles;
Quand, apres leurs neuf jours en oraifon paßés,
Le Ciel croira leurs vœux dignes d'eftre exaucés.
Aux portes, cependant, mille maux incurables
Attendent du Toucher les effets admirables;
Glorieux Priuilege, entre les autres Roys,
Accordé feulement aux Monarques François.

Au moite fein de l'Air, vne ombre efpaiffe & vaine,
Naift la derniere nuit de la fainte Neuuaine;
Les yeux du Firmament, par tout, en font couuerts,
Et ceffent de veiller le dormant Vniuers.
Les trois Princes, remplis d'vne flamme deuote,
Paffent, auec la Sainte, au plus creux de la Grotte;
Le filence y refide, & l'Autel mal paré
D'vne Lampe fumeufe eft à peine eclairé.
Tous trois font à genoux, &, bruflant d'vn faint Zele,
Meflent leurs faints foufpirs à ceux de la Pucelle,
Et demandent enfemble à la bonté des Cieux,
Que le fombre Auenir fe defcouure à leurs yeux;

T t

Lors qu'on voit tout à coup, au fort de leur priere,
Eclater, parmy l'Antre, vne viue lumiere;
Ils esperent alors contenter leur desir,
Et, par leur esperance, auancent leur plaisir.
Mais l'ombre, à cet eclat, n'est pas esuanoüie,
Qu'vn merueilleux concert de musique inoüie,
D'instrumens inconnus, & de nouueaux accens,
Vient separer leurs cœurs du commerce des sens.
Au dessus de l'Autel la lumiere espandüe,
Se recourbe en Theatre, & demeure fendüe;
Cent bien-heureux Esprits, dans ce renfoncement,
Chantent, & font les Voix d'vn concert si charmant.
De ces celestes airs la touchante harmonie,
Par vn plus haut Cantique, ayant esté finie,
Vne Voix seule reste, & cette seule Voix
Parle, d'vn ton puissant, au nom du Roy des Roys.
  Dieu, dit la Voix fatale, innocente Guerriere,
Par sa Misericorde, exauce ta priere,
Et sans voile aujourd'huy, te veut de ses decrets
Exposer les profonds & tenebreux secrets.
Il t'en veut eclaircir, & s'en explique mesme,
Par la Voix d'vn Prophete orné du Diademe;
Ioüis de ses faueurs, & desormais entens
Quels seront tes destins dans la suitte des Temps.
Sur les murs de Paris, ta main victorieuse,
Plantera de ton Roy l'enseigne glorieuse,
Et Roüen te verra, par vne sainte mort,
Acheuer, & de vaincre, & de perdre Betford.

Le Ciel est ta Patrie, &, par grace, à la Terre
Te preste seulement, pour finir cette guerre;
Par l'Anglois, tu mourras, mais, rendant les abois,
Ta mort sera ta vie, & la mort de l'Anglois.
Dieu, qui ne t'enuoya que pour sauuer la France,
Fera de ta prison naistre sa deliurance,
Et, pour te couronner, apres tant de combats,
Par vn heureux malheur, hastera ton trespas.
  Des Cieux, dit-elle alors, la volonté soit faitte;
La mort est le seul bien, que mon ame souhaitte;
Le François, par mon sang, de ses maux doit guerir,
Et, si je vis encor, ce n'est que pour mourir.
  Charles, reprend la Voix, Celuy qui fait ta crainte
N'est, pour ton plus grand mal, que malice & que feinte;
Ce sera le plus fier de tous tes ennemis,
Et les Cieux permettront que tu luy sois soubsmis.
Mais tu terraceras ce Monstre d'artifice,
Quand ton injuste cœur reprendra sa justice,
Et que l'aueuglement de ton sens criminel,
Fuira deuant le jour du Soleil eternel.
Aux Terres de l'Anglois tu porteras la guerre,
Et pousseras plus loin les bornes de ta Terre,
Du Nom de Roy des Lys rehaussant la hauteur,
Par ceux de Conquerant & de Restaurateur.
A ta posterité ta puissance inuincible,
Laissera des François le Royaume paisible,
Et l'Ibere jaloux verra tes Heritiers
Accroistre tes Estats, par des Estats entiers.

Tt ij

Naples, Gennes, Milan, leurs justes heritages,
Affranchis de ses fers, leur rendront leurs hommages,
Et les Mers & les Monts, Scenes de leur valeur,
Plus d'vne fois, par eux, changeront de couleur.
CHARLES, LOVYS, FRANCOIS, Rejettons de ta Race,
D'vn formidable cours marcheront sur ta trace,
Et rarement vaincus, souuent victorieux,
Tousjours egalement paroistront glorieux.

 Là, pour quelques momens, la Voix diuine cesse,
Et le Prince attentif, plein de merueille laisse;
Puis, d'vn ton vigoureux, soudain elle reprend,
Et Clermont, par ces mots, rejoüit & surprend.

 Et Toy, braue Clermont, voy quel noble Prodige
Produiront les Rameaux de ta Royale Tige,
Et, par ce rare objet excitant ta vertu,
Tens le bras secourable à ce throsne abatu.
Le Regne des Valois, malheureux à ses Princes,
Ayant fait vn Chaos, des Françoises Prouinces,
Vn BOVRBON de ton Sang, par force & par douceur,
Du Sceptre contesté se rendra possesseur.
Ce grand Prince, que GRAND, des cette heure, j'appelle,
Verra Paris en vain deuenu son Rebelle,
Ses Estats vainement, par l'Espagne, enuahis,
Et Voysins & Sujets, Tyrans de son Pays;
Tous, du combat douteux luy cederont la palme,
A son Empire emeu sa main rendra le calme,
Et, sousmettant sa gloire au pied des saints Autels,
Il sera dans l'Europe admiré des Mortels.

LIVRE HVITIESME.

Mais ce qui, plus que tout, rehauſſera ſa gloire,
Et ſeruira de comble à ſa diuine hiſtoire,
Sera le vaillant Roy, de qui le ferme bras
Doit eſtre, apres ſa mort, l'appuy de ſes Eſtats.
L'honneur du GRAND HENRY ſera LOVYS LE IVSTE,
N'entens qu'auec reſpect ce Nom trois fois auguſte;
Clermont, de tes grandeurs c'eſt l'accompliſſement,
C'eſt des Peuples de CHRIST l'heur & l'eſtonnement.
Il ſera, par le choix du Monarque du Monde,
Arbitre ſouuerain de la Terre & de l'Onde,
Enfant de la Iuſtice, & de la Pieté,
Pere de la Patrie, & de la Liberté.
Son Regne ſemblera le Regne des Miracles,
Son heureuſe valeur forcera tous obſtacles,
Et, ni chés les François, ni chés les Eſtrangers,
Ne trouuera jamais d'inuincibles dangers.
Par plus d'vn vent mutin, ſa Ieuneſſe exercée,
Fera voir la Reuolte à ſes pieds terracée,
Souſmettra tous les Grands à ſon Royal pouuoir,
Et rendra tous les cœurs amis de leur deuoir.
En ſes robuſtes ans, l'inſolent Heretique,
Attirera, ſur luy, ſa valeur heroique,
Et de mille remparts verra le vain orgueil,
Precipité, par elle, en vn meſme cercüeil.
Pour dernier coup enfin, la ſuperbe Rochelle,
Verra tomber, ſous luy, ſa muraille rebelle,
Et le ſecours Anglois vainement imploré
Ionchera de ſes morts les riuages de Ré.

LA PVCELLE,

L'Europe suspendüe, apres cette Entreprise,
Fondera, sur luy seul, l'espoir de sa franchise,
En recherchera l'ayde, & verra ses Estats
Garantis, ou vengés, par vn si ferme bras.
Enfin, estant tout grand, estant tout magnanime,
Et rien ne pouuant plus accroistre son estime,
Pour fruit de ses vertus, & pour solide appuy,
Le Ciel luy donnera deux Fils dignes de luy;
Deux Fils ; mais, ô quels Fils? mais, ô quelle esperance,
Dans l'orage mortel qui troublera la France?
Quels gages assurés du supreme bonheur,
Qui doit à ses trauaux egaler son honneur?
Tout ce que, de plus grand, on peut, ou croire, ou dire,
D'vn Roy vrayment guerrier, vrayment né pour l'Empire;
De son eclat naissant les Peuples eblouïs
Le diront, le croiront du DIEV-DONNE' LOVYS.
Du beau feu de son Frere ils penseront le mesme,
Sans luy moins presager qu'vn riche Diademe,
Et, de ces deux Soleils leurs beaux jours attendans,
Affermiront leurs cœurs, contre tous accidens.
Leurs rares qualités, leurs hautes auentures,
Seront tout l'ornement des histoires futures ;
Leur sort est de passer le sort des Conquerans,
Et d'affranchir Sion du joug de ses Tyrans.
De ces jeunes Heros ayant accreu sa Race,
Dans le Sejour des Saints, il ira prendre place ;
Pour laisser le champ libre aux faits prodigieux,
Qu'au Regne du Premier ont reseruë les Cieux.

LIVRE HVITIESME.

LOVYS, ce Roy nouueau, cet Enfant de Miracle,
Iamais à ses desseins ne trouuera d'obstacle,
Et des l'instant qu'au throsne on le verra monter,
Il fera de son fort la puissance eclater.
L'Ibere audacieux, de ses forces entieres,
Inondant à Rocroy les Françoises frontieres,
LOVYS prendra son Foudre, &, sur luy le dardant,
Le fera trebucher, sous son effort ardent.
Ce Foudre, par son vol, ebranslera la Flandre,
Thionuille par luy verra son mur en cendre,
Et le superbe Rhein, estonné de ses coups,
Respectera les Lys, & coulera plus doux.
Par tant d'exploits fameux, en vne seule année,
LOVYS ayant fait voir l'heur de sa destinée,
Contre vn autre Ennemy le bras il desployra,
Et vers le mesme Rhein ce Foudre lancera.
Sous Fribourg, deuant soy, sa tempeste enflammée,
Chassera des Germains la triomphante Armée,
Et, presque au mesme instant, d'vn plus ardent effort,
Du grand Bourg de Philippe ira forcer le Fort.
A son bruit seulement, Vormes, Spire, Mayence,
Sousmettront leurs remparts aux drappeaux de la France,
Leur sousmettront les leurs cent Murs moins renommés,
Dont le Rhein a ses bords enrichis & semés.
LOVYS vers la mesme onde, & vers la mesme Terre,
Lancera derechef son belliqueux Tonnerre,
Qui fracassant les monts, & destruisant les bois,
Tombera tout en feu, sur le Camp Bauarois.

Par la perte des Goths, Norlingue diffamée,
Verra, par ce beau feu, purger sa renommée,
Et Veimar y verra son malheur adoucy,
Par le trespas sanglant du valeureux Mercy.
Par ce Foudre guerrier, tousjours plus formidable,
Enfin se dontera Dunkerque l'indontable,
Et les flots, & les vents, en sa faueur armés,
Verront, pour elle, en vain leurs efforts consommés.
Contre l'honneur des Lys, la vaincüe Iberie,
Pour releuer le sien, ranimant sa furie,
Par son Foudre allumé LOVYS la combattra,
Et par luy derechef à ses pieds la mettra.
Lens, & pris, & repris, verra, sous ses murailles,
Dans vn combat donné, donner mille batailles,
Et verra ce Tonnerre, enceint de tourbillons,
D'Iberes terracés couurir ses gras sillons.
Tu seras, grand CONDE', ce grand Foudre de guerre,
Par qui le grand LOVYS asseruira la Terre,
Si l'infernal Discord, jaloux de son bonheur,
Par ses confusions, ne t'en rauit l'honneur.

    Et Toy, braue CONTY, qui dois, par ta vaillance,
Estre l'vn des Appuis du throsne de la France,
Tu ne brilleras pas, d'vn feu moins radieux
Que celuy qu'on voit luire au front de tes Ayeux.
Ton admirable sens, ton esprit admirable,
Aux Peuples estonnés te rendront venerable,
Te feront croire vn Ange en terre descendu,
Pour redresser l'erreur de ton Siecle perdu.

L'eclat

LIVRE HVITIESME.

*L'eclat de ta bonté solide & magnanime
Redoublera l'eclat de ton esprit sublime;
Tu tiendras ta parole, & feras voir en toy
Vn exemple adorable, & d'honneur, & de foy.
Ton accüeil obligeant, & ton humeur egale,
Adjousteront du lustre à la Race Royale,
Et les profusions de ta puissante main
Te monstreront celeste, en te monstrant humain.
Auec mille Vertus, dont l'vsage est paisible,
En toy compatira le Courage inuincible;
Non moins que les Heros tu l'auras eleué,
Et seras du vray Prince vn modelle acheué.
Les sieges, les combats, en ta genereuse ame,
Ne trouueront que trop de belliqueuse flamme,
Et ta propre raison, la sentant allumer,
N'aura pas peu de peine à la bien reprimer.
Quelle gloire, ô Clermont, quel heur, & quelle grace,
Par luy, du Tout-puissant, n'obtiendra point ta Race?
Quelle protection, quelle ayde, & quel appuy
Le merite affligé n'aura-t-il point de luy?
  Mais, où du fort GASTON, laisse-je les conquestes?
Il mettra Graueline en butte à ses tempestes,
Et, ceint de bataillons, sous les feux & les dards,
Fera precipiter l'orgueil de ses remparts.
Sous la mesme valeur, la mesme destinée
Aura du grand Courtray la muraille obstinée,
Et l'innombrable Ibere, armé pour son secours,
Paroistra seulement, pour voir prendre ses tours.*

Mardik enfin preßé, par la mefme vaillance,
Quoy que vingt bataillons veillent à fa defenfe,
Quoy qu'il ait, pour foßés, les abyfmes des eaux,
Verra pourtant captifs, fes murs & fes drappeaux.
 Par ces bras vigoureux, fi chers à la victoire,
ANNE, du jeune Augufte, & la Mere, & la Gloire,
A qui du Gouuernail le foin fera commis,
Eftouffera bien-toft l'efpoir des Ennemis.
Pour refpondre aux deuoirs, & de Reyne, & de Mere,
Son grand cœur oubliera fon Pays & fon Frere;
En faueur de l'amour, l'amour elle efteindra,
Et, pour le naturel, le naturel perdra.
Elle verra, par tout, le fier Lion d'Efpagne,
De trouble & de frayeur, luy ceder la campagne;
Et le Soldat François, fous elle, ardent & pront,
De lauriers en tous lieux, s'ombragera le front.
Mais, loin de le vouloir defpoüiller de fa Terre,
Pour la Paix feulement, elle fera la guerre,
Et fes Camps valeureux ne combattront jamais,
Qu'afin de l'obliger à receuoir la Paix.
Iamais tant de grandeur, jamais tant de fageffe,
N'a brillé dans les yeux d'aucune autre Princeffe;
Et la haute Vertu, ni la douce Bonté,
En nulle autre, jamais n'ont fi fort eclaté.
Aucun terreftre feu n'embrafera fon ame;
Elle ne bruflera que d'vne fainte flamme;
Dieu la remplira toute, &, dans fon fein pieux,
Ne fe plaira pas moins, qu'il fe plaift dans les Cieux.

La Voix, apres ces mots, encore vn coup s'arreſte;
Et Dunois le dernier à l'entendre s'appreſte;
Quand, d'vn non moindre eclat, le diſcours reprenant,
Elle s'addreſſe au Prince, & luy parle en tonnant.
   Inuincible Guerrier, dont la maſle conſtance
A pû faire aux Anglois ſi longue reſiſtance,
Et par qui la Guerriere, abandonnant ſes bois,
A pû venir à temps au ſecours des François;
Aux belliqueux efforts de ta main eſprouuée,
De la mort des Tyrans la palme eſt reſeruée,
Et, plus que par aucun, Charles verra, par toy,
Le rebelle Paris rengagé ſous ſa loy.
Par toy, mais par toy ſeul, la Seine & la Garonne,
Feront rouler leurs flots ſujets de ſa Couronne;
Et les Champs d'Aquitaine, & les Champs Neuſtriens,
Seront, à l'auenir, contés entre ſes biens.
La Iuſtice des Cieux, qui, peſant ton merite,
Trouue, pour le payer, la Terre trop petite,
Payra tes grands exploits, & tes auis prudens
D'vne ſuitte ſans fin d'illuſtres Deſcendans.
Tu dois à ta Patrie vne Race fatale,
Qui ſeruira d'eſpée à la Race Royale,
Et qui de meſme ſource ayant tiré ſon ſang,
Sur toute autre, apres elle, aura le premier rang.
Mais il faut me haſter, & paſſer, ſous ſilence,
Vingt Princes, vingt Heros, vingt Appuys de la France;
Leurs faits ſont trop nombreux, &, pour les deſmeſler,
I'aurois trop peu du temps qui me reſte à parler.

La lumiere s'approche, & desja te rappelle
Aux exploits destinés à donter le Rebelle;
Ie laisse vingt Heros, pour finir promptement,
Et ne veux t'informer que de deux seulement.
Quand la noire Vnion, par son funeste orage,
Aura mis le Royaume en peril de naufrage,
Et que les deux HENRYS, *dans ses flots engagés,*
Se verront sur le point d'en estre submergés;
Vn troisiesme HENRY, *ta viue ressemblance,*
En viendra reprimer l'horrible violence,
Et, sous les tristes murs du fidelle Senlis,
Rendra l'espoir du calme à l'Empire des Lys.
Il est vray que sa mort, qui suyura sa victoire,
Rompra fatalement le beau cours de sa gloire,
Et que l'Estat, par luy deschargé de malheurs,
Au milieu de sa joye, en versera des pleurs.
Mais pour tarir les pleurs, qu'il luy fera respandre,
Il doit naistre vn Guerrier, de sa guerriere cendre,
Braue, dans le combat, sage, dans le conseil,
Et seul, dans la clemence, à soy-mesme pareil.
Resjoüy-toy, Dunois, par sa valeur supreme,
Il passera son Pere, il te passera mesme;
Cet eloge est si grand, qu'on n'y peut adjouster;
C'est jusqu'où d'vn Mortel l'estime peut monter.
Au bonheur des François la Fortune contraire
Tiendra long-temps oysif vn Bras si necessaire;
Et, sans son juste objet, sa contrainte valeur,
Ne combattra, long-temps, que contre son malheur.

LIVRE HUITIESME.

Enfin, lors que, par tout, & la France, & l'Espagne
D'escadrons opposés couuriront la campagne,
Et qu'entre ces Partis l'Vniuers agité,
Craindra pour la Iustice, & pour la Liberté;
De ce dernier HENRY la redoutable espée,
Contre l'Vsurpateur par LOVYS occupée,
D'vn cours perpetüel de faits miraculeux,
Egalera les faits des Siecles fabuleux.
Qu'il attaque vne Ville, on donne vne bataille,
Rien ne l'arrestera, ni drappeau, ni muraille;
L'Espagnol, en cent lieux, sa force esprouuera,
En cent lieux, sous ses coups, l'Allemand tombera.
La Conté, la Lorraine, objets de ses victoires,
Du nombre de leurs maux enfleront vos Histoires,
Et les deux bords du Rhein ne deuiendront François,
Que par les estandards aguerris sous ses loix.
L'Italie implorant le secours de ses armes,
Il ira de ses mains en essuyer les larmes,
En soustenir la cheute, en affermir le cœur,
Et seruir de barriere à l'effort du Vainqueur.
Mais, pour sauuer le Rhein de la peur du seruage,
Il laissera du Po le tranquille riuage,
Et viendra reparer la perte du Heros,
De qui la Germanie attendoit son repos.
Au milieu d'vn desert, dans vne aride terre,
Il forcera vingt murs, & maintiendra la guerre,
Puis, serré de deux Camps, de deux Fleuues serré,
Il tirera son bien de son mal assuré.

Au temps que l'aspre froid glace & transit le Monde,
Par l'endroit où du Rhein, le flot escume & gronde,
Dans les Champs ennemis, en de fresles vaisseaux,
Il se fera passage au trauers de ses eaux.
Par vn coup si hardy, plus beau qu'vne victoire,
Il y rencontrera son salut & sa gloire,
Puis ira releuer, par sa masle vertu,
Des Partisans des Lys le courage abatu.
Pour exemple de force, à leur ame affoiblie
Il ira proposer l'Heroine AMELIE;
Dont l'esprit, jusqu'alors, balancé dans son choix,
Viendra de se ranger au Party du François.
Les inuincibles Goths, enfin, craignant la serre
De l'Oyseau belliqueux qui porte le Tonnerre,
Il ira, par son bras, s'en rendre Protecteur,
Et des Liberateurs sera Liberateur.
Apres des faits si hauts, si pleins de belle audace,
Pour ranimer le Tronc de sa mourante Race,
Le Ciel, par plus d'vn Prince, & sage, & valeureux,
Dans vn second hymen, rendra son lit heureux.
 Pour l'honneur de son Sang, & l'heur de sa Patrie,
Sortira du premier l'admirable MARIE,
Le seul fruit precieux, que pour gage d'amour
Luy laissera LOVYSE, abandonnant le jour;
LOVYSE, qui des Roys, Autheurs de sa naissance,
Par cent rares vertus, ornera la puissance,
Et qui, du Roy des Roys adorant les grandeurs,
Consumera sa vie en ses saintes ardeurs.

LIVRE HVITIESME.

Si jamais, dans vn corps chery de la Nature,
On a veu dignement loger vne ame pure,
Vn jugement solide, vi esprit consommé,
En MARIE on verra tout ce bien renfermé.
Sans meslange d'orgueil, le genereux Courage
Regnera, dans son sein, des le plus petit âge,
Et dans son noble cœur, des Vices redouté,
A l'enuy regnera la constante Bonté.
La seuere Pudeur, la Douceur attirante,
La graue Modestie, & l'Humeur obligeante,
Iointes au Zele ardent du culte des Autels,
La mettront, des la Terre, au rang des Immortels.
 ANNE, Sang des BOVRBONS, aussi bien que LOVYSE,
Apres elle, à HENRY rauira la franchise,
Et, cent perfections à ses yeux estalant,
Fera naistre, en son ame, vn feu doux & bruslant.
Quoy que l'Histoire conte, ou qu'inuente la Fable,
Elles ne diront rien qui luy soit comparable,
Et la riche Nature, à former vn beau corps,
N'a jamais tant mis d'art, tant versé de thresors.
C'est peu d'imaginer cette illustre Merueille,
Comme le blond Soleil, quand la Terre il resueille;
Peu de la croire egale au Soleil radieux,
Quand il luit, sans nuage, & du sommet des Cieux.
Mais son corps, rayonnant d'vne si belle flamme,
Ne sera qu'vn crayon des beautés de son ame,
Et ses propres regards, quoy que de tout vainqueurs,
Bien moins que ses vertus asseruiront les cœurs.

Ne me demande point, en combien de manieres
Elle fera briller ses diuerses lumieres;
Elle luira par tout, & jettant mille feux,
Remplira de clarté l'Vniuers tenebreux.
Mais, ce qu'on y verra resplendir dauantage
Sera le bon, le grand, l'heroïque Courage,
Ce Royal sentiment si haut, si plein d'appas,
Qui, dans vn noble sein, ne souffre rien de bas.
Ce sera cette aymable & sensible Tendresse,
Qu'aux miseres d'autruy la raison interesse,
Cet humain mouuement, qui fait aux maux humains
Prester, auec plaisir, les secourables mains.
Ce sera la Vertu facile & bienfaisante,
Qui va, par sa largesse, au delà de l'attente,
Qui cherche la disette, afin de l'alleger,
Et qui tient à bonheur qu'on se laisse obliger.
Ce sera la Vertu, des Vertus la plus forte,
Le Feu qui sanctifie, & vers Dieu l'homme emporte,
Cet Amour embrasé, qui, fuyant les bas lieux,
Ne tend, par ses desirs, qu'au Royaume des Cieux.
Ces dons accompagnés d'vn sens incomparable,
D'vn langage charmant, d'vn air emerueillable,
D'vn esprit Angelique, & d'vn corps tout parfait,
La rendront de HENRY l'ambitieux souhait.
 De leur commune ardeur, par le Ciel, allumée,
Et, par leurs soins communs, nourrie & confirmée,
Ecloront deux Phenix, deux Princes, dont le sort
Ne brisera que tard à l'escueil de la Mort.

Le

*Le Premier m'apparoiſt, ſous la forme d'vn Ange,
Et, par ſa ſeule veüe, attire la loüange;
Tant les Cieux liberaux, dans le feu de ſes yeux,
D'abord font deſcouurir de deſtins glorieux.
On lit, en tous les traits de ſon jeune viſage,
Ce que fera ſon bras, en la fleur de ſon âge;
On y lit ſes deſſeins, on y lit ſes exploits,
On y lit les Eſtats qu'il mettra ſous ſes loix.
Sur le front du Dernier, la majeſté grauée,
En luy, des le berceau, monſtre vne ame eleuée,
Vn air tout martial, à la victoire né,
Enfin vn cœur ſemblable au cœur de ſon Aiſné.
HENRY, de ſa grandeur, en eux, verra des traces,
En eux, ANNE verra des ombres de ſes graces,
Et ſur leurs jeunes fronts ils ſe plairont de voir,
De leurs honneurs futurs poindre & briller l'eſpoir.
En vn port ſi tranquille, en vn eſtat ſi ferme,
Les trauaux de HENRY pourroient trouuer leur terme;
La raiſon le voudroit; mais de nouueaux beſoins
Demanderont encor ſes peines & ſes ſoins.
Des Princes Tranſalpins la liberté mourante,
Le reuerra, pour elle, armer ſa main puiſſante,
Et, par ſon foudre ardent, lancé de trois coſtés,
Souſmettre aux Fleurs-de-Lys trois celebres Cités.
Tortonne, qui des trois eſt la moins acceſſible,
Ne ſe laiſſera vaincre à ſon cœur inuincible,
Qu'apres qu'elle aura veu, par cent aſſauts diuers,
Ses terraces en poudre, & ſes remparts ouuerts.*

Imprenable Tortonne, à ta fatale prise,
Milan mesme craindra de perdre la franchise,
Et de sa froide peur ne sera bien guery,
Que par le pront rappel du redouté HENRY.
Son Roy voudra son bras, pour nouuelle colonne,
Qui l'ayde à supporter le faix de sa Couronne ;
Et, parmy les piliers de l'Empire François,
Le verra fortement soustenir ce grand poids.
La Terre lasse, enfin, de la tragique rage,
Par qui tous ses climats rougiront de carnage,
Pour obliger la Paix à reuenir des Cieux,
Sur luy seul, en pleurant, tournera tous ses yeux.
Du Rhein, encore vn coup, il franchira la riue,
Et, portant à la main la pacifique Oliue,
Aux Ennemis batus des orages du Sort,
Offrira la bonace, & monstrera le port.
L'Europe le verra, trois entieres années,
S'esforcer d'adoucir leurs dures destinées,
Et, sans paroistre emeu de cent contraires flots,
Agir incessamment, pour les mettre en repos.
Pour leuer tout ombrage à leurs ames guerrieres,
Son esprit jettera mille viues lumieres,
Et, sans cesse, ouurira mille moyens diuers,
Pour chasser le Discord du confus Vniuers.
Mais l'Ibere orgueilleux, irrité de ses pertes,
Refusera tousjours tant de graces offertes,
Et, flatant son depit, d'vn espoir suborneur,
De la Paix aux humains enuira le bonheur.

Que fi jamais ce bien doit venir à la Terre,
Si jamais fe termine vne fi longue guerre,
HENRY feul l'aura fait, & cet heureux deftin
De fon noble trauail fera le fruit diuin.
 Ah! que dis-je? ah! Dunois, du profond des Abyfmes
Pendant ces juftes vœux, & ces foins magnanimes,
S'eleue vn tourbillon affreux & vehement,
Qui de ce grand Projet fappe le fondement.
Des Aftres le plus doux, par ce fubit orage,
Sent couurir fa clarté d'vn infernal ombrage,
Et, par vn mouuement qu'on ne peut conceuoir,
Sent, pour vn fi faint Oeuure, affoiblir fon pouuoir.
On voit les Champs des Lys n'eftre plus que d'efpines;
On n'y voit plus que feux, que meurtres, que rapines;
L'horreur par tout y regne, &, par tout, les efprits,
Contre leur propre bien, de rage y font efpris.
La Paix, qui dans fon Char brilloit fur leur frontiere,
De trouble, à ces objets, fe recule en arriere,
Et fes rayons, en vain des Peuples defirés,
Laiffent, en s'efloignant, leurs cœurs defefperés.
De cet Aftre obfcurcy les lumieres efteintes,
Rempliffent les Mortels de foupçons & de craintes,
Et, durant cette Eclypfe, il n'eft calamité
Que n'attende chacun de fa malignité.
Mais les puiffans rayons d'vne Royale Eftoile,
Enfin perçant la nüe, & diffipant fon voile;
Ce bel Aftre obfcurcy, par fes traits radieux,
Des Mortels effrayés reuient charmer les yeux.

Il reuient appaiser l'orage de la France,
Du retour de la Paix luy rendre l'esperance,
L'esperance, & rien plus ; tant le Ciel irrité,
Pour son Peuple endurcy, garde de dureté.
Ie suyurois le recit de ses faits memorables,
En vertu sans egaux, en gloire incomparables ;
Mais l'ordre du Seigneur me contraint de finir,
Et me les fait laisser au fond de l'Auenir.
  Là se taist la Voix sainte, & le Chœur Angelique,
Ranime le concert de sa sainte musique ;
De ces airs, de ces sons, les Princes enchantés,
Iusqu'au troisiesme Ciel, s'estiment emportés.
Dans vn rauissement, qui tout autre surpasse,
Chacun songe aux grandeurs de son auguste Race ;
La Pucelle à sa mort songe, aueque plaisir,
Et, pour joüir de Dieu, l'auance du desir.
Enfin, tout à coup, cesse, & musique, & lumiere,
Et la Grotte demeure en son horreur premiere ;
La Lampe y luit à peine, & sa foible clarté
A peine s'y defend, contre l'obscurité.
Les Princes, abatus d'vne si longue veille,
Quittent l'Antre ombrageux, tout remplis de merueille ;
La Guerriere, apres eux, l'abandonne, en priant,
Et voit blanchir le Ciel aux portes d'Orient.
Le Soleil, qui naguere estoit allé sous l'Onde,
Y chercher le repos qu'il laissoit dans le Monde,
Sembloit s'estre hasté de reuoir l'horizon,
Pour eclairer des maux la sainte guerison.

LIVRE HVITIESME.

La barriere du jour n'est pas si tost eclose,
Que la Garde, en deux rangs, les malades dispose;
Ils ont tous le teint pasle, ils sont tous langoureux,
Et le tour du grand Cloistre est trop petit, pour eux.
Charles vient, & s'appreste à forcer la Nature;
Des incurables maux il entreprend la cure;
Mais, auant que la faire, au mystique Festin,
Mange le Pain celeste, & boit le sacré Vin.
Du Temple, alors en pompe, au Cloistre il s'achemine,
Et porte en ses deux doigts la sainte medecine;
Puis auançant la main, qu'accompagne sa voix,
Sur le front, à chacun marque la sainte Croix.
Il touche, & parle ensemble, & qu'il parle, ou qu'il touche,
L'Esprit d'enhaut conduit, & sa main, & sa bouche;
Par sa bouche, & sa main, le mal est escarté,
Et soudain, en son lieu, succede la santé.
Du Parler, du Toucher, l'effet inconceuable,
Rend aux Peuples gueris Charles plus venerable;
Il paroist à son Camp, d'vn plus Royal aspect,
Et pour luy, desormais, tous ont plus de respect.

 Tel apres qu'en sa course, illustre & vagabonde,
De cent Monstres cruels il eut purgé le Monde,
Et que de tant de maux les Peuples affligés,
Par sa force heroique, en furent soulagés;
Le valeureux Hercule, aux Peuples de la Terre,
Parut vn Iupiter armé de son tonnerre,
Fut reueré de tous, & ne vit plus de lieu,
Qui ne le reconnust digne du nom de Dieu.

X x iij

LA PVCELLE,

Le Prince venerable, au sortir du saint Cloistre,
D'antiques Citoyens voit trois bandes paroistre;
Soissons, Laon, Saint-Quentin, au bruit de ses exploits,
Les despeschent vers luy, pour receuoir ses loix.
Tous ont, en sa faueur, quitté son Aduersaire;
Tous ont mesme harangue, & mesme offre à luy faire;
Pour le moins amuser, le plus âgé de tous,
Au nom de tous luy parle, & luy parle à genoux.

   Grand Monarque, dit-il, tes bruyantes merueilles,
D'vn eclat agreable, ont frappé nos oreilles,
Et, nous eclaircissant de ton juste pouuoir,
Ont fait rentrer nos pas au chemin du deuoir.
Pleins d'vn cuysant regret de tant d'erreurs commises,
Nous venons, sous ton joug, remettre nos franchises;
Maintenant de Soissons, de Laon, de Saint-Quentin,
Tes seules volontés vont regler le destin.
Philippes, de cent maux menaçant nostre Terre,
Nous sollicite, en vain, de te faire la guerre;
Les miracles du Ciel, à tes vœux accordés,
Du droit de ton Party nous ont persuadés.
Bien que cet Inconstant, pour l'Angloise querelle,
Arme la Picardie, & la Flandre auec elle;
Nous embrassons la tienne, & te venons offrir
Tout ce que de bons cœurs peuuent faire & souffrir.
De forces seulement ayde nostre courage,
Et fournis nous de bras, pour combattre l'orage;
Quand le fier Bourguignon, transporté de courroux,
Auec mille estandards, viendra fondre sur nous.

LIVRE HVITIESME.

Le Prince les escoute, &, suyuant leur demande,
Soudain pour chaque Ville vne troupe commande,
Leur promet qu'en repos ils viuront sous sa loy,
Et d'vn accüeil humain recompense leur foy.
A l'instant, par vn choix aussi juste que sage,
Tanneguy va, vers Laon, receuoir son hommage,
Et Clermont & Dunois, vont, pour la mesme fin,
Le premier, vers Soissons, l'autre, vers Saint-Quentin.
Amaury seul demeure, & suit dans le silence,
Charles, qui, sans parler, vers le Palais s'auance,
L'esprit non moins confus que le cœur affligé,
D'auoir appris, pour luy, le Bourguignon changé.

FIN
DV HVITIESME LIVRE.

LA PVCELLE
OV
LA FRANCE DELIVREE

LIVRE NEVFIESME.

E Monarque s'enferme, &, dans sa solitude,
Se liurant tout entier à son inquietude,
S'escrie ; O justes Cieux, quel crime ay-je commis,
Pour reuoir, contre moy, s'vnir les Ennemis ?
Perfide Bourguignon, pour venger ta malice,
Il n'est point aux Enfers d'assés rude supplice ;
Tu te perds pour me perdre, &, d'un courroux brutal,
Renonces à ton bien, pour me faire du mal.

LA PVCELLE,

C'eſt Betford, non pas moy, qui merite ta haine ;
Tu n'as que trop ſenty combien peſe ſa chaiſne,
Et juſques à quel point ſon orgueil outrageux
Eſt dur à ſupporter aux hommes courageux.
Qui te fait preferer le Voleur de ta gloire
Au Prince, qui le donte, & t'offre ſa victoire ?
Quel funeſte retour, quel caprice du Sort
Te rejette à la mer, en arriuant au port ?
Laſche, eſt-ce que l'honneur ne te peut jamais plaire ?
Ne ſçais-tu donc aymer que ce qui t'eſt contraire ?
Si tu pouuois languir, ſous Betford, abatu,
Trompeur, contre Betford, pourquoy m'implorois-tu ?

Parmy tant de Demons, que le ſein de la Terre,
En faueur de l'Anglois, a vomis pour la guerre,
Plus malfaiſant que tous, eſt vn Spectre odieux,
Dont le corps n'eſt formé, que d'oreilles & d'yeux.
Il court, & dans ſon cours fuit les communes routes ;
Il eſt touſjours en veille, & touſjours aux eſcoutes ;
Sur ſon cœur desfiant tout fait impreſſion,
Et jamais rien n'eſchappe à ſon attention.
Quelque choſe pourtant, qu'il voye, ou qu'il entende,
Il l'entend, & la voit, ou diuerſe, ou plus grande,
Et produit meſme erreur, dans les foibles eſprits,
Que ſon ſouffle glaçant de ſon froid a ſurpris.
Les fauſſes Viſions, les ſombres Fantaiſies,
Les Soucis enuieux, les paſles Ialouſies,
Le Depit, le Chagrin, la Colere & l'Ennuy,
Comme vn eſſaim bruyant, volent autour de luy.

LIVRE NEVFIESME. 357

Ce fut par ses conseils, que l'Archange rebelle
Fit perdre l'innocence à la Race mortelle;
Quand, outré de voir l'Homme en sa place estably,
Il luy fit du Seigneur mettre l'ordre en oubly.
 Ce Demon, qu'affligeoit le credit de la Sainte,
Croyant voir le temps propre à luy donner atteinte,
Du superbe Amaury resueille le courroux,
Et par luy veut d'Agnes rendre Charles jaloux.
Il se coule en son ame, & sa langue infectée
Du venin dont le Monstre à l'haleine empestée,
Par l'oreille du Roy, le verse dans son sein;
Le succes est heureux, & respond au dessein.
 Ce mal, dit Amaury, des maux est bien le pire,
Que Philippes te manque, & de toy se retire;
Mais, à parler sans feinte, en cet euenement,
Il n'est rien arriué, contre mon jugement.
Ie creus qu'il le feroit, & qu'il le deuoit faire;
Pardon, si ce discours te semble temeraire;
Ie creus qu'il le feroit, des l'instant que j'appris
Qu'Agnes l'auoit eleu, pour venger ton mespris.
Elle est sa seule Idole, elle est sa seule Reyne;
Il en fait son Oracle, & sa Loy souueraine;
Il veut ce qu'elle veut, &, sans deliberer,
Suit tout ce qu'à son ame elle veut inspirer.
Deuant ce vif eclat, & cette ardente flamme,
Il n'a pas, comme toy, l'art de glacer son ame;
Il n'a pas, comme toy, contre tant de beauté,
La vertu du desdain, & de la dureté.

           Yy iij

Il n'a point, comme toy, de celeste Pucelle,
Qui la chasse auec honte, & le desface d'elle,
Qui le force à marcher sous ses saints estandards,
Et le face trembler au feu de ses regards.
Agnes a de ses yeux desployé la puissance;
Elle a de ton mespris demandé la vengeance;
Qu'eust pû faire vn Amant, mis entre Agnes & toy,
Que se ranger vers elle, & te manquer de foy.

   Charles, à ce discours, vn mot seul ne replique;
Mais sa poignante aigreur profondement le pique;
Il trouue Amaury juste en son fier sentiment,
Et se laisse emporter à son emportement.
Sa prudente raison veut en vain l'en distraire;
Sa passion s'oppose au flambeau qui l'eclaire;
En vain de ce penser il se veut diuertir;
Plus il y fait d'effort, moins il en peut sortir.

   Ainsi quand le Taureau, que le frelon agite,
Dans vn marais bourbeux, d'vn saut, se precipite,
Et que ses roides pieds sentent, à leur grand faix,
Ceder la noire vase, & le limon espais;
Il a beau s'elancer, par cent secousses fortes,
Aux bords, qui tout autour ceignent ces ondes mortes,
Les efforts qu'il employe à s'en debarasser,
Ne luy seruent à rien, qu'à s'y plus enfoncer.

   Cependant vient la Nuit, sur l'aile du Silence,
Aux trauaux des mortels apporter allegeance;
Charles, de sa douleur amerement rongé,
Ne sent point, par la Nuit, son trauail allegé.

L'incomparable Agnes, par la Sainte chaßée,
Se reuient eſtaler à ſa triſte penſée;
Il ſe la repreſente auec tous ſes appas,
Et ne voit, dans ſes yeux, que de charmans eclats.
  Ie t'excuſe, dit-il, Philippes, je t'excuſe,
Ce n'eſt ni trahiſon, ni malice, ni ruſe;
C'eſt cette voix magique, & ces yeux tout-puiſſans,
Qui, pour te reuolter, ont corrompu tes ſens.
Agnes, ſuperbe Agnes, quelle ſubite rage,
A me rauir ce Prince anime ton courage?
Quel aueugle tranſport, contre ta volonté,
A conjurer ma perte engage ta fierté?
En cette occaſion, ta gloire imperieuſe
A ton propre deſir te rend injurieuſe;
Ie voy tes mouuemens, je lis dans ton ſecret;
Tu ne veux point ma perte, ou la veux à regret.
Pour ton propre malheur, tu prendrois ma desfaitte;
Ie connois ton eſprit, je ſçay ce qu'il ſouhaitte;
Tu fais, dans ton depit, ce que tu ne veux pas;
Tu pourſuis mon amour, & non pas mon treſpas.
Ton courroux, enuers moy, ſeul te rend inhumaine;
Mais non, je me repais d'vne eſperance vaine;
Tu m'eſtimes coupable, & peux facilement
Vouloir que l'on m'immole à ton reſſentiment.
Tu peux auoir, ſans feinte, employé tes careſſes,
Pour faire, à mon Riual, oublier ſes promeſſes,
Pour regaigner ſon cœur, par tes diuins appas,
Et les faire acheter, au prix de mon treſpas.

Tu l'as pû, tu l'as fait ; la chose est trop certaine ;
En vain d'autres pensers mon cœur flatte sa peine ;
Tu resolus ma mort, des le moment fatal,
Que tu m'abandonnas, pour chercher mon Riual.
Agnes, injuste Agnes, d'vne amitié si tendre,
Estoit-ce là le fruit que je deuois attendre ?
Apres tant de respects, ton Prince, & ton Amant,
Meritoit-il, Ingrate, vn si dur traittement ?
Si je t'auois despleu, sans recourir aux armes,
Tu me punissois trop, me derobant tes charmes ;
Sans me persecuter de ces maux superflus,
C'en estoit vn trop grand, que de ne te voir plus.
Mais non, je ne fus point l'Autheur de ta retraitte ;
Par vn autre que moy, l'injure te fut faitte ;
Ie la vis seulement, & la crainte des Cieux
Ne rendit, enuers toy, coupables que mes yeux.
Mon cœur fut innocent, & ressentit l'outrage,
Que souffrit ta beauté, que souffrit ton courage ;
Mes yeux mesmes, mes yeux en furent offensés,
Et leurs tristes regards te le dirent assés.
Contre moy, cependant, ta vengeance s'exerce ;
Au plus beau de mon cours, ta fureur me trauerse ;
Elle t'arrache à moy, m'enleue mes Amis,
Et me punit du mal que je n'ay point commis.

  De semblables discours, durant l'ombre müette,
S'entretient la douleur de son ame inquiëte ;
Il veille, & le Soleil se monstre à peine aux Cieux,
Que le Fils de Gillon vient s'offrir à ses yeux.

Amaury,

LIVRE NEVFIESME.

Amaury, dit le Prince, enfin donc la Crüelle
M'a reuolté Philippe en faueur du Rebelle,
Et, quelque engagement qu'il euſt aueque moy,
Elle a pû le reſoudre à me manquer de foy.
O Dieu ! quelle raiſon porte cette Inhumaine,
A payer mon amour, d'vne ſi forte haine ?
Qui luy fait prodiguer tout ce qu'elle a d'attraits,
Pour troubler mon triomphe, & me rauir la paix ?
Deuois-je receuoir vn ſi ſenſible outrage,
De celle à qui mon cœur rend vn fidelle hommage,
Et voir entrer en ligue, auec mes Ennemis,
Celle à qui, ſans combat, j'eſtois desja ſouſmis ?
D'vn orgueilleux depit ſa fiere ame emportée
Ainſi, d'entre les mains, m'a la victoire oſtée ;
Et, non moins que deuant, je me trouue en danger,
De tomber, ſous le joug du rebelle Eſtranger.

Amaury, dont l'eſprit, en cette amere plainte,
Ou voit, ou penſe voir, jour à perdre la Sainte,
La haine & l'intereſt le rendant eloquent,
Le vient aigrir encor, par ce diſcours piquant.

En ce qu'a fait Agnes, je ne voy rien d'eſtrange ;
Vn affront enduré, veut enfin qu'on le venge ;
La Nature l'inſpire, &, neceſſairement,
Au deſplaiſir receu joint le reſſentiment.
Il faut eſtre Amaury pour ſouffrir vne offenſe,,
Et ne pas auſſi-toſt courir à la vengeance ;
Il faut eſtre Amaury, pour n'abandonner pas
Ceux qui, dans l'amitié, font gloire d'eſtre ingrats.

Agnes estoit Agnes, & la peine sensible,
Que causa ta foiblesse à son cœur inflexible,
Forçant la passion qui l'amenoit vers toy,
L'a portée à venger le mespris de sa foy.
Ie ne suis point suspect, quand je parle pour elle,
Tu sçais qu'elle me hait, d'vne haine mortelle,
Et si rien aujourd'huy me met de son costé,
Ce n'est que la justice, & que la verité.
A quoy qu'elle se porte, elle est trop excusable;
Tu dois seul de son crime estre jugé coupable;
Que dis-je? ah! non pas toy, mais l'Esprit furieux,
Qui, pour regner sur nous, ose abuser des Cieux.
En parlant toutesfois d'vne chose celeste,
Vn langage si libre est-il assés modeste?
Peut-on bien, sans peché, la soupçonner de rien?
Et le mal qu'elle fait seroit-ce point vn bien?
Ouy, prens pour bien le mal que nous luy voyons faire,
Si c'est l'Esprit de Dieu, qui l'eschauffe & l'eclaire,
Si son bras est le bras du Monarque des Roys,
Si son cœur a, pour fin, le salut des François.
Mais si, comme chacun à bon droit le soupçonne,
Sa valeur est fatale au bien de ta Couronne;
Si ses faits si brillans, & si prodigieux,
Pour cause, ont les Enfers voilés du nom des Cieux;
Iuge à quoy ta fortune est par elle reduitte,
Ce que pour l'auenir te promet sa conduitte,
Et de combien de maux seront, pour toy, suyuis
Philippes & la Belle, à tes armes rauis.

LIVRE NEVFIESME.

Ie te vois, des cette heure, au fond du precipice,
Accuser ton erreur, accuser sa malice,
Mais, plus que sa malice, accuser ton erreur,
D'auoir pousse ta gloire, en ce gouffre d'horreur.
   Charles, auec ces mots, sent couler en son ame
L'ingenieux poison de cet injuste blasme,
Et, dans son fier regard, fait lire clairement,
Qu'il n'a pas, pour la Sainte, vn meilleur sentiment.
Le rusé Fauory qui sur luy tient la veüe,
Et qui de ce discours luy connoist l'ame emeüe,
Prend cœur pour ses desseins, &, voulant redoubler,
Se voit, par la Guerriere, en ce moment, troubler.
   Tout est fait, tout est prest, Braue Prince, dit-elle;
Desormais à Paris la Fortune t'appelle;
Tu ne peux, sans le perdre, icy plus t'arrester,
Et tu le gaigneras, si tu te sçais haster.
Ce Fils, ce doux espoir de la triste Angleterre,
Du seul bruit de son nom, la rengage à la guerre;
Betford marche desja, desja ses bataillons
Reuiennent de nos champs occuper les sillons.
Charles, le temps est cher. Mais Charles, à la Sainte;
   Betford n'est pas, dit-il, ce qui cause ma crainte;
En vain, pour nous combattre, il a ce Camp formé,
Et ton bras à le vaincre est trop accoustumé.
Ie crains du Bourguignon la fatale puissance,
Fatale à ma grandeur, & fatale à la France;
Le bonheur l'accompagne, & ceux qu'il a quittés
Ont, par leurs ennemis, esté tousjours dontés.

Il m'auoit, l'Inconstant, sa parole engagée;
Agnes l'y fait manquer, par nous desobligée;
N'eust-il point mieux valu la souffrir parmy nous?
Nous pouuions bien luy faire vn traittement plus doux.

　　Il acheue ces mots, d'vne voix foible & basse;
Amaury les soustient, d'vn ton remply d'audace,
Et, son fiel, sur la Sainte, à grands flots respandant,
Abandonne la bride à son courroux ardent.

　　Ainsi lors que d'vn Lac la solide chaussée,
Par vn filet d'eau viue est sourdement percée,
Et que, pour desormais s'ecouler librement,
Cette porte est monstrée au captif Element;
L'eau vient, de toutes parts, à l'estroitte ouuerture,
S'entrepresse au passer, sort, boüillonne, & murmure,
Et, sur les champs voysins respandant sa fureur,
Destruit, par ses degasts, l'espoir du Laboureur.

　　Le Roy n'est plus, dit-il, pour l'Esprit qui t'inspire,
Ne le trouuant porté qu'au mal de son Empire;
Qu'au mal de tous les siens; si c'est mal toutesfois,
D'armer le Bourguignon, en faueur de l'Anglois;
Si c'est mal, d'offenser la genereuse Belle,
Qui seule a, dans ses mains, le cœur de l'Infidelle;
Et si c'est mal, enfin, d'auoir, en l'offensant,
Priué l'Estat François d'vn secours si puissant.
Le Ciel, me diras-tu, le Ciel, dont tu te pares,
Dont tu couures l'horreur de tes actes barbares,
Le difficile Ciel desapprouuoit son bras;
Et pourquoy? si le tien ne luy desplaisoit pas.

LIVRE NEVFIESME.

C'estoit vne ame haute, vn courage inuincible,
Qui, pour seruir son Prince, estimoit tout possible,
Et, pour ses interests, auoit autant que toy,
De chaleur, de vigueur, de constance, & de foy.
Elle eust pû, comme toy, l'assister de ses armes;
Mais tu l'eus pour suspecte, & redoutas ses charmes;
Tu redoutas ses yeux, & creus que ton pouuoir
Cesseroit, au moment qu'elle les feroit voir.
Nous auons, par ta peur, perdu son assistance;
Seule, tu l'as forcée à chercher sa vengeance,
A rechercher Philippe, &, par tous ses appas,
Luy faire de son Roy conspirer le trespas.
Il estoit deuenu nostre Amy veritable;
Il va nous deuenir Aduersaire implacable;
Contre l'Anglois naguere il nous seruoit d'appuy,
Et voilà qu'à l'Anglois il en sert aujourd'huy.
Tous deux ont assemblé des trouppes infinies,
Et poussent, contre nous, leurs brigades vnies;
Chasse-les, si tu peux, par l'effort de tes coups;
Mais tu ne sçais chasser, que ceux qui sont pour nous.
Ils nous vont enleuer nos nouuelles conquestes;
Et toy seule, sur nous, attires ces tempestes;
Pour n'auoir pû souffrir de Riuale à la Cour,
Tu nous rauis le throsne, & peut-estre le jour.

   D'vn semblable transport, la Guerriere surprise
Veut respondre au Ialoux, puis change & le mesprise,
Et, tournant vers le Roy ses regards flamboyans,
L'estonne, & l'eclaircit, par ces mots foudroyans.

Zz iij

En ces termes, dit-elle, & jusqu'en ta presence,
Oser de ses Decrets blasmer la Prouidence,
L'oser jusqu'en ton Nom, l'oser en me parlant,
Ah! c'est estre, à vray dire, vn peu trop insolent.
Ah! c'est trop escouter l'indigne jalousie,
Dont, pour mes grands succes, on a l'ame saisie;
C'est faire trop d'injure au bras du Tout-puissant,
Et trop de ses faueurs estre mesconnoissant.
On a donc pû si-tost bannir de sa memoire
Du Dieu Liberateur l'eclatante victoire;
Quand, pres de ses hauts murs, le fidelle Orleans,
Sous le poids de mes coups, vit tomber ses Geans.
On ne se souuient plus de ce hardy passage,
Qui de tant de Cités eloigna le seruage;
On ne se souuient plus du Sacre glorieux,
Dont l'objet triomphant s'offre encore à nos yeux.
Cependant ces exploits, ces merueilles insignes,
D'vne memoire illustre à jamais seront dignes;
Ces miracles fameux, si grands, si releués,
Sans Agnes, par nos mains, viennent d'estre acheués.
Iusqu'icy, malgré tout, j'ay tenu ma promesse,
Sans les charmes impurs de cette Enchanteresse;
Les Cieux ont veu, par moy, leur ordre executé,
Sans auoir eu besoin des traits de sa beauté.
Ils me verront encor, sans cette ayde funeste,
De leur ordre immüable executer le reste;
Sans elle, ils me verront des perfides Tyrans
Attaquer les drappeaux, & dissiper les rangs.

LIVRE NEVFIESME.

A la mercy des traits, ils me verront, sans elle,
Aller porter la guerre au pied du Mur rebelle,
Et seule me verront, par mille grands efforts,
Maistriser la terrace, & la joncher de morts.
Charles, telle à Paris sera ma destinée;
C'est ainsi que la chose est, là haut, ordonnée;
Sans que le Bourguignon, qui trouble tes esprits,
Puisse nuire au dessein, pour ta gloire, entrepris.
Ses forces, que tu crains, n'y mettront point d'obstacle;
Son projet est destruit, par vn autre miracle;
Ces Murs, qui, sous tes loix, viennent de se ranger,
Du costé de la Flandre escartent tout danger.
Loin de fondre sur nous, il faut que sa tempeste,
Contre leurs bouleuards, se consume & s'arreste;
Du traistre Bourguignon le dessein est failly;
D'assaillant qu'il estoit, il se trouue assailly.
Non, ne crains que le Ciel en ce reste de guerre;
Rien ne peut à ton cours s'opposer, sur la Terre;
Tout te rit desormais, & tu seras vainqueur,
Pourueu que de peché tu preserues ton cœur.

 Charles, à ce discours, se remplit de tristesse,
Et ne peut, sans rougir, penser à sa foiblesse;
Apres tant de bienfaits receus du Firmament,
De sa flamme il a honte, & se hait d'estre Amant.
Il sent sa passion, &, deuant la Pucelle,
Sent, par sa passion, sa vertu criminelle;
D'vn heroique effort, il tasche à l'estouffer,
Et, par la Grace enfin, d'elle peut triompher.

LA PVCELLE,

Au party le plus juste aussi-tost il se range,
Reuere la Guerriere, & luy donne loüange;
Il la donne aux bontés du Monarque des Roys,
Mais du cœur seulement, & non pas de la voix.
Amaury le regarde, & voit qu'il l'abandonne;
Vn si soudain retour le surprend, & l'estonne;
La parole luy manque, & l'air audacieux
S'efface sur son front, & s'esteint dans ses yeux.
Son desplaisir l'accable, & son ame hautaine
Est ensemble agitée, & de peur, & de haine;
Il se sent, pour la Fille, vn trop foible Riual,
Et, moins il est puissant, plus il luy veut de mal.

    Sur ce temps vn grand bruit, comme d'vn grand tonnerre,
S'eleue jusqu'aux Cieux, fait retentir la Terre;
Trouble le sein de l'air, &, pour quelques momens,
Ebranfle la Cité jusques aux fondemens.
C'est l'Anglois, c'est Betford, dont l'approche attendüe,
Parmy le Camp François, venoit d'estre entendüe,
Et le Camp genereux, emeu de ce rapport,
N'auoit pû retenir son belliqueux transport.
Il brusle de combattre, & sa flamme guerriere
Le force à mettre au vent la Royale Banniere;
Il n'attend aucun ordre, &, marchant à grands pas,
Ne roule, en son esprit, qu'assauts, & que combats.
Tous sortent, à l'instant, de la sainte Muraille,
Tous, à cris redoublés, demandent la bataille,
Et tous, mesme à leurs Chefs, donnent de la terreur;
L'indiscrette Vertu degenere en fureur.

Charles

LIVRE NEVFIESME.

Charles court au tumulte, &, d'vne voix seuere,
Reprime l'insolence, & la fougue tempere;
Il rappelle aux drappeaux les soldats ecartés,
Forme ses bataillons, jette sur les costés
Du gendarme serré les brigades luysantes,
Loge, dans le milieu, les machines pesantes,
En reuoit l'attirail, &, par tout se portant,
Iusqu'aux moindres besoins, sa preuoyance estend.
La Sainte l'accompagne, & ne voit pas, sans joye,
Auec quelle grandeur son addresse il employe;
Elle le fortifie, en sa noble chaleur,
Et luy monstre Paris, pour prix de sa valeur.
Luy, qui, pour ses desseins, voit tout si fauorable,
Ne retient plus du Camp le transport indontable,
A son feu l'abandonne, &, d'vne ardente voix,
Mesme au fort de son cours, le pousse vers l'Anglois.

Ainsi quand jadis Rome, en sa fameuse arene,
De barbares plaisirs espouuentable Scene,
Deschaisnoit ses Lions, qui de sang affamés
Estoient, par cent barreaux, à peine renfermés;
Quoy que, pleins de courroux, ils suyuissent leur chasse,
Leurs hardis Gouuerneurs, espandus par la place,
Contre les fiers Taureaux leur fureur animans,
Secondoient, de longs cris, leurs longs rugissemens.

De son costé Betford, dans le fond de son ame,
Ne sentant pas brusler vne moins viue flamme,
Meine son Camp, vers Rheims, dans l'espoir apparent
D'arrester les progres du nouueau Conquerant.

Aaa

Il s'auance à grand bruit, comme vn foudre qui gronde,
Et qui d'vn proche eclat menace le bas Monde;
Il s'auance à grands pas, &, dans son viste cours,
Parle à ses bataillons, & leur tient ce discours.

 Compagnons, que le vœu d'vne illustre vengeance
Arme, pour restablir l'Angleterre en la France,
Et qui, dans vn projet si digne de vos cœurs,
Ne sçauriés reüssir que de Charles vainqueurs;
Bien que, par vos efforts, vous pussiés, sans nulle ayde,
Aux maux de nostre Empire apporter le remede,
Et que vostre courage ait peine à supporter,
Que, dans son entreprise, on pense à l'assister;
Les Destins toutesfois, amis de la Iustice,
Du puissant Bourguignon vous rendent la milice,
Et veulent que, vers nous, se rangeant desormais,
Il vienne reparer les torts qu'il nous a faits.
Sous luy ce que l'Escaut, ce que la Meuse embrasse,
En faueur de l'Anglois, se leue & se ramasse;
De deux si braues Corps Charles enueloppé,
Ne peut qu'il ne se voye, ou mort, ou dissipé.
Oublions nostre honte, oublions sa victoire;
Nous verrons nos malheurs suyuis de nostre gloire;
Aux despens du François, nous l'allons releuer,
Et, par vn coup fatal, nos trauaux acheuer.
Conduit, par sa fortune, au cœur de nostre Terre,
Engagé dans nos rets, par son heureuse guerre,
Assailly par deux Camps, & par deux Camps destruit,
De son aueugle audace il receura le fruit.

LIVRE NEVFIESME. 371

Par son abbaissement, releuons nostre estime;
Aux foudres de nos mains donnons-le, pour victime;
Dans les flots de son sang, son orgueil estouffons,
Et de tous ses lauriers, par vn seul, triomphons.
Philippes, contre luy, fait marcher sa puissance,
Gardons bien que son cours le nostre ne deuance,
D'vne palme si noble, Amis, soyons jaloux,
Et ne permettons pas qu'on la cueille, sans nous.
  Betford, en s'esloignant des campagnes Normandes,
Ainsi parle à ses Chefs, ainsi parle à ses bandes;
Tous, par cent cris guerriers, approuuent son discours,
Et, vers Rheims à l'enuy, precipitent leur cours.
Mais, au fort de leur cours, & de leur esperance,
Soissons, Laon, Saint-Quentin, les quittent pour la France;
D'vn tel euenement, tous demeurent surpris,
Et l'esperance meurt, en leurs tristes esprits.
La Terreur vient alors, &, dans leurs rangs meslee,
Souffle à chaque soldat son haleine gelee;
Elle accroist le peril, & figure à leurs yeux,
Charles du Bourguignon desja victorieux.
Elle le represente en forme plus auguste,
Qui protegé du Ciel, en sa querelle juste,
Dresse, en haste, vers eux, ses formidables pas,
Et, le fer à la main, les deuoüe au trespas.
Par ces impressions, leur morne fantaisie,
Se trouue, tout à coup, d'espouuente saisie,
Et, de quelque raison qu'on pense les toucher,
Tous, contre le François, refusent de marcher.

Aaa ij

Betford monte en fureur, & ses trouppes gourmande;
Mais en vain il leur parle, en vain il leur commande;
La Terreur les rend sourds, & luy-mesme à la fin
N'est pas, plus qu'eux, exempt de son mortel venin.
Desormais plein de trouble, & craignant sa desfaitte,
Par l'auis de ses Chefs, il conclud la retraitte,
Et, rassemblant soudain ses escadrons espars,
Fait tourner, vers Paris, ses volans estandards.
A faire ferme, en vain, son courage l'incite;
Tout orgueilleux qu'il est, la bataille il euite;
L'effroy, de plus en plus, maistrise ses esprits;
Quoy que loin du danger, il se tient des-ja pris,
Et, sans conter pour rien le jour qu'il a dauance,
Il croit, mesme en fuyant, perdre sa diligence.
Charles remply d'ardeur, le suit rapidement,
Court tousjours, pour l'atteindre, & tousjours vainement;
Mais, la cinquiesme nuit, resolu de le joindre,
Auant qu'on vist le jour aux bords du Gange poindre,
Et par vn combat seul, apres tant de combats,
Des deux Peuples Riuaux terminer les debats;
Aux bandes il s'addresse, & leur tient ce langage;
   Chers & vaillans Guerriers, acheués vostre Ouurage;
Betford, à cette fois, peut tomber sous vos coups,
Et ce rare bonheur ne depend que de vous.
A vos yeux abatus je demande vne veille;
Non moins que le profit, l'honneur vous le conseille,
Et ce leger trauail, à vos bras valeureux
Doit produire vn repos durable autant qu'heureux.

LIVRE NEVFIESME.

 Ainſi quand vn Nocher, à qui le feu de l'Ourſe
Fait deſcouurir la fin de ſon errante courſe,
Pour recueillir le fruit de ſes trauaux paſſés,
Redonne vn nouueau cœur aux matelots laſſés;
Sans quitter le timon, par des mots pleins de flamme,
Il rappelle leurs mains, à la voile, à la rame,
Et promet à leurs vœux, pour ce dernier effort,
Que le prochain Soleil les verra dans le port.
 La chaleur des François ſe rallume en leurs veines;
D'Enſeignes, de Guidons les campagnes ſont plaines;
La Lune, au front d'argent, fauorable leur luit,
Et leur fait voir le jour, au milieu de la nuit.
Mais eſtant diſparuë, vne heure auant l'Aurore,
Et l'Oeil de l'Vniuers dormant ſous l'Onde encore,
Pres du Camp de l'Anglois, le Monarque arriué
Alloit voir ſon Projet hautement acheué;
 Lors que le Prince affreux de l'Infernale plage
Vit fondre en precipice, au trauers de l'ombrage,
Les Eſprits tenebreux qu'au ſecours de Betford,
Il auoit enuoyés, du Sejour de la Mort.
A leur veüe il s'emeut, &, par ſa violence,
Forçant leur voix muëtte à rompre le ſilence,
D'eux apprend tous les ſoins, que, juſqu'à ce moment,
Ils auoient, pour l'Anglois, pris inutilement.
Il apprend d'Orleans le ſecours admirable,
Des remparts de Gergeau la perte lamentable,
Du Roc de Baugency l'infortuné deſtin,
Et du choq de Patay la deplorable fin.

A a a iij

Il apprend du Vainqueur la marche triomphante,
Des bouleuards Troyens la conqueste eclatante,
Et ce qui, plus que tout, renuerse ses desseins,
Le grand Sacre accomply, dans les remparts de Rheims.
Il apprend que Betford, redeuenu timide,
Deuant le dard François, fuyoit d'un cours rapide,
Qu'il estoit sans resource, & qu'il alloit perir,
A moins que tout l'Enfer ne l'allast secourir.
A la dure nouuelle, au milieu de sa flamme,
Le Tyran des bas Lieux sent frissonner son ame,
Tient les Anglois destruits, & saisy de douleur,
N'impute qu'à luy-mesme vn si cruel malheur.
Puis s'embrasant soudain, & dissipant sa glace,
Il quitte des Lieux bas la voute la plus basse,
Sous qui, par ses fureurs, sans cesse deuoré,
Il se cache aux Demons, des Demons reueré.

Climats egalement inconnus & celebres,
Royaume de la Mort, Region de Tenebres,
Tempestueux, aueugle, & bruissant Chaos,
Dont le Ciel, pour jamais, a banny le repos;
Souffrés qu'icy mon chant donne vne foible image
Des horreurs, qu'en son sein renferme vostre ombrage,
Et qu'à l'humaine veüe, au moins par quelques traits,
De vos Antres maudits j'expose les secrets.

Dans le profond Abysme, où du Monde est le centre,
Le terrestre Element forme vn spacieux ventre,
Vne obscure, inegale, immense Cauité,
Vn nouuel Vniuers de Spectres habité.

LIVRE NEVFIESME.

Il fut fait, pour seruir de prison douloureuse,
A la trouppe d'Esprits altiere & malheureuse,
Qui, fuyuant vn Archange, en son souslevement,
Le suyuit dans sa cheute, & dans son chastiment.
Il fut fait, pour seruir de closture eternelle,
A la Nature humaine, impie & criminelle,
Et pour y dispenser les tourmens eternels,
Aux transports effrenés de ses sens criminels.
L'orgueil ambitieux, la colere brutale,
L'auare faim de l'or, l'incontinence sale,
La paresse, l'enuie, & l'appetit gourmand,
Ont tous, là, leur supplice, & tous, diuersement.
Là, sont diuers cachots, là, sont diuerses gesnes;
On n'entend, là, que fouëts, que secousses de chaisnes,
Que plaintiues clameurs, que grincemens de dents,
Que sanglots redoublés, &, que souspirs ardens.
Dans son tour estendu, cette affreuse Contrée,
D'vn seul rayon de jour, n'est jamais penetrée,
Et l'air, qu'on y respire, est semé d'vne poix,
Qui ne cede, qu'à peine aux, efforts de la voix.
Par tout la Terre y fume, & contremont, sans cesse,
De ses marais bourbeux, leue vne nüe espaisse;
De son fonds bouillonnant, pousse vne exhalaison,
Qui redistille en peste, en venin, en poison.
Tout y sert à punir les infidelles Ames;
Mais, plus que tout encor, les deuorantes flammes,
Qui, par vne puissance inconnüe à nos feux,
Brusle mesme l'esprit des Esprits malheureux.

Il est vray que ce feu, qui brusle sa matiere,
En la bruslant tousjours, tousjours la laisse entiere,
Et qu'en son action, sa piquante chaleur,
Par l'horreur de l'ombrage, augmente la douleur.
Vne fausse clarté, qui ne se rend visible,
Que pour rendre aux regards cette horreur plus horrible,
Quelquesfois sort de l'ombre, & permet d'entreuoir
Ce qu'endure le crime, en cet Empire noir.
Elle fait entreuoir, dans vn coin de ce Gouffre,
Vn meslange confus de bitume & de souffre,
Qui compose le Lac, où demeurent plongés
Ceux qu'aux plaisirs impurs leurs sens ont engagés.
Elle y fait entreuoir les affreuses figures
Des Anges deuenus ministres de tortures,
Et l'innombrable amas des crüels instrumens,
Destinés par le Ciel à ses grands chastimens.
Sous l'aspect d'vn Dragon, le hideux Roy des Ombres,
Dans l'Antre le plus creux des vastes Plaines sombres,
Sur vn throsne bruslant, formé d'ardens charbons,
Regne sur les Dannés, comme sur les Demons.
D'vn sifflement affreux, le terrible Monarque
Gouuerne le Chaos, prescrit l'ordre à la Parque,
Et, punissant chacun, comme il l'a merité,
Est, bien que tourmentant, plus que tous, tourmenté.
   Comme quand au milieu de la Campagne aride,
Qui boult, sous les rayons de la Zone torride,
L'orgueilleux Basilic, ce redoutable Roy,
Dont les Peuples rampans reconnoissent la loy,

LIVRE NEVFIESME.

Le trespas dans les yeux, la couronne à la teste,
Pour reuoir son Empire, en sa Grotte, s'appreste;
Vn son auant-coureur, par les airs espandu,
Dans ces incultes Champs, est soudain entendu;
Tout fuit son fier regard, auec inquietude,
Et redouble au desert la vaste solitude.
  Ainsi, lors que Satan se prepare à sortir,
L'on oit, d'vn bruit aigu, les Enfers retentir;
Les baues Habitans des Prouinces d'Auerne
S'escartent du chemin de sa rouge Cauerne,
Et mesme les Demons, par crainte, ou par respect,
Sur sa route ombrageuse, euitent son aspect.
Il part, &, tout d'vn vol, perce la noire plage;
La Terre ouure son sein, & luy donne passage;
De la Nuit eternelle, il passe à l'autre Nuit;
Le Monde, en mesme temps, le reçoit & le fuit.
Tournant, deçà, delà, ses œillades sanglantes,
Il voit du Camp poussé les Enseignes dormantes;
Il voit, ah! quelle veüe? il voit son cher Betford,
Sous le dard du François, prest à souffrir la mort.
Il voit le François proche, & la Terreur volante,
Qui, precedant son cours, horrible & turbulente,
Contre l'Anglois troublé, chasse les Songes vains,
Les credules Soupçons, les Doutes incertains,
Le pasle Estonnement, la Surprise müette,
Le Desordre confus, & la Fuitte inquiëte.
A ce mortel objet, de rage transporté,
Il se descouure au Monstre, &, d'vn ton irrité;

Bbb

Que fais-tu, luy dit-il, imprudente, ou maligne,
A jamais de ta charge, & de ma grace indigne?
Est-ce là donc l'espoir que j'auois mis en toy?
Sçais-tu donques ainsi dispenser ton effroy?
Ie ne demande plus comment cette Pucelle
A pu surmonter l'Art de ma trouppe fidele;
Seule, tu l'as fait vaincre, &, par ton seul effort,
Charles, loin d'estre pris, s'en va prendre Betford.
Ah! ma chere Terreur, si ta foible memoire
Garde encor quelques traits de nostre vieille gloire;
Tandis que tu le peux, vueille te repentir;
Voy cet embrasement, & m'ayde à l'amortir.
Respans, à pleines mains, tes glaces infernales,
Dans les boüillans esprits de ces bandes fatales,
Et fay rouler soudain, en rapides torrens,
Ton venin le plus froid, au trauers de leurs rangs.
Ne crains point leur bonheur, je rendray tout facile;
He! du moins vne fois, puisses-tu m'estre vtile.

Sur l'Armée, à ce mot, le fier Dragon volant,
De l'abysme souffreux de son gosier bruslant,
Pousse de noirs frimats, & des vapeurs immondes,
Couure l'air alentour de tenebres profondes,
Renforce les broüillards, les nuages grossit,
Et, par l'ombre d'Enfer, les ombres espaissit.
Le Camp, qui, jusqu'alors, auoit gardé sa route,
S'en escarte à l'instant, ne marche plus qu'en doute,
Tire à droit, tire à gauche, &, dans vn fond pressé,
Enfin, apres cent tours, demeure embarassé.

LIVRE NEVFIESME.

La Terreur, cependant, obeit à son Pere,
De cent fantosmes vains bastit vne Chimere,
Et, l'elançant aux yeux des bataillons François,
Leur trouble la raison, & leur oste la voix.
En vain, à leur secours, les Astres ils inuoquent;
Vn cheual qui hannit, deux fers qui s'entrechoquent,
Vn cry, que le besoin, ou la peur, fait jetter,
Et les airs agités les peuuent agiter.
Vne haleine, vn souspir, & mesme le silence
Aux Chefs, comme aux soldats, font perdre l'assurance,
Et tous, par leur destin, se jugent condannés
A finir, en ce lieu, leurs jours infortunés.
A ce commun effroy Gillon, meslant sa crainte,
Sans retien, plus qu'aucun, s'abandonne à la plainte,
Plus qu'aucun, sans retien, monstre de la douleur,
Et par tout, à grands cris, deplore son malheur.
Puis se ressouuenant, que, d'vne ardeur pressée,
La Sainte, vers l'Anglois, s'estoit seule auancée,
Il songe à profiter de son esloignement,
Et, contre sa vertu, s'emporte indignement.
Parmy l'ombrage espais, de rang en rang, il passe,
Et verse son venin d'vne voix sourde & basse;
L'effroy, que la Terreur, entre eux, vient de jetter,
Sert au lasche Vieillard, pour se faire escouter.

 Braues, dit-il, aux vns, mais braues sans lumiere,
Vous allés maintenant connoistre la Sorciere,
Et ressentir l'effet des noirs enchantemens,
Qui de son faux eclat vous ont rendus Amans.

Voſtre naufrage approche, & je voy la tourmente
Tousjours, de plus en plus, deuenir vehemente;
Pour auoir à ſes loix vos cœurs aſſujettis,
Vous allés, dans l'abyſme, eſtre tous engloutis.
Trouuant voſtre fortune à ces termes reduitte,
Par cet Eſprit infame, & ſa folle conduitte,
Croyés vous juſte encor, qu'il reçoiue de vous
Vn culte, dont les Saints pourroient eſtre jaloux;
Que, par vous, ſur la France, vne quenoüille regne;
Qu'entre ſes bataillons ſon Roy meſme la craigne;
Bref que, pour contenter ſes caprices legers,
Voſtre valeur periſſe au milieu des dangers.
 Aux autres; Vous mourrés, pour auoir jugé Sainte
Celle, dont la vertu n'eſt qu'vne pure feinte;
Vous mourrés, pour auoir, par voſtre aueuglement,
Donné poids & vigueur à ſon deguiſement.
Vous dirés, je le ſçay, que de voſtre creance
Vous auès, pour garant, la diuine Ordonnance,
Que vous ſuyués le Ciel, d'où ſon illuſtre Enuoy
A paru trop viſible aux yeux de voſtre foy.
Donques, ſeuls entre tous, vous ignorés encore
Ce qu'aucun deſormais ſur la Terre n'ignore,
Les coupables motifs de cette fiction,
La honte & la douleur de noſtre Nation.
Ouurés, ouurés les yeux, reconnoiſſés l'Intrigue,
Qui de nos Meſcontens a ranimé la Ligue;
Sans vous plus figurer, qu'vn Complot criminel
Soit vn ordre abſolu du Conſeil eternel.

LIVRE NEVFIESME.

Aux autres ; Vous, dit-il, dont la haute vaillance,
En la Guerriere seule, auoit son esperance,
Voyés à quoy, par elle, est vostre espoir reduit,
Voyés où vostre sort est, par elle, conduit.
Mon Fils, vous le sçaués, & moy-mesme, à son dire,
N'estions bons qu'à flestrir l'honneur de cet Empire ;
Nous fuyons le combat, & nos bras, toutesfois,
Sont icy preparés à combattre l'Anglois.
Au contraire, Soldats, la Françoise Bellonne,
Cette Fille au grand cœur, que jamais rien n'estonne,
Aueque son grand cœur, ne paroist mesme pas
Aux lieux, où nostre crainte affronte le trespas.
Ce grand Cœur, à la fin, tesmoigne de la crainte ;
Il monstre, au vray peril, que sa valeur est feinte,
Et se tirant du piege, où le Sort nous a mis,
Nous laisse en butte aux coups de nos fiers Ennemis.
L'Amazone du Ciel, dont la gloire est sans tache,
Se voyant proche d'eux, honteusement se cache ;
Pour se mettre à couuert du malheur qui nous suit,
Cet Ange de lumiere a recours à la nuit.

Ainsy, dans tous les lieux, où sa haine le porte,
Gillon vomit son fiel, en differente sorte,
Et le Camp, de sa peste, en tous lieux, infecté,
Ne traitte pas la Sainte, auec plus d'equité.
Satan, qui pour son but voit ce moment propice,
Aiguillonne sa rage, anime sa malice,
Et pour gaigner creance, & n'estre point suspect,
Du Grand-Prestre Renaud prend la forme & l'aspect.

B b b iij

Visible, malgré l'ombre, il en reueſt l'image,
Il en imite l'air, il en feint le langage,
Et, ſous ce voile ſaint, ſa fureur redoublant,
Fait entendre ces mots au Camp morne & tremblant.
 Enfin, Soldats, enfin, voicy l'heure fatale,
Qu'a preſcrite à vos jours la Furie infernale,
Celle, à qui les Demons du courage ennemis,
Pour vous deshonnorer, ont le voſtre ſouſmis.
Enfin voicy le point ſi ſouhaitté, par elle,
Où ſe doit acheuer ſa trame criminelle;
Vous n'aués plus, Soldats, qu'à luy tendre le ſein,
Pour luy faire accomplir ſon tragique deſſein.
Que n'a dit, que n'a fait, ce Monſtre d'arrogance
Pour diſpoſer, par vous, du Throſne de la France?
Et de quelles couleurs cet Eſprit deguiſé
N'a-til, aupres de vous, dans cette veüe, vſé?
Cette Impie, auant tout, vous a jetté dans l'ame,
Que le Ciel l'embraſoit de ſa plus viue flamme;
Et de ſa fauſſe ardeur vos ſens preoccupés
Ont aiſement, par elle, en ſuitte, eſté pipés.
La Trompeuſe a du Roy la ſageſſe ſurpriſe,
A traitté ſon Eſtat en Prouince conquiſe,
A terny ſon renom, ſon ſalut negligé,
Enfin l'a dans ce Gouffre ingratement plongé.
Elle a fait tout ce mal, pour mettre ſa Cabale,
En eſtat d'enuahir la puiſſance Royale;
Elle a fait tout ce mal, pour la venger des maux,
Sous qui l'ont fait gemir ſes glorieux Riuaux.

Ie ne les nomme point les barbares Complices
De ce maudit Projet, de ces noirs artifices,
Par qui sont leurs desirs à leur fin paruenus;
A vos propres despens, ils vous sont trop connus.
L'Inhumaine à son Prince eust peut-estre fait grace,
S'il en eust supporté l'insupportable audace,
S'il eust au Gouuernail les Malcontens admis,
Et son Sceptre, & son Throsne, à leurs ordres soufmis.
N'ayant pu l'y forcer, elle a iuré sa perte,
A son dernier malheur elle a la porte ouuerte,
Et par vn art dannable, en seruant leur courroux,
Elle a tramé la mort du Monarque & de vous.
Ces remparts asseruis, ces leuemens de sieges,
A vos cœurs martiaux estoient autant de pieges;
Sa fausse pieté vous les auoit tendus,
Et, pour ne les pas voir, vous vous estes perdus.
Nous auons penetré ce perilleux mystere;
Et c'est ce qui la rend à Gillon si contraire,
Si contraire à son Fils, & si contraire à moy,
Qui, pour son imposture, auons manqué de foy.
Pour renuerser l'Estat, trouuant vain l'artifice,
Desormais, par la force, elle veut qu'il perisse,
Dans l'espoir qu'a du moins, son esprit enragé,
D'en voir, entre les siens, le debris partagé.
Que nous reste-t-il plus, en ce mortel orage,
Où sous la trahison doit perir le courage;
Que de rendre, en mourant, nostre destin plus doux,
Engageant la Traistresse à perir, auec nous?

Donc, à noſtre douleur immolons la Traiſtreſſe ;
Mais, c'eſt armer trop tard voſtre main vengereſſe ;
La Perfide a, d'abord, ſon chaſtiment preueu,
Et, par ſa preuoyance, à ſa vie a pourueu.
Dans la peur d'eſprouuer voſtre tranchante eſpée,
A la faueur de l'ombre, elle s'eſt eſchappée,
Et, voyant ſa malice arriuee à ſon but,
L'Infidelle, en ſa fuitte, a cherché ſon ſalut.
Que dis-je, ſon ſalut ? a cherché l'Angleterre,
Par qui ſa trahiſon nous va faire la guerre,
Qu'elle va ramener, les flambeaux dans les mains,
Pour nous faire ſouffrir cent treſpas inhumains.
Mourons, puiſqu'il le faut, contentons ſon enuie ;
Mais ſongeons, en mourant, à venger noſtre vie ;
Vengeons la ſur Betford, &, plus que ſur Betford,
Sur celle qui, par luy, nous vient donner la mort.
Reſueillons de nos bras la valeur endormie ;
Eſpargnons l'Ennemy, pour perdre l'Ennemie ;
N'attaquons que ſa teſte, & que, de toutes parts,
Sur elle ſeulement, ſe lancent tous nos dards.
En cette extremité, n'ayons d'yeux que pour elle,
Et ne ſoyons cruels, que contre la Cruelle.
 Là finit le Demon, & le François troublé
Sent ſon cœur, par ces mots, de tout point, accablé.
N'ayant plus d'eſperance, il diſpoſe ſon ame
A voir, par les Anglois, coupper ſa foible trame,
Et ſe croit ſi peu loin de ce terrible pas,
Que meſme, par l'attente, il preuient ſon treſpas.

Ainſi

LIVRE NEVFIESME.

Ainsi, quand du Fieureux la ceruelle embrasée
A d'humeur & d'esprits sa substance espuisée,
Et que de forts liens le malade enchaisné
A cent trespas honteux s'estime condanné;
Rien ne luy vient frapper, l'oreille, ni la veüe,
Qu'il ne prenne, en tremblant, pour le coup qui le tüe,
Et, rien de son effroy ne le pouuant guerir,
Il se liure à la mort, par la peur de mourir.

Mais Charles, dans l'exces de la peine commune,
Monstra seul le visage à l'aduerse Fortune,
Et, bien que, plus qu'aucun, oppressé de douleur,
Fit, seul, voir son courage, au dessus du malheur.
Amaury l'esprouua, quand, poussé de sa haine,
Et jugeant, comme tous, leur desfaitte certaine,
Dans les abois, au moins, il voulut, pres du Roy,
Noircir de la Guerriere, & le cœur, & la foy.
Il le cherche, il le trouue, & luy tient ce langage;

Charles, nostre vaisseau s'en va faire naufrage;
Rien, dans vn mal si grand, ne nous peut secourir,
Et c'est vous seul, helas! qui nous faites perir.
Souffrés qu'on vous reproche, en perdant la lumiere,
Que nos jours sont, par vous, à leur heure derniere;
Accordés aux mourans ce peu de liberté,
Et vueillés vne fois oüir la verité.
Que dis-je? ah! sans sujet, Amaury vous accuse;
On vous a fait agir, par audace, & par ruse;
Auec peine & regret, vous aués consenty
A prendre, contre nous, vn si crüel party.

Pour chacun, cependant, le mal en est extreme;
Nous y perdons la vie, & vous le Diademe;
La Traistresse, à ce point, vostre Regne a conduit;
De ses braues conseils voilà l'illustre fruit.

Gillon, comme son Fils, deteste la Pucelle,
Dit qu'en ce noir abysme ils ne sont que par elle,
Et que Charles, enfin, va tomber sous l'Anglois,
Pour n'auoir pas, en tout, suyui son propre choix.

Mais luy qui n'est point lasche, & qui sçait en son ame,
Auec combien de tort l'vn & l'autre la blasme,
D'vn œil mal satisfait leurs discours reprimant,
Monstre, par ce discours, son Royal sentiment.

Quoy! de mon infortune, accuser la Guerriere,
La Fille à qui je dois, l'honneur & la lumiere;
Quoy! vouloir qu'aujourd'huy son infidelité,
M'ait, dans ce lieu d'horreur, seule, precipité.
Non, non, nul n'est moins qu'elle, en ce point, condannable;
Du crime pretendu je suis seul le coupable,
Et, soit bon, soit mauuais, qu'on juge le dessein,
C'est l'enfant de ma teste, & le fruit de mon sein.
Il est vray qu'au moment que je l'eus consultée,
D'vne excessiue joye, elle fut transportée,
Que, dans mon mouuement, le sien me confirma,
Et que, par son ardeur, mon feu se renflamma.
Que si ce haut Projet doit tromper mon attente,
Si pour y reüssir ma force est impuissante,
Si nous y succombons, de foiblesse, ou d'effroy,
La faute, encore vn coup, n'en regarde que moy.

*Esperons pourtant mieux, &, contre cet orage,
Armons nous de raison, armons nous de courage;
Mais quand, par la fureur de l'implacable Sort,
Nous deurions, malgré tout, souffrir icy la mort;
Quand l'arrest absolu du Ciel inexorable,
Rendroit à nostre cœur ce pas insurmontable;
Mourons si noblement, que le Siecle auenir
De nos derniers efforts garde le souuenir;
Tombons, comme des Roys, &, vrays bras de la France,
Nous mesmes, en tombant, faisons nostre vengeance.
  Il finit à ce mot. La Sainte cependant,
Auoit pris vn party genereux & prudent.
Durant la sourde marche, auant que de ses voiles
L'infernale vapeur eust caché les estoilles,
Pour mieux executer le dessein de son Roy,
Elle en conceut vn rare, & digne de sa foy.
La Lune à peine aux Cieux eut cessé de paroistre,
Qu'elle va de Betford les trouppes reconnoistre,
Y va seule, & sans bruit, &, dans le campement,
Voit, & Chefs, & Soldats dormir profondement.
Elle voit que le somme y donte toute chose,
Que le silence y regne, & que l'air y repose;
Bref que, comme assoupis, & les dards, & les traits
Y donnent, à la guerre, vn visage de paix.
Aussi-tost vers l'Armée, en haste, elle reuole,
Et, deuant que le jour illumine le Pole,
Se promet que l'Anglois passera, sans resueil,
Du sommeil ordinaire à l'eternel sommeil.*

Ccc ij

Mais, elle court, en vain, & ne trouue perſonne,
Son ame en eſt ſurpriſe, & ſon cœur s'en eſtonne;
Elle cherche le Camp, & ne ſçauroit penſer,
Quel ſujet impreueu l'empeſche d'auancer.
Par tous les enuirons, l'œil, en vain, elle jette;
En vain, l'oreille au bruit attentiue elle preſte;
L'ombre, au ſilence jointe, augmente ſon ſoucy,
Et ſon eſprit douteux n'eſt, par rien, eclaircy.

 Comme l'Aigle, au retour d'vn champ plein de carnage,
Arriuant par les airs, dans ſon aire ſauuage,
Sent troubler ſon amour, lors qu'elle en voit partis,
D'vn temeraire vol, ſes genereux petits.
Pour deſcouurir leur route, inquiète & depite,
Deçà, delà, ſans ceſſe, elle tourne, & s'agite,
Se porte, en vn moment, de l'vn à l'autre bout,
Par tout cherche des yeux, & cherche en vain par tout.

 Ainſi, cherchant les ſiens, s'agite la Guerriere;
La Nuit enfin commence, à craindre la lumiere,
Et, du tombeau des eaux, le Iour reſſuſcité
Au Monde tenebreux vient rendre la clarté.
Alors, ſur vn vallon, qu'vne double montagne
Forme, vers l'vn des bouts de la vaſte campagne,
Paroiſt vn tourbillon, qui, par ſon eſpaiſſeur,
Des ombres de l'Erebe egale la noirceur.
Vn ſi terrible objet plus que deuant la trouble;
Mais, pour l'obſeruer mieux, ſa courſe elle redouble;
Quand Termes, qui d'horreur à le vallon quitté,
La voir venir, vers luy, d'vn pas precipité.

LIVRE NEVFIESME.

Vers elle, il court alors, d'vne course soudaine,
L'arreste de la main, & l'arreste auec peine;
   Saint Objet, luy dit-il, de nos feux innocens,
A qui la France vn jour offrira de l'encens;
Si de ton propre bien tu n'es point ennemie,
Si tu veux de ta gloire esloigner l'infamie,
Fuy cet antre funeste, & ce mortel escueil,
Dont l'Enfer se prepare à faire ton cercueil.
Tout, dans cette cauerne, à ta perte jurée;
Les Soldats ont, pour toy, leur haine declarée;
Les Chefs, de ta disgrace attendent leur bonheur;
Charles les souffre, mesme, attaquer ton honneur;
Aupres de luy, Gillon, en grace, te precede;
Desormais, tout entier, Amaury le possede;
Et Renaud, secondant leur detestable effort,
A mis, en tous les cœurs, le desir de ta mort.
   Par le Dieu qu'elle sert, en suitte il la conjure
De ne s'exposer point à receuoir d'injure,
Et de ne point chercher les moyens de guerir
Des Ingrats, qui cherchoient à la faire perir.
   Mais elle, qui connoist ce que la Prouidence
Demande à sa valeur, pour le bien de la France,
Et, malgré le courroux, qui la veut emouuoir,
Demeure tousjours ferme à suyure son deuoir;
Auec vn fier sousris; Ah! Termes, luy dit-elle,
Est-ce ainsi que t'est cher l'honneur de la Pucelle?
La voudrois-tu bien lasche? ou si, pour la tenter,
Tu la viens, par la crainte, à la fuitte exhorter.

LA PVCELLE,

Crois-tu qu'elle commette vne faute si grande ?
Voilà, comme elle fuit, & comme elle apprehende.
   Elle acheue ces mots, & soudain le laissant,
D'vne viue clarté, par tout, resplendissant,
Pousse, &, du noir vallon, bannit l'ombre & la glace ;
Le Demon, deuant elle, abandonne la place ;
Il faisoit peur naguere, à present il a peur ;
Les tenebres d'Enfer se changent en vapeur,
Et le Soleil, qui naist aux campagnes celestes,
La perce, la dissipe, & consume ses restes.
Alors, de Dieu remplie, elle parle aux François,
Et sa voix ne tient rien de la mortelle voix.
   Où sont ces braues cœurs, ces heroiques ames,
Qu'on voit tousjours brusler de belliqueuses flammes ?
Qu'est deuenu ce Camp, dont les robustes bras
Deuancent le mien mesme, en l'ardeur des combats ?
Ses mains, contre Betford, sont sans doute occupées,
Et de Rebelle sang font rougir leurs espées ;
Car ces fronts estonnés, ces visages blesmis
Sont ceux qu'en me voyant prennent mes Ennemis.
C'est là du Bourguignon la morne contenance ;
C'est ainsi que l'Anglois se trouble en ma presence ;
Dans cet abbatement, & dans cette pasleur,
Mes yeux remarquent trop l'effet de ma valeur.
Que dis-je ? ah ! c'est mon Camp, bien que non plus luy-mesme ;
C'est luy, bien que changé d'vn changement extreme ;
C'est luy, mais qui, fuyant vn fantosme d'erreur,
A l'esprit agité de panique terreur.

LIVRE NEVFIESME. 391

Vne folle espouuante est le magique charme,
Qui luy glace le cœur, & la main luy desarme;
De ma bonne fortune il redoute l'exces,
Et, d'vn œil soupçonneux, regarde mes succes.
Luy, qui, par mon bras seul, a releué sa gloire;
Luy, qui jamais, sans moy, n'eust connu la victoire,
Que, de tant de perils, seule j'ay retiré,
Et qui, sous mon enseigne, a tousjours prosperé.
Il a mis en oubly cette heureuse assistance,
Et laissé, contre moy, surprendre sa creance;
Lors que, pour me noircir d'vn crime pretendu,
Le Demon a, sur moy, tout son fiel respandu.
Mais l'a-t-il bien pû croire, & mes actes insignes
N'ont-ils point dementy ses paroles indignes?
Ouy, l'Ingrat, le croyant, a douté de ma foy;
Pour feint, & pour profane, il a pris mon enuoy;
Il a pris pour l'effet d'vn lasche sortilege,
La valeur, que du Ciel je tiens en priuilege;
Et le François vainqueur a pensé, de mes faits,
Pis que l'Anglois vaincu n'en a pensé jamais.
Grace pourtant au Ciel, cette fureur brutale
N'a pas, en tous, esté, pour la Pucelle, egale,
Et je vois vn grand nombre, entre ces Reuoltés,
Que l'infernal poison ne m'a pas infectés.
Ie vois vn Barbazan, vn la Hire, vn Saintrailles,
Guerriers, à qui Betford doit tant de funerailles,
Qui sentent mon injure, ainsi qu'vn attentat,
Contre le Chef du Prince, & le bien de l'Estat.

Charles, bien qu'obsedé, prend part à mon offense,
Et de ces Imposteurs reprime l'insolence ;
Se ressouuenant trop, qu'en son auguste sein
Se conceut & forma le genereux dessein.
Consultés son grand cœur ; il dira s'il estime
Qu'on me doiue imputer la gloire de ce crime ;
Et s'il voudroit qu'vn autre, en ce beau manquement,
Eust la honte, ou l'honneur, de son euenement.
Par ce qu'a de plus noir l'infame Calomnie,
Ma gloire, deuant luy, ne peut estre ternie ;
Et, malgré les Enfers, malgré les Ennemis,
Il obtiendra, par moy, le bien qu'il s'est promis.
Quoy ! deux Effeminés, dont la naissance est vile,
Dont l'esprit est rampant, & dont l'ame est seruile ;
Que la seule Fortune a, de terre, eleués,
Et l'Artifice seul, en credit, conseruès ;
Ces petits Auortons, des vapeurs de leur fange,
Pourroient-ils obscurcir l'eclat de ma loüange ?
Non, ce n'est pas ma peine, &, sans emotion,
Ie regarde leur rage, & leur presomption.
Ce qui fait ma douleur, c'est que la Prouidence
Se tournant desormais, en faueur de la France,
Et monstrant à ses vœux le terme souhaitté,
Qui deuoit l'affranchir de sa captiuité ;
Ces coupables Ialoux de la brillante gloire,
Dont m'alloit reuestir cette illustre victoire,
Par leur propre malice, & celle des Enfers,
Au fugitif Rebelle ont espargné les fers.

Ainsi

LIVRE NEVFIESME.

Ainſi par leur vigueur, ainſi par leur addreſſe,
Ces prudens Conſeillers, ces Miroirs de ſageſſe,
Ont du throſne aſſeruy confirmé le malheur,
De l'Eſtat gemiſſant ont accreu la douleur,
Ont rejetté le Prince, en de nouuelles peines,
Rendu de ſes Soldats les eſperances vaines,
De ſon Peuple abatu les trauaux prolongés,
Et tous meſme, à perir, peut-eſtre rengagés.
Si vos cœurs, toutesfois, moins ſaiſis d'eſpouuente,
Se vouloient ſouuenir de leur valeur ardente,
Nous pourrions, d'vn laurier plus qu'aucun glorieux,
Couronner aujourd'huy nos fronts victorieux.
François, nous le pouuons. Vn peu deuant l'Aurore,
I'ay reconnu l'Anglois, qui repoſoit encore;
Ie l'ay laiſſé dormant, & facile à donter,
Si de l'occaſion vous ſçaués profiter.
Mais quand, pour luy, le ſomme auroit perdu ſes charmes,
Qu'il ſeroit eſueillé, qu'il ſeroit ſur les armes;
L'aués-vous pas ainſi mille fois ſouhaitté?
N'aymerés-vous pas mieux vn combat diſputé?
Sus donc, vers l'Ennemy, marchés en diligence;
Qu'il reſſente l'effet de voſtre repentance,
Repare voſtre honte, & verſe de ſon flanc,
Pour en lauer la tache, vn deluge de ſang.

 Là finit ſon diſcours, & ſa bouche tonnante,
Dans le ſilence meſme, eſt encore eloquente;
De mille Anges guerriers les eſcus flamboyans
Renforcent, par leur feu, ſes regards foudroyans;

Ddd

Et ce qui restoit d'ombre, en l'esprit de l'Armée,
Fuit deuant leur lumiere, & se tourne en fumée.

   Comme, lors qu'en la Mer, qui baigne le Leuant,
Sous vn Ciel sans nüage, à la faueur du vent,
Vn Brigantin leger, à rames egalées,
De son ventre escumeux fend les ondes salées;
Si le petit Poisson, des Nochers redouté,
Arreste, sur les flots, son cours precipité;
En vain, pour l'ebransler, l'Aquilon se resueille;
En vain, par tous les masts, la voile s'appareille;
Tant que, par le Plongeon, l'inebranslable Bord
Sente, pour l'arracher, faire vn heureux effort;
Alors, sur l'onde emeüe, il reprend sa carriere,
Et son rapide vol laisse le vent derriere.

   Ainsi, quand du venin, dont la malignité
Auoit le Camp François dans sa course arresté,
Par la puissante voix de l'heroique Sainte,
Malgré l'art du Demon, fut la puissance esteinte;
Tous sentirent leurs cœurs soulagés d'vn grands poids,
Et plus rapidement coururent vers l'Anglois.

   Mais, desormais en vain, leur marche est si pressée;
La grande occasion sans remede est passée;
Leur pas sont pleins d'ardeur, mais ils sont superflus;
Ils cherchent le Rebelle, & ne le trouuent plus.

   Sur la fin de la Nuit la triomphante Armée,
Au Vallon tenebreux fut à peine enfermée,
Que le veillant Dragon, en profitant du Sort,
La voulut mettre en proye au malheureux Betford.

LIVRE NEVFIESME.

Reuestu de l'habit d'vn Espion fidelle,
Il luy vint annoncer cette heureuse nouuelle,
Et, l'infernale flamme aux paroles meslant,
Luy redonna de vaincre vn desir violent.
Par tout il resueilla les trouppes endormies,
Leur promit le trespas des trouppes ennemies;
Puis, laissant à Betford haster leur partement,
Reuint du Camp troublé nourrir l'estonnement.
Mais voyant, tout à coup, la celeste Guerriere
Forcer l'ombre à ceder aux traits de sa lumiere,
Faire à ses mots ardens ceder la froide horreur,
Et, contre l'Estranger, rechasser la Terreur;
D'vn mortel desplaisir la fiere ame oppressée,
Sous l'aspect effrayé d'vne Garde auancée,
Il retourne, en volant, aux bataillons Anglois,
Et, s'addressant au Chef, luy dit à haute voix;

   Ton Camp, sage Betford, loin de rien entreprendre,
Ne doit pas seulement songer à se deffendre;
Pars, pars, à l'heure mesme, & t'esloigne soudain;
Si tu le fais plus tard, tu le feras en vain.
Du sommet de ce Tertre, où, pour Garde lointaine,
L'on nous auoit posés, au dessus de la Plaine,
Mes yeux ont descouuert vn monde de soldats,
Qui vers toy, pour te perdre, accourent à grands pas.
Leurs nombreux escadrons couurent toute la terre,
Et menacent les tiens d'vne mortelle guerre;
Leur Prince les conduit, & demande à son bras
Ta superbe despoüille, & ton crüel trespas.

Ton courage repugne à faire la retraitte;
Mais, si tu ne la fais, certaine est ta desfaitte;
Resous toy, pars soudain, chers sont tous les momens;
I'oy les cris des guerriers, & les hannissemens.

 A la fin de ces mots, d'vne haleine glaçante,
Il luy souffle l'esprit de trouble & d'espouuente;
Il le souffle à son Camp, d'vn visage estonné,
Et leur oste le cœur, qu'il leur auoit donné.
Betford saisi d'effroy, pour chercher vn Asyle,
Fait tourner ses drappeaux, vers la Royale Ville,
A courir, à voler, le soldat exhortant,
Sans souffrir qu'en sa marche il respire vn instant.
Et sa fuitte, d'abord, auec ordre, conduitte,
Paroist vne retraitte, & non pas vne fuitte;
Et chacun, dans sa peur, sa raison conseruant,
D'vn pas viste & reglé, va tousjours en auant.
Le Chef, pour amuser l'Ennemy qui le presse,
Dans son quartier ouuert, tout son bagage laisse,
Laisse, deçà, delà, ses viures espanchés,
Et d'armets & d'escus tous les chemins jonchés.

 Ainsi quand, par les monts de l'Abyssine Plage,
La Tigresse legere, escumante de rage,
Court apres ses Petits, qu'vn Negre hazardeux
Vient d'enleuer, par ruse, à son Antre hideux.
Le Rauisseur adroit, par des globes de Verre,
Que, d'espace en espace, il fait rouler en terre,
Trompant, d'vn faux objet, l'Animal redouté,
Dans cette illusion, trouue sa seureté.

LIVRE NEVFIESME.

La peur redouble, enfin, parmy le Camp timide;
Tout y fuit deformais, d'vne fuitte rapide;
Betford, plein de douleur, de honte, & de courroux,
Fuit aussi bien que tous, mais ne fuit qu'apres tous.

FIN
DV NEVFIESME LIVRE.

LA PVCELLE
OV
LA FRANCE DELIVREE

LIVRE DIXIESME.

AIS, parmy ce grand trouble, & ce peril extreme,
Satan, d'vne autre peur, est agité luy-mesme,
Et craint que l'habitant, par ce bruit alarmé,
Ne vueille aux fugitifs tenir son mur fermé.
Il y vole, en tremblant, &, pour couurir sa rage,
Emprunte de Fascot la taille & le visage;
Puis se coule, dans l'ombre, au riche apartement,
Où la fiere Isabeau dormoit profondement.

Eee

Il sçait jusqu'à quel point l'inhumaine Princesse,
Dans le fort de l'Anglois, son amour interesse;
Il sçait que de sa cause elle est le seur appuy,
Et sçait qu'elle ne croit, ni n'espere qu'en luy.
D'vn bras impetüeux, & d'vne ardeur farouche,
Il tire le rideau de sa superbe couche,
Et desployant la voix, d'vn ton affreux & haut,
En ces termes luy parle, & l'esueille en sursaut.

   Rompés ce long sommeil, ô miserable Reyne;
Ce repos infidelle au sepulchre vous meine;
Charles victorieux, pas à pas, suit Betford,
Et tient le fer leué, pour luy donner la mort.
Vne terreur fatale a saisi nostre Armée;
De ses rangs confondus la campagne est semée,
Et si, par vostre soin, il n'est pas garanty,
C'est fait, & de Betford, & de tout son Party.
Dans vn tel accident, si la tremblante Ville
Aux drappeaux effrayés refusoit son Asyle,
Que serions-nous plus tous que des objets d'horreur,
Sur qui viendroit le Traistre assouuir sa fureur?
Mais, sur tous, quels effets d'vne insolente rage
N'esprouueroit, sous luy, vostre masle courage?
Du nom de Mere, en vain, vous croiriés l'esmouuoir;
La Nature, entre vous, a perdu son pouuoir.
Tousjours se represente à sa triste memoire
De son premier danger l'espouuentable histoire,
Et les sanglans trespas, qu'en ses plus jeunes ans
Vous fistes endurer à ses chers Partisans.

LIVRE DIXIESME. 403

Tousjours s'offre à ses yeux le thrône de la France,
Osté, par vos efforts, mesme à son esperance ;
Le Sceptre des François, par luy tant souhaitté,
A ses bruslans desirs, par vos efforts, osté.
Vous luy fustes barbare, il vous sera barbare ;
Et des-ja le crüel cent gesnes vous prepare,
A cent maux vous destine, & veut que, dans les fers,
Vous luy faciés raison de ceux qu'il a soufferts.
De ce foudre grondant, dont vous estes la butte,
O Reyne, il est en vous de destourner la cheute ;
Si vous faites, par art, que le Bourgeois craintif
Ne ferme point ses murs à l'Anglois fugitif.
Le bonheur des François, l'interest de leur plaire,
Le peuuent reuolter, contre leur Aduersaire ;
Contre vous mesme encor, le peuuent reuolter,
Pour mieux lauer son crime, & mieux se racheter.
Pour peu que l'on le laisse en estat de nous nuire,
Ce jour est le dernier que nos yeux verront luire ;
D'vne porte, soudain, il nous faut asseurer,
Ou cent honteuses morts, ce jour mesme, endurer.
Sus donc, qu'attendés-vous, sur cette plume oysiue ?
Vn moment dauantage, & vous estes captiue ;
Ce Peuple aura connu le malheur de l'Anglois,
Et Charles vous mettra sous le joug de ses loix.

   A ce mot il acheue, & la comble de crainte ;
Puis, reuestant sa forme, & despoüillant la feinte,
Par son horrible aspect, luy redouble la peur,
Et, la luy redoublant, luy redouble le cœur.

Eee ij

Il s'enuole, & du lit à bas elle se jette;
Elle s'habille en haste, & se monstre inquiëte;
Puis sort, auec grand bruit, de son Royal Sejour,
D'armes accompagnée, & ceinte de sa Cour.
Vers la Porte qui joint l'orgueilleuse Bastille,
S'auancent lentement, & soldats, & famille;
Chacun, sur leur chemin, cede plein de respect,
Et rien, dans cette pompe, aux regards n'est suspect.
On croit qu'vn saint deuoir, vne sainte visite
A sortir des remparts l'antique Reyne inuite;
Sa trouppe, à ses deux flancs, marche, en ordre pressé,
Et, sans trouuer d'obstacle, arriue au Pont baissé.
La moitié des soldats, vers la Plaine, desfile,
L'autre moitié demeure, au dedans de la Ville;
L'essieu du Char alors, sur le milieu du Pont,
Comme par accident, sous la Princesse rompt.
Autour du Char pompeux, tout se range, & fait ferme;
Tandis qu'au proche toit elle passe, & s'enferme;
Et l'habile Escuyer, la fraude secondant,
Feint de l'inquiëtude, en ce feint accident.
La Porte, par cet art, se tient tousjours ouuerte;
La fraude reüssit, sans estre descouuerte,
Et Betford, par la Reyne, en son trouble, auerty,
R'anime, dans son cœur, son espoir amorty.

Tel vn sage Nocher, qui surpris de l'orage,
Entre mille perils, n'attend que le naufrage,
Et, des vents & des flots viuement poursuyui,
Les voit à sa rüine obstinés à-l'enuy;

LIVRE DIXIESME.

A l'aspect du flambeau, que, sur l'onde abboyante,
A ses yeux, tout à coup, vn haut Phare presente,
Croit des flots & des vents pouuoir donter l'effort,
Et, bien qu'encore en mer, joüit des-ja du port.
 Des murs, sur ce temps mesme, on descouure en la Plaine,
L'Anglois qui, plein d'effroy, fuit à perte d'haleine;
Il fuit, quoy qu'esloigné du François qui le suit;
C'est sa peur qui le presse, & son ombre qu'il fuit.
Des rapides Coureurs la trouppe commandee,
Va, le trouue, & l'attire à la Porte gardee,
Et, par elle soudain, les timides fuyards
Viennent mettre leur crainte, à l'abry des remparts.
La Ville s'en remplit, & confuse, & surprise,
Pour disposer de soy, se trouue sans franchise;
Et l'vnique party, dont luy reste le choix,
Est d'armer ses quartiers, & se joindre à l'Anglois.
Sur le Char restably, la Princesse montée
Retourne en son Palais, de fureur agitée,
Et, contre son Fils propre, en ces mots eclatans,
S'en va, de place en place, aigrir les habitans.
 Le voicy qui paroist, ce Tyran formidable,
Le crime de mon sein, & son fruit detestable;
Le voicy qui s'approche, enflé du vain espoir
De vous voir expirer, sous son lasche pouuoir.
Il vient gros de vengeance, auec l'Enchanteresse,
Vous punir de la mort que son ame traistresse,
Parmy tant de trespas moins deus & plus certains,
Manqua de receuoir, par vos vaillantes mains.

         Eee iij

Armés-les aujourd'huy de cette belle rage,
Qui vous fit, sur les siens, faire vn si grand carnage;
Et pousses, dans le cœur, qu'il vous vient presenter,
Le trait qu'il sceut alors, par la fuite, euiter.
Pour donter son audace, & desfaire ses charmes,
Le magnanime Anglois vous vient offrir ses armes;
Par luy vous estes forts, &, s'il combat pour vous,
Il faut que le Tyran tombe, enfin, sous vos coups.

 L'espouuenté Bourgeois, par ce ferme langage,
Sent affoiblir sa peur, & croistre son courage,
Et desormais Betford, sur les hauts bouleuards,
Refait des bataillons, de ses guerriers espars.
Charles en vain le suit, en vain tasche à l'atteindre,
Il voit perdre sa proye, & ne peut que s'en plaindre;
Seul il s'en tient coupable, & d'vn si grand malheur
Souffre impatiemment la sensible douleur.

 Ainsi quand des trouppeaux la terreur & la haine,
Vn grand Loup rauissant est surpris dans la Plaine,
Et, loin du bois encor, n'oseroit esperer
D'eschapper à la dent, qui veut le deuorer;
Si la peur, à son cours redoublant la vistesse,
Le met en seureté, de la mort qui le presse,
Le Chien, dont tous les chiens suyuent la seure voix,
En longs gemissemens change ses fiers abois.

 Sur ce temps Amaury, du mespris de la Sainte,
Au Monarque troublé faisant vne aigre plainte;
Elle est, luy repart-il, en droit de mespriser
Ceux qui de leur bonheur sçauent si mal vser.

Non, ne nous flatons point ; noſtre laſche pourſuitte,
Fait triompher l'Anglois, au milieu de ſa fuitte ;
D'vn jour, pour noſtre honneur, nous auons trop veſcu,
Ne pas vaincre aujourd'huy, c'eſt demeurer vaincu.

   L'orgueilleux confondu, par la juſte reſponſe,
La prend pour ſon arreſt, que ſon Roy luy prononce ;
Ne luy replique rien ; mais deplore ſon ſort,
Et, ſe croyant perdu, ſe reſout à la mort.

   Ah ! trop grande eſt, dit-il, la douleur qui te preſſe ;
Il faut, par ton treſpas, dementir la Traiſtreſſe,
Il faut que, par ton ſang, ton Roy deſabuſé,
Reconnoiſſe qu'à tort elle t'a meſpriſé.
A ce point t'a reduit l'inſolente Pucelle,
Que, par ta ſeule mort, tu te peux venger d'elle ;
Va donques t'en venger, en cherchant à mourir,
Et peris ſeulement, pour la faire perir.
Charles te croit, ſans cœur, & conſent à ta honte ;
N'attens plus que de toy jamais il face conte ;
Tu vois, auant ta fin, la fin de ton pouuoir ;
Mais, ô ! vrayment ſans cœur, ſi tu la peux bien voir.
Meurs, meurs, puiſqu'en credit tu ne ſçaurois plus viure,
Et ton Roy, par ta mort, de ſon charme deliure ;
Meurs, &, pour arracher le bandeau de ſes yeux,
Va trouuer, chés l'Anglois, vn treſpas glorieux.

   La Sainte, cependant, qui voit, à ſon eſpée,
La belle occaſion, ſans remede, eſchapée,
Diſſimule ſa peine, &, par vn trait prudent,
Tire meſme profit du terrible accident.

*Par les rangs elle court, & d'vne heureuse addresse,
Dissipe, auec ces mots, la commune tristesse;
 Genereux Compagnons de mes actes guerriers,
Les Cieux, auec grand soin, menagent vos lauriers,
Refusant à l'eclat d'vne vertu si pure
L'honneur qu'elle cherchoit, parmy la nuit obscure.
Quand rien n'eust mis d'obstacle, au cours de vos exploits;
Quand vous auriés surpris les trouppes de l'Anglois;
Quand vos bras, de leur sang, eussent fait des riuieres;
Quel Astre, pour les voir, eust presté ses lumieres?
Quel œil, dans le combat, eust vos coups demeslés?
La tenebreuse Nuit vous eust tous egalés.
Mais, auant que deux fois, pour fournir sa carriere,
L'Aurore au Char du Iour ait ouuert la barriere,
Malgré l'art criminel des tremblans Fauoris,
Le Ciel, & vos efforts, vous mettront dans Paris.
Moderés cette ardeur, reprimés cette flamme,
Qui vos veines embrase, & consume vostre ame,
Et, du nouueau Soleil attendant le retour,
Permettés à l'Anglois, de viure encore vn jour.
 Par ces mots, dans les cœurs, la Guerriere surmonte
Du desordre passé le depit & la honte;
Et chacun desormais, dans son sein allumé,
Sent sa peine amortie, &, son trouble calmé.
 Mais Charles oppressé d'vne douleur mortelle,
Au quartier de Betford, durant ce temps, appelle
Les vieux & sages Chefs, qui, par luy consultés,
Eclairoient son esprit, dans ses difficultés.*

Dunois

Dunois & Tanneguy, sur ce moment, arriuent;
Ils entrent chés le Prince, & les Chefs les y suyuent;
Le silence est profond, & tous, de toutes parts,
Sur les yeux du Monarque attachent leurs regards.
Il les regarde tous; puis, d'vn graue langage;
 A quel point, leur dit-il, est reduit mon courage?
Que l'Ennemy me manque, &, me fuyant tousjours,
Arreste mes progres, au plus beau de mon cours.
Betford, en se rendant à mes yeux inuisible,
A trouué le moyen de se rendre inuincible;
Pour sa gloire il est lasche, &, par son seul effroy,
Il se peut dire encore aussi libre que moy.
Tout fugitif qu'il est, il est puissant encore;
Il maintient son honneur, lors qu'il se deshonnore;
Ie le poursuis sans cesse, & le poursuis en vain;
Sa peur oste tousjours sa despouille à ma main.
I'estois prest de l'atteindre, & de voir, par sa prise,
Sur le Rebelle Anglois, la France reconquise;
Lors qu'vne vaine crainte, ouurage des Enfers,
Empesche mon soldat, de le mettre en mes fers.
Dans vn malheur si grand, que faut-il que je face?
Dois-je, ou suyure, ou quitter cette inutile chasse?
Amis, conseillés-moy, mais auec liberté,
Et reglés mon esprit, par ce doute, agité.
 Dans toute l'Assemblée, apres cette ouuerture,
Il s'eleue vn confus & paisible murmure;
 Pareil à ce doux bruit, qu'on entend, quelquesfois,
Troubler innocemment le silence des bois;
Fff

Quand l'amoureux Zephire, en se plaignant de Flore,
Fait, de son sein bruslant, mille souspirs eclôre,
Et force les Echos des roches d'alentour
A parler, auec luy, de son ardent amour.
   Des-ja des moins âgés les raisons eloquentes
Diuisoient le Conseil, en deux parts differentes,
Soit pour suyure Betford, soit pour l'abandonner,
Pour redoubler leur course, ou pour la terminer.
Le fameux Tanneguy, non moins vaillant que sage,
Au Monarque, en son rang, tient ce masle langage;
   Ah! pourquoy douter, Sire, & pourquoy consulter
Vn point, dont, sans foiblesse, on ne sçauroit douter?
Quand nous serions sans cœur; quand la seure victoire
Ne nous tenteroit point du plaisir de la gloire;
Quand nous aurions l'esprit insensible à l'honneur,
Deurions-nous negliger les graces du Bonheur?
Tant que fuira Betford, la Raison de la Guerre
Veut que nous le suyuions, jusqu'au bout de la Terre;
Et, deust-il, en fuyant, nos foudres euiter,
De cette fuitte, au moins, deuons-nous profiter.
Elle combat pour nous, &, plus que nos espées,
Sa peur nous fera voir ses trouppes dissipées;
Pour luy faire, sans nous, endurer le trespas,
Ses craintes, ses frayeurs, deuiendront nos soldats.
Nourrissons seulement sa mortelle espouuente,
Par vne pronte marche, vne poursuitte ardente;
Si nous nous relaschons, il se rassurera,
Et le mal qui le presse, alors, nous pressera.

LIVRE DIXIESME.

Pouſſons donc, ſur ſes pas, nos Armes inuincibles;
A luy, plus que jamais, faiſons nous voir terribles,
Et, par noſtre aſſurance, entretenant ſa peur,
Gardons qu'il ne reſpire, & ne reprenne cœur.
Nous luy ferons, ainſi, perdre toute creance;
Nous tirerons à nous les Peuples de la France,
Et Paris, qu'ont, pour fin, tant de rares exploits,
Nous ouurira ſes murs, & receura nos loix.
La choſe eſt euidente, & parle d'elle-meſme;
Il n'en peut arriuer qu'vn auantage extreme;
Quelle ombre de raiſon y voit-on de douter?
Le temps de vaincre, ô Dieu, ſe perd à conſulter.

 Ces mots auoient du Roy calmé l'ame troublée,
Et fait, de cet auis, l'auis de l'Aſſemblée;
Quand le vieillard Gillon, par ſa crainte emporté,
Demanda qu'à ſon tour, le ſien fuſt eſcouté.
Il connoiſt, de long-temps, la furieuſe enuie,
Qu'a ſon cher Amaury d'abandonner la vie,
Et le conte pour mort, ſi, Charles emouuant,
Il ne rompt le deſſein de paſſer plus auant.
Cette frayeur l'anime, &, conduiſant ſa langue,
Luy fournit le ſujet d'vne longue harangue;
Elle joint de l'aigreur à ſes bas ſentimens,
Et luy dicte ces mots, adroits & vehemens.

 Sire, quelque motif, qui, ſi loin de la Loire,
T'ait fait, contre Betford, pourſuiure ta victoire,
Quel qu'en ſoit le ſucces, je n'y voy pourtant rien
Qu'vn projet courageux, mais contraire à ton bien.

Car, quoy que de Paris l'indigne seruitude
Te cause vne crüelle & noble inquiëtude;
Quoy que l'espoir flateur d'affranchir ces rempars,
Te face, auec mespris, regarder les hazards;
Quoy que, sur ton bonheur, ta vertu se confie,
Et que l'euenement le conseil justifie;
Par combien de chemins as-tu pû, toutesfois,
Tomber, auec ton Camp, sous le joug de l'Anglois.
Combien de creux vallons, de bourbeux marescages,
De torrens debordés, & de sombres boscages,
Le rendoient aisement de tes forces vainqueur,
S'il eust pû se resoudre à tesmoigner du cœur?
A quoy mesme, au plus fort de la haute esperance,
De reuoir, en ta main, le Sceptre de la France,
Ton soldat s'est-il veu, dans la derniere nuit,
Par ta credulité, fatalement reduit?
C'est trop faillir, grand Prince, & ces fautes sont telles,
Qu'elles tirent tousjours mille maux apres elles;
Crois-le, & te tiens heureux, que l'aueugle Betford
Ait si mal profité de la faueur du Sort.
La volage Fortune, à tes vœux indulgente,
N'a, par tant de bienfaits, surpassé ton attente,
Que pour mieux, dans le piege, à la fin, t'engager;
Charles ouure les yeux, & connois ton danger.
Preuiens-le. Mais, qui sçait si tu le pourras faire?
N'entens-je pas la Fille, ou braue, ou temeraire,
T'assurer hardiment, sur sa douteuse foy,
Que les murs de Paris tomberont deuant toy;

LIVRE DIXIESME.

Que l'orgueilleux Anglois, deuenu ta victime,
Presentera sa gorge à ton fer magnanime;
Et que ses bataillons de ta Ville chassés
Passeront, sous ta pique, auec honte, baissés.
N'ois-je pas ces Heros, ces Amans de la Gloire,
Par leurs discours enflés, te vouloir faire croire,
Que d'estre encore en doute, & de deliberer,
C'est trahir ta Couronne, & la deshonnorer.
Que s'il falloit douter, c'estoit lors que la France
Auoit, dans Bourges seul, renfermé sa puissance,
Ou que, pour Orleans, tant de secours desfaits
Faisoient du mauuais Sort craindre tous les effets;
Mais qu'ayant au Berry conserué la franchise,
La captiue Sologne en liberté remise,
A trente boulevards le pesant joug leué,
Dans Rheims, triomphamment, ton grand Sacre acheué.
Auancé vers Paris ta foudroyante Armée,
Et, dans son dernier Fort, l'Angleterre enfermée,
Sans plus deliberer, la Raison de l'Honneur
Oblige ton courage à suyure ton bonheur.
Que si ce vent subtil se coule dans ton ame,
Si, par son doux effort, il en accroist la flamme,
Enfin, s'il la maistrise; ô combien j'apperçois
De malheurs preparés à l'Empire François!
Car, nous laisser mener aux grands mots de ces Braues,
Seroit vouloir du Sort viure & mourir esclaues,
Vouloir tousjours rouler de destin en destin,
Et perdre le repos, pour le chercher sans fin.

Tous tes vœux, à ton Sacre, auoient borné ta gloire;
De Betford, apres luy, tu voulus la victoire;
Et voilà que, Betford t'auoüant son vainqueur,
Le desir de Paris succede, dans ton cœur.
Ainsi, sans but certain, l'amour de la conqueste,
Fait courir ton vaisseau de tempeste en tempeste,
Et ces vastes desseins, qu'il te fait conceuoir,
Te feront perdre tout, en voulant tout auoir.
Voy l'Hyuer qui s'approche, & menace la terre;
Iuge si c'est vn temps fauorable à la guerre;
Et, si ton Camp lassé, de repos se priuant,
Souffrira, sans murmure, & la neige, & le vent.
Songe que c'est par trouble, & non par impuissance,
Qu'on a veu les Anglois ceder à ta vaillance,
Et que, quand de ce trouble ils se seront remis,
Tu trouueras en eux de puissans Ennemis.
Souuiens-toy, sage Prince, auant que te resoudre,
Qu'vne legere erreur met les Estats en poudre,
Et pense que le bien, & que le mal des Roys,
Depend, ou de leur bon, ou de leur mauuais choix.
Ton Destin t'a porté pres de la double Route,
Qui d'Hercule, autresfois, mit la raison en doute,
Où se font les humains heureux, ou malheureux,
Suyuant l'objet plaisant, ou l'objet douloureux.
Pendant qu'il est en toy, prens la moins belle voye,
Qui, par le desplaisir, meine l'homme à la joye;
Et laisse le sentier peint, & semé de fleurs,
Où l'inuite le Ris, pour le mener aux Pleurs.

La vague Ambition, qui n'a point de limite,
Offrant l'ombre du bien, dans le mal, precipite,
Sur vn char lumineux conduit à la prison,
Et dans vn vase d'or fait prendre le poison.
Fuy le bien apparent, & t'attache au solide;
Des hauts murs de Paris fuy l'appast homicide,
Et, dans la profondeur de ses larges fosses,
N'enterre point le fruit de tes trauaux passés.
Ne hazarde plus rien, la France t'en conjure,
Par l'eclat de tes faits, par ta grandeur future,
Par l'interest sacré du Sceptre que tu tiens,
Par ton propre salut, par le salut des tiens.

A ce mot, vers son Fils, il tourne le visage,
Et, de saisissement, n'en dit pas dauantage;
Son discours s'arresta, mais ses viues douleurs,
Au defaut du discours, firent parler ses pleurs.
Charles, qui le regarde, & voit couler ses larmes,
Des valeureuses mains se sent tomber les armes,
Et bien que, par vn sage & magnanime choix,
Il eust determiné de poursuyure l'Anglois,
Malgré son jugement, & malgré son courage,
Il s'en alloit ceder à ce rusé langage;

Quand la Sainte apprenant, auec quel deshonneur,
On conseilloit la fuitte au milieu du bonheur,
Entre, obserue le Prince, & connoist à sa veuë,
Que les pleurs de Gillon ont sa tendresse emeuë,
Connoist son cœur tenté du doux nom de repos,
S'enflamme de colere, & luy parle en ces mots.

Charles, ah ! d'où vous vient ce mouuement estrange,
Qui, d'instant en instant, vous change & vous rechange ?
Serés-vous donc tousjours le joüet d'vn Pipeur ?
Attendrés-vous d'agir que Gillon n'ait plus peur ?
Ie ne veux point icy, pour descouurir sa ruse,
Pour monstrer de quel art sa crainte vous amuse,
Raualer la grandeur de mon celeste Enuoy ;
Ie ne parle qu'à vous ; oyés-moy, croyés-moy.
Le Ciel veut que Paris tombe en vostre puissance,
Ie n'ay plus que ce bien à donner à la France ;
Ses murs vont, sous mes pieds, abbaisser leurs sommets,
Et tenés pour destin ce que je vous promets.
Enfin, quoy que Gillon le juge difficile,
Ou l'Ennemy sommé vous rendra vostre Ville ;
Ou, dans moins de trois jours, si son bras la defend,
I'iray, dans son Palais, vous mener triomphant.

Par les pleurs du Vieillard, la raison terracée,
Par ces mots vigoureux, est soudain redressée ;
Gillon cede à leur force, & les moins resolus
Reuerent cet Oracle, & ne balancent plus.

Ainsi quand, aux beaux jours, l'humide Vent d'Afrique,
Pousse ses tourbillons sur vn Lac pacifique,
Iusques au fond l'ebransle, & d'vn puissant effort,
Roule ses flots bossus, vers l'opposite bord ;
Si l'Aquilon paroist, à sa seule presence,
De l'orage escumeux cesse la violence ;
Le Lac perd sa furie, &, sans flots desormais,
Retourne de luy-mesme à sa premiere paix.

Charles

LIVRE DIXIESME.

Charles sans douter plus, veut tenter l'auenture;
Chacun, du bon succes, non moins que luy, s'assure;
Le lasche Amaury mesme au dessein applaudit,
Et, dans son deshonneur, conserue son credit.
On repaist, & la faim, par la veille, aiguisée,
Sur les viures Anglois, à peine est appaisée,
Que, d'vn transport subit, le soldat hors de soy,
Vient en foule, en tumulte, enuironner le Roy.
Il demande qu'on marche, & le Prince l'approuue;
Chacun, dans vn moment, sous l'enseigne se trouue;
Iusqu'au suyuant matin, l'on deuoit reposer;
Mais rien à cette ardeur ne se peut refuser.
Dans la place, aussi-tost, la trompette eclatante,
Sonne pour le depart, & les trouppes contente;
Elles passent, en ordre, aux vrays Champs Fortunés,
Que l'antique Helicon n'auoit qu'imaginés,
Feignant que, sous Saturne, au siecle d'Innocence,
Les Hommes & les Dieux viuoient sans difference.

C'est l'heureuse Contrée, où la Paix, & l'Amour,
Ont fondé leur Empire, & choisi leur Sejour.
De monts & de costaux, vne inegale chaisne,
Sert de vaste Couronne à la Royale Plaine,
Qui, d'vn Ciel tousjours pur, borde son horizon,
Et reçoit vn Soleil propre à chaque saison.
Ses fertiles guerets à l'humaine culture,
Prodiguent, à-l'enuy, les biens de la Nature,
Et, de tous leurs thresors, composent vn thresor,
Qui, dans l'Age de fer, rameine l'Age d'or.

Ggg

Quelque part que, sur elle, on estende sa veuë,
D'vne riche abondance, on la trouue pourueuë,
Et les tuyaux des bleds, & les seps des raisins,
Se monstrent, en tous lieux, l'vn à l'autre voisins;
On voit, sur vn fonds vert, les humides prairies,
De cent viues couleurs, pompeusement fleuries,
Et, l'on voit par les plans, sur les sombres sentiers,
Se rompre, ou se courber, les branches des fruitiers.
On voit, en petits bois, les altieres fustayes,
S'eleuer au dessus des buissons & des hayes,
Et, parmy les taillis, on entend les oyseaux
Accorder leur ramage au murmure des eaux.
Par tout son large sein, cent sources bouillonnantes,
Roulent, sur le grauier, leurs ondes gazoüillantes;
Cent ruisseaux vagabonds y couppent les guerets,
Et joignent leur fraischeur à celle des forests.
Deçà, delà, par tout, mille Palais champestres,
Accompagnés d'ormeaux, de tilleuls & de hestres,
Y font, en mesme lieu, des Champs & des Cités
Voir, auec agrement, les diuerses beautés.
En paisibles replis, le cours de plus d'vn Fleuue
S'y promeine, s'y mesle, & la campagne abbreuue;
Secourant & comblant de cent biens, à la fois,
Le Chef imperieux de l'Empire François;
Le populeux Paris, à qui, du Gange au Tage,
Il n'est Mur si hautain qui refuse l'hommage;
Rempart, dont la grandeur, seule semblable à soy,
Seule peut contenir la grandeur de son Roy;

Et dans qui la faueur des Elemens propices
Entretient les plaifirs, les jeux & les delices.
Les yeux, par ces objets, demeurent enchantés;
Les pieds vont, fans effort, par les cœurs emportés;
Paris de plus en plus, & s'accroift, & s'approche;
Chacun, mefme en courant, fa lenteur fe reproche;

 Ces beaux Champs, difent-ils, ont-ils rien de pareil,
En tout ce qu'en fa route eclaire le Soleil?
Et deuons-nous douter d'expofer noftre vie,
Pour reuoir, fous nos loix, cette Plaine afferuie?
Pour rompre fes liens, precipitons nos pas,
Et monftrons à l'Anglois ce que peuuent nos bras.

 L'an des-ja vieilliffoit, &, de feüilles fechées,
Les prés eftoient bordés, & les terres jonchées;
L'Efté, deuant l'Hyuer, fuyoit aux chauds Climats,
Et, dans l'air refroidy, s'engendroient les frimats.
On voyoit du Soleil la lumiere decroiftre;
Hors du gouffre de l'Onde, il craignoit de paroiftre,
Iettoit fon rayon pafle, &, moins riche de jour,
En renfermoit l'eclat, dans vn plus petit tour.

 Tout va, d'vn cours ardent, & la Sainte animée
Renforce, par fon feu, la flamme de l'Armée;
Mais, auec defplaifir, elle voit, en marchant,
Le celefte Flambeau panché, vers fon Couchant.
Paris eft loin encore, & la nuit eft prochaine;
Ils courent, mais, fans fruit; leur diligence eft vaine;
La Sainte le connoift, & contraint les foldats
De menager leur force, & moderer leurs pas.

Ils vont, mais à regret, auec moins de viſteſſe,
Et d'vn murmure egal condannent ſa ſageſſe;
Elle, que ſatisfait cette noble chaleur,
De l'eſpoir du combat conſole leur douleur.
Puis elle parle au Prince, & le Prince, par elle,
Soudain, de ſes Herauts le plus antique appelle;
L'ordre qu'il en reçoit, eſt d'aller, à l'inſtant,
Sommer d'ouurir les murs, l'Anglois & l'habitant.
Le Fauory, qui cherche à ſe purger du blaſme
De traiſtre Conſeiller, & de Guerrier infame,
Prend cette occaſion, comme venant des Cieux,
Pour viure, ou pour mourir, content & glorieux.
Il bruſloit, des long-temps, de monſtrer à la Sainte,
Qu'on l'accuſoit, à tort, de baſſeſſe & de crainte,
Et qu'il n'eſtoit ſi haute, & ſi grande action,
Qui ne fuſt au deſſous de ſon ambition.
Ainſi, le deſeſpoir luy donnant du courage,
Vers Charles il s'auance, & luy tient ce langage;
  Pour ranger la Cité, ſous ta Royale loy,
Le Heraut, grand Monarque, iroit en vain ſans moy.
Ie ſçay ce que peut d'elle obtenir ma preſence;
I'entretiens dans ſes murs plus d'vne intelligence;
Et ſi, pour la reduire, il faut l'intimider,
Si l'artifice eſt propre à la perſuader,
Permets moy ſeulement de l'aller reconneſtre,
Et je m'oſe vanter de t'en rendre le maiſtre.
  Aux vœux du Fauory, Charles ſe conformant,
Sur vn viſte courſier, il s'eſloigne au moment,

LIVRE DIXIESME.

Et, suyui du Heraut, sous la muraille, arriue,
Que la clarté du jour estoit encore viue.
Aux premiers bouleuards, l'vn & l'autre arresté,
Le Heraut prend l'habit des Peuples respecté;
L'or, en bosse, par tout, y reluit sur la soye,
Et l'aiguille, en tous lieux, son addresse y desploye;
Il se couure le front, d'vn precieux bandeau;
Il se charge le dos, d'vn superbe manteau;
D'vn long tissu d'argent, par le corps il se serre,
Et porte, dans la bouche, ou la paix, ou la guerre.
En ce riche equipage, à lents & graues pas,
Il va, sans le penser, receuoir le trespas.

 Telle on voyoit marcher, dans le Siecle profane,
Vers l'autel inhumain de la noire Diane,
L'innocente Victime, entre les saints Bourreaux,
Pour tomber, & mourir, sous les sacrés couteaux.
De fueilles & de fleurs la teste couronnée,
De pourpre reuestüe, & de rubans ornée,
Sans craindre, & sans sçauoir la rigueur de son sort,
Contente, & malheureuse, elle alloit à la mort.

 A grands cris, en marchant, il appelle la Garde;
Par ruse, ou par mespris, à paroistre elle tarde;
Il renforce sa voix, &, d'vn grand chastiment,
Hardy sous ses habits, la menace aigrement.
Enfin, criant tousjours, la terrace il aborde;
De soldats & de Chefs, alors elle se borde;
Soudain il leur enjoint, de liurer à son Roy,
Les Murs injustement asseruis sous leur loy;

Aux François promet grace, aux Anglois assurance;
Mais, jure que leur mort suyura leur resistance;
Protestant qu'il n'est point de juste cruauté,
Que n'exerce, sur eux, son Monarque irrité.

Betford, qui du François voit l'ame chancelante,
Qui ne voit pas l'Anglois moins remply d'espouuente,
Et qui craint que l'effroy ne contraigne leur cœur
De sousmettre la Place à la loy du Vainqueur;
Pour obliger leur crainte à demeurer rebelle,
Des mortelles horreurs conçoit la plus mortelle;
L'inspire à Millington, en ce lieu commandant;
Millington à l'Anglois parle, d'vn ton ardent.

Aux arcs, aux traits, dit-il; que l'on mette par terre
Celuy qui foule aux pieds l'honneur de l'Angleterre;
Perisse l'insolent, sous l'effort de nos bras;
Son audace insensée est digne du trespas.
Repoussons cet outrage, auec d'autres outrages,
Apprenons au François, à tenter nos courages,
Et que, par cet exemple, il sache, à l'auenir,
Comment nostre courroux sçait l'audace punir.

Satan mesle, à ces mots, son haleine infernale;
La fureur des Anglois en deuient plus brutale;
Dix traits, en cet instant, lancés sur le Heraut,
Volent tous, vers son sein, & pas vn ne le faut.
Tous l'atteignent au cœur, & leur pointe execrable
Sy mouille, & s'y rougit, d'vn sang inuiolable;
Le sacré Droit des Gens, en ce forfait affreux,
Sent abolir ses loix, & dissoudre ses nœuds.

Par ce noir attentat, la France & l'Angleterre,
Sentent eterniser leur inhumaine guerre ;
Et desormais le feu n'en peut estre amorty,
Que par l'accablement du coupable Party.
Le meurtrier furieux accourt à la despoüille,
Et, d'vn second forfait, indignement se soüille ;
Ce corps, de cent espieux, tient le fer occupé ;
Cet habit, en cent parts, se trouue dissipé.

 Comme si quelque Enfant, d'vne main indiscrette,
Vient harceler le Dogue, en sa rage muëtte ;
Quand la Chienne des Cieux, par ses rayons ardens,
Luy met au sein la flamme, &, le venin aux dents ;
L'Animal escumeux, quitant l'humide place,
S'elance contre luy, le heurte, le terrace,
Le mord, en mille endroits, impitoyablement,
Et fait mille lambeaux de son habillement.

 Amaury plein de trouble, à l'acte parricide,
R'accourt vers le François, d'vne course rapide,
Et, contant son danger & l'Angloise fureur,
Remplit tous les esprits de colere & d'horreur.
Charles, d'vn feu soudain, s'enflamme le visage ;
Et bruslant d'vn courroux digne du grand outrage,
Bien que des-ja la nuit ait couuert l'horizon,
Veut, durant la nuit mesme, en tirer la raison.

 Ne vengeons plus nos loix, vengeons celles du Monde ;
Dit-il, en s'escriant, comme vn foudre qui gronde ;
Que ce crime infernal, commis si laschement,
Sans sa punition, ne demeure vn moment.

Contre les violens, vsons de violence;
Faisons que leur supplice egale leur offense,
Et, dans leur sein barbare ensanglantant nos mains,
Monstrons-nous aujourd'huy justement inhumains.

   Allons, dit Amaury, venger l'atroce injure;
Que l'Anglois, sous nos coups, la paye auec auec vsure;
I'applaniray la voye, &, de corps entassés,
Pour monter sur les murs, combleray les fossés.

   Tout suit ce mouuement, & le Camp redoutable
Va, d'vn rapide vol, au bouleuard coupable,
Et, de tout son grand poids, tombant sur les dehors,
Les ebranse, les ouure, & les jonche de morts.
La defense est confuse, & l'attaque est reglee;
Herbert, d'vn auant-main, trebuche sous l'Anglée,
Et murmure, en mourant, que son cours soit borné,
Par celuy qu'à la mort il auoit destiné.
Glencarne s'efforçoit de retenir sa bande;
Quand, d'vn puissant reuers, le vient charger Yurande;
L'Anglois a, du grand coup, le bras droit emporté;
Sa bande desormais fuit, auec liberté.
Le bras, loin de son corps, sur la sanglante terre,
De sa nerueuse main, l'espée encore serre,
Et, comme si d'Yurande il vouloit se venger,
Vers luy dresse sa pointe, & la semble alonger.

   Betford, sur le chemin, qui meine vers la Porte,
Auoit dressé, de pieux, vne barriere forte;
Pour vn second obstacle aux estrangers efforts,
Si, trop foibles pour eux, se trouuoient les dehors.

                                                   Bien

LIVRE DIXIESME.

Bien loin deuant les siens, la terrible Guerriere
Vole seule, & s'auance à la forte barriere;
A cheual elle y donne, &, d'vn choq vigoureux,
La renuerse, en eclats, sur le terrain poudreux.
Le François animé, volant aprés la Sainte,
Pousse le foible Anglois, qu'esparpille la crainte;
En vn lieu seulement, le vaincu reprend cœur;
Mais c'est pour retomber, sous la loy du vainqueur.
Vitacre, de sa pique à deux mains empoignée,
Tenant Dorthe esloigné, tient la mort esloignée;
Et Dorthe, en le perçant, auec son trait lancé,
Par la pique dardée, est luy-mesme percé.
Le robuste Spenser, & l'agile Gamache,
Chacun la hache au poin, l'vn à l'autre s'attache;
De plus d'vn ferme coup, chacun se sent blesser;
Mais sous Gamache, enfin, mord l'arene Spenser.
Par tout, sur le vaincu, le vainqueur fait main basse;
Sa colere inhumaine à pas vn ne fait grace;
Il suit de son transport l'aueugle mouuement,
Et ne refuse rien à son ressentiment.
En nul temps, la valeur n'a paru si brutale;
A l'exces du forfait le chastiment s'egale;
Le François fait l'Anglois, &, deuant l'Eternel,
On ne sçait qui des deux est le plus criminel.
   Mon Heraut, dit le Prince, au milieu du carnage,
Reçoy de ma douleur ce premier tesmoignage;
Mon bras, sur la Cité, le reste acheuera;
Ce qu'on t'a fait souffrir, elle le souffrira.

H hh

Satan qui reconnoist, que leur rage effrenée,
Dans tout son vaste enclos, à la Ville estonnée;
Et qui voit l'habitant, saisi d'vn juste effroy,
Parler de recourir à la grace du Roy.

Ah! dit-il, c'en est fait; ils craignent cette Sainte;
Retenons les pourtant, auec vne autre crainte;
Ostons leur l'esperance, & faisons que, du Roy,
Ils ne conçoiuent pas vn moins puissant effroy.

Soudain, sur tout le mur, & par toutes les Places,
Il en fait, par cent cris, eclater les menaces;
Iure qu'il a pour eux, le courage endurcy,
Et qu'il refusera de les prendre à mercy.
La perte de l'espoir l'audace leur redonne;

Ainsi quand, à l'abord d'vne affreuse Lionne,
Le timide Chasseur croit, en se prosternant,
Destourner de son Chef le peril eminent;
Si le fier Animal, pour luy moins magnanime,
Vient, les ongles ouuerts, en faire sa victime;
Au defaut de l'espoir, la force de la peur,
Pour repousser la mort, luy redonne du cœur.

Cependant Amaury, dans sa furie extreme,
Vomit, sur la Cité, blasfeme sur blasfeme,
Et se plaint de ses mains, dont les enormes coups
Luy paroissent encor trop legers & trop doux.

La France jusqu'alors, jusqu'alors l'Angleterre,
N'auoit point fait du feu l'instrument de la Guerre,
Et le fer seulement, comme d'vn mesme accord,
Leur seruoit aux combats à se donner la mort.

LIVRE DIXIESME. 427

L'vne & l'autre, auec soin, pour sa plus grande gloire,
Dans les succes heureux, temperoit sa victoire,
Et, sauuant les vaincus, joüissoit du beau fruit,
Que, parmy les dangers, ses faits auoient produit.
 Mais le Demon veillant, conseillé par sa rage,
Veut mettre, auec le fer, les flammes en vsage,
Et, par les noirs effets de leur crüelle ardeur,
D'vn desordre si grand accroistre la grandeur.
Il forme ce projet, &, suyuant sa pensée,
Descend, où des Enfers l'ombre est la plus pressée,
Plonge deux longs flambeaux, dans les feux eternels,
Puis reuient accomplir ses desseins criminels.
Du profond de l'Abysme vn instant le rameine,
Où le Camp, sur l'Anglois, execute sa haine,
Où, des siens à la teste, auec plus de terreur,
L'inhumain Fauory signale sa fureur.
Inuisible, il se mesle aux trouppes animées,
Fait voler, par les rangs, ses torches allumées,
Approche d'Amaury les detestables feux,
Et respond, par cette ayde, à ses horribles vœux.
Amaury, s'en armant, court vers les edifices,
Et veut, jusques sur eux, estendre ses supplices;
Les soldats, comme luy, s'arment d'ardens tisons,
Et portent la rüine aux tremblantes maisons.
La Nuit, par tant d'eclairs, sent dissiper ses voiles,
Et, deuant leur rougeur, voit pastir les estoilles;
Sous le nombre infiny de ces feux eclatans,
Le Camp paroist, sans nombre, aux yeux des habitans.
         Hhh ij

Hors des murs eleués, & deuant chaque Porte,
Vn amas de logis de differente forte,
Regne, auec moins d'eclat que l'illuſtre Cité,
Et d'vn moins digne Peuple eſt en foule habité.
Ces Lieux, eſloignés d'elle, euſſent formé des Villes;
Pres d'elle, ils ne ſembloient que des bourgades viles;
Que de ruſtiques toits, conſtruits pour receuoir
L'Eſtranger, que ſa gloire attiroit à la voir.
Quand la foudre guerriere eclate ſur la France,
Contre ſes moindres coups, ils manquent de defenſe,
Munis de ſeuls gazons, ſans foſſés, & ſans tours;
L'vſage des vieux Temps les a nommés Fauxbourgs.
 Dans celuy que d'enhaut le magnifique Louure,
Sous luy, vers le Couchant, à ſa droitte deſcouure,
Les ſuperbes vainqueurs, par le Demon pouſſés,
Pour mettre tout en feu, marchent à pas preſſés.
Amaury les conduit, & ſon profane exemple
Leur monſtre à n'eſpargner, edifice, ni temple;
De la voix, de la main, il leur marque les lieux,
Où la flamme s'attache, & penetre, le mieux.
Par les cloiſons, d'abord, on la voit ſe reſpandre,
De l'vne à l'autre, en ſuitte, aux ſoliues s'eſprendre,
Noircir les gros cheurons, les degrés aſſieger,
Petiller dans la tuille, & les combles ronger.
Enfin, & tout d'vn coup, forçant porte & feneſtre,
De mille petits feux vn grand feu vient à naiſtre,
Qui, parmy l'air obſcur, ſes boüillons agitant,
Renouuelle le jour au François combatant.

L'Anglois, saisi de peur, fuit le feu, qui le brusle,
Fuit le fer, qui le blesse, & vainement recule;
A peine est-il du feu, par la fuitte, eschappé,
Que, du fer, à l'instant, il se trouue frappé.

Ainsi lors qu'vn vieux Cerf, que l'ombre & le silence
Sembloient, sous vn taillis, cacher en asseurance,
Par plus d'vn grand limier à grands abois poussé,
Est, du fort qui le couure, en la Plaine lancé;
L'espouuente le presse, &, quelque part qu'il aille,
L'image de la Mort le suit, & le trauaille;
Et, si la dent des Chiens ne le dechire pas,
Par le fer des Chasseurs, il reçoit le trespas.

Dans la terreur commune, vn seul plein de constance
Des plus fameux Heros egala la vaillance,
Et, pour quelques momens, d'vn front audacieux,
Put seruir de barriere au Camp victorieux.
L'vn des Chefs Hibernois, apres sa course faitte,
Auoit choisi ce lieu, pour derniere retraitte,
Et, dans ses foibles bras, autresfois triomphans,
Au defaut de leur Mere, eleuoit ses Enfans.
Cent lumineux flambeaux tombent sur sa demeure,
Ses petits il regarde, & de tendresse pleure;
Sa valeur se resueille, & ses sens refroidis
Reprennent la chaleur, dont ils brusloient jadis.
Sur sa porte il descend, sous sa cuirasse brille;
Sa pertuisane empoigne, & garde sa famille;
Le François, pour entrer, fait mille grands efforts;
De la pointe il l'arreste, & le tient au dehors.

Hhh iij

Cent tisons, à l'instant, volent contre sa teste,
Encore que, sur luy, fonde, en vain, leur tempeste;
Mais, sous leur vol ardent, & leurs coups redoublés,
Il voit, plein de douleur, ses petits accablés.
Ses bien-aymés Enfans, s'embrasent à sa veüe;
Ce n'est pas le François, c'est ce feu qui le tüe;
Ce feu seul au trespas le porte, auec fureur,
Et seul, pour la clarté, luy donne de l'horreur.
Le barbare Destin sa richesse a rauie;
Il ne luy reste plus qu'vne imparfaitte vie;
Ce reste l'importune, & luy fait, dans la mort,
Chercher à s'affranchir des injures du Sort.
Il veut finir ses jours, & sa rage depite,
Parmy les boutefeux, soudain le precipite;
Dans leur flamme il se darde, &, de quatre grands coups,
En met quatre par terre, & les ebranste tous.
Le vaillant bataillon, deuant cette vaillance,
Par force, en plus d'vn lieu, trouble son ordonnance;
Amaury s'en irrite, &, d'vn bras furieux,
Luy lance vn des flambeaux, & l'esteint dans ses yeux.
Le Guerrier perd le jour; mais, bien que sans lumiere,
Il ne perd rien pourtant de sa vertu premiere;
Sa sensible douleur ayde à l'encourager,
Et son aueuglement luy cache le danger.
Le visage bruslé, les paupieres bruslantes,
Il court, sans but certain, aux brigades pressantes,
Par tout les fait tomber, sous son terrible choq,
Et semble, sous les traits, vn immobile roc.

En cercle, autour de luy, tout le Camp se ramasse,
Et renferme sa gloire, en plus petit espace;
Vn seul homme, sans veüe, occupe tout vn Camp,
Et ne peut se resoudre à luy ceder le champ.
   Comme vn fameux Taureau, dans la forte estacade,
Enceint de tous costés du Caualier Nomade,
Baisse l'horrible corne, &, d'vn puissant effort,
Porte, de tous costés, l'espouuente & la mort.
Il sent, par mille dards, & par mille zagayes,
Son inuincible corps, ouuert de mille playes;
Mais, pour estre plus foible, il n'est pas moins vaillant,
Et, dans les abois mesme, est tousjours assaillant.
   Enfin, sa pertuisane en deux parts eclatée
Abandonne, & trahit sa valeur indontée;
Il sent, à cette fois, approcher son destin,
Et se prepare à faire vne heroique fin.
Sur les pieds, il se plante, &, d'vn ferme langage,
   Venés, Tigres, dit-il, acheuer vostre ouurage;
Vous ne m'osterés rien, par vostre cruauté;
En m'ostant mes Enfans, vous m'auès tout osté.
   De fleches & de feux, vne effroyable gresle,
Sur luy, de toutes parts, tombe, alors, pesle-mesle;
Il meurt, & de deux morts, par le fer, & le feu;
Comme si, pour l'abbattre, vn trespas estoit peu.
Rien de luy ne demeure, & l'insolente flamme
Se permet de passer, jusqu'aux biens de son ame;
Elle consume encore vn Nom si glorieux,
Et le laisse ignorer aux Siecles curieux.

Apres ce grand exemple, il n'est rien qui resiste;
Le combat est infame, & la victoire triste;
L'honneur ne peut souffrir tant de lasches rigueurs;
La peine est aux vaincus, & la honte aux vainqueurs.
Nul n'eschappe à son sort; & tout sexe, & tout âge
Esprouue du François la fureur & la rage;
Tous y sont, sans pitié, sousmis egalement;
Mais l'Anglois s'y voit seul exposé justement.
Hors luy, tout autre endure vn injuste martyre;
Le Vieillard egorgé, dans les sanglots, expire;
La Vefue, sous le coup, perce l'air de ses cris,
Et la Sœur, en mourant, plaint ses Freres meurtris.
  Pendant ce temps la Sainte a laissé, loin derriere,
Des Ennemis forcés la fragile barriere,
Et, contre vn gros de reste employant son effort,
Deuant elle le chasse, ou luy donne la mort.
Son cœur l'a, jusqu'au pont, presque seule, conduitte;
La terre icy luy manque, & borne sa poursuitte;
Elle voit les fossés conuertis en marais,
Et ne voit sur les murs, que canons, & que grais.
Là, se suspend son ame, & ne sçait que resoudre;
Son bras luy promet bien de mettre tout en poudre,
Et, d'vn peril si grand, ses belliqueux esprits,
Par ce qu'il a de beau, sont ardemment espris.
Mais sa raison luy dit, qu'encore qu'elle essuye
Des rocs & des boulets l'espouuentable pluye,
Qu'elle aille au pied des murs, qu'elle aille à leur sommet,
En vain, de les garder, seule, elle se promet.

Ainsi

LIVRE DIXIESME. 433

Ainſi, quelques momens, douteuſe & balancée,
Elle voit, dans les airs, vne flamme elancée,
Parmy des tourbillons tenebreux & roulans,
En ondes, vers le Ciel, ſortir des toits bruſlans;
Et craint que, par le feu, dans l'amour du pillage,
Le François n'ait ſouffert quelque inſigne dommage.

   Comme, quand vn Nocher, apres mille terreurs,
Voit, aueque le port, la fin de ſes erreurs;
S'il auient que le vent contraire à la marée
Du havre deſcouuert luy defende l'entrée;
Bien qu'il face, ſans fruit, mettre la voile bas,
Que, ſans fruit, ſur la rame, il laſſe tous les bras,
Sa barque, toutesfois, par cette reſiſtance,
Se ſuſpend ſur le flot, & s'y tient en balance;
Iuſqu'à ce que la vague, abandonnant le bord,
En haute mer l'entraiſne, & le priue du port.

   Ainſi, dans le moment, que la forte Guerriere
Alloit, ſur le rempart, terminer ſa carriere,
Vn autre mouuement en ſon cœur excité
L'eſloigne, tout à coup, de la forte Cité.
D'vne ſoudaine peur, ſa grande ame eſt atteinte,
Et le courage, en elle, alors, cede à la crainte;
Elle quitte les murs, retourne ſur ſes pas,
Et voit regner, par tout, la flamme & le treſpas.
Par ces triſtes objets ſaintement attendrie,
Du Monarque des Cieux la Clemence elle prie
De moderer des ſiens la criminelle ardeur,
Et de leurs cruautés oublier la grandeur.

                                                        Iii

En priant elle pleure, & plus elle s'auance,
Et plus elle les voit aigrir leur violence,
S'abandonner, sans bride, à tout genre de maux,
Assouuir, sans pudeur, leurs appetits brutaux,
Poursuyure le massacre, au milieu des ruines,
Et porter leur fureur, jusqu'aux choses diuines,
Sans qu'en toute sa route, à ses humides yeux
S'offre rien que de noir, d'infame, & d'odieux.
Vn desordre si grand, plus que deuant, la trouble;
Sa colère s'accroist; sa douleur se redouble;
Elle veut s'escrier; mais son saisissement
Estouffe sa parole, en ce commencement.
Enfin, du puissant nœud, qui la langue luy serre,
Le depit la degage, &, d'vn ton de tonnerre;
 Cessés, cessés, dit-elle, vn si dannable assaut;
C'est trop mal expier le meurtre du Heraut.
 Le fer, alors, s'arreste, & la flamme s'appaise;
Le feu, de tous costés, n'est plus que de la braise,
Et chacun, reuenu de son lasche transport,
Regarde, auec horreur, les restes de la Mort;
La Guerre forcenée y reconnoist ses crimes,
Le regret suit la faute au cœur des magnanimes.
Amaury seulement, contre l'Anglois outré,
Sans estre, ainsi que tous, en luy-mesme rentré,
Fierement aux vaincus toute pitié refuse,
Iouït de sa vengeance, & de son heur abuse.
La Fille voit le Prince, & rehaussant sa voix;
 Ah! Charles, luy dit-elle, ah! qu'est-ce que je vois?

LIVRE DIXIESME.

Ah ! la punition est pire que l'injure ;
Nous auons violé les Droits de la Nature,
Et, contre les Lieux saints, nos trouppes ont commis
Vn forfait souhaitable, en nos seuls Ennemis.
 Le Prince luy respond, Ce mal est sans remede ;
Mais la raison, enfin, au desordre succede ;
Le Camp n'est plus cruel, n'en veut plus qu'au butin,
Et peut estre employé, mesme auant le matin.
 Les Enfers, repart-elle, & leurs noires Furies
L'ont rendu l'instrument de tant de barbaries ;
Son bras a fait ces maux, non pas sa volonté,
Et son feu, desormais, sera moins emporté.
Que de nuit, toutesfois, il attaque la Ville,
Il est trop perilleux, il est trop difficile ;
Et jamais des soldats de pillage chargés,
Ne furent sagement au combat engagés.
Non, si nous voulons vaincre, & vaincre en asseurance,
Ne commettons qu'au jour le salut de la France ;
De ce haut point d'estime il ne faut pas tomber ;
Il faut gaigner Paris, & non le derober.
Que, sur ce mesme champ, repose donc l'Armée ;
Iusques à ce qu'au Ciel l'Aube soit rallumée ;
Nous la verrons, alors, s'eleuer au rempart,
Auec bien plus de gloire, & bien moins de hazard.
 Le prudent Tanneguy loüe vn discours si sage,
Et, se tournant au Roy, poursuit, en ce langage ;
Cependant, auec soin, nous purgerons ces lieux
De tant de sang versé, par nos bras furieux.

En suitte nous irons, aux diuerses brigades,
Marquer, par tout le mur, l'ordre des escalades;
Et, vers le seul endroit, pour la breche, arreste,
On verra le canon dés l'Aurore pointé.

Charles approuue tout, & soudain la trompette
Aux Regimens espars commande la retraitte;
Ils consentent à peine au repos ordonné,
Bien que, jusqu'à trois fois, la trompette ait sonné.
La Sainte les exhorte à moderer leur flamme;
L'espoir du lendemain met le calme en leur ame;
On distribüe aux vns des arcs & des carquois,
Les autres sont munis de dards & de pauois,
Et l'on porte aux quartiers, pour monter aux courtines,
Des eschelles sans nombre, & des monts de fassines.
En suitte, autour des feux, par la Plaine, allumés,
Mangent, deçà, delà, les soldats affamés;
Puis reposent en paix, sous les gardes placées,
Et rendent la vigueur à leurs forces lassées;
Tanneguy, dont les soins ne peuuent sommeiller,
Trauaille, & fait, sans cesse, en tous lieux, trauailler.
Le Camp, deuant le jour, la dure terre quitte,
Et l'attaque des murs, à grands cris, sollicite;
Le soldat, de luy-mesme, accourt à son drappeau,
En tumulte s'y range, & ce tumulte est beau.
Par ordre, chaque trouppe à son poste s'auance,
Pour vn si noble assaut, resueille sa vaillance,
Prepare du trespas les diuers instrumens,
Brusle d'impatience, & conte les momens.

LIVRE DIXIESME.

Comme en ce froid Climat, qui s'approche de l'Ourſe,
Quand on s'appreſte à faire vne fameuſe courſe,
Et que les pronts cheuaux, ardens & deſchargés,
Sur vne meſme ligne, en ordre ſont rangés;
Attendant le ſignal, ils rongent la barriere,
Forment vn lac d'eſcume, au front de la carriere,
Grattent le champ des pieds, &, comme s'animans,
Font retentir le Ciel d'aigus hanniſſemens.
   Ainſi le Camp François, voyant l'heure prochaine,
Qui deuoit terminer cette guerre inhumaine,
Aux rempars aſſeruis ſe diſpoſe à donner,
Et fait l'air, tout autour, de ſes cris reſonner.
Vers le ſombre Orient l'vn tourne ſa paupiere,
Et haſte du deſir la tardiue lumiere;
L'autre, fuyuant le Pole, obſerue, par raiſon,
Combien l'Aube eſt encor, ſous le noir horizon;
Preſque tous, du regard, deuorent la courtine,
Tous jurent de Paris le ſac & la ruïne,
Et quelqu'vn, du penſer preuenant ſes exploits,
Meſme auant le combat, triomphe de l'Anglois.

FIN
DV DIXIESME LIVRE.

LA PVCELLE
OV
LA FRANCE DELIVREE

LIVRE ONZIESME.

TANDIS que, de la sorte, à l'attaque on s'appreste,
Betford, qui, sur son chef, voit fondre la tempeste,
Recueillant ses esprits, à l'abry des remparts,
Ramasse ses guerriers, par la frayeur, espars.
Pour le faire sans trouble, il veut qu'on chasse l'ombre,
Par vn jour emprunté de lumieres sans nombre;
A leur brillant eclat cede l'obscure nuit,
Et la confusion, aueque elle, s'enfuit.

Kkk

Cette illustre Cité, qui la France maistrise,
Comme desdaignant d'estre en peu de lieu comprise,
D'vne Prouince à l'autre, estend son vaste enclos,
Et de la claire Seine embrasse les doux flots.
Ce Fleuue en deux la fend, &, pour troisiesme Ville,
Luy mesme, en se fendant, forme, entre elles, vne Isle,
Qui fut le vray Paris des Gaulois habité,
Et qui conserue encor le surnom de Cité.
Elle vaut vn Empire, & sa grandeur immense,
En seize regions, partage sa puissance,
Et chacune, au besoin, de ses forts habitans,
Sans peine, arme & fournit trois mille combatans.
Tout quartier a sa place, à sa trouppe, assignee,
L'vne plus, l'autre moins, des Portes esloignee;
Où s'assemblent les Corps en bataille rangés,
Pour les conduire aux murs, lors qu'ils sont assiegés.

 Betford, à qui sa triste & honteuse deroute
Laisse de sa fortune vn legitime doute,
Et qui craint que le Peuple, à ce coup repenty,
Ne vueille repasser au contraire Party;
Pour son propre salut, sous ombre d'assistance,
Des altiers bouleuards donne aux siens la defense,
Et, loin de chaque porte, & du tour des fossés,
Tient les pasles Bourgeois, auec art, dispersés.
Seulement, de leur nombre, il choisit vne bande,
Qu'il veut que l'vn des siens, sous ses ordres, commande;
Et luy commet le soin d'vn endroit escarté,
Où l'assaut du François est le moins redouté.

LIVRE ONZIESME.

Puis courant & volant de terrace en terrace,
Où le plus, dans les cœurs, il remarque de glace,
Où le plus, dans les bras, il trouue de langueur,
Là, sa voix il desploye, auec plus de vigueur.
    Compagnons, leur dit-il, dont la fougue indiscrette
S'imagina du crime, en ma sage retraitte,
Et qui, d'vn feu trop chaud vous sentant consumer,
Du nom de lasche fuitte osastes la nommer;
Reconnoissés le but de cette fausse fuitte,
Et joüissés du fruit de ma bonne conduitte;
Voyant vos Ennemis, par mon art, attirés,
Où si long-temps, en vain, je les ay desirés.
J'ay leur orgueil accreu, me feignant, sans courage;
Ils vous attaqueront, à leur desauantage;
Et, du haut de ces murs, vos moins robustes bras,
Aisement, aux plus forts donneront le trespas.
En ce lieu, du François l'imprudence amenée,
De Poitiers, d'Azincourt, aura la destinée;
Il marche audacieux, &, sans voir son danger,
Brutalement, par vous, se vient faire egorger.
Pour faire, à sa valeur, aussi foible qu'altiere,
Dans ces larges fossés, trouuer son cimetiere,
Roulés, par tout, sur luy, vos cailloux & vos grais,
Lancés, sur luy, par tout, & vos dards & vos traits,
Couurés ses bataillons, d'vn nüage de fleches,
D'vn visage asseuré, presentés vous aux breches,
Attendés son assaut, & soustenés ses coups;
Quelque braue qu'il soit, Guerriers, il est à nous.

Puis au Peuple il se tourne, & luy tient ce langage;
Ce Charles, luy dit-il, ce reste de carnage,
Qu'autresfois, parmy vous, vous ne pustes souffrir,
Contre nous, à vostre ayde, aujourd'huy vient s'offrir.
Mais voyés, quel secours vous offre l'Infidelle;
D'abord il remplit tout, d'une flamme crüelle,
A ceux qu'il feint d'ayder il dechire le flanc,
Et les noye, en un lac, qu'il forme de leur sang.
Ah ! vous connoissés trop le dessein qui le meine;
Vous ne pouués douter de sa rage inhumaine,
Ny qu'il n'ait, dans le cœur, profondement graué
Le massacre des siens, par vos mains, arriué.
De tant d'affreuses morts, dans son ame implacable,
Il n'est aucun de vous qu'il n'estime coupable;
Comme ses criminels, il vous regarde tous,
Et son courroux ardent n'a, pour objet, que vous.
Sur vos malheureux chefs, oyant gronder l'orage,
Dont de ce fier Tyran vous menace la rage,
A quels masles efforts cet horrible danger
Ne doit point, contre luy, vostre cœur obliger?
Allons donc vaillamment escarter la tempeste,
Dont se promet son bras d'ecraser vostre teste;
Allons sauuer l'honneur, dont il veut vous priuer;
Allons vos biens, vos loix, & vos temples sauuer.

   Par ces mots si pressans, & si pleins d'artifice,
Il anime au combat l'une & l'autre milice,
Et, bien que, plus qu'aucun, il se sente abatu,
Ne fait pas, sur son front, lire moins de vertu.

LIVRE ONZIESME. 445

Ainſi le Medecin, qu'vn accident funeſte
Renferme en vn Palais attaqué de la peſte,
Quoy qu'à ſon jugement le venin ſoit trop fort,
Et que tout ce qu'il voit luy parle de la mort;
Il offre aux infectés ſa fidele aſſiſtance,
Flatte les moribonds, les repaiſt d'eſperance,
Et, dans l'exces du mal, lors qu'il eſt deploré,
Diſſimule ſa peur, ſous vn front aſſuré.

Talbot qui, de tout temps, en ſon ame hautaine,
Nourriſſoit, pour Betford, vne jalouſe haine,
Et, contre ſa grandeur, hautement declaré,
Viuoit, aux yeux de tous, d'auec luy ſeparé;
Languiſſant à Paris, depuis plus d'vne Lune,
Du ſucces de Patay maudiſſoit l'infortune,
Et de ſa playe encor n'eſtoit pas bien remis,
Quand Betford s'y ſauua, deuant ſes Ennemis.
Sa honte euſt ſatisfait vn moins noble courage;
Le genereux Talbot, loin d'en prendre auantage,
Suſpendit, contre luy, ſes vieux reſſentimens,
Et ſentit ſes deſdains, pour luy, moins vehemens.
Du Fauxbourg attaqué, ſa ſupreme vaillance
Voulut, plus d'vne fois, embraſſer la defenſe,
Voulut, plus d'vne fois, les flammes amortir;
Mais l'effroy de Betford ne le put conſentir.
Meſpriſant, par vertu, l'ordinaire loüange,
En cette occaſion, ſeul aux murs il ſe range,
Et, comme independant, ſans à rien s'obliger,
Se deſtine par tout, où ſera le danger.

Kkk iij

LA PVCELLE,

Le braue Lyonnel, au deſſein de ſon Pere,
Dans le meſme Party, fait vn deſſein contraire,
Craint, pour vn ſeul endroit, les effets du malheur,
Et, pour ce ſeul endroit, reſerue ſa valeur.
Il adoroit Marie, & ſon ardeur fidelle,
En ce peril commun, ne craignoit que pour elle;
Il l'y regardoit ſeule, & ſon bras redouté
Y combatoit pour elle, & non pour la Cité.
Quand, du Royal Deſert, en la Royale Ville,
Cette chaſte Beauté vint chercher ſon Aſyle,
L'ayant, plus que jamais, contemplée à loyſir,
Il en vit redoubler le feu de ſon deſir.
Sans Riual, ſans Ialoux, qui troublaſt ſa fortune,
Il vit, juſqu'à trois fois, renouueller la Lune;
Et, durant tout ce temps, ne paſſa point de jour,
Qu'il ne le ſignalaſt, par cent preuues d'amour.
Attiré par ces yeux, eſchauffé de leur flamme,
Il en fit deſormais tout l'objet de ſon ame;
Il fut tout à Marie, &, reuerant ſes loix,
Pour eſtre ſon Amant, oublia d'eſtre Anglois.
Rejetté, deſdaigné, ſans aucune eſperance,
Il l'ayma, toutesfois, auec perſeuerance;
Il cherit ſes rigueurs, & creut que le treſpas
Eſtoit vn mal plus doux, que de ne l'aymer pas.
De ſes yeux flamboyans les viues eſtincelles,
Autant que de Talbot les ſouffrances crüelles,
Auoient, en ce grand cœur, amoureux des hazards,
Engendré du meſpris, pour les faueurs de Mars.

S'il consent qu'à la guerre encore on le remeine,
C'est comme defenseur du Sejour de sa Reyne,
Du beau Sejour des Roys, du Palais eclatant,
Dont la garde est commise aux soins de l'Habitant.
Ce poste est le plus fort, & le moins honnorable ;
A tout autre, pourtant, il le tient preferable ;
Il regle son honneur, par son affection,
Et fait, de son amour, sa seule ambition.

  Betford, dont tous les lieux desirent la presence,
Dans ses preparatifs, fait luire sa prudence ;
Et, par tout, où du Camp se peut tourner l'effort,
Sous cent aspects divers, il oppose la Mort.
Par tout, de l'Arsenal les poudres on charrie ;
Sous un faix si pesant, le charroy ploye & crie ;
On ne voit que boulets, que dards, que traits, qu'espieux,
Qu'affusts desmesurés, & qu'enormes essieux.
De terre & de fumier on comble des barriques ;
Aux creneaux abatus on redonne des briques ;
L'huille sur les trepieds boüillonne en mille endroits ;
Icy poussent les forts, là rangent les adroits ;
Les enfans ont la hotte, & les vieillards la pelle ;
A ce travail encor les femmes on appelle,
Et, dans l'extremité d'un danger si present,
Nul âge n'est oysif, nul sexe n'est exempt.

  Ainsi, lors qu'un essaim d'abeilles vigilantes,
Voit s'obscurcir le Ciel, sur ses ruches tremblantes,
Un son triste & confus sort de ces logemens,
Qui fait retentir l'air de sourds bourdonnemens.

Les volans Citoyens, pour souſtenir l'orage,
De leurs toits creuaſſés reparent le dommage,
Courent à chaque fente, & bouchent tous les trous;
Le labeur inquiët ſe partage entre tous.
L'aſſiegé, ſur le mur, precipite ſa taſche;
L'aſſiegeant, ſous le mur, trauaille ſans relaſche;
Deſormais tout eſt preſt, &, de chaque coſté,
L'on n'eſt plus retenu que par l'obſcurité.
Chacun des deux Partis, en diuerſe maniere,
L'Anglois & le François attendent la lumiere,
Dans la peur, dans l'eſpoir du grand euenement,
Par qui ſe doit finir vn ſi long mouuement.
Et des-ja, ſur le lit, où la Clarté ſommeille,
Le douteux Crepuſcule, & s'eſtend, & s'eſueille,
Et, d'abord foible & ſombre, en ſuitte paſliſſant,
Vient preparer la voye au Soleil renaiſſant.
Des-ja des moindres Feux les lampes infinies
Paroiſſent, dans le Ciel, eſteintes ou ternies;
Dans le profond des airs, les Aſtres les plus grands,
Ne jettent plus, des-ja, que des rayons mourans;
L'Aube naiſt, puis s'enfuit, par l'Aurore, chaſſée;
Par le Soleil, enfin, l'Aurore eſt effacée;
Le Iour, d'vn jaune d'or, peint la crouppe des monts,
Et de perles, ſans nombre, emaille les vallons.
Par cent bouches d'airain, vne foudre ſubite
Pouſſe, alors, cent eclairs, vers le mur oppoſite;
Cent boulets embraſés, de cent lieux differens,
Volent, vers vn lieu meſme, à-l'enuy murmurans.

La

LIVRE ONZIESME. 449

La terre, sous les pieds, se meut à ces tempestes;
L'air, en cent lieux s'ouurant, siffle aigu sur les testes;
Le Canonnier recharge, &, soudain repointant,
A redoubler ses coups, ne perd pas vn instant.
Vn feu succede à l'autre, & sa pronte furie
Forme vn nüage espais, sur chaque baterie;
D'vne obscure vapeur, le Canon aueuglé,
Bien qu'il tire tousjours, n'a plus de but reglé.
Mais, des remparts batus, vne contraire foudre,
Au milieu du broüillards, que fait l'ardente poudre,
Confondant son tonnerre aueque son eclair,
Resillonne, à grand bruit, les campagnes de l'air.
Entre les Canons seuls, durant vn long espace,
L'effroyable combat, des deux costés, se passe,
Et des-ja le haut mur, de mille coups ouuert,
Laisse du bouleuard le terrain descouuert;
Des-ja le bas du pan, qui reuest la courtine,
Remplit le bas fossé, de sa vaste ruïne;
Le terrain, d'heure en heure, affaisse sa hauteur;
Et l'ouurage entrepris s'auance, auec lenteur.
Mais, enfin, le Canon, qui sans cesse descharge,
Donne aux vœux du François vne breche asses large,
Et pour y monter mesme, à force de grands coups,
En fait voir le panchant desormais asses doux.

Des Siecles precedens, la rude Architecture
Enfermoit les Cités, d'vne simple closture,
Et, contre la fureur des drappeaux assaillans,
Ignoroit le secours des angles & des flancs.

Lll

Paris, pour sa ceinture, en cet Age rustique
Gardoit, comme pour tout, l'ordonnance Gothique,
Et, par de creux fossés, & de hauts bouleuards,
Couuroit ses habitans des orages de Mars.
Du Tonnerre infernal la machine naissante
Estoit, encore alors, de carnage innocente;
Et, contre les seuls murs, l'Art encore imparfait
En auoit destiné le formidable effet.
La malice d'alors, moins qu'en ces temps subtile,
Ne rendoit point encor la valeur inutile,
Par les ressorts cachés, & les menus boulets
De la longue harquebuse, & des courts pistolets.
Quand les Chefs au combat engageoient les Armées,
On n'oyoit plus gronder ces bouches enflammées,
Et l'on n'auoit à craindre, au milieu des hazards,
Que les lances, les traits, les fleches, & les dards.

 La Sainte, cependant, qui voit chaque brigade,
A grands cris, en tous lieux, demander l'escalade,
Et voit que, si son Roy tarde à les occuper,
Leur mutine chaleur les va faire eschapper;
S'escrie; O Compagnons, quelle fureur subite
A donner, auant l'ordre, ainsi vous precipite?
Quoy! ne sçauriés-vous donc vous contraindre vn moment?
Voulés-vous de l'assaut risquer l'euenement?
Voyés quelle est la breche, & jugés si, sans blasme,
On y peut exposer vostre imprudente flamme;
Deuant le temps venu, cette ardeur tesmoigner,
C'est perdre follement ce que l'on veut gaigner.

LIVRE ONZIESME.

Permettés qu'aujourd'huy la guerriere science
De ce feu belliqueux regle la violence;
Le courage, ô François, ayde moins qu'il ne nuit,
Si, par le jugement, son effort n'est conduit.
Souffrés que la raison, par vn chemin facile,
Vous meine en seureté, dans la rebelle Ville.

 La Sainte, auec ces mots, les croyant reprimer,
Ne fait que d'autant plus leur fureur animer.
Surprise d'vn transport, si fier, si redoutable,
Elle cede, vaincüe, à leur fougue indontable,
Et, ployant sous le joug de la Necessité,
Accorde aux bataillons le rempart souhaité.

 Ainsi, lors que l'enceinte a renfermé la Beste,
Que chacun dans la Plaine à la courre s'appreste,
Et que le seur Limier, au Veneur satisfait,
Par ses abois, l'enseigne, & bande sur le trait;
Souuent des Chiens couplés la forte impatience
Du bras qui les retient maistrise la puissance,
Et contraint le Chasseur, bien que mal preparé,
De les souffrir donner, dans le fort desiré.

 Plein de joye, à l'instant, chacun prend sa fassine;
Chacun, vers les fossés, à grands pas, s'achemine,
Et son fardeau leger, par ordre, y deschargeant,
Se monstre, en ce labeur, à-l'enuy diligent.
Des spacieux fossés des-ja la vaze humide,
Sous les faisseaux, se cache, & deuient plus solide;
Des-ja, sur les faisseaux, les Regimens espars
Vont appuyer l'eschelle, au front des bouleuards.

          Lll ij

Des Archers, cependant, la valeureuſe elite
Borde la contr'eſcarpe, & leurs cours facilite,
Et, voilant l'air ſerain d'vn nüage de traits,
Eſloigne des creneaux le defenſeur eſpais.
A la gauche du mur, que le Canon foudroye,
Où, du Couchant au Nord, doucement il ſe ploye,
Saintrailles, Barbazan, Vignoles, Rieux, Aymard,
Chacun, de ſuitte en ſuitte, entreprend le rempart.
René doit, apres eux, aſſaillir la courtine;
Archambauld prend l'attaque à cette autre voyſine,
Et Dunois, vers l'endroit à la breche oppoſé,
Tient, plus ardent que tous, ſon aſſaut diſpoſé.
La Guerriere eſt, ſans poſte, &, par tout, elle vole;
Par tout, à la meſme heure, on entend ſa parole;
Elle a l'eſprit à tout; à tout elle a les yeux;
Le Camp, auec plaiſir, la remarque en tous lieux.
Au pied du Mont prochain, ſur la verte prairie,
Charles fait plus d'vn gros de ſa Cauallerie;
Reſerue neceſſaire, & corps brillant & fort,
Deſtiné pour remede aux accidens du Sort.
Du fifre & du tambour les cadences groſſieres,
Se meſlent au concert des trompettes guerrieres;
Leur ſon enfle le cœur des moins braues ſoldats,
Et les met au deſſus de la peur du treſpas.
Chaque corps, d'vn temps meſme, aux murailles s'elance;
Chacun vers le ſommet, d'vn pas ferme, s'auance;
Par l'Anglois vigoureux, à ce choq appreſté,
Le vigoureux François eſt, par tout, rejetté.

A ceder aux efforts du belliqueux orage,
L'assaillant courageux voit forcer son courage;
L'vn, sur l'eschelon bas, meurt de gloire priué,
L'autre meurt glorieux, sur le haut arriué.
Tel, que renuerse vn grais, roulant sur plus d'vn homme,
Comme leur ennemy, de son poids les assomme;
Tel autre, son meurtrier, dans sa cheute, attirant,
Fait, par ses propres mains, sa vengeance, en mourant.
On ne voit que fracas, & d'armes, & d'eschelles;
Tout resonne de cris, & d'atteintes mortelles,
Les traits, les jauelots, les fleches, les cailloux,
Sans perdre vne mort seule, addressent tous leurs coups.
L'attaque, toutesfois, n'en deuient pas plus lente;
Soudain aux bouleuards l'escalade on replante.

Robert, sous Barbazan, y monte auec ardeur,
Et d'vn chemin si droit ne sent point la roideur.
Il soustient huit grands dards, sur vne ample rondache,
Qui, sous son espaisseur, à huit trespas le cache;
Suit, malgré tout, sa pointe, &, d'aise transporté,
Se flatte de l'espoir de prendre la Cité;
Quand le fort Villougby, dont ce poste est la garde,
De toute sa vigueur, son jauelot luy darde;
Du grand coup il trebuche, ouuert de part en part,
Et perd, en gemissant, la vie & le rempart.

Vers où Rieux à l'assaut sa fiere bande anime,
Geoffroy se guinde en l'air, & va jusqu'à la cime;
Quatre dards, contre luy, sont poussés à la fois,
Il les pare, &, du sien, repousse les Anglois.

A ses coups, l'Ennemy plie, & prend l'espouuente;
Geoffrey saisit le mur, d'vne main triomphante,
Tout prest à le franchir, si Morton suruenu,
Au fort de son ardeur, n'eust son cours retenu.
Morton leue le bras, &, d'vne lourde hache,
Du robuste poignet vne main luy detache;
De l'autre il se racroche, & voit Morton soudain,
Auec le mesme fer, luy trancher l'autre main.
Les dents, tout luy manquant, dans les pierres il plante;
Mais perd la teste encor, sous la hache tranchante;
Le tronc, en sang, retourne au François indigné;
Luy, des mains & des dents, garde le mur gaigné.

 Au poste d'Archambauld, le Candiot Thrasyle
Se fait remarquer seul, & s'eleue entre mille;
L'Anglois le charge en foule, & le repousse en bas;
Ce grand cœur, toutesfois, ne se rebute pas;
Soudain le defenseur se le reuoit en teste,
Et, fait d'en haut, sur luy, retonner sa tempeste;
Il descend derechef, puis remonte à l'instant,
Et tout couuert de traits, de sang tout degoutant,
Par le chemin de l'air, il se fait faire place,
Et, d'vn pied glorieux, va franchir la terrace;
Quand le braue Pembrok, transporté de douleur,
A l'effroyable aspect d'vne telle valeur,
Contre ce seul Guerrier, pousse sa trouppe entiere,
Et roule, sur son front, la boüillante chaudiere,
L'huille qu'en mille lieux, sur des trepieds ardens,
Tenoient, au bord du mur, les Ennemis prudens.

LIVRE ONZIESME. 455

L'ondoyante liqueur, dans ses blessures, entre,
Luy penetre les os, & luy ronge le ventre ;
A ce trespas horrible, on le voit succomber ;
Mais il tient, long-temps, ferme, auant que de tomber.
 Tel, quand, pleins de fureur, les Enfans de la Terre,
Aux Habitans du Ciel declarerent la guerre,
Et qu'Osse & Pelion, l'vn sur l'autre entassés,
Seruirent d'eschellons à leurs pas insensés ;
Entre mille Geans, l'immense Briarée
S'alloit faire passage à la voute azurée,
Si, par vn foudre heureux, le Ciel presque emporté,
En terre, auec ses Monts, ne l'eust precipité.
 Du valeureux François l'attaque vigoureuse,
Par tout egalement, se trouue malheureuse ;
René, Poton, Aimard, l'obstinent vainement ;
L'entreprise a, sous eux, le mesme euenement.
 Dunois mesme, Dunois, ce Heros inuincible,
Qui jamais à son cœur n'a rien veu d'impossible,
Bien qu'il fust, dans la Ville, entré victorieux,
N'en esprouua pas moins le Sort injurieux.
Vers où dans vn marais, pres du bord de la Seine,
La Bastille commande, & la Ville, & la Plaine,
Et cache de son ombre, aux premiers feux du Iour,
L'Hostel, qui des vieux Roys fut le pompeux Sejour ;
Ce Heros, à grands pas, jusqu'au fossé s'auance,
Et medite vn effort digne de sa vaillance ;
Mais il voit qu'en ce lieu le limon du marais
S'estend plus qu'en nul autre, & mesme est plus espais.

De l'œil il le mesure, &, sans craindre l'orage,
Qui de traits & de dards, sur luy, verse vn nuage,
Employant tous les bras de ses vaillans drappeaux,
De roches & de troncs y roulent des monceaux.
Par vingt Guerriers choisis, chacun suyui de trente,
Dans le ferme bourbier, vingt eschelles il plante;
Le crochet mord la cime, & le piuot pointu
Oste au braue assaillant la peur d'estre abatu.
Par vingt endroits, alors, tous s'eleuent ensemble;
Et d'abord l'habitant, sur sa muraille, tremble;
D'vn cours, & si rapide, & si determiné,
Il se sent l'ame emeüe, & le cœur estonné.
Mais, l'exces du peril affoiblissant la crainte,
Par ses grais, par ses traits, il garde son enceinte;
Et l'on luy voit long-temps son destin balancer,
Sans ceder à l'assaut, & sans le repousser.
Enfin, les assaillans forcent sa resistance,
Et font, vers eux, du Sort incliner la balance;
Des-ja quatre d'entre eux ont franchy le rempart,
Et pressent l'habitant, par leur terrible dard.

 Lyonnel qui, plus haut, combatoit auec gloire,
Voyant, là, les François proches de la victoire,
Vient à l'ayde des siens, &, boüillant de courroux,
Dans vn besoin si grand, suffit seul contre tous.
De ces quatre, d'abord, il purge la terrace;
Deux meurent à ses pieds, deux luy quittent la place,
Et, d'effroy demy-morts, roulent precipités,
Sur ceux mesmes qu'au sac ils auoient inuités.

Il va

LIVRE ONZIESME.

Il va de là, par tout, &, par tout, on le treuue;
La valeur, en son bras, fait sa derniere espreuue;
Il porte à chaque eschelle vn asseuré trespas,
Et l'on ne voit de luy, que son fer & son bras.

 Ainsi quand, sur les Monts du Baltique riuage,
De Sarmates Chasseurs vne bande sauuage
Anime ses terriers, par vn barbare son,
A forcer, dans son trou, le dormeur Herisson.
A l'importun aboy de la meute pressante,
Il resueille, en sursaut, sa vertu languissante,
Au bord du trou se monstre, &, de mobiles traits,
Sur soy, dresse, contre eux, vn bataillon espais;
A l'ombre de ses dards, sa vaillance il aiguise,
Blesse loin, blesse pres, & jamais ne s'espuise;
Ses traits, par tout volans, ne laissent rien debout,
Et seul, sans qu'on le voye, il fait teste par tout.

 Dunois qui, sur le point d'acheuer sa conqueste,
Voit qu'vn Guerrier tout seul tous ses Guerriers arreste,
Enuie à sa Vertu cet honneur eternel,
Et, si ce n'est Talbot, croit que c'est Lyonnel.
Comme digne de luy, ce danger le chatoüille;
D'vn Ennemy si noble il pretend la despoüille;
Fait redresser l'eschelle, &, le premier monté,
Reconduit au rempart le François rejetté.
Lyonnel le voyant, &, preuoyant l'orage,
Recueille, en ce peril, ce qu'il a de courage,
Et, jusqu'au bord du mur, portant ses vistes pas,
Du glorieux Dunois medite le trespas.

L'vn sur le bois pliant, vers les creneaux, s'elance,
L'autre, sur les creneaux, attend ferme en defense;
Et, le bras haut-leué, chacun cherche de l'œil,
Par où peut son Riual estre mis au cercueil.
Tous deux, d'vn mesme effort, en mesme instant se donnent,
Les armes, à tous deux, sous les armes resonnent,
Dunois voit, loin de luy, de son brillant armet,
Auec son grand pennache, emporter le sommet;
Et, des lames d'acier de sa forte cuirasse,
Lyonnel, pres de luy, voit semer la terrace.
Sans relasche pourtant, ils redoublent leurs coups,
Deschargent leurs harnois de mailles & de clous,
Entament leurs plastrons de leurs moindres atteintes,
Et retirent de sang leurs jauelines teintes.
D'vn pied seul, l'vn des deux, sur l'eschelle, tenant,
L'autre, de tout le corps, le mur abandonnant,
Ils combattent en l'air, &, dans cette posture,
De leur estrange guerre, estonnent la Nature;
Chacun, d'ardeur egale, au combat s'animant,
Chacun à triompher pensant egalement.
Mais, deuant le soldat, l'habitant hors d'haleine
Ne pouuant plus tenir, qu'auec beaucoup de peine,
S'en alloit luy ceder, pour la seconde fois,
Et forcer Lyonnel de ceder à Dunois.
Quand le sage Betford, qui, contre sa creance,
Voit ce poste attaqué, par la fleur de la France,
Y fait soudain voler deux drappeaux resolus,
Entre tous les Anglois, pour ses Gardes, eleus.

LIVRE ONZIESME. 459

L'vn d'eux, sur le rempart, les fugitifs ramasse,
Par la secrette porte, au fossé l'autre passe,
Et vient auec vn cry, non moins affreux que haut,
Fondre sur le François, attentif à l'assaut.
La trouppe de Dunois, chargée à l'improuiste,
Ou ne resiste point, ou foiblement resiste ;
De haches & d'espieux les Rebelles munis
Vont vnis au combat, & combatent vnis.
Des-ja plus d'vne eschelle, abbatuë ou tranchée,
D'hommes precipités a la terre jonchée ;
Le Prince le descouure, &, l'attaque laissant,
Pour assister les siens, de l'eschelle descend.
Du mur demy-conquis il suspend l'escalade,
Et vers luy, de douleur, tourne vne fiere œillade ;
Il n'en peut qu'à regret le faiste abandonner,
Et, mesme en le quittant, y voudroit retourner.
Pour euiter, enfin, vne entiere desfaitte,
D'enhaut, sur les vainqueurs, comme vn foudre, il se jette ;
Les efforts de son bras, & le feu de ses yeux
Rendent, comme ses coups, ses regards furieux.
A la cheute, aux eclats, de ce viuant orage,
Les valeureux Anglois perdent force & courage,
L'vn tombe, l'autre fuit, & douze des plus forts
A peine, en se serrant, soustiennent ses efforts.
Dunois victorieux les pousse de furie,
Sa redoutable main fait toute la turie ;
L'Anglois, à petit nombre, en peu de temps, reduit,
A la secrette porte, à grands coups, est conduit.

Mmm ij

Là, s'accroist la frayeur, & là, chacun, en foule,
Deuant le trait fatal, l'vn sur l'autre se roule,
Dunois heurte le Chef, & le couche estendu
Sur le seüil, vaillamment, mais en vain, defendu.
Puis, pardessus son corps, il passe dans la Ville;
Alors tombe la herse, & l'enferme entre mille;
Qui de pres, qui de loin, qui d'en haut, qui d'en bas,
Chacun egalement aspire à son trespas.
Vn nüage de traits l'enuironne & le couure;
Mais tousjours il s'auance, & le passage s'ouure,
Et, voyant tout ceder à son terrible dard,
Il repensoit à vaincre, & gaignoit le rempart;
Lors que de Lyonnel l'assistance implorée
Vint releuer l'espoir de la Ville eplorée;
Il est suyui des siens, &, sous son bras heureux,
Le Peuple intimidé redeuient genereux.
Dunois voit mille dards lancés, contre sa teste;
Il voit mille arcs, sur luy, descharger leur tempeste;
Il s'arreste par force, &, dans vn lieu pressé,
Malgré son puissant bras, demeure embarassé.
Sous mille coups sonnans, sa cuirasse estincelle,
Le sang, à gros boüillons, de ses veines ruisselle,
La vigueur desormais vient à luy defaillir,
Toutesfois il resiste, & peut mesme assaillir.

 Comme quand, où l'Afrique est la plus solitaire,
Dans le piege dressé trebuche la Panthere,
Et que de ses aguets le Numide sorty,
A le braue animal, tout autour, inuesty;

LIVRE ONZIESME. 461

De diuerses couleurs sa peau naguere peinte,
D'vne seule, de sang, aussi-tost se voit teinte,
Les Mores, contre luy, se monstrent insolens,
Mais palissent, de crainte, à ses moindres elans.

 Ainsi du grand Dunois la vaillance indontable
Se rend, dans la mort mesme, aux Anglois redoutable;
Toutesfois Lyonnel ses efforts redoublant,
De foiblesse il chancelle, &, des genoux tremblant,
Sans espoir de ressource, il va tomber par terre,
Et finir, en tombant, la moitié de la guerre;
Quand, sur le dernier point de ce combat fatal,
Marie, à son secours, part du Sejour Royal,
Et vers luy s'auançant, d'une course hastiue,
Dans l'affreuse meslée, assés à temps arriue,
Pour empescher sa cheute, & retenir le bras
Qui l'alloit abysmer, dans la nuit du trespas.

 Malgré l'oubly cruel, & l'inconstante flamme,
Dont il semble ternir la gloire de son ame,
Tout leger, tout barbare, & tout ingrat qu'il est,
Elle l'ayme tousjours, & tousjours il luy plaist.
A changer, comme luy, son exemple le porte;
Mais tout exemple est foible, où l'amour est si forte;
Rien de ce cher objet ne la peut desvnir;
Elle s'en veut distraire, & ne peut l'obtenir.

 Rigueur de mon Destin, Astre ennemy, dit-elle,
Qui fais que j'ayme vn homme, & mesme vn infidelle,
Espargne mon courage, espargne ma pudeur,
Et me laisse estouffer cette honteuse ardeur.

Mmm iij

Ne rens pas la Vertu, dans mon cœur, inutile;
Ah! c'estoit bien assés que mon cœur trop facile,
Quand ce volage Amant ne brusloit que pour moy,
Eust agreé ses vœux, & fait cas de sa foy.
Maintenant que le sien nourrit d'autres pensées,
Qu'il a publiquement ses promesses faussées,
Quel attrait, plus puissant que sa legereté,
Le rend aymable encore à mon cœur enchanté?
Ma pudeur, mon courage, & ma haute naissance,
Veulent que le mespris punisse l'inconstance,
Veulent que ma raison, s'armant d'vn beau desdain,
De tout mon souuenir, bannisse l'Inhumain.
Toy seul, aueugle Sort, Sort remply d'injustice,
Tu veux que, sous sa loy, mon cœur souffre & languisse;
Tu le luy fais aymer, contre ses propres vœux,
Et le retiens tousjours, dans ces indignes nœuds.
Il a beau demander que le Ciel l'en deliure,
Beau connoistre son bien, & tascher de le suyure;
Par l'ordre impetüeux de la Fatalité,
Il se sent, malgré soy, vers son mal emporté.
  En semblables discours, l'Amante infortunée
Accuse de son feu la dure Destinée,
Et, pour haïr Dunois, faisant vn vain effort,
Suit, mais suit à regret, le torrent de son Sort.
Ne le pouuant haïr, au moins, sage & discrette,
Elle tient, auec soin, sa passion secrette,
Et fait, par sa sagesse & sa discretion,
Qu'on la croit desormais libre de passion.

On croit que son amour par Dunois desdaignée,
Contre luy, fortement à son ame indignée,
Qu'il est de sa memoire, à jamais, effacé,
Et qu'à la Sainte Fille elle l'a tout laissé.
Ce sentiment la flatte, & sa triste fortune
Trouue quelque douceur en cette erreur commune;
Sa pudeur s'en preuaut, & fait que son malheur
Accable son esprit, d'vne moindre douleur.

 Elle se dit alors; Trop heureuse Marie,
Ioüis de la faueur de cette tromperie;
Tasche à vaincre ta flamme, ou, si tu ne le peux,
Vueille du moins couurir la honte de tes feux.
Aux regards des humains derobe ta foiblesse,
Qu'ils ignorent ta playe, & le trait qui te blesse;
Sauue au moins l'apparence, & qu'on juge à te voir
Que l'Amour a, sur toy, perdu tout son pouuoir.

 Au feu qui la deuore elle fait violence;
Mais plus il est caché, plus il a de puissance;
La contrainte l'embrase, & sa pointe aiguisant
Le luy fait ressentir, plus aspre, & plus cuysant.
Cent desseins, jour & nuit, roulent dans sa pensée,
Pour ramener Dunois à sa prison passée;
Cent moyens differens s'offrent à son esprit;
Mais tous ont leurs defauts, & pas vn ne luy rit.
Son delicat honneur de rien ne se contente;
Elle trouue à redire à quoy qui se presente,
Cent scrupules diuers la viennent agiter,
Et la peur de faillir luy fait tout rejetter.

Enfin, quand, sous ces murs, Charles vint à parestre,
Elle pria le Ciel de l'en rendre le maistre;
Et cherit leur danger, dans leur prise esperant
De tomber en partage à son cher Conquerant.

   Tandis que, pour Dunois, sa flamme la trauaille,
Et que de tous costés l'on monte à la muraille;
Voilà qu'vn cry soudain, aussi confus que grand,
Diuertit sa pensée, & son ame surprend.
Elle juge la Ville, à ce bruit, emportée,
Croit de ses defenseurs la vaillance dontée,
Et, redoutant alors ce qu'elle a desiré,
Accuse ses souhaits de l'auoir procuré.
Sous son appartement ce bruit enfin s'arreste;
Au balcon, effrayée, elle auance la teste,
Et voit, ah ! que voit-elle ? elle voit son Dunois,
Qui, dans son sang, baigné va rendre les abois.
Pressée, à cet objet, d'vne douleur mortelle;

   Que faittes-vous, cruels, ah ! cessés, leur dit-elle;
Mais sa foible clameur se perd, dans le grand bruit;
Elle s'esforce encore, & s'esforce, sans fruit.
Moins on entend sa voix, plus sa peine s'augmente;
La mort de son Perfide à ses yeux se presente;
Sa pudeur luy defend de l'aller secourir;
Son amour luy defend de le laisser mourir.
L'vn veut qu'elle demeure, & l'autre veut qu'elle aille;
Son cœur, en ce moment, est vn champ de bataille,
Où ces deux passions, arbitres de son sort,
Combattent pour resoudre, ou sa vie, ou sa mort.

Sa

LIVRE ONZIESME.

Sa scrupuleuse honte, opposée à sa flamme,
Pendant quelques momens, sert de bride à son ame,
Puis, se laisse forcer, voyant leuer le bras,
Qui portoit au Volage vn asseuré trespas.
Par le large escallier, le transport qui l'agite,
A pas desmesurés, vers luy, la precipite;
Elle sort du Palais, & d'vn rapide cours,
En ce fatal instant, luy va donner secours.
Le Prince qui la voit, au milieu de la guerre,
Et sent que, par le bras, sa belle main le serre,
La prend pour son bon Ange, en ce besoin dernier;
 Rens-toy, dit-elle, Ingrat, & sois mon prisonnier.
Puis, au fort Lyonnel, dont la valeur soufmise
Luy cede, auec respect, la gloire de sa prise;
 Il est à moy, dit-elle, & nul, auec raison,
Ne me peut disputer l'honneur de sa prison.
 Lyonnel, des yeux seuls, respond à ce langage,
Qu'il enuie à Dunois ce bien-heureux seruage;
Et luy prestant la main, dans l'exces de son mal,
Pour plaire à sa Maistresse assiste son Riual.
 Pendant qu'ainsi, par tout, la vertu malheureuse,
A l'escalade, en vain, se monstre valeureuse;
A la breche du mur, contre le fier Betford,
L'elite des soldats fait le plus grand effort.
L'œil de Charles present met le feu dans leurs ames;
La voix de la Pucelle en augmente les flammes;
Tous bruslent de combattre, & ce double aiguillon
Pousse, vers la Cité, le premier bataillon.

Sur la vaze affermie, il marche pique baſſe,
Au pied du bouleuard ſans reſiſtance paſſe,
Monte ſur la ruine, &, d'vn front egalé,
S'auance, vers le haut du rempart eboulé.
L'Anglois, de ſon ſommet, pour defenſe premiere,
Roule de mille grais la tempeſte meurtriere;
Vn grais ſuccede à l'autre, & trace le terrain;
On les veut arreſter, mais on le veut en vain.
Sous leur enorme poids les piques heriſſées,
Iuſques dans le talon, demeurent fracaſſées,
Et les rocs, malgré tout, leur chemin pourſuyuant,
Sous eux ne laiſſent rien d'entier ni de viuant.
Dans toute la longueur, de la cime à la baſe,
Le bataillon ſerré ſe diſſipe & s'ecraſe;
Ce n'eſt que froiſſemens de teſtes & de bras;
Tout, par vn meſme ſort, ſouffre vn meſme treſpas.
Sous l'effroyable cours d'vne greſle ſi dure,
L'aſſaillant eſt priué de l'humaine figure,
On ne voit que du ſang, on ne voit point de morts;
Le harnois perd la forme, auſſi bien que le corps.

  Ainſi lors que du ſein de la Terre enflammée,
Il s'eleue d'eſpics vne innombrable armée,
Et que, par vn vent frais agités mollement,
Ils ſemblent ſe darder contre le Firmament;
Si de l'air courroucé la guerriere tempeſte
Vient, en cailloux de glace, eclater ſur leur teſte,
Ils retombent hachés, en morceaux ſi menus,
Qu'on cherche, en les voyant, ce qu'ils ſont deuenus.

LIVRE ONZIESME. 467

Mais, sans emotion, la prudente Pucelle
Commande, pour l'assaut, vne trouppe nouuelle;
Ceux-cy vont moins preßés, & s'entre-separans,
Donnent passage aux grais, par le jour de leurs rangs.
Auec peu de dommage, & d'vne marche pronte,
Le nouueau bataillon à la breche remonte;
Talbot, qu'en cet endroit appelle le danger,
Fait, à l'assaut changé, la defense changer.
Auant que, sur le mur, le François se respande,
Il oppose à son cours vne nouuelle bande;
Le long bois ondoyant, deçà, delà, couché,
Par eux est, l'vn vers l'autre, à secousses lasché.
L'vn terracé d'vn coup, qu'vn bras nerueux luy tire,
Meurt sous les pieds des siens, & sans blessure expire,
L'autre percé tout outre, en rendant les abois,
Se soustient, comme vif, sur l'homicide bois.
L'Anglois, en se serrant, fait ferme à la defense,
Le François, en s'ouurant, à l'attaque s'auance;
Mais il s'auance à peine, &, ses pas eleuant,
Souffre moins de l'Anglois, que du terrain mouuant.
Apres vn grand combat, l'inutile courage
Est contraint de ceder au trop grand auantage;
Par les Anglois vnis, les François escartés
De la penible breche enfin sont rejettés.

Comme vn Mole construit au deuant d'vn riuage,
Pour seruir de barriere aux assauts de l'orage,
Fait craindre sa rüine aux pasles matelots,
Quand Neptune en courroux le bat de tous ses flots.

Nnn ij

LA PVCELLE,

Affermy toutesfois sur sa base solide,
Il souftient, sans bransler le choq du Camp liquide;
Et se moquant des flots, moins pressés que ses grais,
Les rejette en escume, escartés & desfaits.
 De tant de vains efforts la Pucelle irritée,
Voulant, par vn dernier, voir la breche emportée,
Double son bataillon, &, sans perdre vn moment,
Contre l'Anglois vainqueur, le pousse viuement.
Par son ordre, à la teste, est son genereux Frere,
Rodolfe, au Camp François rendu depuis naguere,
Et, par les coups receus aux remparts de Gergeau,
Retenu longuement, sur les bords du tombeau.
Il n'a pas recouuré sa force toute entiere;
Mais il n'a rien perdu de son ardeur guerriere;
Pour chercher les perils, le cœur porte le corps,
Et, par luy, la foiblesse est propre aux grands efforts.
Il monte, où l'Ennemy luy presente serrées
De son bois ondoyant les pointes acerées;
Contre elles, d'vn pas viste, il s'esleue tousjours,
Et ce terrible objet haste mesme son cours.
La pertuisane au poin, d'vn mouuement rapide,
On le voit s'elancer dans le fer homicide,
S'y faire ample passage, & reduire l'Anglois
A defendre sa vie, en quittant le long bois.
Le François & l'Anglois, sans qu'aucun se rebute,
Desormais, corps à corps, & bras à bras, se lutte;
Le pied presse le pied, le front presse le front,
Et le sein, sur le sein, se meurtrit, & se rompt.

LIVRE ONZIESME.

Mille cris languiſſans, mille voix douloureuſes,
S'eleuent du milieu des bandes valeureuſes,
Et, dans le puiſſant choq des Partis eſchauffés,
Cent, des moins vigoureux, demeurent eſtouffés.
On les voit tous combattre, auec pareille gloire,
Et quelque temps, ſur eux, balance la victoire;
Mais aux François, enfin, elle alloit ſe donner,
Et ſur le bouleuard leurs trauaux couronner.
Quand le braue Talbot, juſqu'alors immobile,
Remarquant le danger de la tremblante Ville,
Les ſiens des--ja plians, & les murs des-ja pris,
En cette extremité, recueille ſes eſprits.
Il fond, parmy les rangs, il les ouure, il les perce,
Et tout le bataillon, deçà, delà, diſperſe;
Son bras tonne, & foudroye, &, par ſon fer brillant,
Moiſſonne, ſans pitié, la fleur de l'aſſaillant.
On le recharge en vain, & ſon ſort fauorable
A mille dards volans le rend inuulnerable;
L'Anglois eſpouuenté, par ſes faits, reprend cœur,
Et le cœur, par ſes faits, manque au François vainqueur.
Par eux, en vn moment, la Fortune ſe change;
L'aſſaillant renuerſé retombe dans la fange,
Et, dans la fange encor, de traits perſecuté
Se voit, de plus d'vn coup, rauir à la clarté.
Le puiſſant la Baſtide, en cette vaze impure,
De ſa rare valeur trouue la ſepulture;
Le robuſte Guichard, & l'adroit Valentin,
Malgré tous leurs exploits, y bornent leur deſtin.

Nnn iij

Là, perdent la lumiere, entre mille autres braues,
Oppede, Montaſtruc, Attagnan & Sarcaues;
Entre cent braues Chefs, Pardillac & Belfort,
Sur leurs morts Officiers, finiſſent, là, leur ſort.
Rodolfe, bien qu'armé d'un courage ſupreme,
Par ce torrent funeſte, eſt emporté luy-meſme;
C'eſt en vain qu'il s'oppoſe à ſon flot courroucé,
Il roule, du rempart, au plus bas du foſſé.
Ce deſaſtre nouueau, d'vne peine mortelle,
Vient encore ſerrer le cœur de la Pucelle;
Son viſage paſlit, & ſes yeux eclatans,
D'vn nüage ſoudain, ſe couurent quelque temps.

 Aux Guerriers expirés le treſpas elle enuie,
Et voudroit, pour leur vie, auoir donné ſa vie;
L'exces de ſa douleur l'empeſche de parler;
Mais lors que, par la voix, elle peut l'exhaler;

 C'eſt moy, dit-elle, ô Cieux! c'eſt ma laſche imprudence,
Qui ſeule a fait couſter tant de ſang à la France;
Et le crüel Anglois, pour perdre mes ſoldats,
N'a fait que me preſter ſon eſpée, & ſon bras.
Pourquoy, dans cet aſſaut, n'aller pas la premiere
Planter, ſur le rempart, la Royale banniere?
Ah! je m'aquitte mal de mon celeſte enuoy;
Ie dois payer pour eux, & non pas eux pour moy.

 La Guerriere, en parlant, à l'attaque s'engage,
Plus puiſſante de corps, plus ferme de courage;
Le François craint pour elle, & triſtement la ſuit;
L'Anglois tremble à ſa veüe, & ſe juge deſtruit.

LIVRE ONZIESME.

Elle marche à grands pas, & ses saintes furies
S'enflamment à l'aspect de ses trouppes meurtries;
Ses soldats, sa vengeance, à ses ardens regards
S'offrent de tous costés, volent de toutes parts.
Elle monte, & l'Anglois, sur elle, auecque rage,
De traits, de grais, de dards, verse un espais nüage;
Son escu les reçoit, resiste à tous leurs coups,
Soustient toute la guerre, & fournit seul à tous.
Sans rallentir ses pas, ni tesmoigner de trouble,
Bien que l'orage affreux, sur elle, se redouble,
Au mur elle s'eleue, &, de son iauelot,
Entre tous les Anglois, choisit le seul Talbot.
Luy, qui la voit venir, sa puissance ramasse,
A la teste des siens, plein d'asseurance, passe,
Hausse sa iaueline, auance son pauois,
Et, sous luy, se derobe au iauelot François.
De loin, contre son chef, la vaillante Guerriere
Lance son iauelot, & tire la premiere;
Il vole, en bruissant, &, d'un effort aisé,
Va fendre le pauois, à son vol opposé.
De la main de Talbot, la rondache emportée,
En deux egales parts, est en terre jettée,
Et le dard fort encor, de son coup mal-content,
Sur le proche gazon, s'enfonce, en tremblotant.
Talbot, voyant le dard suyui de la Pucelle,
Sans attendre son choq, marche trois pas, vers elle,
Et, de son puissant bras redoublant la vigueur,
Pousse sa iaueline, & tire droit au cœur.

LA PVCELLE,

Le fer, de haut en bas, glisse sur la cuirasse,
D'vne ligne de feu, legerement la trace,
Atteint la cuisse à plomb, l'ouure de part en part,
Et, d'vn ruisseau de sang, arrose le rempart.
Vn moment, toutesfois, la Sainte ne s'arreste;
Ferme, à la soustenir, son Ennemy s'appreste,
Prend le saint jauelot, non loin de la tombé,
Et, pour le lancer mieux, sur elle, est tout courbé.
D'vn violent effort, son fer propre il luy darde,
Et la main criminelle à sa gorge regarde;
L'Ange, qui la protege, en destourne l'effet;
Le coup fuit vers la plaine, & demeure imparfait.
Talbot, qui voit la Sainte à sa foudre eschapée,
Donne, de l'estomach, dans sa brillante espée;
Le corselet espais n'en peut estre enfoncé;
Il l'embrasse au temps mesme, & d'elle est embrassé.
Chacun aspire à vaincre, &, d'vne voix altiere;
 Rens-toy, dit le Guerrier, rens-toy, dit la Guerriere;
Ils monstrent, en parlant, l'addresse de leurs corps,
Et, pour s'entrebransler, font mille grands efforts.
Dans la lutte mortelle, il n'est force ni ruse,
Dont, à son auantage, & l'vn, & l'autre n'vse;
Mais tousjours vainement; nul n'en est terracé;
Le sort des deux Estats se voit, là, balancé.
Cependant, par la rude & vigoureuse estrainte,
Le sang, à gros bouïllons, sort du coup de la Sainte;
Sa force deuient foible, & son feu rallenty
La fait resoudre à prendre vn dangereux party.

Au

LIVRE ONZIESME. 473

Au bord de la terrace, elle conduit la lutte,
Et fait faire à Talbot vne effroyable cheute;
Eſtroittement liés de jambes & de bras,
Du plus haut de la breche, ils tombent au plus bas.
L'ame du grand Talbot, d'vn tel ſaut eſt ſurpriſe;
Sur des monceaux de grais, en tombant, il ſe briſe;
La Guerriere aiſément ſe desfait de ſes nœuds,
Et luy preſſe le front, de ſon fer lumineux.

   Ainſi ſouuent l'Autour, dans la volante chaſſe,
Entreprend le Heron, ſur les Monts de la Thrace,
Et tous deux à l'enuy, plus pronts que des eclairs,
Montent à tire d'aile, & pointent dans les airs.
Le Heron a le bec, & l'Autour a la ſerre;
L'Autour prend le deſſus, fond ſur l'autre & s'enferre;
Et bien que du long bec il ait le flanc percé,
Il luy tient le long col de la ſerre preſſé,
Long-temps, en cet eſtat, ils luttent dans la nuë;
Mais, enfin, à l'Autour la vigueur diminuë,
Il pouſſe en bas ſa proye, &, la tenant deſſous,
Luy va froiſſer le dos, ſur vn mont de cailloux.

   Talbot, par la douleur, eſt contraint de ſe rendre;
Rien, dit-elle, à ce coup ne t'en ſçauroit defendre;
Lyonnel icy manque, icy manque la nuit;
Dans ta vieille priſon, ton ſort t'a reconduit.
Sauue-t'en, ſi tu peux. Aux ſiens elle le baille,
Et reprend le chemin de la haute muraille;
Mais ſon ſang qui jalit, & qui coule touſjours,
La retient, & t'oblige à reprimer ſon cours.

O o o

LA PVCELLE,

Vers le fleuue prochain, seule elle se retire,
Desceint sa longue escharpe, en bandes la deschire,
Descouure sa blessure, &, d'vn cœur plus qu'humain,
En arrache le fer, auec sa propre main.
En suitte au flot courant les bords elle en nettoye,
Et, pour tout appareil, l'enferme dans la soye;
Les bandes, à l'entour, font cent diuers replis,
Et conseruent la vie aux vaisseaux desemplis.
Aussi-tost, à genoux, le Seigneur elle adore,
Dans ce pressant besoin, son assistance implore,
Et voit, à l'instant mesme, en globes radieux,
Descendre à son secours la Milice des Cieux.
Auec les Legions du grand Dieu des batailles,
En haste, elle retourne aux tremblantes murailles;
Son fer brille en sa main, d'vne affreuse clarté,
Et le tonnerre ardent n'est pas si redouté.
Betford, non sans effroy, sur la breche sanglante,
Auec tous ses Guerriers, contre elle, se presente,
Et de tout son esprit, & de tout son pouuoir,
Tasche de les resoudre à la bien receuoir.
D'autres grais plus pesans, il munit la terrace,
De troncs d'arbres couchés le haut en embarasse,
Recharge les canons, &, de tout preparé,
Contre elle, toutesfois, se tient mal asseuré.
Les François, à l'aspect de la courtine horrible,
En estiment l'abord desormais impossible,
Iugent temerité de plus tenter l'assaut,
Fremissent, pour la Sainte, & l'en blasment tout haut.

LIVRE ONZIESME.

Mais, l'iray, leur dit-elle, & je prendray la Ville;
Le Tres-haut, qui le veut, me le rendra facile;
Sans vous, j'ay, pour soldats au combat animés,
Du Monarque des Roys les escadrons armés.

Aux plus sombres replis des magnanimes ames,
Parmy ce que le Ciel y respand de ses flammes,
Le corps formé de glace, & l'esprit de splendeur,
Aux regards des humains se cache la Pudeur.
Vn large voile blanc la couure toute entiere;
Elle baisse la veüe, elle craint la lumiere,
Et, quand elle est forcée à la voir quelquesfois,
Sa demarche est tremblante, & tremblante sa voix.
Il n'est point de Vertu qui soit pure sans elle;
Mais l'Honneur l'a, sur tout, pour compagne eternelle;
C'est elle qui le garde, &, d'vn ton vigoureux,
Le resueille, & l'excite aux actes genereux.

La Sainte ayant parlé, le François, en son ame,
Sent la froide Pudeur s'eleuer toute en flamme,
Et l'Honneur endormy, par elle, en ce moment,
Dans le sein de chacun, sort d'assoupissement.
Honteux de leur foiblesse, Amador, la Palisse,
Pour seconder la Sainte, entrent dans cette lice;
Valpergue, Chasteaubrun, Villandrade & Puyseux,
Pour le faire à-l'enuy, s'y jettent apres eux.
Ils sont suyuis d'Aymard, de Paumy, de Canede,
Et d'vn front estendu volent tous à son ayde;
Des bataillons troublés les plus braues soldats
La soustiennent, comme eux, & marchent sur leurs pas.

Elle, *loin deuant tous*, *d'vn cœur inebranſlable*,
Remeſure, *à grands pas*, *la breche eſpouuentable*,
Et, *d'vn pied glorieux foulant l'aſpre terrain*,
Fait paſlir les Anglois, *de la peur de ſa main*.
Betford, *par tout alors*, *fait joüer ſes machines*,
De cent Palais, *ſur elle*, *il pouſſe les rüines*,
Et verſe ſur ſa teſte, *auec l'huile & les grais*,
Vne foreſt de dards, *vn deluge de traits*.
Mais, *le ſecours des Cieux*, *preuenant leur atteinte*,
D'vn mur de diamant, *enuironne la Sainte*;
Les feux, *les dards*, *les rocs*, *ſur ſa teſte*, *lancés*,
Tombent, *deçà*, *delà*, *rompus*, *ou repouſſés*.
Elle gaigne la cime, *& d'vne force immenſe*,
Eleuée au deſſus de l'humaine puiſſance,
Heurte les rangs Anglois, *& d'abord s'y fait jour*;
Où ſe portent ſes pas, *tout s'eſcarte à-l'entour*.
Dans vn cercle d'eſpieux l'Ennemy la renferme;
Mais rien, *contre ſes coups*, *ne ſçauroit tenir ferme*;
Le cercle ſe diſſipe, *ouuert de toutes parts*;
Tous, *deuant ſon bras ſeul*, *laiſſent tomber leurs dards*.

 Tel parut autresfois le grand Camp d'Aſſyrie,
Quand d'vn fer ondoyant, *affamé de turie*,
Contre ſes eſcadrons, *l'Ange Exterminateur*
Fut de l'ire du Ciel l'horrible Executeur.

 D'armes & de ſoldats la terrace ſe jonche;
L'vn trebuche ſous l'autre, *& l'vn ſur l'autre bronche*;
Tout s'enfuit, *& Betford*, *pour retenir leurs pas*,
Luy-meſme employe, *en vain*, *& la voix*, *& le bras*.

Pres d'eux, contre la Sainte, il voit tout inutile;
Pour vn coup qu'elle donne, ils en reſſentent mille;
La Milice du Ciel fait l'effort principal,
Et, dans tous leurs eſprits, jette vn trouble fatal.
Elle, qui le connoiſt, de leur crainte profite,
Et, du haut du rempart, en bas les precipite;
Betford, dans ce deſordre, à perir obſtiné,
Eſt par eux, malgré luy, dans la Ville entraiſné.
Chacun, qui çà, qui là, cherche à couurir ſa teſte,
Des eclats foudroyans d'vne telle tempeſte;
La Fille monte, enfin, ſur des piles de corps,
Ne voit plus d'ennemis, & ne voit que des morts.

 Comme quand le Soleil, reſpandant ſa lumiere
Du plus ſublime point de ſa vaſte carriere,
Voit les ſombres vapeurs, afin de l'obſcurcir,
En tourbillons guerriers, ſur ſon front, s'eſpaiſſir;
La Terre s'eſpouuente, & la Race mortelle
Craint, pour l'Aſtre du Iour, vne nuit eternelle;
Tant que, de tout ſon feu, les ombres aſſaillant,
Enfin, il en triomphe, & roule plus brillant.

 Ainſi, plus que jamais la Pucelle eclatante
De tous, par ſa valeur, ayant trompé l'attente,
Et de l'Anglois tonnant le nüage eſcarté,
Regne ſur le ſommet du bouleuart donté.

 Les Cieux, dit-elle alors, ont gaigné la victoire;
Auancés, Compagnons; prenés part à leur gloire;
Voyés le fier Tyran, par leur foudre, deſtruit,
Et de leur Oeuure ſaint venés cueillir le fruit.

Elle leur parle ainſi, d'vne voix plus qu'humaine;
Le Camp voit le miracle, &, ne le croit qu'à peine;
Il ſent ſon cœur rauy d'aiſe & d'eſtonnement,
Et, ſur le mur conquis, monte rapidement.
Dans ce moment fatal, l'importune trompette,
D'vn effroyable ton, ſonne pour la retraitte;
Le François, d'vn tel ordre, à telle heure, ſurpris,
De courroux, & de peur, ſent troubler ſes eſprits.
La trompette redouble, & les bandes rappelle;
Ce ſon renouuellé leur trouble renouuelle,
Et, ce qui de tout point offuſque leur raiſon,
L'air retentit par tout, Trahiſon, Trahiſon.
A ce funeſte cry, tout ſe glace, & s'arreſte.

Mais quel vent dans le port emut cette tempeſte?
Quelle, ou rigueur des Cieux, ou ruſe des Enfers,
Fit retomber Paris, dans ſes antiques fers?

FIN
DE L'ONZIESME LIVRE.

LA PVCELLE
OV
LA FRANCE DELIVREE

LIVRE DOVZIESME.

ORS que *Charles, armé de la nouuelle*
  Foudre,
Mit du vaste Paris les terraces en pou-
  dre,
Et, par tant de hauts faits, & d'actes
  plus qu'humains,
Fut prest à le tirer des Estrangeres mains;
Le Prince tenebreux, qu'vne telle puissance
Du sort de ses Anglois mettoit en desfiance,
Caché dans le milieu d'vn tourbillon obscur,
Prit luy-mesme, par tout, la defense du mur.

LA PVCELLE,

A l'assaut general de la tremblante Ville,
Il rendit, en tous lieux, l'escalade inutile,
Et, lors que la Guerriere à la breche monta,
Plus que le fier Talbot il la luy disputa.
De toute sa fureur, & de toute sa rage,
Aydant & protegeant vn si braue courage,
Sur son large pauois, il consomma l'effort,
Du jauelot fatal qui luy portoit la mort.
Bref, dans le ferme espoir que la vaillante Sainte
Mourroit de son dard propre, à la seconde atteinte,
Il en guidoit le vol à son but destiné,
Si l'Angelique bras ne l'eust point destourné.
Mais voyant que le coup, d'vne fuitte soudaine,
Loin d'elle, par les airs, se va perdre en la plaine,
Renonçant à la force, & recourant à l'art,
Il fait, contre Amaury, voler le bruyant dard.
Vers son flanc il le dresse, &, brisant sa cuirasse,
Le perce d'outre en outre, & l'estend sur la place,
Puis en soldat se change, & va, du mesme pas,
Annoncer à Gillon ce malheureux trespas.

   Ton Fils n'est plus, dit-il, & la brillante vie,
Par la Sorciere, enfin, luy vient d'estre rauie;
Le Camp, tesmoin du crime, en a fremy d'horreur.
   Et finissant ces mots luy souffle sa fureur.
D'vn si funeste auis son ame est accablée,
Ses sens sont confondus, sa raison est troublée;
De douleur il s'enflamme, &, voulant eclater,
Au creux de ses poumons sent sa voix arrester.

LIVRE DOVZIESME.

Ses pieds, voulant courir, demeurent immobiles;
Ses yeux, voulant pleurer, sont de larmes steriles;
Son front d'vn marbre blanc a la froide pasleur,
Et, dans son cœur saisi, se glace la chaleur.
Apres vn long silence, il voit qu'on luy rapporte
Son Fils, non plus son Fils, mais sa despouille morte;
Voit le dard de la Sainte enfoncé dans son flanc,
Et voit de sa blessure encor jalir le sang.
La Nature opprimée, à cet affreux spectacle,
D'vn violent effort, surmonte tout obstacle,
Et son mal outrageux, par la contrainte, aigry,
Luy fait pousser, alors, vn effroyable cry.

 Ainsi quand le Vesuue, en ses veines souffreuses,
A conceu, par le vent, des flammes tenebreuses,
Et que de tout son mont l'accablante espaisseur
L'empesche d'exhaler leur fumeuse noirceur;
S'il se joint à ses feux vne flamme nouuelle,
Malgré l'enorme poids, son sommet estincelle,
Et, par ses rocs creués, d'vn eclat vehement,
Enfin, donne passage à son embrasement.

 Gillon baigne de pleurs son visage farouche;
Sur le corps de son Fils il s'elance, & s'abouche;
Müet il le contemple, &, des bras le pressant,
Laisse dire à ses pleurs la douleur qu'il ressent.
Sur l'vn de ses genoux, enfin, il se redresse,
Et ces mots douloureux au pasle corps addresse.

 Que vois-je, miserable, est-ce toy, mon Enfant?
Ainsi, pres de ton Roy, te vois-je triomphant?

Ah ! Fils, dont la valeur à ton Pere inhumaine
Condanne sa vieillesse à cette horrible peine ;
Si par moy tu vescus, si ton sang fut le mien,
Comment as-tu, sans moy, disposé de mon bien ?
Ta rage à mon bonheur a trop porté d'enuie,
Rens moy mon sang, cruel, cruel, rens moy ma vie ;
Mais, je nomme cruel celuy qui ne l'est pas ;
Ie le suis, non pas toy ; j'ay causé ton trespas.
Ie sçauois le venin dont la Fille estoit pleine ;
Ie sçauois de quels maux te menaçoit sa haine ;
Ie sçauois à quel point ton courage irrité
Deuoit, contre toy-mesme, ayder sa cruauté.
Ie deuois te garder de ta propre vaillance ;
Ton trespas est vn mal qu'a fait ma negligence ;
La Nature & les Cieux t'auoient mis sous ma loy,
Et tu viurois encor, si j'eusse eu soin de toy.
J'ay donné lieu tout seul au Monstre sanguinaire,
De faire, contre toy, ce qu'il a voulu faire ;
Amaury, je t'auoüe, & ma coupable erreur
Me donne de moy-mesme vne trop juste horreur.
Ma mort, dans vn instant, effacera mon crime ;
La lumiere desplaist à l'esprit qui m'anime ;
Il brusle de desir de se rejoindre à toy ;
Il s'en va me quitter ; attens le, & le reçoy.

 Charles, à qui la dure & sensible nouuelle
Venoit d'ouurir le sein, d'vne pointe mortelle,
Sur ce moment arriue, & Gillon l'auisant ;
 Ta Sainte, luy dit-il, te fait ce beau present.

LIVRE DOVZIESME.

C'est icy l'Ennemy qu'a donté sa puissance,
Au lieu du fier Tyran, qui t'vsurpe la France;
De la traistresse main l'ineuitable dard,
Là, comme tu le vois, percé de part en part.
Mais, au moins de son zele, au moins de son courage,
Vn si sanglant trespas est vn clair tesmoignage;
Non, il n'estoit point lasche, & ce sein mi-party
Donne à la calomnie vn trop vray dementy.
Des drappeaux assaillans il est mort à la teste;
Il est mort, des remparts ayant fait la conqueste;
Il est mort, par deuant, & mort victorieux;
Auroit-il pû, grand Roy, mourir plus glorieux?
Mais, sa mort est ensemble illustre & detestable,
De la haine des tiens c'est l'effet execrable;
Ce que n'a pû l'Anglois, par sa valeur, rompu,
Helas! par trahison, la Sorciere l'a pû.
Elle en veut à ta vie, & sa main criminelle
A commencé ton meurtre, en perçant ton Fidelle;
Elle va l'acheuer, espuisant de ton flanc
Tout ce qui s'y contient de magnanime sang.
Charles, le Ciel est juste, & punit qui l'offense;
Qui neglige sa grace esprouue sa vengeance;
Il t'auoit descouuert l'abysme, où tu tombois;
Ton sens opiniastre a mesprisé sa voix.
Quelque mal qu'aujourd'huy son courroux te suscite,
Crois-le tousjours moins grand que n'est ton demerite;
Et, parmy les rigueurs du plus aspre tourment,
Souffre, &, sans murmurer, croy souffrir justement.

D'vne Sorciere, ô Dieu, tu t'es fait vne Idole,
Tu t'es fait vne loy de sa vaine parole;
Ta guerre est son ouurage, & ses magiques faits
T'ont rendu, pour ta perte, ennemy de la Paix.
De ton aueuglement tu vois quelle est la suitte;
Tu vois où la Traistresse a ta gloire conduitte;
Ie la voy, contre toy, venir le bras leué,
Et, par elle, du jour tu vas estre priué.
Grand Roy, fay, si tu peux, mentir ma prophetie;
Quant à moy, dont ce fer a la trame accourcie,
De mon Fils genereux je suy les nobles pas,
Et le vais auertir de ton proche trespas.
 Il acheue ces mots, à voix entrecoupée,
Des ombres de la Mort la paupiere occupée;
La force l'abandonne, & son crüel ennuy
Le fait, sur son Fils mort, tomber mort, comme luy.
A ce tragique objet, à cette amere plainte,
Charles, d'vn trait fatal, sentit son ame atteinte;
D'horreur, en tout son corps, tout son sang se glaça,
Et son poil, sur son front, d'horreur se herissa.
Au trouble, où l'a jetté ce discours lamentable,
Il croit de ce trespas la Pucelle coupable,
Et le dard, qu'Amaury dans le flanc a receu,
Rend la chose apparente à son esprit deceu.
Puis, la premiere erreur attirant la derniere,
Il peut de trahison soupçonner la Guerriere;
Il peut s'imaginer que, pour suyure Betford,
Elle a quitté son Prince, & conspiré sa mort.

LIVRE DOVZIESME. 487

Le Demon l'aueuglant, par sa funeste haleine,
Il conçoit, pour la Fille, vne subite haine,
Redoute sa fureur, &, pour la destourner,
Fait, par tout, aussi-tost, la retraitte sonner.
Par son ordre, en cent lieux, cent trompettes bruyantes
Rappellent des remparts les trouppes combatantes;
A leur son tout s'arreste, & le son redoublé,
D'vn juste estonnement, laisse le Camp troublé.
De surprise & d'effroy, les trouppes sont müettes;
Vne voix de tonnerre, alors, suit les trompettes;
 Trahison, dit la voix, & ce terrible son
A tous serre le cœur, & le change en glaçon.
L'espouuentable cry, coup sur coup, se redouble;
L'air, jusqu'au Firmament, s'en emeut & s'en trouble;
Les Chefs & les Soldats des deux Partis diuers,
D'vne frayeur commune, en tombent à l'enuers.
 Satan, qui suit tousjours sa pointe criminelle,
Voulant des bouleuards retirer la Pucelle,
Poussa l'horrible cry, de ses ardens poumons,
Et, par luy, fit trembler les plaines & les monts.
Des Temples sourcilleux les tours en chancellerent,
De la vieille Cité les murs s'en ebranslerent,
Vers sa source, à grands flots, la Seine en rebroussa,
Et le Tertre voysin sa cime en abbaissa.
 Par cet ordre estonnant, la Guerriere interditte
Du haut de la terrace en bas se precipite,
Renonce à la victoire, &, sans songer à soy,
Va, le fer à la main, au secours de son Roy.

Soldats, Amis, dit-elle, *où donques est le Traistre?*
Qui de vous le connoist? qui me le fait connestre?
Charles vit-il encore? Et ces mots finissant
Elle le voit, vers elle, à grands pas, s'auançant.
Elle l'entend qui crie; *A moy, lasche, traistresse,*
Viens terminer ton sort, sous ma main vengeresse;
Par ce tranchant acier, bien que trop noblement,
Viens de tes trahisons souffrir le chastiment.

A ces mots outrageux, le bras tombe à la Sainte;
Vne pasleur de mort, sur son visage, est peinte;
Sa raison s'eblouït, & son cœur abatu
Cherche, en luy, vainement, son antique vertu.

Tel demeure celuy, qu'vne foudre soudaine,
En tombant, a frisé du vent de son haleine;
De mouuement priué, priué de sentiment,
Et d'vne demy-vie animé seulement.

Charles, qui voit la Sainte abbaisser son espée,
Bien que d'vn noir ombrage il ait l'ame occupée,
Sent son bras valeureux, par sa gloire, forcé,
A retenir le coup, par sa fureur, poussé.
Il luy dit, toutesfois; *Va-t'en, Monstre funeste,*
Va, chés les Ennemis, faire de la celeste;
Va les perdre à leur tour, & remplir l'Vniuers
Des effets malheureux de tes crimes diuers.
Assés a parmy nous regné ton insolence,
Assés ton artifice, assés ta violence;
Va-t'en, & de ma main n'attens point le trespas;
Tu merites cent morts, mais tu ne mourras pas.

LIVRE DOVZIESME. 489

Ma colere, en ton sang, ne peut estre assouuie,
Pour ta punition, je te laisse la vie;
Tu souffriras le jour, &, sans voir le tombeau,
Tu seras à toy-mesme vn eternel bourreau.
Va, deliure mon Camp de ta peste fatale;
Cesse de l'abuser par ta ruse infernale;
Ne couure plus tes forts, du sacré nom des Cieux,
Et, de ton traistre aspect, ne soüille plus nos yeux.
 Des auant que le Prince eust finy ce langage,
On vit l'air espaissy former vn gros nüage,
Dont le sein tenebreux ne renferme, au dedans,
Que flamboyans eclairs, & que foudres ardens.
Et des-ja du tonnerre on entend le murmure;
Des-ja cent feux brillans percent la nüe obscure;
Et chacun, du Tres-haut obseruant la fureur,
Au Monarque l'impute, & blasme son erreur.
La Sainte se resueille, & voit Dieu qui s'appreste
A lancer son grand dard sur la Royale teste;
A cette horrible veüe, elle tremble & fremit,
Et du fond de son cœur, pour le Prince, gemit.
Pour luy, forçant soudain la douleur qui l'oppresse,
Au Seigneur des Seigneurs ce discours elle addresse;
 Clemence inepuisable, Ocean de bonté,
Doux Iuge, qui connois l'humaine infirmité,
Qui preuiens le Pecheur par ta grace excessiue,
Et qui veux, non sa mort, mais qu'il change, & qu'il viue;
Pardonne au jeune Roy le mal qu'il a commis,
Et garde ton courroux, pour tes seuls Ennemis.

Qqq

Il a failly, grand Dieu, mais sa faute est legere;
Il n'a fait que bannir vne simple Bergere,
Et son transport aueugle, eclatant contre moy,
N'a pas creu que le coup en rejalist sur toy.
Ne fais point auorter le fruit de ta victoire;
Si ce n'est pas pour luy, que ce soit pour ta gloire;
I'ay promis de ma guerre vn bon euenement;
Ie l'ay fait en ton Nom, & par ton mandement.
Ne donne point matiere aux Peuples de la France,
De croire tes arrests sujets à l'inconstance,
Et ne la donne point aux orgueilleux Anglois,
De te croire impuissant à maintenir tes loix.

 La Sainte, de souspirs, anime ce langage,
Et d'vn ruisseau de pleurs arrose son visage;
Mais le Ciel tousjours gronde, &, par les vastes airs,
Tousjours, de plus en plus, fait voler ses eclairs.

 Ainsi quand, sous le coup d'vne rouge tempeste,
Quelque Royal Palais sent allumer son faiste,
Et que le feu rongeant, de toutes parts semé,
En fait voir l'edifice à-demy consumé;
L'eau, que, pour amortir la flamme qui l'embrase,
Cent secourables mains versent de plus d'vn vase,
Souuent, loin d'affoiblir sa deuorante ardeur,
Du grand embrasement redouble la grandeur.

 La Fille continüe; Ah! ta colere ardente,
Plus je croy l'adoucir, plus se rend vehemente;
Ton puissant bras se leue, &, deuenu moins doux,
S'en va, sur le Monarque, appesantir ses coups.

LIVRE DOVZIESME. 491

A ton ire, ô Seigneur, pour vengeance, suffise
Que nous ayons perdu la muraille conquise,
Et que, par nostre erreur, ou par nostre forfait,
Ton Miracle acheué demeure sans effet.
Ne fay point ressentir au chef du grand Coupable,
De ton foudre allumé la pointe ineuitable;
Songe que ton honneur à son salut est joint,
Et qu'enfin cette Teste est celle de ton Oint.
 Sur l'endroit le plus haut de la voute azurée,
Brille, entre mille feux, vne Nüe eclairée,
Affreux Lit de Iustice, où, ranimant les Corps,
Dieu s'en viendra juger les viuans & les Morts.
C'est là mesme qu'il sied, quand d'insignes offenses,
Sur les cœurs endurcis, attirent ses vengeances;
Et de là mesme encor, qu'il lance, auec horreur,
Les formidables traits de sa juste fureur.
 Au son injurieux de la voix criminelle,
Qui fit l'indigne outrage à la Sainte Pucelle,
Embrasé de courroux, sur la Nüe, il monta,
Et son foudre enflammé vers le Prince jetta;
Mais Elle, au coup mortel opposant sa requeste,
Au milieu de la cheute arresta la tempeste;
Et, le courroux diuin par son zele forcé,
Rappella dans les Cieux le tonnerre lancé.
 Soit, dit le Tout-puissant, je t'accorde qu'il viue,
Mais puis que de ton bras de-luy-mesme il se priue,
Qu'auec honte & mespris il t'esloigne de soy,
Que de trahison mesme il accuse ta foy;

Pour chaſtier l'Ingrat, & je veux, & j'ordonne
Qu'à ſon ſens reprouué ta vertu l'abandonne,
Que l'Enfer, contre luy, puiſſe tout, fors la mort;
Que, pour ſe releuer, il face vn vain effort;
Que, malgré l'apparence, à la Fraude ſecrette
Il eſprouue touſjours ſa fortune ſujette,
Et que plus il croira donter ſes Ennemis,
Plus il ſoit preſt de viure à leurs ordres ſouſmis.

 Par la bouche des Vents, & la voix du Tonnerre,
Dans ſa ſainte fureur, Dieu s'explique à la Terre;
Le Camp, contre ſon Roy, le connoiſt irrité;
Mais la ſeule Pucelle entend ſa volonté.
Les Cieux, qui dans leur cours, comme elle, l'entendirent,
A ſon ordre immuable, en tremblant, applaudirent;
Le Deſtin recueillit le Decret ſouuerain,
Et ſoudain le graua, ſur l'eternel airain.

 La Fille, ſans remede, à partir obligée,
En triſteſſe profonde amerement plongée,
Les yeux enflés de pleurs, & le cœur de ſanglots,
Part, au temps que le jour s'eſteignoit dans les flots.
Rodolfe degagé du milieu de la fange,
Seul, tout bleſſé qu'il eſt, aupres d'elle ſe range;
Et, l'eſprit combatu de mille maux preſſans,
Sur ſes pas deſolés, marche à pas languiſſans.

 Mais le Camp des François, qui n'agit que par elle,
Et qui, pour ſa valeur, bruſle d'vn noble zele,
Ne la vit pas pluſtoſt, par le Prince, chaſſer,
Qu'au milieu de ſa flamme il ſe ſentit glacer;

LIVRE DOVZIESME. 493

Puis, pesant à loysir la grandeur de l'injure,
Contre luy, de courroux, il s'enflamme & murmure;
Et dit, que cet outrage, ayant perdu Paris,
De leurs fameux exploits leur derobe le prix.
Oyant gronder aux Cieux la foudre espouuentable,
Il la croit voir tomber, sur le chef du Coupable,
Et, bien qu'il n'ait au crime en rien participé,
Dans sa punition, craint d'estre enueloppé.
La tenebreuse Nuit, qui l'Vniuers embrasse,
Des sentimens mutins fauorise l'audace,
Et, d'vn trouble si grand, le Demon satisfait,
Pour l'Anglois, jusqu'au bout, en veut pousser l'effet.
Il se mesle aux soldats, &, d'vn aspre langage,
A secoüer le joug excite leur courage,
Et, pour mieux reüssir, du fier Arragonnois
Il prend la ressemblance, & contrefait la voix.
  Qu'attendons-nous, dit-il, au danger où nous sommes,
François, non pas François, mais les moindres des hommes?
Qu'attendons-nous encor? que le Bras tout-puissant
Auec le criminel ecrase l'innocent?
Sur nous, comme sur luy, va tomber sa tempeste;
Mais, deust-elle en tombant, espargner nostre teste,
Pourrions-nous consentir à suyure l'inhumain,
Qui vient de nous priuer de l'heroique main?
De cette main celeste, à qui la triste France
Alloit ce mesme jour deuoir sa deliurance,
Et qui, par la vertu, nous menant à l'honneur,
Couronnoit nos exploits du supreme bonheur.

Pourrions-nous bien songer à seruir le barbare,
Qui pareil traittement à chacun nous prepare,
Qui ne voit rien d'aymable, à l'egal des flateurs,
Et qui n'est ennemy que de ses bienfacteurs?
Pour peu que desormais on tarde à se resoudre,
Les Cieux, aueque luy, nous reduiront en poudre,
Fuyons, fuyons, Soldats, & destournons de nous
L'ingratitude humaine, & le diuin courroux.

Parmy ces mots ardens, qu'en cent lieux il redouble,
Il leur souffle l'esprit de reuolte & de trouble,
Deçà, delà s'elance, &, courant deuant eux,
Par force, apres ses pas, traisne leurs pas douteux.
Mais, plus que le Demon, la Guerriere bannie,
Auec tant d'injustice, & tant d'ignominie,
Les trouble, les reuolte, & contraint leurs esprits
D'abandonner le Prince, auec rage & mespris.
Chacun part, & partant, contre luy, s'entr'anime;
La Nuit, tousjours plus noire, ayde à couurir leur crime,
Et, pour les ramener au chemin du deuoir,
Leurs Chefs joignent, en vain, l'artifice au pouuoir.
Villandrade, Archambauld, Rieux, Coulouces, Vignoles,
En vain, à les flatter, consomment leurs paroles,
En vain, pour les forcer, ont les armes au poin;
Leur rage est plus puissante, & les emporte au loin.

Ainsi quand le Pilote est frappé du tonnerre,
Si le vaisseau qui roule, &, par les vagues erre,
Monstrant aux Aquilons, ou la pouppe, ou le flanc,
Heurte de tout son poids, sur la creste d'vn banc;

LIVRE DOVZIESME. 495

Du choq impetüeux la haute maſſe tremble,
Et de ſon vaſte corps les membres deſaſſemble;
Les matelots, en vain, eſpars de tous coſtés,
Taſchent d'en retenir les morceaux eclatés;
L'impitoyable vent, joint à l'onde barbare,
Malgré tous leurs efforts, par force les ſepare,
Et, ſur les flots chenus, en differens climats,
Par l'immenſe Ocean, diſperſe ſes eclats.
 Charles, bien que ſon Camp au beſoin l'abandonne,
Bien que, ſans fin, le Ciel, ſur luy, tonne & retonne,
Contre le Ciel s'obſtine, &, pluſtoſt que partir,
A tomber, dans les fers, peut meſme conſentir.
 Qu'ils partent, dit le Prince, & que la France voye
Que Betford, par leur fuitte, enfin m'a veu ſa proye;
Ie n'en ſuis point en peine, & n'ay que du meſpris,
Pour le foible ſecours de ces laſches eſprits.
C'eſt aſſés de mon bras, aſſés de mon courage,
Pour obliger ma Ville à me rendre humble hommage;
Ie veux ſeul, ſur ces murs, monter victorieux,
Et, s'il m'y faut mourir, j'y mourray glorieux.
 Barbazan, qui ſuruient, parle en la meſme ſorte,
Et, par ſon propre exemple, à ſe perdre l'exhorte;
Tanneguy veut qu'il parte, &, d'vn ton vehement,
Saintrailles, comme luy, preſſe ſon partement.
Charles, opiniaſtre, à leurs conſeils reſiſte;
L'ame des deux Guerriers en eſt confuſe & triſte;
Ils rechargent pourtant, mais c'eſt tousjours en vain;
Pour ceder, ou flechir, ſon cœur eſt trop hautain.

LA PVCELLE,

Enfin, cent autres Chefs accourent, hors d'haleine,
L'auertir qu'ils ont pris vne inutile peine,
Que tout s'est dissipé, qu'il n'a plus de soldats,
Et qu'il voit, en eux seuls, tout ce qu'il a de bras.
Puis chacun, d'vne voix, à partir le conuie,
S'il ayme son honneur, s'il veut sauuer sa vie;
Luy monstre l'Anglois proche, & dit qu'en ce malheur
Il faut, pour son salut, oublier sa valeur.
Tanneguy l'enuisage, &, craignant sa responce,
Auec authorité, cet arrest luy prononce;
 Il le faut, luy dit-il; il y va de ton bien;
Pour ce coup, ton pouuoir reconnoistra le mien.

 Puis il luy prend la bride, & la trouppe fidelle
Autour de luy s'amasse, & l'entraisne auec elle;
Ainsi, pour son salut, Charles violenté
Malgré luy, par les siens, est mis en seureté.
 Le Soldat cependant, à la faueur de l'ombre,
S'escarte, se desbande, & ne fait plus de nombre;
Des remparts il s'esloigne, &, desormais sans bruit,
Tire, à pas incertains, où le Sort le conduit.
Les vns passent la Marne, & les autres la Seine;
L'Oise, dans tout son cours, en voit sa riue pleine;
Le Camp, qui n'est plus Camp, deserteur de son Roy,
Par tout, porte sa honte, & son manque de foy.

 Ce fut, alors qu'enflé d'vne arrogante gloire,
Le Prince des Enfers celebra sa victoire,
Et qu'ayant vn succes conforme à son desir
Il fut, dans ses tourmens, capable de plaisir.

Toy

LIVRE DOVZIESME.

Toy seul, ò Barbazan, vaillant ou temeraire,
Ne pus monstrer le dos à l'heureux Aduersaire,
Et, bien que ton dessein eust vn funeste effet,
Tu rendis du Demon le triomphe imparfait.
Tu gardas, seul, ton poste, &, contre l'Angleterre,
Tu creus suffire seul, pour acheuer la guerre,
Fus seul toute l'Armée, &, d'vn esprit vainqueur,
Vis l'immense Paris plus petit que ton cœur.
 Ainsi quand, sur vn Mont de la Romaine terre,
L'immortelle Famille, au Maistre du Tonnerre,
Par crainte, ou par deuoir, ceda l'auguste lieu
Destiné pour demeure à ce supreme Dieu ;
Entre les moindres Dieux, l'inebranslable Terme
Seul, contre Iupiter, osa bien tenir ferme,
Et, sans que de sa place on le pust deloger,
Auec le Roy des Cieux, son Temple partager.
 Cependant la Pucelle en ses larmes plongée,
Languissante de corps, d'ame decouragée,
Traisne ses pas confus, dans les champs obscurcis,
Et, par ces tristes mots, esuente ses soucis.
 Falloit-il donc, Seigneur, pour ma seule vengeance,
Retenir, dans les fers, la miserable France ?
Falloit-il que ses maux vissent ton saint arrest
Manquer de fermeté, pour mon seul interest ?
Falloit-il qu'vne simple & vile creature,
Pour n'auoir enduré qu'vne legere injure,
Quand les Vsurpateurs s'en alloient desconfits,
Attirast ton courroux, sur l'Aisné de tes Fils ?

Rrr

Mais c'est trop presumer, de croire que sa teste
Pour mon seul interest, attire ta tempeste;
Deuant tes saints regards mon interest n'est rien;
Si ton ire s'emeut, ce n'est que pour le tien.
Par l'equitable exces de ce rude supplice,
A toy, non pas à moy, tu veux faire justice;
Aussi, dans les effets de ton aspre courroux,
Ie ne t'ose prier de te monstrer plus doux.
Si toutesfois, Seigneur, ce courroux si terrible
Ne croyoit point du Roy l'offense irremissible;
Si, par mes humbles vœux, il pouuoit s'allentir;
S'il se pouuoit calmer, par vn vray repentir;
I'offre de ramener, ô Majesté clemente,
A ton sacré troupeau cette brebis errante,
Et luy faire adoucir ton ardente fureur,
Par vn amendement egal à son erreur.

   Alors, parmy le bruit des foudres enflammées,
Elle entend eclater ses voix accoustumées;
Voix douces autresfois, mais qui sont maintenant,
Par leur seuerité, dignes du Dieu tonnant.
Elle reprend; O Voix, ô mes celestes Guides,
Les ordres de là haut sont-ils donc si rigides?
Quoy! me commandés-vous d'oublier mon enuoy,
Et, dans l'aueuglement, laisser perir mon Roy?
Doit-il, par cent combats, auoir vaincu l'orage,
Pour venir faire au port vn si triste naufrage?
Par ma priere, au moins, ne peut-il euiter
Le foudre que, sur luy, je voy prest d'eclater?

LIVRE DOVZIESME. 499

Ie cede, ô Tout-puissant, ta volonté soit faitte ;
Rens la foible Bergere à sa foible Houlette ;
Ie te rens ce harnois, bien que non sans regret,
Et, malgré mon desir, j'obserue ton Decret.
 Où du vaste Paris se rapproche la Seine,
S'eleue vers les Cieux, au milieu de la Plaine,
Des Temples renommés le Temple le plus beau,
A l'Apostre François erigé pour Tombeau.
C'est l'Edifice saint, qui par son Prestre, donne
Au front des noueaux Roys la Royale Couronne ;
C'est luy, qui les reçoit, quand leurs illustres jours,
Par l'eternelle nuit, sentent borner leur cours.
Là, s'honnore le Saint, qu'on inuoque aux batailles ;
Là, cent drappeaux conquis sont pendus aux murailles,
Et, par tout le dedans, ne laissent aucuns lieux,
Qu'ombragés des tesmoins d'un combat glorieux.
Pres la Maison sacrée, &, sous sa haute masse,
Vn nombre de maisons en Cité se ramasse,
Qui, ceinte d'un bas mur, & d'un marais bourbeux,
De l'Apostre François porte le nom fameux.
Le long du court chemin de l'vne à l'autre Ville,
Sept Obelisques droits font vne droitte file,
Et, d'vn espace egal, l'vn de l'autre distans,
A l'œil des voyageurs s'offrent, de temps en temps.
Là, si le bruit commun peut tenir lieu d'histoire,
Furent les reposoirs du Martyr plein de gloire,
Quand son chef abatu, par des bras inhumains,
Fut porté, dans la tombe, auec ses propres mains.
           Rrr ij

LA PVCELLE,

Sous le dernier de tous, en acheuant sa plainte,
Vers les murs du Martyr, se rencontre la Sainte,
Et, tout proche, descouure vn vieux chesne etesté,
Pour faire ombre au Portail, autresfois là planté.
Aux flammes des eclairs, dont l'horreur continue,
Elle apperçoit le tronc, auec sa teste nüe,
Et sans deliberer, luy consigne, aussi-tost,
De son noble harnois le precieux depost.
D'vne tremblante main, elle se le detache;
Sous son grand corselet, le corps de l'arbre cache;
Pend ses deux grands braçards, d'vn & d'autre costé,
Et tient son grand pauois, sur le dos, rejetté.
Puis, du brillant armet, qu'appesantit sa creste,
Le tronc enorgueilly se sent charger la teste,
Et reçoit sur le tout, en escharpe pendant,
Le terrible fardeau du coutelas ardent.
Enfin du grand poignard, que de pleurs elle laue,
Sur l'escorce du tronc, ces termes elle graue;
 LA MOVRANTE PVCELLE, APRES SON
  VAIN ASSAVT,
CONSACRE CE TROPHEE A L'HONNEVR
  DV TRES-HAVT.
Au pied du saint trophee alors elle s'incline,
Et parle, en cette sorte, à l'Essence diuine;
 I'adore, ô Tout-puissant, la rigueur de ta loy,
Et laisse à ta Iustice ordonner de mon Roy.
Pour son bien desormais, ie n'ay plus que des larmes;
Ie depose ma force, en deposant ces armes;

LIVRE DOVZIESME.

Mon bras n'eſt plus ton bras, & ma tonnante voix
Ne fera plus fremir les rebelles Anglois.
Si pour te ſatisfaire, il en faut dauantage,
S'il faut, auec mon ſang, reparer ton outrage,
S'il ne peut s'expier que par mon ſeul treſpas,
Vienne encore la mort, ie ne la fuiray pas.
Mais, ſi de mes trauaux tu me dois recompenſe,
Si j'ay droit d'eſperer en ta ſainte Clemence;
Puis qu'il m'eſt defendu, par tes ſeueres loix,
D'employer cette eſpée, & porter ce harnois;
Vueille du moins, Seigneur, que ces armes fatales
Soient l'eternel effroy des armes infernales,
Que, par leur ſeul effort, l'Anglois ſoit abbatu,
Et que le François vainque, en leur ſeule vertu.
  Elle acheue ces mots, & le Ciel, qui l'exauce,
Soudain, mais lentement, s'eclaircit & ſe hauſſe,
Murmure ſans fureur, enfin, calme ſon bruit,
Et rend, au lieu d'eclairs, les Aſtres à la nuit.
En ſuitte, vers l'endroit, d'où ſe leue l'Aurore,
Le bleu du Firmament, de rouge ſe colore,
Et forme vn court Soleil, dont le front radieux
Lance vn trait de clarté, ſur le tronc glorieux.
Sous le brillant eclat de ces flammes heureuſes,
Les armes, tout à coup, deuiennent lumineuſes;
Deuant leurs rayons d'or, l'ombre fuit à l'entour;
Et ce lieu, deſormais, ne connoiſt que le jour.
  Que je meure à preſent, dit alors la Guerriere,
Sans peine & ſans regret, je perdray la lumiere;

LA PVCELLE,

Ie reuere ta loy, je benis ta bonté;
Soit faite en moy, Seigneur, ta sainte volonté.
 Là, s'arrestent ses pleurs, & là, sa plainte cesse;
Le miracle euident amoindrit sa tristesse;
Bien que l'air soit obscur, à l'instant elle part,
Et remet sa conduitte à celle du hazard.
A la France, à son Prince, à soy-mesme rauie,
Elle marche, à pas lents, de son Frere suyuie;
Sans rien dire, elle va, le cœur plein de soucy,
Et son Frere affligé va, sans rien dire, aussy.
Le Demon, dont la rage à la perdre obstinée
De la Terre & des Cieux la voit abandonnée,
Fait, sur sa vie, encore vn dannable dessein,
Et croit, plus que jamais, ne le pas faire en vain.
Il l'obserue, il la suit, il vole sur sa teste;
Auec elle il s'auance, auec elle il s'arreste,
Et, sans la quitter plus, n'attend plus que le temps
D'accomplir son projet, & voir ses vœux contens.
 C'est ainsi qu'vn Vautour, amoureux du carnage,
De deux Camps ennemis obseruant le passage,
Quitte le coupeau vert d'vn pin desmesuré,
Où long-temps, sans pasture, il estoit demeuré;
Suspendu, dans les airs, sur l'vne & l'autre Armée,
Il les suit nuit & jour, d'vne rage animée,
Brusle, s'impatiente, & famelique attend,
Du massacre preueu l'espouuentable instant.
 A ses vœux criminels la Fortune propice
Poussant la Fille errante au dernier precipice,

LIVRE ONZIESME.

D'vn insensible cours, la meine au Bois obscur,
Qui du Royal Compiegne enuironne le mur.
   Vne vaste Forest, en ce coin de la France,
Sous ses rameaux touffus, cache vne Terre immense,
Où l'Oeil de l'Vniuers, du plus haut de son tour,
N'a jamais fait passer la lumiere du Iour.
Ses gros troncs cheuelus, en grandeur admirables,
Ne semblent pas des Ifs, des Faux, ni des Erables,
Mais de noueaux Geans, qui, contraires aux vieux,
Opposent leurs grands bras à la cheute des Cieux.
Sous leur fueillage espais, des racines bossües
Rampent de tous costés, dans les routes moussües,
Et, non moins par leurs nœuds, que par leur dureté,
Remplissent le chemin d'horreur & d'aspreté.
Le fonds est inegal, &, d'espace en espace,
Vn vallon tournoyant, vne colline basse,
De sourcilleux rochers, & d'escumeux torrens,
Y repaissent les yeux d'objets tout differens.
Auec les vistes Cerfs, les Sangliers solitaires
Ont tousjours, dans ces forts, leurs tranquilles repaires,
Et les Chevreuls legers, sous leur sombre espaisseur,
Lors qu'ils sont poursuyuis, se moquent du Chasseur.
   En ce noble Desert la Pucelle arriuée,
Et, sur le Firmament, par son zele, eleuée,
Prend à desdain la Terre, & pour s'en detacher
Dans le plus creux du Bois, resout de se cacher.
   Icy, dit-elle alors, ta carriere est finie;
Affranchis-toy du Monde, & de sa tyrannie;

Desormais le fuyant, tu ne peux que perir,
Tu vescus autresfois, tu n'as plus qu'à mourir.
Du reste de tes jours fais vn saint sacrifice
Au pied des saints Autels du Soleil de Iustice,
Et, ne t'arrestant plus qu'aux merueilles des Cieux,
Pour nul objet mortel, ne laisse ouurir tes yeux.
Mets ton bonheur vnique, & ton vnique gloire,
A pouuoir, sous ces rocs, enterrer ta memoire,
Et n'apprehende point l'horreur de ce sejour,
Puis qu'vn autre pareil fut ton premier amour.
L'innocente retraitte est la plus seure voye,
Pour faire arriuer l'homme a l'eternelle joye;
Tu commenças par elle à viure heureusement,
Fay respondre ta fin à ton commencement.
Acheue icy ta vie, en priant pour la France,
Et, du moins par tes vœux, ayde à sa deliurance.
 Là s'arreste la Sainte, &, ferme en ce propos,
A son cœur agité donne quelque repos.
Loin du commerce humain, sa course vagabonde
L'engage tousjours plus, dans la Forest profonde,
Et luy descouure, enfin, apres mille destours,
Vn lieu propre à seruir de sepulchre à ses jours.
 Entre vingt bas rochers, vne orgueilleuse Roche,
Par les Plaines de l'air, des estoilles s'approche,
Et regarde, à son pied, les sommets inegaux
Des chesnes les plus grands,& des pins les plus hauts.
La figure en estonne, & paroist monstrueuse;
Sa cime represente vne teste hideuse,

Le

LIVRE DOVZIESME.

Le reste vn corps hideux, qui de foudres chargé
Represente vn Tiphée, en montagne changé.
Au feu de mille Estés, vne mousse sechée
Se voit en mille endroits, sur son dos attachée;
En mille autres, son dos, de mousse desarmé,
Brusle, sous les rayons du Soleil enflammé.
Vn ruisseau tortueux, coulant d'vn doux murmure,
Fait, autour de sa base, vne molle ceinture,
Offrant aux animaux de la Terre & de l'Air,
Dans leur soif embrasée, vn crystal frais & clair.
Vers le hautain coupeau de l'effroyable masse
Le Roc, en plus d'vn lieu, s'entrouure & se creuasse,
Et d'vn art naturel, sans maillets ni cizeaux,
Forme d'affreux Palais aux Princes des Oyseaux.
  Au creux le plus estroit, & le moins accessible,
La Sainte va choisir sa demeure terrible,
Tombeau, non pas demeure, où, sur le nud rocher,
Malaisement encor peut-elle se coucher.
Là, des pechés d'autruy faisant la penitence,
Elle prie, elle pleure, en faueur de la France;
Et son aride bouche, en conjurant les Cieux,
S'humecte des torrens, qui roulent de ses yeux.
Rodolfe, compagnon de sa triste auenture,
Des chesnes d'alentour, tire leur nourriture;
Le gland repaist leur corps, mais, dans vn tel malheur,
Leur corps, plus que de gland, se repaist de douleur.
En cette austere vie, & cette humble priere,
Vne Lune commence, & finit sa carriere,

Leur force diminüe, & leurs pieds desormais,
A peine, de leurs corps peuuent porter le faix.
  Satan, dont la profonde & veillante malice,
Pour les exterminer, voit le moment propice,
Contre eux, plus que jamais, sa fureur animant,
Vers le fier Bourguignon vole soudainement.
Au Prince belliqueux la pensée il inspire,
De sousmettre Compiegne aux loix de son Empire,
Et le luy monstre aisé, luy faisant voir ses tours,
Du costé des François, hors d'espoir de secours.
Philippes se resueille, & ses trouppes ramasse;
Il propose la prise, & le sac de la Place,
Et fait, dans ce projet, entrer egalement
Le courageux Picard, & le nombreux Flamand.
L'vne & l'autre Prouince, à la gloire inuitée,
Marche, sous ses drappeaux, vers la Ville indontée;
Et Ligny, de son Roy l'Ennemy le plus grand,
Sous le rebelle Duc, l'attaque en entreprend.
A trauers la Forest, sa guerriere puissance,
D'vn formidable pas, vers la Ville s'auance;
Au bruit de ses clairons, par l'Echo, redoublé,
Du paisible Desert le silence est troublé.
La Fille, sur le roc, dans son Antre, couchée,
Des objets de la Terre est si fort detachée,
Est si fort attachée à l'objet qu'elle suit,
Qu'au milieu du tumulte elle ignore le bruit.
Rodolfe l'entend seul, &, dans la sage crainte
Du peril que couroit la pudeur de la Sainte,

LIVRE DOVZIESME.

Prend sa course vers elle, & la presse ardemment
D'abandonner ce lieu, dans le mesme moment.
  Ton honneur, luy dit-il, je ne dis pas ta vie,
A quitter ce sejour ta prudence conuie;
Les crüels Partisans de l'infidelle Anglois,
Pour te prendre, & te perdre, occupent tout ce bois.
Ils viennent d'vne Armée assieger nos retraittes;
Escoute leurs tambours, escoute leurs trompettes;
  Elle entend les tambours, les trompettes entend,
Craint la rage ennemie, & part au mesme instant.
  Ainsi lors que le Cerf, sous l'espaisse ramée,
Euite des longs jours la chaleur enflammée,
Et, du fort le plus sombre habitant l'espaisseur,
N'apprehende rien moins, que l'assaut du Chasseur;
Si de cors & d'abois la musique terrible
Vient troubler, tout à coup, sa retraitte paisible,
Il fuit, à bonds legers, par des fonds tournoyans,
Le son des cors aigus, & des chiens aboyans.
  A la faueur du bois, Rodolfe, qui la guide,
La sauue des liens du Bourguignon perfide,
Et, d'vn pas asseuré, par ces destours errant,
Vers la nuit, dans Compiegne, auec elle, se rend.
Là, triste, elle choisit vne sainte demeure,
Où, comme en sa Cauerne, elle souspire & pleure;
L'habitant effrayé reprend vn nouueau cœur,
Et ne craint plus de voir le Bourguignon vainqueur.
Il s'estime trop fort, pour garder ses murailles,
D'auoir le Bras fameux du grand Dieu des batailles;

Et rend graces au Ciel, du merueilleux secours,
Dont il vient soustenir ses chancelantes tours.
De la Mer d'Orient, l'Aube à peine est sortie,
Que de vingt escadrons la Place est inuestie ;
A peine du Soleil le mur est eclairé,
Que de vingt bataillons il se trouue serré.
Ligny prend ses quartiers, & plein de violence,
Des la premiere nuit, ses approches commence,
D'vn feu continüel, les defenses abat,
Fait breche à la muraille, & s'appreste au combat.
Le Peuple espouuenté recourt à la Pucelle,
Par cent cris douloureux, à son ayde l'appelle,
L'en conjure à genoux, luy monstre son danger;
Mais aucune raison ne l'y peut obliger.

 Mes succes, leur dit-elle, ont leur borne trouuée;
Le Vouloir du Tres-haut m'a de force priuée;
Vous me croyés en vain propre à vous secourir,
Ie ne suis plus que Fille, & ne puis que mourir.
Du Royaume des Cieux l'inuincible Milice
Qu'à mes vœux, autresfois, j'esprouuay si propice,
Par l'ordre du Seigneur, aigry contre le Roy,
Sans espoir de retour, s'est derobée à moy.
Des diuins Iugemens les claires Interpretes,
Mes Voix, mes saintes Voix, desormais sont müettes ;
Cet obstiné silence, & ce delaissement,
Esteignent, dans mon sein, tout guerrier mouuement.
Ie crains l'ire de Dieu, je crains la perfidie ;
Et peut-estre des-ja la trame en est ourdie ;

LIVRE DOVZIESME.

Permettés qu'en ce lieu j'accomplisse mes jours,
Et, dans vos propres bras, cherchés vostre secours.
   Sa responce, en chacun, redouble l'espouuente;
Ils pensent, en ces mots, voir leur perte euidente;
Et Flauy, plus qu'aucun de douleur oppressé,
D'vn si sage refus, se tesmoigne offensé.
   Toy, dont le bras, dit-il, est le bras de la France,
Nous priueras-tu seuls de ta forte assistance?
Nous, de qui ta pudeur vient de la receuoir,
Au fort de son peril, & de son desespoir;
Auras-tu, dans ces murs, rencontré ton Asyle,
Pour leur estre, au besoin, laschement inutile?
Quand tu rendras plus doux leur sort infortuné,
Que leur donneras-tu, que ce qu'ils t'ont donné?
Toy seule, s'ils sont pris, auras causé leur prise;
Philippes, pour toy seule, attaque leur franchise;
Et sans toy, tu le sçais, nos malheureux remparts
N'auroient point veu, sur eux, fondre ses estandards.
   Par ce reproche amer, la Fille infortunée
Aux combats defendus est puissamment traisnée;
Son Destin à ces mots la contraint de ceder,
Et rien ne sçauroit plus sa perte retarder.
   Çà, dit-elle, vn cheual, vn harnois, vne espée;
Que du sang Bourguignon la terre soit trempée;
Qu'elle le soit du mien, & que ce mur batu
Essaye à s'affranchir, par ma foible vertu.
Bien que desja sur moy l'ardente foudre eclate,
Mourons, mourons plustost que de paroistre ingrate;

LA PVCELLE,

Allons, où nous conduit l'ineuitable Sort ;
Allons, où nous attend l'ineuitable mort.
  Dans ce transport guerrier, le saint cloistre elle quitte,
Et contre l'Ennemy sa valeur sollicite ;
Rodolfe l'arme, & s'arme, & tous deux vifs & pronts
Sortent, & font sortir quatre gros escadrons.
Vn double bataillon suit la Caualerie ;
La Fille vers le Camp s'elance de furie,
Et va droit au quartier, où vingt canons bruyans
Couurent les bouleuards de boulets foudroyans.
Sa redoutable main, à vaincre accoustumée,
Bien que du fer celeste, en ce temps, desarmée,
Bien que sans le pouuoir, qu'elle eut jadis des Cieux,
Sçait pourtant faire encor des exploits glorieux.
Elle conserue encor l'impression guerriere,
Qu'elle receut jadis de l'Ange de lumiere,
Quand, d'vn souffle diuin son esprit animant,
Des vengeances du Ciel il l'a fit l'instrument.
Elle attaque la Garde, & la Garde, en defense,
Au valeureux assaut fait, d'abord, resistance ;
Mais, bien-tost, sous le poids des grands coups redoublés,
Ses rangs sont confondus, & ses esprits troublés.
Sur eux, de toutes parts, le fer de sang auide
Satisfait pleinement sa fureur homicide,
Et l'effroy qui les glace, aydant à leur malheur,
De la sainte Guerriere augmente la valeur.
Rodolfe la seconde, &, d'vne ardeur fatale,
Plus qu'aucun, apres elle, au combat se signale ;

LIVRE DOVZIESME.

Du soldat, qui les suit, leur exemple est suyui,
Et, sur le Bourguignon, tous chargent à l'enuy.
Elle le rompt, enfin, & du succes flatée
Sent d'vn nouueau laurier sa vaillance tentée,
Auance vers vn gros, qu'elle voit auancer,
Et va ses escadrons, comme vn foudre, enfoncer.
La Fille, ainsi des murs tousjours plus esloignée,
Estime, en se perdant, la victoire gaignée;
Et son sens aueuglé, par son Astre malin,
La conduit au passage, où l'attend son destin.
Autour d'elle aussy-tost, tout le Camp se ramasse;
C'est alors, mais trop tard, qu'elle voit sa disgrace;
Elle la voit prochaine, & condanne en son cœur,
L'ardeur qui l'a liurée aux chaisnes du Vainqueur.
En ce terrible estat, rien pourtant ne l'estonne;
Aux siens, sans s'emouuoir, la retraitte elle ordonne.
Et couure les derniers, soit du corps, soit du bras;
Tandis que les premiers vont aux murs, à grands pas.
Ligny, de son costé, la retraitte leur couppe,
Oppose vn mur de fer au progres de leur trouppe,
De fleches & de dards, les charge, par les flancs,
Et, d'vn choq vigoureux, tasche à rompre leurs rangs.
Mais le trait de Rodolfe, & l'escu de la Sainte,
La font tousjours marcher, sans desordre, & sans crainte,
Deuant tous, va Rodolfe, & la Sainte, apres tous,
Soustient toute l'Armée, & rend vains tous ses coups.
Et desja, du rempart, vne gresle meurtriere
Facilite aux François leur penible carriere,

Tient l'Ennemy preſſant de leur teſte ecarté,
Et fait à leurs regards deſcouurir la Cité.
Alors des Bourguignons l'impatiente rage,
Voyant la ſainte Fille eſchapper le ſeruage,
S'excite, ſe ranime, &, ſon feu renflammant,
Deſcharge tous ſes coups, ſur elle ſeulement.

 Ainſi, quand, hors du bois, vne meute inhumaine
A ſurpris vne Laye, au milieu de la Plaine,
Et que de ſes petits au gaignage amenés,
Elle tient à l'ecart les dogues acharnés ;
Plus leurs flancs deſcouſus ſouffrent de ſes defenſes,
Plus leurs dents, ſur ſon col, exercent leurs vengeances ;
Plus elle eſt pres du bois, & plus les chiens ardens
Enfoncent, dans ſon corps, les pointes de leurs dents.

 La Sainte, tout autour, voit tout jurer ſa perte ;
D'vn orage de dards, elle ſe ſent couuerte ;
De jauelots ſans nombre, elle ſe ſent preſſer,
Et, de plus d'vn eſpieu, ſent ſes armes percer.
Rodolfe accourt alors, &, ſe rangeant pres d'elle,
L'ayde à mieux ſouſtenir la tempeſte mortelle,
Et tous deux pleins d'eſpoir, quoy qu'en dix lieux bleſſés,
Malgré tout, en cedant, s'approchent des foſſés.
Satan, qui deſormais les voit en aſſeurance,
Prend du jeune Flauy la voix & l'apparence,
Et, remarquant le vieux, ſur les voyſines tours,
Va, l'aborde, & luy tient ce furieux diſcours.

 Quoy dit-il, cette Place à ta garde commiſe
Sera, par ta foibleſſe, à Philippes ſouſmiſe,

Et

LIVRE DOVZIESME.

Et, pour sauuer des fers la haine de ton Roy,
Tu forgeras les fers de ce Peuple & de toy.
A tort, en ce peril, ton ame est suspendüe,
La Fille se doit perdre, ou la Ville est perdüe ;
Auec tant de drappeaux, auec tant d'estandards,
C'est la Fille qu'on cherche, & non ces bouleuards.
Rechasse de ces murs cette puissante Armée,
Immolant cette hostie à sa rage enflammée ;
Sauue toy par sa perte, & croy qu'en la perdant
Tu fais ce que du Roy veut le courroux ardent.
Toute chose, mon Frere, à sa mort te conuie,
Ton Monarque, tes murs, ta fortune & ta vie,
Et, si tant de raisons ne te suffisent pas,
Ton tout, ton Amaury, qui luy doit son trespas.

 Entre tous, contre Artus, & contre la Pucelle,
Flauy fut d'Amaury l'amy le plus fidelle,
Et, s'il l'ayma viuant, d'vn amour vif & fort,
D'vn fort & vif amour, il l'ayme apres sa mort.
Le souuenir amer de cette mort fatale
Determine son ame inhumaine & brutale ;
Il ne consulte point, &, releuant le pont,
Au desir de Satan barbarement respond.

 Plus haut que tous les Cieux, vne Loge secrette
Sert à l'Estre increé de profonde retraitte ;
Quand par ses soins veillans, & ses pensers couuerts,
Il veut deliberer du Sort de l'Vniuers.
De trois costés egaux, la Loge inconceuable
Forme vn Triangle vnique, en tout sens admirable,

Ttt

Et d'vn Lieu si sacré le mystere inconnu
Confond le contenant, auec le contenu.

    Dans ce moment crüel, Dieu tout sage, & tout juste,
S'enferme, & se recueille, en cette Loge auguste,
Sur les Peuples diuers tourne, ses saints regards,
Et ne voit que pechés regner de toutes parts.
Il voit, sur tous, l'Anglois, enflé de vaine gloire
A son merite seul imputer sa victoire,
Et voit Charles encor, loin d'implorer mercy,
Tousjours de plus en plus, dans sa faute, endurcy.
Pour leur crime commun, & leur commun supplice,
Alors sa tenebreuse & seuere Iustice,
Resout que la Guerriere, en tombant dans les fers,
Souffre de sa valeur triompher les Enfers.
Et, dans cet instant mesme, en la main de la Fille
Rompt la fragile espée, & sur l'arene brille;
Alors de sang couuerte, & le bras desarmé,
Elle se tourne au Ciel, & le trouue fermé.
La Cour des Bien-heureux, d'vn regard lamentable,
Vit le sort inhumain de la Fille indontable,
Le souhaita plus doux; mais les sacrés Destins
Furent sourds à ses vœux, pour leurs secrettes fins.
Aux vœux de tout le Ciel l'austere Prouidence
Oppose l'immuable & terrible Sentence;
Dans vn profond respect, les Anges & les Saints
Reuerent du Seigneur les occultes desseins.

    Rodolfe tombe alors; alors la foible Sainte
Se sent le corps serré d'vne robuste estrainte;

LIVRE DOVZIESME.

Des Guerriers ennemis Vendonne le plus fort
Est celuy qui pretend à l'honneur de sa mort.
Dix autres, apres luy, soudain fondent, sur elle;
Le sang de tous costés de ses veines ruisselle;
Par sa propre foiblesse, & l'effort de leurs bras,
Elle tombe, & se peint des couleurs du trespas.
Sous vn si pesant faix succombe sa puissance;
Elle perd, tout à coup, & veüe & connoissance;
Le vainqueur craint encore, & son timide cœur
A peine, en le voyant, s'ose croire vainqueur.
 Ainsi quand la Lionne, apres les grands rauages,
Dont elle a desolé les monts & les riuages,
Par le courage adroit des Chasseurs Nubiens,
Tombe, de traits percée, en leurs rudes liens;
Bien que le sang fumeux, qui jalit de ses veines,
L'estende morte, enfin, sur les jaunes arenes,
Le vaillant Nubien, quoy que victorieux,
De sa victoire doute, & n'en croit pas ses yeux.
 Son insensible corps, butin de l'Aduersaire,
Ioint au corps moribond de son genereux Frere,
Dans la tente du Chef, & loin de la Cité,
Sur les bras des vainqueurs, en triomphe est porté.
Pierre, le fier Prelat, que cette longue guerre
A tousjours veu constant, pour la fiere Angleterre,
Au Camp du Bourguignon conduit, par sa fureur,
Eut, pour premier objet, ce spectacle d'horreur.
Il vit, ou pensa voir, la Guerriere sans vie,
Et sa haine, d'abord, en parut assouuie;

        Ttt ij

LA PVCELLE,

Mais depuis, à son sens barbare & furieux,
Ce belliqueux trespas sembla trop glorieux.
Il vouloit bien sa mort, mais la vouloit infame;
Il l'auoit, en son cœur, destinée à la flamme,
Et, d'vn supplice indigne, il desiroit couurir
La honte qu'aux Anglois elle auoit fait souffrir.
Dans ce desir cruel, de douleur il souspire;
Puis l'approche, l'obserue, & voit qu'elle respire;
Il voit son chaste sein doucement s'eleuer,
Et pour la perdre mieux, resout de la sauuer.
Il entreprend sa cure, il la veille, il la pense;
Le succes est heureux, & passe l'esperance;
Vn si malin secours l'empesche de mourir,
Et la met, bien-tost mesme, en estat de guerir.
La Fille, en son malheur, monstre sa patience,
Bien loin de murmurer, benit la Prouidence,
Fait, des ordres diuins, & sa regle & sa loy,
Et, sans plaindre ses maux, ne plaint que ceux du Roy.

Ah! mon Prince, dit-elle, en ce terrible orage,
Ta Royale grandeur va faire vn grand naufrage;
Mais ce mal est vn mal que tu t'es attiré,
En suyuant le transport de ton sens egaré.
Que te sert d'auoir eu le Ciel si fauorable,
Si ce n'est que pour estre, enuers luy, plus coupable?
Que sert à ta valeur d'auoir sousmis l'Anglois,
Si ton aueuglement te sousmet à ses loix?
Ton honneur est destruit, ta gloire est deplorée;
Du throsne, où tu regnas, la cheute est asseurée;

LIVRE DOVZIESME. 517

Le Ciel, non moins que toy, par ta faute, endurcy,
Pour venger mon injure, helas! le veut ainsi.
Il allume sa foudre, il tonne sur sa teste;
Ie l'esprouue de bronze à mon humble requeste;
Rien, de son trait fatal, ne te peut garantir,
Non pas mesme tes pleurs, non pas ton repentir.
Pusse-je, par la mort, qu'en ton lieu je souhaitte,
Rendre, pour ton salut, son ire satisfaitte;
Que je la cherirois cette honnorable mort!
Mais je souspire, en vain, apres vn si beau sort.

   C'est ainsi qu'vne Mere, & genereuse, & tendre,
Lors qu'au fond du sepulchre elle est preste à descendre,
Vers son Fils bien-aymé, mais despourueu de sens,
Tourne, aueque douleur, ses regards languissans.
Elle endure cent maux, mais les maux qu'elle endure
Ne tirent de son cœur, ni plainte, ni murmure;
Ou si de quelque mal il se tesmoigne atteint,
Ce n'est que pour ce Fils, qu'il murmure & se plaint.

   Le barbare Prelat, qui craint que cette proye
N'eschappe à sa fureur, & ne trompe sa joye,
Pour euiter du Sort les perilleux retours,
A Philippes s'addresse, & luy tient ce discours.

   C'est en vain, luy dit-il, que sous cette muraille
Ton courage s'arreste, & ton Camp se trauaille;
Tu fais, en l'attaquant, d'inutiles desseins,
Et cherches vn bonheur que tu tiens en tes mains.
Tu tiens du Nom François la gloire & l'infamie,
Tu tiens du Bourguignon l'implacable Ennemie,

                              Ttt iij

Tu tiens le bras donteur des Anglois indontés,
Et tiens, en le tenant, la clef de cent Cités.
Par vn heur sans egal, tu l'as en ta puissance;
Mais tu l'as, sans l'auoir, du moins en asseurance;
Le seul mur de Roüen te le peut conseruer;
Icy le moindre effort te le peut enleuer.
La France a, contre nous, ses forces rassemblées,
Et les nostres, d'abord, en seront accablées;
Le party seul à prendre est de partir soudain;
Tarde encore aujourd'huy, tu periras demain.

 L'auis plaist à Philippe, & la Ville assiegée
Des chaisnes, tout à coup, se trouue degagée;
Flauy, desormais libre, en son mur indonté,
Ioüit de sa fureur, & de sa laschete.
Par l'inhumain Prelat, la Fille infortunée,
Entre cent escadrons, vers Roüen, est menée;
Et Philippe, au milieu de tous ses estandards,
Pour elle, craint tousjours le variable Mars.
Celle qui fut jadis tout l'espoir de la France,
Maintenant de l'Anglois est toute l'esperance;
Le caprice du Sort a fait ce changement,
Ou plustost du Seigneur le secret jugement.
A Roüen elle arriue, & Rodolfe, auec elle,
Aux fers, comme aux combats, son compagnon fidelle;
En dix lieux differens, ainsi qu'elle, blessé,
Et, d'vne main heureuse, ainsi qu'elle, pensé.
Vers vne affreuse Tour, où le Crime & le Vice,
Entre mille tourmens, attendent le supplice,

LIVRE DOVZIESME.

Sejour des Malfaiteurs aux flammes destinés,
Ils sont, de place en place, indignement traisnés.
A chaque pas qu'ils font, le Peuple emu de rage
D'opprobres insolens les couure, & les outrage,
Et, par vn bruit confus de cris injurieux,
Contre elle, & contre luy, se monstre furieux.
A moins que du grand Fort, qui commande la Porte,
On ne croit point, pour eux, de prison asses forte;
Pierre les y conduit, & deux sombres cachots
Reçoiuent, de sa main, ces illustres deposts.
Rodolfe, au moins obscur, auec impatience,
Souffre, par les Anglois, resserrer sa vaillance,
En horreur a la vie, & se plaint de la Mort,
Qui le repousse d'elle & luy ferme son port.
Mais, dans vn traittement plus indigne & plus rude,
La Sainte ne tesmoigne aucune inquietude;
Elle benit les fers, s'accommode au malheur,
Et mesme, auec plaisir, esprouue la douleur.
Elle ayme des Anglois la dure tyrannie,
Elle ayme sa misere, & son ignominie,
Et, lors que ses esprits sont le plus oppresses,
Sa vertu crie encor, que ce n'est pas asses.
Le Monarque eternel, voyant l'Infortunée
A son vouloir diuin plainement resignée,
Ne sçauroit voir en elle vn si saint mouuement,
Sans prendre, en sa faueur, vn plus doux sentiment.
A la celeste Cour, qui pour elle l'implore,
Il permet de flater le soin qui la deuore;

Il permet d'aſſoupir, par de ſacrés concerts,
Les maux qu'en ſa priſon luy cauſent les Enfers.
Elle n'a plus alors, ni de mal, ni de trouble;
La force luy reuient, ou pluſtoſt luy redouble;
Et, dans ce noir cachot, tout à coup à ſes yeux,
De Chantres immortels s'offre vn Chœur radieux.
De cent luths, de cent voix la douceur nompareille,
Dans ce lieu de ſupplice, enchante ſon oreille;
Et ces airs rauiſſans, cette viue clarté
En font vn lieu de gloire & de felicité.
Elle ſe ſent charmer, par la ſainte muſique,
Et joint ſa voix aux voix du concert Angelique;
La voute retentit à leurs ſaintes chanſons,
Et, loin meſme au dehors, s'en reſpandent les ſons.
La vigilante Garde à la porte couchée,
Toute dure qu'elle eſt, de ces ſons eſt touchée,
Et ſon cœur de rocher, ſenſible à leurs accords,
Se ſent meſme attendrir, par leurs puiſſans efforts.
Plus à ces doux accens elle a l'ame attentiue,
Plus elle a de reſpect, pour ſa propre captiue,
Et plus, dans ſes tranſports, elle ſeme, en tous lieux,
L'admirable ſecours qu'elle reçoit des Cieux.
De cette nouueauté, les Anglois s'emerueillent;
Contre elle, du Prelat les fureurs ſe reſueillent;
Il ranime ſa rage, il renforce ſa voix,
Et diſſipe, en tous lieux, le doute des Anglois.
  O foibles, leur dit-il, plus que les François meſmes,
Ces bruits, contre le Ciel, ſont autant de blaſphemes,

Et

LIVRE DOVZIESME.

Et c'est trop l'offenser, que de le croire autheur
Des damnables effets d'vn murmure enchanteur.
Croyés donques encor, que ses heureuses Armes
Sont des effets du Ciel, plustost que de ses charmes;
Croyés donc, que les maux, que vous aués soufferts,
Vous sont venus du Ciel, & non pas des Enfers.
La Sorciere, en nul lieu, n'est pour vous innocente;
A vostre vie encor, dans ses fers, elle attente;
Quoy que pres du bucher, elle suit ses desseins,
Et cache ses Demons, sous la forme de Saints.
Resueillés, renforcés vos soupçons & vos craintes,
Lors que ses actions vous semblent les plus saintes,
Et vengés, par le feu, ses projets inhumains,
Auant que, par ses sorts, elle eschappe à vos mains.

Le triste souuenir de leurs peines souffertes,
La peur de s'exposer à de nouuelles pertes,
Leur esprit aueuglé, par l'Esprit tenebreux,
Donnent à ce discours vn succes trop heureux.
Ils rentrent, pour la Fille, en leur rage premiere;
Ils la traittent d'infame, ils la nomment Sorciere,
Et battus de l'orage, entre de si grands flots,
De sa mort seulement, esperent leur repos.

Cependant les Bas lieux, par mille voix plaintiues
Rappellent le Demon aux douloureuses riues;
Ne pouuant plus souffrir, que la clarté du Iour
A la Nuit eternelle enuiast son retour.
A sa bande il se tourne, & luy dit, Ie vous laisse;
Mon Empire m'attend, & son besoin me presse;

LA PVCELLE,

Ie vous laiſſe le ſoin du plus grand des exploits,
Par qui ſera la France eſclaue de l'Anglois.
Ie vous laiſſe, en mon lieu, pour allumer la flamme,
Où doit noſtre Ennemie à la fin rendre l'ame ;
De ſa mort je vous charge, & l'Enfer vous defens,
S'il ne vous en reuoit, par le feu, triomphans.

A ce mot il s'abyſme, &, par les Plaines ſombres,
Se monſtre, enſlé d'orgueil, aux yeux des paſles Ombres,
Leur partage ſa joye, &, pour quelques momens,
Fait, dans tout le Chaos, ſuſpendre les tourmens.

FIN
DV DOVZIESME LIVRE.

TABLE DES NOMS PROPRES, ET DES MATIERES PRINCIPALES DE CE POËME.

A

Chon, Chef François, à la Reueüe de l'Armée de Charles, *liure 6. page* 237.

Agnes, Maistresse de Charles & de Philippes, confinée à Chantonceaux par l'artifice d'Amaury, est visitée par Roger, & exhortée au nom du Fauory, à reuenir pres du Roy, pour en chasser la Pucelle, *l.*5 *p.*190. *& suyuantes.* s'y resout, & se pare pour reüssir en cette entreprise, *p.*193. admire sa beauté, & s'excite à perdre la Pucelle, & Amaury mesme, *p.*196.197. s'embarque & part, *p* 198. vient au Camp durant la Reueüe , *l.*6. *p.* 241. parle au Roy, *p.*242. 243. est renuoyée seuerement par la Pucelle, *p.*244. se retire dans sa Galere, *p.*245. s'emporte contre Charles, le voyant partir sans qu'il l'ait regardée, *l.*7. *p.* 268. pour s'en venger, resout d'aller reuolter Philippes contre luy, *p.* 269. y va, *p.*270. le trouue dans la Forest de Fontainebleau, *p.*272. luy parle, *p.*273.274. le range facilement à son desir, *p.*276. le fait monter dans son char, & le meine au Chasteau, *p.*277. parle à Marie, *p.*277. 278. laisse aller Philippes à Montereau, *p.*281. est troublée de sa reünion auec Betford, *p.*289. demeure en ce desert pleine de tristesse , *p.* 290. fuit la veüe des Legats, *p.*291.

Alençon, Prince du sang de France, voit la Pucelle à Chinon, apres la deliurance d'Orleans, l'ayme & la suit, *l.*4. *p.*149. presse l'attaque de Gergeau, *p.*161. anime les Archers, *p.*165. est sauué de la mort par la Pucelle, *p* 166. iure celle d'Alexandre, & monte à l'assaut, *p.* 167. saute sur la muraille, tüe Alexandre, *p.*170. est conduit blessé à Orleans, *p.*177.

Alexandre, Frere de Suffort l'assiste à la defense de Gergeau, *l.*4. *p.*166. tüe Clerembaut, *ibid.* resiste le dernier, *p.*170. combat contre Alençon, le blesse, & meurt de sa main, *p.*171.172.

Amador, Chef François presse l'assaut de Gergeau, *l.*4. *p.*161. suit la Pucelle à la breche de Paris, *l.*11. *p.*475.

Amaury, Fauory de Charles, *l.*5. *p.*183. s'afflige du credit de la Pucelle, & parle à Gillon, *p.*184. est conseillé par luy de rappeller Agnes, *p.*185. 186. enuoye Roger vers elle, *p* 186. 187. à la Reueüe pres du Roy, *l.*6. *p.*229. fauorise Agnes, *p.*243. parle à Charles, contre la Pucelle, *p.*258. s'aigrit la voyant plus authorisée auprés du Roy, *p.* 261. excuse Philippes de luy auoir manqué, *l.*9. *p.* 357. descharge Agnes de l'auoir desbauché, & accuse de tout la Pucelle, *p.* 361. 362. luy parle insolemment, *p.* 364. est poussé vigoureusement par elle, *p.* 366. *& suyu.* essaye encore de la noircir, mais a la bouche fermée par le Roy, *p.* 385. 386. se plaint à luy du mepris de la Sainte, & en est rebuté, *l.*10. *p.* 408. se resout à la mort, *p.* 407. s'offre au Roy pour sommer Paris, *p.* 420. meine le Heraut, *p.* 421. le voit tüer, *p.* 422. excite le Camp à la vengeance, *p.*424. reçoit du Demon deux flambeaux allumés aux Enfers, *p* 427. met le feu aux Fauxbourgs, *p.*428. aueugle vn Chef Hibernois, *p.*430. est tué du dard de la Pucelle, *l.*11. *p* 482.

Ange, Messager de Dieu, vient à la Pucelle luy annoncer le choix qui a esté fait d'elle, pour sauuer la France, *l.*1. *p.*20.

Ange, vient agiter Philippes pour le détacher de Betford, *l.*1. *p.*27. reuient encore & le fait quitter, *l.*2. *p.*69.

Ange, dans le Temple d'Orleans sonne la trompette contre l'Anglois, *l.*2. *p.* 81.

V u u ij

TABLE.

Anges guerit la blessure de la Pucelle, l.4.p.113. implore Dieu contre les Demons defenseurs des Tournelles, ibid. obtient le secours celeste, & le fait voir à la Pucelle, p.114.

Anges Milice celeste, descendent du Ciel, pour courir au secours mené par la Pucelle à Orleans, l.2.p.67. reussissent à combattre les Demons sur les Tournelles, l.4.p.117. accompagnent la Pucelle dans le Vallon tenebreux, luy denuent chasser le Demon, l.9.p.391. reuiennent encore pour proteger la Pucelle montant à la breche de Paris, l.11.p.474.476.

Anges Musique celestes chantent dans la Grote de S. Marcoul, p.107. que Charles y entend les Voix de la Pucelle, l.8.p.330. & dans le cachot de la Pucelle, l.12.p.520.

Anne Reyne de France Mere de Louys XIII. dans la prediction de la Voix Sainte, l.8.p.338.

Anne Duchesse de Longueuille, dans la prediction de la Voix Sainte, l.8.p.343.

Archambaud, Chef François à l'attaque de Gergeau, l.4.p.161. à la Reuerie, l.6.p.230. commande vne des attaques de Paris, l.11.p.452. essaye de retenir le Camp, mais en vain, l.12.p.494.

Armes du Roy Charles données à la Pucelle, & legerement descrites, l.1.p.38.39.

Arragonois, l'vn des Chefs de l'attaque des Forts Anglois deuant Orleans, l.3.p.90.

Arsenal celeste legerement descrit, l.2.p.65.

Artillerie descrite, l.6.p.245.

Artus, Prince Breton, Connestable de France, disgracié, vient au secours d'Orleans sur le bruit de la Pucelle, l.5.p.203. la va trouuer à Baugency, p.204. luy parle, & est receu, p.205.206. cause la reddition de la Place, p.207. suit la Pucelle contre Talbot, p.210. & le Cerf, p.211. attaque le bataillon de Talbot, p.217. le force, ibid. est raccommodé auec le Roy par la Pucelle, l.6.p.247.

Asmodee, Demon d'impureté, descrit legerement, corrompt les trouppes Françoises, l.6.p.274.

Attaque & prise de Gergeau, l.4.p.160. & suyu.

Aymard, l'vn des Chefs commandant vne des attaques de Paris, l.11.p.452. combat obstinement en vain, p.455. monte à la breche apres la Pucelle, p.475.

B

Barbazan, l'vn des principaux Chefs François, commande vne des attaques de Paris, l.11.p.452. confirme le Roy abandonné, dans la resolution de ne s'en point retirer, l.12.p.495. y demeure, p.497.

Beauté de la Pucelle legerement descrite, l.1. p.32.

Beauté de Marie succintement descrite, l.4. p.132.

Beauté d'Agnes descrite en particulier, l.5. p.194.

Betford Regent en France pour Henry VI. Roy d'Angleterre, refuse Orleans au Duc de Bourgogne, l.1.p.26. renuoye l'habitant dans la ville, p.27. s'oppose au secours de la Pucelle, l.2. p.61. parle à ses trouppes, p.63. s'irrite de les voir poussées, p.67. est estonné de la prise de deux de ses Forts, l.3.p.99. se prepare à défendre celuy des Tournelles, p.101. est assisté par les Demons, p.105. forcé par la Pucelle & Dunois, se sauue dans les autres Forts, p.128. les quitte & s'enfuit, p.132. vient trouuer Philippes à Fontainebleau, humble & implorant son assistance, p.128. s'appaise & obtient ce qu'il desire, p.136. marche vers Rheims, p.17.p.269. parle aux siens, p.270. lasche le pied sur vn fascheux bois, p.272. est poursuyui par Charles, p.273. secouru par Sistan mesmo, p.277. & sauué de surprise, p.295. fait d'abord vne retraitte reglée, p.396. puis fuit en desordre, p.398. recueille les trouppes dans Paris, p.405.406. se prepare à se défendre, l.11.p.442. parle à ses soldats, p.443. & aux habitans, p.444. pouruoit à tous les besoins, p.447. enuoye ses Gardes dans le fossé contre Dunois, p.458. s'oppose à la Pucelle sur la breche, p.474.476. est renuersé par elle auec les Anglois dans la ville, p.477.

Breche de Paris descrite, l.11.p.448.449.

C

Canede, Chef François à l'attaque des Forts Anglois deuant Orleans, l.3. p.90. monte apres la Pucelle à la breche de Paris, l.11.p.475.

Cavallier éleué par la Pucelle pour battre en ruine Baugency, descrit succinctement, l.5. p.201.

Cave & Cercueil de Iean Duc de Bourgogne à Montereau legerement descrits, l.7.p.281.

Cerf troublant le Bataillon de Talbot à Patay succintement descrit, l.5. p.210.

Chabanes, Chef François à l'attaque des Forts Anglois deuant Orleans, l.3.p190.

Chandos, dans la Galerie de Fontainebleau, Chef Anglois défait & tué par Guesclin, l.7.p.303.

Chantonceaux, Maison Royale sur la Loire descrite, l.5. p.188. sejour d'Agnes, d'où Roger la vient tirer, p.187.

Char d'Agnes descrit legerement, l.7.p.271.

Charles V. Daufin, dans la Galerie, défend l'Estat durant la prison de Iean son Pere, l.7.p.300. Roy, défait le Nauarrois, p.302. & Knolles, puis Chandos, poursuit le jeune Edouard, desconfit le Breton, rechasse le vieux Edouard en Angleterre, par Guesclin, p.303. recouure presque toute la France, meurt empoisonné par le Nauarrois, p.304.

Charles VI. Roy de France, dans la Galerie marche contre le Duc de Bretagne, est arresté par vn Spectre, & en perd la raison, l.7.p.305. est sauué d'vn embrasement qui empire sa frenaisie, s'accorde honteusement auec le Duc de Bourgogne, p.306. refuse l'alliance de l'Anglois, est attaqué par luy, se repousse & le poursuit, p.307. le force à combattre & à vaincre à Azincourt, p.308. voit sa Cour diuisée en partis achatnés l'vn contre l'autre, p. 309. & l'Anglois triomphant, p. 310. meurt en sa puissance, ibid.

Charles VIII. Roy de France, dans la prediction de la Voix Sainte, l.8.p.332.

Charles VII. Roy de France, desesperé du salut d'Orleans, se tourne à Dieu, & le va prier dans vn Hermitage proche de Chinon, l.1. p.13. se plaint sur le bruit de l'embrasement d'Orleans, par Dunois, p.28. assemble les Chefs dans Chinon, & leur parle, p.30. voit arriuer la Pucelle, p.32. reprend courage à

TABLE.

son discours, p.34. la reçoit auec reuerence, & la reueſt de ſes propres armes, p.37.38. enuoyé à Fierbois querir l'eſpée fatale qu'elle demande, p.39. fait faire vne pronte leuée autour de Chinon, l.2. p.46. veut accompagner la Pucelle au ſecours d'Orleans, mais demeure par ſon conſeil, pour former vne armée Royale, p.58.59. aprend de la Pucelle meſme le ſucces du ſecours d'Orleans, l.4. p.147. ſe diſpoſe à armer pour ſon Sacre, p.148. reçoit auis. par la Pucelle, de la priſe de Gergeau, l.5. p.181. fait ſon armement, p.182. s'auance armé vers la Pucelle pour le Sacre, l.6. p.225. paſſe à Meun, p.228. ſe logé ſur la Loire, ibid. reçoit la Pucelle d'vne noble maniere, p.227. veut marcher, p.228. s'arreſte pour faire la Reueüe, & la voit de deſſus vn Tertre, p.239 & ſuyu. s'eſmeut de jalouſie à la veuë du Conte de Dunois, & des trouppes victorieuſes, p.240. voit arriuer Agnes plus emeu encore, & ſe trouble en l'entendant parler, p.242. va voir le canon, p.245. reçoit Artus en grace, p.247. prie Dieu pour l'Entrepriſe, p.248. voit deſcendre S Michel ſous la forme de la France, & l'entend parler, p.249 & ſuyu. ſuit l'Ange vers Rheims, & fait ſuyure l'armée, p.253. reçoit les hommages de chacun, & les aſſeurances de la fidelité de Philippes, p.254. paſſe l'Yonne au deſſous d'Auxerre, p.256. tient conſeil ſur la continuation de l'Entrepriſe, p.258. ſe range à l'auis de la Pucelle, p.261.262. prend Troye par ſtratageme de la Sainte, ibid. paſſe à Chalons, & entre dans Rheims, qui chaſſe ſa garniſon pour le receuoir, p.263. dans la Galerie eſt ſauué du carnage de Paris encore Dauſin, par Tanneguy, entend à vne Entreueüe de luy & de Iean Duc de Bourgogne, l.7. p.309. s'y trouue & voit tuër ce Duc, eſt pourſuyui par Philippes, par ſa propre Mere & par l'Anglois, p.310. deuenu Roy perd trois batailles, & erré ſans eſpoir de reſſource, p.311. ſe prepare au Sacre, l.8. p.315. eſt ſacré, p.316. & ſuyu. mange auec ſes Grands, p.323. demande à entendre les voix de la Pucelle, ſur le bruit du Fils de Betford, fait la Neunaine à Saint Marculphe, entend la voix prophetique, p.324 & ſuyu. touche les malades, p.349. aprend le changement de Philippes, p.350. ſe plaint de ce changement, l.9. p.355. & aigry par le jaloux Amaury, p.357. ſe plaint d'Agnes qui a deſbauché Philippes, p.359. irrité par la meſme contre la Pucelle, p.361. il la blaſme doucement d'auoir offencé Agnes, p.363. reuient à luy par le vigoureux diſcours qu'elle luy fait, p.367. range ſes trouppes pour marcher contre Betford, p.369. le pourſuit rapidement, p.372. & de nuit meſme, p.373. eſt égaré par le Demon aſſiſté de la Terreur, p.377. & ſuiu. montre la fermeté dans le trouble commun, & excuſe genereuſement la Pucelle, p.385. parle ſechement à Amaury qui ſe plaint d'elle, l.10. p 406. aſſemble le Conſeil de guerre, & le conſulte ſur la continuation de l'Entrepriſe, p.408. 409. ſuit l'auis de Tanneguy, p.411. & de la Pucelle, p.416. accorde au ſoldat de marcher, p.417 & à Amaury de conduire le Heraut à Paris, p. 410. s'irrite du meurtre de ce Heraut, & fait donner aux Fauxbourgs, p.423.424. promet de venger le Heraut, p.425 veut attaquer la ville, puis cede à la Pucelle pour differer l'aſſaut, p.435.436. eſt à la teſte de la Caualerie durant l'attaque, l.11. p.452. d'où il voit celle de la breche, p.465. voit Amaury mort, l.12. p.484. entend les reproches de Gillon, p.485. croit que la Pucelle a tu Amaury, p.486. & qu'elle l'a trahy, ibid. fait ſonner la retraitte, p.487. veut tuër la Pucelle, puis ſe contente de la chaſſer injurieuſement, p.488. veut, quoy qu'abandonné, continuer le ſiege, p.495 eſt emmené malgré luy par Tanneguy & les autres Chefs, p.496.

CHASTEAVBRVN, Chef François, à l'attaque des Forts Anglois deuant Orleans, l 3. p 10 à la priſe des Tournelles, l.3. p.118. à l'attaque de Gergeau, l.4. p.161. monte apres la Pucelle à la breche de Paris, l.11. p.475.

CHASTEAVROVX Caualier pieux, enuoyé à Fierbois querir l'eſpée fatale, l.1. p.39. l'apporte au Roy, & luy fait le reçit de ſon voyage, l.2. p.56.57.

CLEREMBAVD, à l'aſſaut de Gergeau tué en la place d'Alençon, l.4. p.166. vengé par Alençon, p.171.172.

CLERMONT, Duc de Bourbon à la Reueüe, l.6. p.236. ſuit Charles apres ſon Sacre, l.8. p.327. preſſe la Pucelle de leur faire entendre ſes Voix, p.328. accompagne le Roy dans la Grotte, p.329. entend la Voix Sainte, p.330. & ſuyu. luy parler de ſa Race, p.332. va receuoir Soiſſons pour le Roy, p.351.

COMBAT de Patay, l.5. p.213.

CONDE', Prince du Sang de France, dans la prediction de la Voix Sainte, l.8. p.336.

CONTI, Prince du Sang de France, dans la prediction de la Voix Sainte, l.8. p.336.

CONTE de DVNOIS ſe plaint de l'extremité où il eſt reduit dans Orleans, l.1. p.8. harangue les Bourgeois pour les obliger à ſe perdre, pluſtoſt qu'à ſe rendre, p.10. voyant le ſecours, & le croyant vn renfort pour les Anglois, s'excite à bruſler la ville, l.2. p.76. puis anime les ſiens à ſeconder le ſecours, p 71. ſort des murs & force les retranchemens, p.72. 73. voit la Pucelle, la reuere & luy parle, p.74. l'ayme, p.76. luy montre les lignes des Aſſiegeans, p.82. prepare tout pour l'attaque des Forts, p.83. s'eſtonne de ſa paſſion nouuelle, p.84. remet le commandement des trouppes à la Pucelle, l.3. p.90. eſt chargé de l'attaque de l'vn des Forts, p.91. fait donner ſans ſuccés, p.91. en eſt deſtourné par vne ſortie des Anglois ſur luy, qu'il diſſipe prenant l'vn des Chefs, p.95. retourne à l'aſſaut, & monte le premier, p.97 emporte le Fort, & en precipite Deſcalles, p.99. attaque les Tournelles, p.103. eſt renuerſé, p.104 s'excite à venger la Pucelle bleſſée, p.111. gagne le Fort en meſme temps qu'elle, p.117.118. pourſuit les ennemis, p.121. part de Baugency pour combatre Talbot, l.5. p.110. s'égare, & eſt redreſſé par vn Cerf, p. 211. attaque Talbot, & dans ſa défaite prend Deſcalles & Humford, p.218. à la Reueüe l 6. p.240 aſſiſte le Roy à ſon Sacre, l.8. p.318. reçoit l'eſpée du Roy, p.321. ſuit le Roy auec la Pucelle, p.327. la preſſe de leur faire entendre ſes Voix, p. 328. accompagne le Roy dans la Grotte, & entend la Voix Sainte, p.329. & ſuyu. luy parler de ſa Race future, p.339. va receuoir S. Quentin pour le Roy, p.351. arriue au Camp ſur la deliberation de la continuation de l'Entrepriſe, l.10. p.409. attaque Paris du coſté de la Baſtille, l.21. p.452.455. voit repouſſer ſes gens par Lyonnel, p.457. monte à l'aſſaut contre luy, & le combat, p.458. en eſt retiré par vne ſortie, p.459. qu'il repouſſe juſques dans la Ville où il eſt enueloppé, & preſt à mourir, p.460. eſt

Vnu iij

TABLE.

sauué par Marie, p. 461. & fait son prisonnier, p. 465.

CONVOY pour rauitailler Orleans, se prepare & se charge. Il est descrit legerement, l. 2. p. 53.

CORRAS, Chef François à l'attaque des Forts Anglois deuant Orleans, l. 3. p. 90.

COVLOVCES Chef François à l'attaque des Forts Anglois deuant Orleans, l. 3. p. 90. presse l'escalade de Gergeau, l. 4. p. 161. s'efforce en vain de ramener les soldats mutinés contre le Roy, l. 12. p. 494.

COVR celeste legerement descritte, l. 1. p. 15.

D

DELORE' Chef François des principaux, à l'attaque des Forts Anglois deuãt Orleans, l. 3. p. 90.

DEMON errant autour des tombeaux leue le corps de Iean Duc de Bourgogne, l. 6. p. 282. le fait parler à Philippes & le recouche, p. 284.

DEMON apparu à Charles VI. dans sa marche contre le Breton, luy trouble l'esprit, l. 7. p. 305

DEMON de Ialousie anime Amaury contre la Pucelle, & le fait esclatter contre elle, l. 9. p. 356.

DEMONS enuoyés par Satan au secours de Betford, l. 3. p. 108. luy font blesser la Pucelle, p. 109. combatent contre les Anges sur le Fort des Tournelles, p. 114. sauuent les Anglois poursuyuis par la Pucelle, p. 122. vont aduertir Satan du peril de Betford, l. 9. p. 274. sont laissés sur la terre par Satan pour acheuer de perdre la Pucelle, l. 12. p. 521.

DESCALLES l'vn des principaux Chefs Anglois commandant vn quartier du siege d'Orleans, l. 2. p. 82. defend l'vn des Forts attaqués par les François, repousse le Conte de Dunois, l. 3. p. 92. est emporté par sluy, p. 95. assiste Talbot au combat de Patay, l. 5. p. 215. y est pris par le Conte de Dunois, p. 118.

DESFAITTE & dissipation du Camp de Betford par la Pucelle deuant Orleans, l. 3. p. 111. 112.

DESFAITTE de Talbot & sa prise, l. 5. p. 213. & suyu.

DIEV descrit auec sa Cour celeste succinctement, l. 1. p. 16. accorde à la Vierge le Salut de la France, p. 18. enuoye vn Ange à la Pucelle, & luy donne par luy la volonté & la force de combatre, p. 19. & suyu. enuoye mille Anges, pour la couurir auec des boucliers celestes, l. 2. p. 67. vn Seraphin pour la faire aimer de toute l'armée, sur tout du Conte de Dunois, p. 75. vn Ange pour le guerir de sa blessure, l. 3. p. 112. & toute la Milice celeste pour combattre les Demons protecteurs des Anglois, p. 114. s'irrite contre Charles pour le bannissement de la Pucelle, l. 12. p. 489. ordonne à la Pucelle de l'abandonner, p. 491. retient le foudre à sa priere, ibid. permet la prise de la Pucelle, pour la punition de Charles, & refuse la Cour celeste qui prie pour elle, p. 514. permet aux Anges de l'assister dans sa prison, p. 520.

E

EDOVARD Roy d'Angleterre dans la Galerie, pretend au Royaume de France, en est exclus, reconnoist Philippes de Valois, puis luy fait la guerre, l. 7. p. 295. pousse iusqu'à Paris ; s'en retire en diligence, & est forcé de combatre à Crecy, p. 296. gagne la bataille, prend Calais & passe en Angleterre, p. 297. reuient en France & auance encore jus-

qu'à Paris, p. 300. en deloge auec frayeur, ibid. & rend la liberté à Iean, ibid. aspire encore à la Couronne, p. 302. vient en France, en est repoussé par Guesclin & attaqué iusques en Angleterre y meurt de douleur, p. 303.

EDOVARD Prince de Galles dans la Galerie, ameine vne armée en France, l. 7. p. 298. fuit deuant Iean, ibid. donne bataille par force pres de Poitiers, la gaigne, prend le Roy & l'emmeine en Angleterre, p. 299. reuient en France, se retire deuant Guesclin & va mourir à Londres, p. 302. 303.

ENFERS descrits succinctement, l. 6. p. 274.

E

FASCOT, Chef Anglois, commande l'vn des Quartiers du siege d'Orleans, l. 2. p. 82. assiste Talbot au combat de Patay, l. 5. p. 209. 215. s'ensauue auec 4000. h. p. 218.

FIERBOIS Temple solitaire descrit succinctement, l. 2. p. 55.

FLAVY, à l'attaque des Tournelles, l. 3. p. 118. fait leuer le Pont de la Porte de Compiegne & perit la Pucelle, l. 12. p. 512.

FONTAINE-BLEAV legerement descrit, l. 4. p. 135. retraitte de Philippes, p. 136. & de Marie, p. 137. reposoir des Legats du Concile de Basle, l. 7. p. 292.

FOREST d'Ardenne descritte succinctement, l. 1. p. 19.

FOREST de Fontainebleau descritte succinctement, l. 4. p. 135.

FOREST de Compiegne descritte succinctement l. 12. p. 503.

FRANCE descritte dans sa misere, l. 1. p. 5. & 6. apparuë à Charles, S. Michel ayant pris sa forme, luy parle, l. 6. p. 249.

FRANÇOIS Roy de France dans la prediction, l. 8. p. 332.

FRATAMES, Chef François à l'assaut des Forts Anglois deuant Orleans, l. 3. p. 90. y monte & est renuersé, p. 92.

G

GALERIE de Fontainebleau descritte succinctement, l. 7. p. 393.

GALERE d'Agnes descritte succinctement, l. 6. p. 241.

GASTON de France Frere vnique du Roy Louys XIII. dans la prediction de la Voix Sainte, l. 8. p. 337.

GAVCOVRT Chef François à l'attaque des Forts Anglois deuant Orleans, l. 3. p. 90. de l'auis de la Pucelle pour l'attaque de Gergeau, l. 4. p. 162. à la Reueuë, l. 6. p. 232.

GILLON Pere d'Amaury murmure de l'arriuée de la Pucelle, perd la voix à son regard, l. 1. p. 36. tombe, p. 37. entend les plaintes d'Amaury sur la Pucelle, l. 5. p. 185. le blasme & luy conseille de rappeller Agnes, p. 186. 187. à la Reueuë, l. 6. p. 232. s'afflige du credit de la Pucelle, p. 261. parle aux soldats troublés pour les irriter contre elle, l. 9. p. 379. veut noircir la Pucelle aupres du Roy, mais en vain, p. 386. par vne longue harangue essaye d'empescher qu'on ne poursuyue l'Entreprise, l. 10. p. 411. voit apporter son Fils

TABLE.

mort, *l.* 12. *p.* 483. se plaint amerement, *p.* 464. parle au Roy auec vehemence, *p.* 485. meurt sur son Fils, *p.* 486.

GIRESME Chef François, à l'attaque des Forts Anglois deuant Orleans, *l.* 3. *p.* 90. entreprend celle des Tournelles par vne arche du Pont rompuë, *p.* 115. les emporte sans peine, *p.* 117. 118. à l'assaut de Gergeau, *l.* 4. *p.* 161.

GLACIDAS vn des principaux Chefs Anglois, resiste vaillamment au C. de Dunois en vne sortie deuant Orleans *l.* 2. *p.* 72. est renuersé par luy, *p.* 73. défend les Tournelles, & y estant forcé tombe dans la Loire & y meurt, *l.* 3. *p.* 118.

GODEFROY vn des principaux Chefs François, vient d'Orleans demander secours au Roy, *l.* 2. *p.* 50. en represente l'extremité, *p.* 51. voit, entend, admire la Pucelle, *p.* 52. 53. conduit le secours auec elle, & fait combattre, *p.* 67. à la Reueuë, *l.* 6. *p.* 234.

GRAVILLE Chef François à l'attaque des Forts Anglois deuant Orleans, *l.* 3. *p.* 90. à la Reueuë, *l.* 6. *p.* 230.

GVESCLIN Conestable de France dans la Galerie desfait Knolles, & Chandos, force le Prince de Galles à se retirer, reçoit la Rochelle & le Poitou, met le Duc Breton hors de combat, & en suitte le vieux Edoüard, *l.* 7. *p.* 303. défait le Nauarrois & l'Anglois, recouure presque toute la France, & meurt, *p.* 304.

H

HENRY VI. Roy d'Angleterre, *l.* 8. *p.* 317.
HENRY III. Roy de France dans la Prediction, *l.* 8. *p.* 340.
HENRY IV. Roy de France dans la Prediction *l.* 8. *p.* 332. 333.
HENRY I. Duc de Longueuille dans la Prediction, *l.* 8. *p.* 340.
HENRY II. Duc de Longueuille dans la Prediction, *l.* 8. *p.* 343. *& suyuantes.*
HERAVT va sommer Patay, *l.* 10. *p.* 421. est tué par les Anglois, *p.* 422. vengé, *p.* 425. *& suyuantes.*
HERMITAGE descrit succintement, *l.* 1. *p.* 13.
HVMFORD Chef Anglois commandant vn des Quartiers du siege d'Orleans, *l.* 2. *p.* 82. reçoit la Garnison de Baugency, *l.* 5. *p.* 208. assiste Talbot au combat de Patay, *p.* 209. 215. 217. y est pris par le C. de Dunois, *p.* 218.

I

IEAN Roy de France, dans la Galerie, attaqué par les deux Edoüards, pousse le Pere qui fuit, va vers le Fils, *l.* 7 *p.* 298. le force à se deffendre prés de Poitiers, est défait par luy, pris & mené en Angleterre. *p.* 299. est deliuré *p.* 301. y retourne pour la Croisade & y meurt, *ibid.*

IEAN Duc de Bourgogne, dans la Galerie, assassine le Duc d'Orleans, fuit la Iustice, force Charles VI. à vn accommodement indigne, *l.* 7. *p.* 306. regne dans la Cour, défait les Enfans de l'Assassiné, fuit la colere du Daufin, est en guerre dans son propre pays, *p.* 307. profite de la victoire des Anglois, *p.* 308. oppose Isabeau au Daufin, *ibid.* viole la Paix par vn car-

nage horrible dans Paris, & demande vne Entreueuë auec le Daufin à Montereau, *p.* 309. y est tué, *p.* 310.

IENVILLE ferme les portes aux Anglois, *l.* 5. *p.* 218. les ouure à la Pucelle, *l.* 5. *ibid.*

ILLIERS Chef François à l'attaque des Forts Anglois deuant Orleans, *l.* 3. *p.* 90.

ISABEAV de Bauiere, Reyne de France, femme de Charles VI. ennemie de Charles VII. son Fils, *l.* 1. *p.* 5. dans la Galerie, flambeau qui embrase la France, *l.* 7. *p.* 305. se ligue auec le Bourguignon contre le Daufin son Fils, *p.* 308. luy declare la guerre, *p.* 310. est resueillée par Satan, *l.* 10. *p.* 402. se saisit par ruse de l'vne des Portes de Paris pour sauuer Betford, *p.* 404. anime le Peuple contre son Fils, *p.* 405. 406.

K

KARADREVX, au combat de Patay, *l.* 5. *p.* 215.
KERMELEC, au combat de Patay, *l.* 5. *p.* 215.
KNOLLES, dans la Gallerie défait par Guesclin, *l.* 7. *p.* 383.

L

LEGATS du Concile de Basle, viennent vers les deux Partis pour les accorder, & approchent de Fontaine-bleau, *l.* 7. *p.* 292. sont receus par Roger, *p.* 293. logés, diuertis, & menés par le mesme dans la Galerie, *ibid.* apprennent de luy dans les peintures la suitte des mal-heurs de la France, *p.* 293. 294. *& suyuantes.* reuerent Dieu, & luy rendent graces du choix qu'il a fait d'eux pour les calmer, *p.* 312.

LOVYS XII. Roy de France dans la Prediction, *l.* 8. *p.* 332.
LOVYS XIII. Roy de France, dans la Prediction, *l.* 8. *p.* 333.
LOVYS XIV. Roy de France, dans la Prediction, *l.* 8. *p.* 334.
LOVYSE, Princesse du Sang de France, femme de Henry Duc de Longueuille, dans la Prediction, *l.* 8. *p.* 342.

LYONNEL, Fils de Talbot ameine vn Corps de Caualleric à son Pere, *l.* 5. *p.* 219. qu'il trouue défait prés Ienuille, *p.* 220. charge les gardes de la Pucelle, & les défait. *ibid.* deliure les prisonniers & Talbot entre autres, se retire de nuit à Paris, *p.* 221. s'y rencontre lors qu'il est attaqué, & garde le Quartier de la Bastille à cause de Marie, *l.* 11. *p.* 446. s'oppose à Dunois, *p.* 456. renuerse les victorieux, combat Dunois & l'empesche de forcer la Place, *p.* 457. 458. vient fondre en trouppe sur Dunois entré dans la Ville, sur le point de l'accabler, *p.* 460. en est empesché par Marie, qui l'oste de ses mains, *p.* 465.

M

MARCHE du Secours d'Orleans sous la Pucelle, *l.* 2. *p.* 59.
MARCHE de l'Armée du Roy pour le Sacre, *l.* 6. *p.* 253. precipitée vers Paris aprés Betford, *l.* 9. *p.* 369. *& suyuantes.*
MARIE Princesse, Amante du C. de Dunois descrite legerement, *l.* 4. *p.* 131. trauersée dans sa passion par son Oncle Philippes, *p.* 134. retirée à Fontai-

TABLE.

&-ebleau auprés de luy, *p.* 137. apprend l'infidelité de son Amant & refuse de la croire, *p.* 138. 139. sur la côfirmation de la nouuelle s'emporte & se plaint aigrement, *p.* 140. se flatte d'esperance de le regaigner, & souffre qu'Yolante aille vers luy pour cela, *p.* 143. *& suyu.* la voit reuenir sans succés auec vne extreme douleur, *p.* 157. reçoit Agnes à Fontaine-bleau, & entend sa cajolerie auec peine. *l.* 7. *p.* 277. 278. s'en sepáre ciuilement, & se plaint de l'inconstance de son Amant, *p.* 278. 279. va dans Paris, *p.* 290. se veut mal d'aymer vn volage, *l.* 11. *p.* 461. se réjoüit des progrez de Charles, dans l'espoir de reuoir son Amant, *p.* 464. le voit prest à mourir & court à son aide, *ibid.* le sauue & oblige son Riual Lyonnel à le soustenir auec elle, *p.* 465.

MARIE, Fille vnique de Henry II. Duc de Longueuille, dans la Prediction, *l.* 8. *p.* 342.

MICHEL Ange Protecteur de la France hay de Satan, *l.* 3. *p.* 107. reuest la forme de la France & exhôrte Charles à la deliurer, *l.* 6. *p.* 250. luy trace le chemin de Rheims, *p.* 252.

MILLINGTON, Chef Anglois, en garde aux Faux-bourgs de Paris, anime ses soldats à tuer le Heraut, *l.* 10. *p.* 422.

MORTON Chef Anglois, à la défence des Murs de Paris, tuë Geoffroy, *l.* 11. *p.* 454.

MYTINERIE & dissipation de l'Armée Françoise, *l.* 12. *p.* 493. 494.

N

NAVARROIS, Ennemy de Iean Roy France, dans la Gallerie, reueille l'Anglois & le Breton contre luy, *l.* 7. *p.* 297. est pris par Iean, *p.* 298. s'eschape & desole l'Estat, *p.* 300. défait par Charles V. *p.* 301. renouuelle la guerre, se joint à l'Anglois, est défait & meurt bruslé, *p.* 304.

O

ORLEANS prest à perir sous l'Anglois, *l.* 1. *p.* 7. secouru par la Pucelle, *l.* 2. *p.* 60. *& suyuantes.* leue mille hommes pour grossir le Camp du Roy, *l.* 5. *p.* 199.

P

PALISSE Chef François à l'attaque des Forts Anglois deuant Orleans, *l.* 3. *p.* 90. à la Reueuë, *l.* 6. *p.* 236. monte apres la Pucelle à la breche de Paris, *l.* 11. *p.* 475.

PARIS legerement descrit, *l.* 11. *p.* 442. battu en breche, *p.* 448. souffre vn assaut general, *p.* 452. *& suyuantes.* est forcé par la Pucelle, & son rempart occupé, *p.* 477. 478.

PATAY lieu prés duquel la Pucelle défit Talbot & le prit prisonnier, *l.* 5. *p.* 215.

PAVMY. Chef François à l'attaque de Gergeau, *l.* 4. *p.* 163. à la Reueuë, *l.* 6. *p.* 233. monte à la breche apres la Pucelle, *l.* 11. *p.* 475.

PEMBROK, Chef Anglois defend les murs de Paris, & renuerse Thrasyle, *l.* 11. *p.* 454.

PHILIPPES de Valois, dans la Gallerie, preferé par les Estats de France à Edoüard Roy d'Angleterre, reçoit son hommage, puis attaqué par luy, *l.* 7. *p.* 295. le repousse, luy donne la bataille & la perd, *p.* 296. est dépoüillé de Calais par le victorieux. *p.* 297.

PHILIPPES Duc de Bourgogne deuant Orleans, *l.* 1. *p.* 23. agité par vn Ange pour le rendre fauorable aux Assiegés, & implore pas les habitans, *p.* 24. parle à Betford en leur faueur, *p.* 25. en est aigrement refusé, & s'en irrite, *p.* 26. 27. abandonne Betford, *l.* 2. *p.* 69. enuoye à Charles luy offrir vn accord, *l.* 6. *p.* 254. voit venir Agnes en son desert & se renflamme pour elle, *l.* 7. *p.* 272. *& suyuant.* se range à ses volontez, *p.* 275. *& suyuant.* va à Montereau, prie pour son Pere, *p.* 281. descend dans la Caue où il est enseuely. *ibid.* voit le corps de son Pere se dresser, l'entend parler & l'animer contre Charles, *p.* 282. 283. s'en retourne effrayé, *p.* 284. trouue Betford qui l'attend & luy offre tout, pourueu qu'il l'assiste, *p.* 285. le luy accorde, *p.* 286. prend congé d'Agnes, *p.* 288. & la laisse surprise & assiégée, *p.* 289. dans la Galerie il poursuit la vengeance de la mort de Iean son Pere, met Charles VI. & Paris entre les mains des Anglois, & declare la guerre au Dausin, *p.* 310. est porté par le Demon à faire le Siege de Compiegne, *l.* 12. *p.* 506 y conduit ses trouppes. *ibid.* est conseillé de leuer le Siege, & de mettre la Pucelle en seureté, *p.* 517. le fait & l'ameine à Roüen, *p.* 518.

PLAINE de Paris legerement descrite, *l.* 10. *p.* 417.

POLE second Frere de Suffort Anglois, fuit apres la perte de Gergeau, reuient pour assister son Frere, est pris & laissé sur sa foy par le C. de Dunois, *l.* 4. *p.* 177.

POTON Saintrailles, l'vn des principaux Chefs François, à l'attaque des Forts Anglois deuant Orleans, *l.* 3. *p.* 90. à la prise des Tournelles *l.* 3. *p.* 118. est de l'avis de la Pucelle à l'attaque de Gergeau, *l.* 4. *p.* 162. commande l'escorte de la Garnison de Baugency, *l.* 5. *p.* 207. poursuit & combat Talbot prés Ienuille, *p.* 209. commande vne des attaques de Paris, *l.* 11. *p.* 452. opiniastre en vain l'escalade, *p.* 455. conseille Charles de se retirer estant abandonné des siens mutinés, *l.* 12. *p.* 495.

PREGENT Magistrat d'Orleans, harangue la Pucelle au nom du Peuple deliuré, *l.* 3. *p.* 126.

PVCELLE voit descendre vn Ange dans vn globe de feu, *l.* 1. *p.* 19. l'entend qui luy parle, *p.* 21. sent qu'il luy donne la valeur & la force, *p.* 22. va vers le Roy couuerte d'vn nüage, *p.* 23. arriue sur le point de son départ pour Auuergne, *p.* 32. luy parle de la part de Dieu, *p.* 35. luy rend le cœur & l'esperance, *p.* 36. reçoit les armes du Roy, mais non son espée, & demande celle de Fierbois, *p.* 39. se retire pour prier, *p.* 40. demande des trouppes au Roy, *l.* 2. *p.* 46. s'enferme pour escrire aux Assiegeans, *p.* 47. *& suyuant.* sort & trouue la leuée faite, *p.* 50. voit venir Godefroy. *ibid.* & l'entend qui demande secours pour Orleans, *p.* 54. parle extatiquement, *p.* 52. voit apporter l'Espée de Fierbois, *p.* 54. la prend des mains de Chasteau-roux, fait sa priere à Dieu, *p.* 56. entend le Recit de son Trompette, *p.* 57. promet la perte de l'Anglois, & empeche le Roy de la suyure, *p.* 58. marche vers Orleans, *p.* 59. parle à ses trouppes, *p.* 60. charge les ennemis, *p.* 61. demande l'assistance du Ciel, *p.* 65. l'obtient, *p.* 67. force tous obstacles, *p.* 73. respire sur

le champ

TABLE.

le champ de bataille, p.74. reçoit les actions de graces du Comte de Dunois seuerement, p.75. luy donne de l'amour, p.76. prie pour le succes du Conuoy, & est exaucée, p.77. a l'applaudissement des Assiegés, p. 78. marche en triomphe vers le Temple, p.79. y remercie Dieu, p.80. voit d'vne Tour le Campement des Anglois, p. 82. se retire dans vn Monastere, p. 83. dispose l'attaque des Forts Anglois, l. 3. p.90. en prend vn à forcer, p.91. parle à ses trouppes, & fait donner, p.92. & suyu. desfait vne trouppe d'ennemis sortis des autres Forts, sur elle, p. 95. retourne à son Fort, & le force, p.98.99. campe autour des autres, p.100. entreprend celuy des Tournelles, p.102.105. est troublée par les Demons, & blessée par Betford, p.109. est guerie par vn Ange, p.112. voit les Anges combattre les Demons, p 115. donne au Fort vne seconde fois, & l'emporte assistée de la Terreur, p.117. poursuit sa victoire, p.121. dresse vn trofée des despouilles, p.123. monte dessus, & parle aux vainqueurs, p.124. reçoit les ciuilités des habitans, p.127. Loge ses trouppes dans les Forts conquis, p.128. va à Chinon vers le Roy, luy annonce le succes d'Orleans, l'exhorte à armer puissamment, s'en retourne, & emmeine Alençon, l.4. p.146. & suyu. parle au C. de Dunois, & forme l'entreprise de Gergeau, p.148. marche vers ses murailles, pousse la garnison, outre les trenchées, refuse l'assaut de nuit, fait donner de tous costés, p.160. & suyu. preuoit la mort d'Alençon, & l'empesche, p.166. monte à l'eschelle, & malgré Anglois & Demons emporte la Place, p.168. & suyu. prend Suffort, p.172. & suyu. enuoye les prisonniers à Orleans, p.177. auise Charles du nouueau succes, & presse l'armement, l. 5. p.181. fait marcher vers Meun, où elle passe, & va assieger Baugency, p.200. esleue vn Caualier, p.201. reçoit Artus, p.204. & la Place à composition, p.207. va contre Talbot, p.210. le descouure, p.211. l'attaque, p.213. l'enfonce, p.216. le blesse & le prend, p.217. desfait ses trouppes, p.218. entre dans Ienuille, ibid. vient trouuer Charles en son Camp, l.6. p.226. le console, p.227. l'oblige à faire la Reueuë, p. 228. la voit auec luy, p. 229. chasse Agnes, p.243. meine Charles voir l'Artillerie, p.245. intercede pour Artus, p.247. bannit du Camp les impudiques, p.255. se plaint de ce qu'on n'a pas obligé Auxene à ouurir les portes, p.257. & du refus que Troyes a fait de donner passage au Roy, p.259. respond grauement à l'Archeuesque de Rheims qui conseilloit la retraitte, p.260. fait continuer la marche, & prend Troyes sans canon, p.261.262. assiste à la Ceremonie du Sacre, l. 8. p. 318. 322. parle ambiguëment du Fils de Betford, p. 327. promet au Roy de luy faire entendre ses Voix, & par elle l'auenir, p 328. les luy fait entendre dans la Grotte de Saint Marculphe, p.329. & suyu. la quitte dans la ioye de sa mort prochaine, p.348. luy auertir le Roy qu'il est temps de marcher, l. 9. p.363. luy fait honte de ses doutes, & le rameine à la raison, p. 366. & suiu. prend plaisir à le voir agir en Roy, p. 369. va reconnoistre, de nuit le Camp des Anglois, p.387. retourne sur ses pas, & est arrestée par Termes, p.388. donne dans le Vallon tenebreux, p. 390. chasse le Demon, parle à l'armée, luy rend le cœur, & la fait marcher vers l'ennemy, p.394. calme le trouble de l'Armée, l.10. p.408. regagne le Roy esbranlé par Gillon, p.416. reprime la chaleur du soldat, p. 419. force le Fauxbourg, & chasse l'Anglois iusqu'aux murailles, p.425. reuient vers le Roy, p.432. fait cesser l'embrasement, & remettre au lendemain l'assaut de la Ville, p 435. retient la fougue des trouppes, p.436. leur parle en vain, & les laisse donner, p.451. est par tout, p. 452. conduit l'attaque de la breche, p 465. fait remonter les soldats, qui sont repoussés pour la seconde fois, p. 467. y fait donner Rodolfe, p.468. le voit renuerser par Talbot, p.469. y monte elle mesme, p.470. combatuë par Talbot, p.471. & blessée vient aux prises auec luy, p.472. le precipite dans le fossé, & le fait prisonnier, p.473. bande sa playe, & retourne à la breche, assistée du Ciel, p. 474. y donne, & la force malgré tout, p.476. triomphe sur le rempart, p.477. entend sonner la retraitte, p.478. quitte, reuient vers le Roy, en est receuë auec iniures, l.12. p. 488. & chassée indignement, p. 489. prie le Ciel pour Charles, p.490. n'obtient pour luy que la vie, & a ordre de l'abandonner, p.491. part, p.492. redouble en vain sa priere, p.497. quitte ses armes, p.500. les souhaitte necessaires au salut de la France, & l'obtient, p.501. s'en va vers Compiegne, p.502. choisit dans la Forest vne Grotte pour y finir ses iours, p.504. est forcée par son Frere de l'abandonner, p.506. se retire dans la Ville, refuse de reprendre les armes, p.508. y est obligée par Flauy p.509. s'arme auec son Frere, & dans vne sortie desfait tout ce qui se rencontre, p. 510. est enuelopée, resiste & s'alloit sauuer, p.511. 512. quand Flauy leue le pont, & la laisse à la mercy des ennemis, p.513.514. elle demeure prise, & s'esuanouit de foiblesse, p 515. est pensée & guerie par Pierre, partisan des Anglois, p.516. plaint le Roy, ibid. est menée à Roüen, p.518. mise dans vn cachot, p. 519. y souffre ses peines auec patience, & en loue Dieu, ibid. est assistée d'vn Chœur d'Anges auec qui elle prie, au grand estonnement de ses gardes, p.520.

PVDBVR, Personne Poëtique descritte legerement, l.11. p. 475. resueille les François pour la breche, ibid.

PVYSEVX Capdorat Chef François à l'attaque des Forts deuant Orleans, l.3. p. 90. monte à costé de la Pucelle à l'assaut de l'vn de ces Forts, p 97. la suit à la breche de Paris, l.11 p.475.

R

RAMESTON Chef des Anglois, commandant vn des Quartiers du siege d'Orleans, l. 2. p. 82. defend le Fort attaqué par la Pucelle, l.3. p.94. à la seconde attaque est emporté, p.98. assiste Talbot au combat de Patay, l 5. p. 215.

RENAVD, ieune Caualier à la prise de Gergeau, presse le plus Suffort, est choisi par luy pour se rendre, fait par luy aupar auant Cheualier, donne son prisonnier à la Pucelle, l.4. p. 73.74.

RENAVD. Archeuesque de Rheims parle dans le Conseil à la Pucelle pour n'aller point à Rheims, l.6. p.259. est blasmé seuerement par elle, p.260. fait la Ceremonie du Sacre, l.8. p.319.

RENÉ, Prince Duc d'Anjou, à la Reueuë, l.6. p.233. commande vne des attaques de Paris, l.11. p.452

TABLE.

REVEVE de l'Armée Françoise descritte, l. 6. p. 226.

RHEIMS chasse la garnison Angloise, & reçoit Charles, l. 6. p. 263.

RIEVX Chef François à l'attaque des Forts deuant Orleans, l. 3. p. 90. commande vne des attaques de Paris, l. 11. p. 432. essaye en vain de retenir le Camp, l. 11. p. 494.

RODES porte la Cornette blanche à la Reueuë, l. 6. p. 240.

RODOLFE accompagne sa Sœur la Pucelle à Chinon, l. 1. p. 22. combat vaillamment au secours d'Orleans, l. 2. p. 64. attaque vigoureusement les Forts Anglois deuant Orleans, l. 3. p. 94. est blessé à Gergeau, l. 4. p. 165. mené à Orleans, p. 177. donne à la breche de Paris, & s'y signale, l. 11. p. 468. est renuersé par Talbot, p. 470. suit la Pucelle dans sa retraitte, l. 12. p. 491. 502. la nourrit dans sa Grotte, p. 505. la meine dans Compiegna, p. 507. l'arme pour défendre la Place, p. 510. combat auec elle, p. 511. tombe blessé, p. 514. est pensé & guery, p. 518. mené à Roüen, & mis dans vn cachot, s'impatiente & murmure, p 519.

ROGER Frere d'Agnes, enuoyé par Amaury vers Agnes pour la rappeller, l. 5. p. 186. la va trouuer, p. 187. luy parle, p. 191. 192. prepare sa Galere, p. 194. l'y fait embarquer, p. 198. vient au Camp auec elle, l. 6. p. 242. l'accompagne en son voyage vers Philippes, l. 7. p. 271. se charge de la reception des Legats à Fontainebleau, & leur explique les peintures de la Galerie, p. 291. & suyuantes.

S

SACRE du Roy Charles VII. apprests & Ceremonie descrits, l. 8. p. 317. & suyu.

SAINTESEVERE Chef François à l'attaque des Forts Anglois deuant Orleans, l. 3. p. 90.

SATAN, aprend le peril de Betford à l'assaut des Tournelles, enuoye vne legion de Demons à son ayde, l. 3. p. 108. est auerty du nouueau danger de Betford, & le vient assister luy-mesme, l. 9. p. 372. & suyu. tite la Terreur à son Party, p. 378. reuest la forme de l'Archeuesque de Rheims, p. 381. parle aux trouppes contre la Pucelle, p. 382. est chassé par elle, p. 390. excite Isabeau sous la figure de Fascot, à tenir Paris ouuert au fugitif Betford, l. 10. p. 401. & suyu. ayde Millington dans le meurtre du Heraut, p. 422. donne à Amaury les flambeaux pour brusler les Faux-bourg de Paris, p. 427. anime les François à cet embrasement, p. 428. assiste les Anglois à la défence de Paris, l. 12. p. 481. conduit le dard de la Pucelle dans le sein d'Amaury, & en donne auis à Gillon, p. 482. trouble l'Armée par son cry, p. 487. l'incite à la reuolte, & la fait dissiper, p. 494. se réjoüit du succes, p. 496. suit la Pucelle, p. 502. inspire à Philippes d'assieger Compiegne, p. 506. porte Flauy à leuer le pont, & exclure la Pucelle, p. 512. parle à ses Demons, les laisse pour acheuer de la perdre, p. 521. & se retire aux Enfers, p. 522.

SECOVRS d'Orleans par la Pucelle, l. 1. p. 60. & suyuantes.

SENESCEY Chef François à la Reueuë, l. 6. p. 227.

SERAFIN enuoyé de Dieu pour rendre la Pucelle plus propre à enflammer d'vn saint amour l'Armée Françoise, & sur tout le Conte de Dunois, l. 2. p. 76.

SIEGE de Baugency qui se rend à composition, l. 5. p. 201.

SIEGE de Troyes qui se rend à composition, l. 6. p. 266.

SOLITVDE où la Pucelle se retire, descritte, l. 12. p. 504.

SVFFORT, l'vn des principaux Chefs Anglois, commande l'vn des Quartiers du Siege d'Orleans, l. 2. p. 82. defend Gergeau, l. 4. p. 163. & suyu. est forcé, p. 174. fait ferme au pont, & y est pris, ayant fait Cheualier auparauant celuy à qui il se rend, p. 72. & suyuantes.

T

TALBOT, le premier des Chefs Anglois sous Betford, commande seul vn des Quartiers de leur Siege, l. 2. p 81. defend les Tournelles auec luy, l. 3. p. 118. y est forcé, & tombe dans la Loire, se sauue à la nage, p. 129. est entraisné par la Terreur, p. 121. vient au secours de Baugency, l. 5. p. 107. se retire, p. 209. est mis en desordre par vn Cerf, p. 212. est attraqué par la Pucelle, p. 213. & suyu. enfoncé, p. 216. blessé, colletté, & pris par elle, p. 217. deliuré par Lyonnel, p. 225. veut sortir sur les François, quand les Fauxbourgs de Paris furent bruslés, & en est empesché par Betford, l. 11. p. 445. repousse les François, la breche, p. 469. y soustient l'assaut de la Pucelle, p. 471. la blesse, lutte auec elle, p. 474. est precipité, & pris par elle, p. 475.

TANNEGVY, Chef du Conseil de Charles VII. porte l'ordre de la Reueuë, l. 6. p. 228. dans la Galerie, sauue le Dausin Charles du carnage de Paris, l. 7. p. 309. vengé la mort de son Maistre sur son Assassin, p. 310. va receuoir la Ville de Laon pour le Roy, l. 8. p. 351. reünit au Camp, l. 10. p. 409. parle vigoureusement pour la continuation de l'entreprise, p. 410. trauaille pour les preparatifs de l'assaut, p. 434. presse la retraitte du Roy de deuant Paris, l. 12. p. 495. l'emmeine de force, p. 496.

TEMPLE de Rheims descrit legerement, l. 8. p. 316.

TEMPLE de S. Denis legerement descrit, l. 11. p. 459.

TERMES Chef François à l'attaque des Forts Anglois deuant Orleans, l. 3. p. 90. & suyu. presse l'escalade de Gergeau, l. 4. p. 161. veut empescher la Pucelle de s'exposer à la fureur de l'Armée, l. 9. p. 389.

TERREVR, Personne Poëtique descritte, l. 3. p. 116. intimide les Anglois, & Talbot mesme deuant Orleans, p. 117. & suyu. ayde à prendre Baugency, l. 5. p. 200. 201. à faire rendre Troyes, l. 6. p. 262. sert au Demon pour jetter le trouble parmy les François, l. 9. p. 389.

TRANCHEE de Gergeau legerement descritte, l. 4. p. 160.

TROYES pris sans canon par stratageme, l. 6. p. 262.

TABLE.

V

VALPERGVE Chef François à l'attaque des Forts Anglois deuant Orleans, *l.*3. *p.* 90. monte apres la Pucelle à la breche de Paris, *l.*11. *p.*475.

VENDONNE à la sortie de Compiegne sur les Bourguignons, saisit la Pucelle par le corps, & la fait prisonniere, *l.*12. *p.*515.

VERDVRAN chef François à l'attaque des Forts Anglois deuant Orleans, *l.* 3. *p.* 90.

VIERGE Mere de Dieu parle pour la France, *l.* 1. *p.* 17.

VIGNOLES la Hire, l'vn des principaux Chefs de l'attaque des Forts Anglois deuant Orleans, *l.*3. *p.* 90. commande vne des attaques de Paris, *l.* 11. *p.*451. essaye en vain de retenir les François mutinés, *l.*12. *p.* 494.

VILLANDRADE Chef François à l'attaque des Forts Anglois deuant Orleans, *l.*3. *p.* 90. à la prise des Tournelles, *p.* 118. presse l'escalade de Gergeau *l.* 4. *p.*161. monte apres la Pucelle à la breche de Paris, *l.* 11. *p.* 475. trauaille inutilement à ramener les François mutinés, *l.*12. *p.* 494.

VILLARS Chef François à l'attaque des Forts Anglois deuant Orleans, *l.* 3. *p.* 90.

Y

YOLANTE Confidente de Marie l'auertir du changement du C. de Dunois, *l.* 4. *p.* 138. fait resoudre sa Maistresse à l'enuoyer vers luy, *p.* 144. 145. y va desguisée en page, luy parle auec vigueur, *p.*149. *& suiu.* l'emeut, & l'auoit regagné quand la Pucelle le luy vient rechanger, *p.*156. s'en retourne desesperée vers Marie, *p.* 157.

FIN.

FAVTES A CORRIGER.

Preface *c.*11. *verso.* & fortifier *lisez* & de fortifier.
d 111. *verso.* ressemble *l.* ressemble
Page 6. *v.*12. propre *l.* mesme
*P.*10. *v.*25. à la ostez à
*P.*16. *v.*10. rendre *l.* faire
*v.*11. Et dãs leurs interests mettre *l.* Et par leur interest regler.
*P.*28. *v.*25. seul *l.* seule
*P.*36. *v.*11. peur *l.* crainte
*P.*48. *v.*2. Auoient contre leur Chef *l.* Auoient depuis long têps
ibid. que vos bras en fussent *l.* que l'Anglois en deuint
*P.*66. *v.*24. on *l.* ou
*P.*67. *v.*24. Nous ont tous deux du feu laschement *l.* D'vne honteuse flamme ont tes iours
*P.*68. *v.*9. amasse *l.* ramasse
*P.*91. *v.*11. par l'Anglois repoussés *l.* de leurs corps renuersés
*P.*92. *v.*16. le renuerse pour *l.* le fait cheoir comme
*P.*101. *v.*10. des *l.* les
*P.*105. *v.*17. marteaux lourds *l.* lourds marteaux
*P.*104. *v.*7. butent *l.* tendent
l. 125. *v.*20. choisis *l.* exquis
*P.*128. *v.*4. discret *l.* disert
*P.*139. *v.*18. ferois-je *l.* serois-je
*P.*145. *v.*22. trauersir *l.* preparer
*P.*181. *v.*5. 6. Puis despeschant au Roy sur la Place conquise, l'informe du progres *l.* Puis despeschant au Prince en peu de mots, l'auise Du glorieux progres
*P.*197. *v.*18. Renforce *l.* Confirme
*P.*198. *v.*11. aurions *l.* aurions,
*P.*199. *v.*9. renaissante *l.* renaissante
*P.*201. *v.*22. & se descoure grande *l.* impetueuse & grande
*P.*202. *v* 22. resueillé *l.* irrité
*P.*210. *v.*11. Et sur ce mesme temps, en ce lieu mesme *l.* Ils traduisent la Loire, & sur ce temps
*P.*215. *v.*28. excitent *l.* animent
*P.*218. *v.*23. La Sainte en son pouuoir ayant receu *l.* La triomphante Sainte auançant vers
*P.*238. *v.*18. qu'aux *l.* qu'aux
*P.*248. *v.*16. qu'il *l.* qu'il
*P.*250. *v.*15. doit *l.* dois
*P.*285. *v.* ce *l.* le

*P.*301. *v.*5. trompe *l.* impose
*P.*308. *v.*1. Agincourt *l.* Azincourt
*P.*318. *v.*23. Son shar *l.* Elle
*P.*325. *v.*22. & dommage *l.* & le dommage
*P.*337. *v.*4. vne Lyn
*P.*339. *v.*26. vingt Princes, vingt Heros *l.* vingt Princes redoutés
*P.*350. *v.*1. Le Prince venerable au sortir du *l.* Charles sort à la fin & quittant le
*P.*351. *v.*12. D'auoir appris pour luy le Bourguignon *l.* D'apprendre que pour suy Philippes soit
*P.*359. *v.*23. couptables *l.* doubtable
*P.*366. *v.*1. jusqu'à *l.* mesme en
*ibid. v.*3. jusqu'à *l.* mesme en
*P.*373. *v.* 23. D'eux apprend *l.* Apprend d'eux
*P.*382. *v.*17. vous les
*P.*386. *v.*1. ce mal à *l.* ce malheur
*P.*396. *v.*3. chers seur tous les *l.* menage les
*P.*424. *v.*17. obstacle *l.* arrest
*v.*18. Si trop foibles pour eux se trouuoient les *l.* S'ils trouuoient peu d'obstacle en ses premiers dehors
*P.*430. *v.*1. Encore que luy fonde *l.* Et toutesfois sur luy fond
*P.*431. *v.*2. en plus *l.* en vn
*P.*434. *v.*9. le trouble *l.* la trouble
*P.*437. *v.*11. rempars asseruis *l.* bouleuards captifs
*P.*442. *v.*9. vaut *l.* de seule
*P.*444. *v.*17. chefs *l.* murs
*v.*18. vous *l.* les
*P.*454. *v.*10. Mais *l.* et
*P.*458. *v.*5. Et le brau haut leué chacun cherche *l.* Et chacun le bras haut mire & cherche
*P.*471. *v.*16. pressé *l.* presse
*P.*484. *v.*10. bruysant *l.* vol du
*P.*488. *v.*25. son *l.* to
*P.*489. *v.*26. charge *l.* change
*P.*495. *v.*12. dans les fils *l.* sous l'Anglois
*v.*14. Que Betford *l.* Si Betford
*P.*504. *v.*19. humaui *l.* humain
*P.*509. *v.*23. Ca *l.* ça
*P.*522. *v.*6. S'il ne vous renoit par le feu tr. *l.* Si l'Enfer de sa mort ne pus voit tr.

PRIVILEGE DV ROY.

LOVYS PAR LA GRACE DE DIEV ROY DE FRANCE ET DE NAVARRE: A nos amez & feaux Conseillers, les Gens tenans nos Cours de Parlement, Maistres des Requestes ordinaires de nostre Hostel, Baillifs, Seneschaux, Preuosts, leurs Lieutenans, & à tous autres de nos Iusticiers & Officiers qu'il appartiendra, SALVT. Nostre cher & bien amé le Sieur CHAPELAIN, Nous a fait remonstrer qu'il a composé vn Poëme Heroïque, intitulé *La Pucelle ou la France Deliurée, & autres Ouurages de Vers & de Prose*, lesquels il est solicité de donner au public, ce qu'il ne peut faire sans auoir nos Lettres necessaires, qu'il nous a tres-humblement supplié de luy ottroyer. A CES CAVSES, & desirant gratifier & fauorablement traitter ledit Sieur CHAPELAIN, Nous luy auons permis & permettons par ces presentes, de faire imprimer, vendre & debiter en tous les lieux de nostre obeïssance, tant ledit Poëme Heroïque, contenant plusieurs Liures ou partie d'iceux, que tous ses autres Ouurages, soit de Vers, soit de Prose, par tel Imprimeur ou Libraire qu'il voudra choisir, en vn ou plusieurs Volumes, conjointement ou separement, en telles marges & caracteres, & autant de fois que bon luy semblera, durant l'espace de vingt ans entiers & accomplis, à compter du iour que chaque Piece ou Volume, qui sera mis au iour, en vertu des presentes, sera acheué d'imprimer pour la premiere fois. Et pour le regard dudit Poëme de la Pucelle, au cas que l'Exposant n'en donnast d'abord qu'vne partie au public, Nous voulons que quand il le donnera entier, lesdites vingt années ne commenceront à courir que du iour qu'il sera mis en lumiere aussi entier pour la premiere fois, & comme si rien n'en auoit esté imprimé auparauant Et faisons tres-expresses defences à toutes personnes de quelque qualité & condition qu'elles soient, d'imprimer, faire imprimer, vendre ny debiter en aucun lieu de nostre obeïssance, aucune chose de ce qu'aura fait ledit Sieur CHAPELAIN, tant en Vers qu'en Prose, sans son consentement, ou de ceux qui auront droit de luy; sous pretexte d'augmentation, correction, changement de titre, fausses marques ou autrement, en quelque sorte que ce soit. Deffendons mesmes à tous Marchands Libraires & autres qui ne seront nos Sujets, d'apporter en ce Royaume sans la permission de l'Exposant, des Exemplaires d'aucun de ses Ouurages qui pourroient auoir esté imprimez en païs estrange; le tout à peine de trois mil liures d'amende, payables sans deport par chacun des contreuenans, & applicables, vn tiers à Nous, vn tiers à l'Hostel-Dieu de Paris, & l'autre tiers audit Exposant, ou à ceux qui auront son droit, de confiscation des Exemplaires contrefaits, & de tous despens, dommages & interest, à condition qu'il ne pourra faire imprimer aucune Piece de

Theologie, sans en apporter auparauant à nostre Conseil l'Approbation de la Faculté, en bonne forme & signée de Docteurs de Sorbonne; & que s'il fait aucun Ouurage de Politique, ou concernant l'Estat, il sera veu en nostredit Conseil auant que d'estre mis sous la presse, & encore à la charge de faire mettre deux Exemplaires de chaque Volume qui sera imprimé en vertu des presentes, en nostre Bibliotheque publique, & vn en celle de nostre tres-cher & feal le Sieur SEGVIER, Cheualier Chancelier de France, auant que de les exposer en vente, à peine de nullité des presentes. DV CONTENV desquelles Nous voulons que vous faciés ioüir plainement & paisiblement ledit Sieur CHAPELAIN, & ceux qui auront son droit, sans souffrir qu'ils reçoiuent pour ce regard aucun empeschement. VOVLONS aussi qu'en faisant mettre au commencement ou à la fin de chacun desdits Volumes vn Extrait des presentes, elles soient tenuës pour deuëment signifiées, & que foy y soit adioustée, & aux copies collationnées par l'vn de nos amez & feaux Conseillers & Secretaires, comme à l'Original. MANDONS au premier de nos Huissiers, ou Sergens sur ce requis, de faire pour l'execution des presentes, tous exploits necessaires, & sans demander autre permission: CAR TEL EST NOSTRE PLAISIR, nonobstant oppositions, ou appellations quelconques, & sans prejudice d'icelles, pour lesquelles Nous ne voulons qu'il soit differé; Clameur de Haro, Chartre Normande, & autres Lettres à ce contraires, ausquelles, & aux derogatoires des derogatoires y contenus, Nous auons derogé & derogeons pour ce regard par cesdites Patentes. DONNE' à Paris le troisiesme iour de Mars, l'an de Grace mil six cens quarente-trois: Et de nostre Regne le trente-troisiesme. Signé, Par le Roy en son Conseil, CONRART. Et seellé du grand Sceau de cire iaune, sur simple queuë.

Et ledit Sieur CHAPELAIN a cedé & transporté son droit de Priuilege à AVGVSTIN COVRBE' Marchand Libraire à Paris, pour en ioüir le temps porté par iceluy, selon qu'il est plus amplement porté par ledit transport du treiziesme iour d'Octobre 1655.

Acheué d'imprimer pour la premiere fois, le 15. Decembre 1655.

Les Exemplaires ont esté fournis, ainsi qu'il est porté par le Priuilege.

*Registré sur le liure de la Communauté,
le neufiesme Decembre 1655. conformement
à l'Arrest du Parlement du 9. Auril 1653.*
BALLARD, Sindic.

REGISTRE.

ã, ẽ, ĩ.   a, b, c, d.

A, B, C, D, E, F, G, H, I, K, L, M, N, O, P, Q, R, S, T, V, X, Y, Z.

Aa, Bb, Cc, Dd, Ee, Ff, Gg, Hh, Ii, Kk, Ll, Mm, Nn, Oo, Pp, Qq, Rr, Sſ, Tt, Vu, Xx, Yy, Zz.

Aaa, Bbb, Ccc, Ddd, Eee, Fff, Ggg, Hhh, Iii, Kkk, Lll, Mmm, Nnn, Ooo, Ppp, Qqq, Rrr, Sſſ, Ttt, Vuu, Xxx, Yyy, Zzz.

Tous les Cahiers sont de deux feüilles, horsmis ẽ, qui n'est que d'vne.

A PARIS,

DE L'IMPRIMERIE DE IEAN ROGER.

M. DC. LVI.

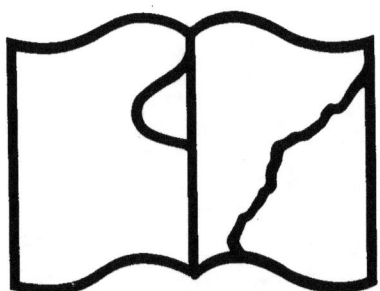

Texte détérioré — reliure défectueuse
NF Z 43-120-11

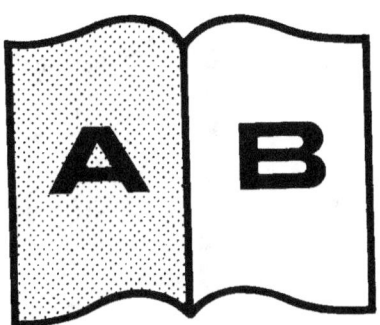

Contraste insuffisant
NF Z 43-120-14

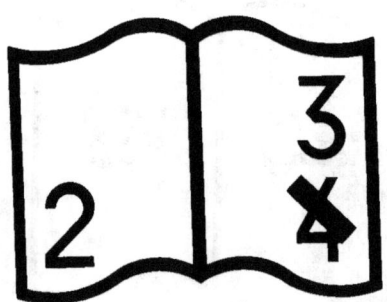

Pagination incorrecte — date incorrecte
NF Z 43-120-12

www.ingramcontent.com/pod-product-compliance
Lightning Source LLC
Chambersburg PA
CBHW070405230426
43665CB00012B/1255